陝西出版資金資助項目

「十二五」國家重點圖書出版規劃項目

關學文庫·關學文獻整理系列

總主編 劉學智 方光華

韓邦奇集（中册）

[明] 韓邦奇 著　魏冬 點校整理

西北大學出版社

苑洛志樂

苑洛志樂序

昔子華有志於樂，孔子扣之，曰：「非曰能之，願學焉。」奇，何人也，議及於斯，竊有志而未能也，故曰「志樂」云。

夫樂，生於心者也，有是心而無所寄，宣其意於言，言成章爲詩，而猶未足以盡其意也，而歌詠之，歌詠之而猶未足以盡其意也，而被之聲容，是之謂「樂」。樂無詩，非樂也，亦無樂也。古樂之亡，久矣。周禮失其直，樂記遺其制，去籍於諸侯之僭，殘壞於秦火之焚，漢儒附會於其前，諸家紛紜於其後。上誣天文，下誣地理，中誣人事，配五行、四時、八卦、四隅、十二辰，此通彼滯，小就大遺，零星破碎，補輳牽合，取其一庶或可用，會其同則見難行，卒皆人爲之私，夫豈天然之妙？於人心固已戾矣，又何暇論雅與淫、古與今哉？

是編也，一以質實爲體，敷施爲用，諧聲爲止，中律爲的，凡宫商之相應、正變之相接、全半之相濟、陰陽之相宜，如星之麗天，如風之行水，如織具之經緯乎文綺，雖萬象錯列而各有條理，皆取諸造化之自然而不敢附之以己意，期於宣人情而承詩歌耳。雖不必屑屑乎考天文、察地理、稽人事，配五行、四時、八卦、四隅、十二辰，自有所符契焉。考之古人製作之極，用之圜丘而天神降，用之方澤而地示出，用之宗廟而祖考格，用之朝廷而庶尹諧，用之房中而宫闈睦，此無他，順其自然，發乎人心，宫商、正變、全半、陰陽中節而已矣。顧茲薄藝，亦惟可以措之行事，美其觀聽，不失乎樂之情焉爾。若夫究其功用，極感通之妙，探其本原，繼夔倫之志，以承古人之絶學，以備一時之製作，則有子有言：「以俟君子」云。苑洛韓邦奇識

律呂直解序

「直解」者，何不文之也？何以不文，便初學也。蔡氏之新書，固已極備而大明矣。然其爲書也，理雖顯而文隱，數雖著而意深，初學難焉，此直解之所以作也。弘治十七年三月中旬，苑洛子韓邦奇識

苑洛志樂 卷一

明韓邦奇撰

陳氏樂書曰：「甚哉！諸儒之論律呂，何其紛紛邪？」謂「陰陽相生，自黄鐘始而左旋，八八爲伍，管以九寸爲法」者，班固之説也；「下生倍實，上生四實，皆三其法。而管又不專以九寸爲法」者，司馬遷之説也；持「隔九相生」之説，以中呂止生，黄鐘不滿九寸，謂之「執始」，下生去滅，上下相生，終於南事，十二律之外更增六八爲六十律」者，京房之説也。本呂覽、淮南王安、蔡邕之説，建「蕤賓重生」之議，至於大呂、夾鐘、仲呂之律所生，分等又皆倍焉者，鄭康成之説也；「隔七爲上生，隔八爲下生，至於仲呂則孤而不偶，蕤賓則踰次無準」者，劉向之説也；演京房南事之餘，而伸之爲三百六十律，日當一管，各以次生者，宋錢樂之之説也；斥京房之説，而以新舊法分度參録之者，何承天、沈約之説也；校定黄鐘，每律減三分而以七寸爲法者，隋劉焯之論也；析毫釐之彊弱爲算者，梁武帝之法也。

由此觀之，諸儒之論，角立蜂起，要之最爲精密者，班固之志而已。今夫陰陽之聲，上生者三分之外益一，下生者三分之内損一，蓋古人簡易之法，猶古曆周天三百六十五度四分度之一也。若夫律同之聲，適多寡之數、長短之度、小大之量、清濁之音，一要宿乎中聲而止，則動黄鐘而林鐘應，動無射而仲呂應，和樂未有不興者矣。彈宫而徵應，彈徵而商應，彈商而羽應，彈羽而角應，是五聲以相生爲和，相勝爲繆。先王立樂之方也，律不求元聲，元氣雖能宰物，終是苟且，與天地何與哉？然聖人得元聲以候元氣，今當候元氣以求元聲，律能應氣，度量衡由之而定。凡八音之輕重、厚薄、大小、多寡、長短，皆由於律。其體則天地之體，宜其用之，能感天地也。

絲隨五聲，管隨十二律。然和平沉厚，粗大而下者，宫聲也；勁凝明峻，從上而下，歸於中者，商聲也；圓長通徹，中平而正者，角聲也；抑揚流利，從下而上，歸於中正者，徵聲也；嚶嚶而遠徹，細小而高者，羽聲也。

聖人不能以一身周天下之用，故制爲器數，以教萬世。是以天下後世人非聖人，而道則聖人之道也。昔孔子聞韶於齊，夫其考擊而搏拊者，固非皆夔倫也，而其美如此者，器數存也。且聖人之道，有文有本，天地之道，有纖有洪，自然之理也。今不論度量衡之數而曰「妙在其人」，則聖人當時止爲一支之木、一塊之土、一鈞之金足矣，何必爲鐘、爲鼓、爲笙、爲磬，又從而爲簧、爲弦，有煩有簡，若是哉？今試以祭祀之時、燕享之際，琴瑟缺其弦，笙盡去其簧，鑄萬鈞爲鎛鐘，合以方寸之鼗鼓，又從而盡去八音，使賓常擊食器，荀勗搖牛鐸，可乎，不可乎？是故君子不爲無益之空言，必究製作之實用。

自隋唐以來，律皆造作。用全刀剖削而成，非本然之管，恐傷元氣。且律呂絲忽所爭，若非良工，剖削之際安能適中？予謂多取竹管，其從長未免用刀斷之，必求徑三分四釐六毫、周廣十分三釐六毫者，而後用之，庶得聲氣之元矣。

律雖非生於累黍，然古樂既亡，律管非累黍亦何由定？予謂亦須自九十黍累爲九寸，然後依蔡氏之說，多截竹管，或長一分，或半分，或十分，分之一以至於九；或短一分，或半分，或十分，分之一以至於九，中間必有適之者矣。

埋管之地，不可以城市之中。蓋城市之地，翻取數過，皆灰糞瓦礫，非本然之土。必於壙野素無人居之地。土之黃壤者，亦須去二三尺以盡客土。撅亦不可深，深則恐傷正氣。如此候之，或得正氣之應矣。

古樂既亡，代變新聲，至元則壞之極矣。周德清中原音韻方且自謂「知音」，姑以四聲論之。聲之有平上去入，猶天之元亨利貞、地之東西南北也。今以母音入不能歌，乃以入聲派入三聲，是何理也？夫之知「王」「黃」呼喚雖差聲，與韻未害也。德清乃以「六」爲「溜」，「國」爲「鬼」，至於「別」爲「平」則無字，彼徒知譏沈約以南蠻之音爲中原之音，自不知以北狄之音爲中原之音也。獨其論「黃」「荒」「原」「元」之分陰陽，爲得耳。以點絳唇論之，則游藝中原差而竚立閑階是矣。

器與造化通，唯律而已。黃鐘既定，凡天地之器，雖衣服盤盂，皆造化之運，形而上，形而下，本一物也。

宮聲重而尊，商聲明而敏，角聲輕而易制，徵聲泛而不流，羽聲渙散而抑。

八音之數，惟絲爲自然，其七音皆倚此而起數。

古以周尺八尺爲步，以今步尺除之，中尺可考也。

宮、商、角、徵、羽，借此五字爲母，五字即五聲也。

春，陽無不到；陵，原無二氣。

蕤賓隔八若益一分，上生大呂。與損一分，下生大呂。倍其數，長短不差絲毫。然不如下生爲自然，於十二律之序爲順，審思自見。

司馬遷以「宮生角，角生商，商生徵，徵生羽，羽生宮」則反其所尅，不可被之八音。

大呂爲當十月管，逆數至應鐘，爲夏至。

世説稱：「有田父於野地中得周時玉尺，便是天下正尺。」荀勖試以校尺，所造金石絲竹，皆短校一米。

今尺惟車工之尺最准，萬家不差毫釐，少不同，則不利載。是孰使之然哉？古今相沿，自然之度也。然今之尺則古之尺二寸也，所謂「尺二之軌，天下皆同」是也。以木工尺去二寸，則周尺也。昔魯公欲高大其宮室而畏王制，乃以時尺增一寸，召班授之。班知其意，復一寸進於公，曰：「臣家相傳之尺，乃舜時同度之尺也。」乃以其尺爲之度。諸侯聞之，爭召班。然班亦本木工之聖者也。

世儒有言：「學樂，必先『等』字」。若然，三百篇無一章中律者。經言：「律和聲。」未聞以律就聲也。夫人之聲，有洪者、細者、亮者，萬萬不齊。古之聖人，雖堯舜之聲，亦不能合律。惟大禹一人，聲可爲律耳。正使人人之聲皆中律，亦只五聲，人有八十四喉舌哉？且如「呦呦鹿鳴」一句，上「呦」字宮，下「呦」字徵，豈一字二音哉？恊以就律耳。「等」字云者，非知樂者之言也。

聲出於脾，合口而通之，謂之「宮」。出於肺，開口而吐之，謂之「商」。出於肝，而張齒湧脣，謂之「角」。出於心，而齒合脣開，謂之「徵」。出於腎，而齒開脣聚，謂之「羽」。

宮，土聲也，其性圓而居中，若牛之鳴窌而主合；商，金聲也，其性方而成器，若羊之離羣而主張；角，木聲也，其性直而崇高，若雉之鳴木而主湧；徵，火聲也，其性明而辨物，若豕之負駭而主分；羽，水聲也，其性潤而澤物，若馬之鳴野而主吐。

宮聲雄洪，調則政和國安，亂則其國危，在西域則婆脆九也； 商聲鏘鏘倉倉然，調則刑法不作威令行，亂則其宮壞，在西域則稽積識也； 角聲喔喔確確然，調則四民安，亂則其人怨，在西域則沙識也； 徵聲倚倚戲戲然，調則百物理，亂則庶績隳，在西域則沙臘也； 羽聲詡雨酗具然，調則倉廩實、庶物備，亂則其民憂、其財匱，在西域則般贍也。

黃鐘宮聲去太蔟商聲一寸，去大呂接聲六分三釐，去林鐘應聲三寸。 瑟黃鐘折馬後即大呂，不必下一弦也。十二管倍其長則倍其空圍，半其長則半其空圍。 十二管雖有長短，空圍則同，康成以十二管隨其長短而減其空圍，則於八百一十分十七萬之數戾矣。

旋宮圖　　八禮

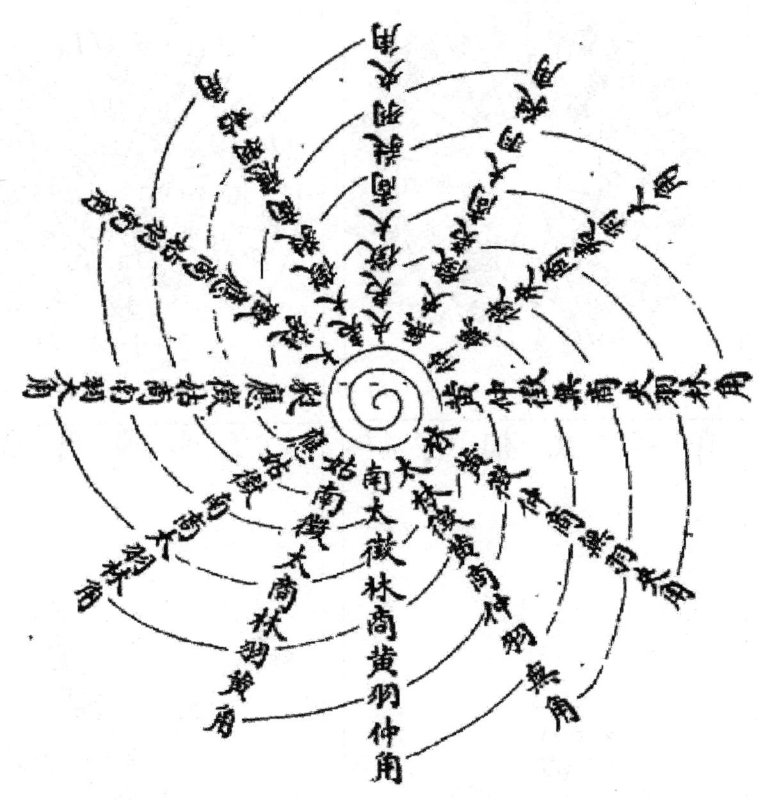

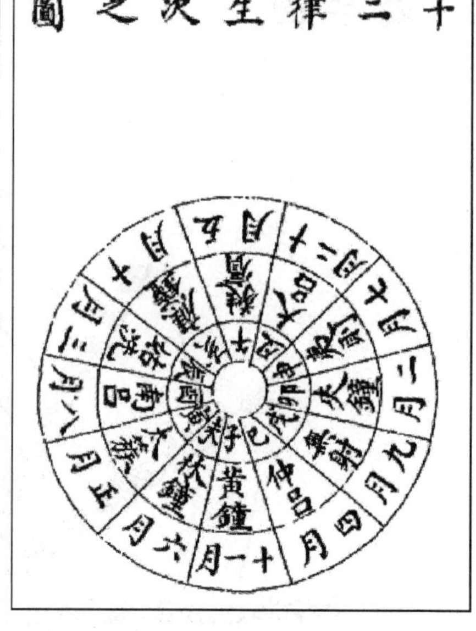
十二律生次之圖

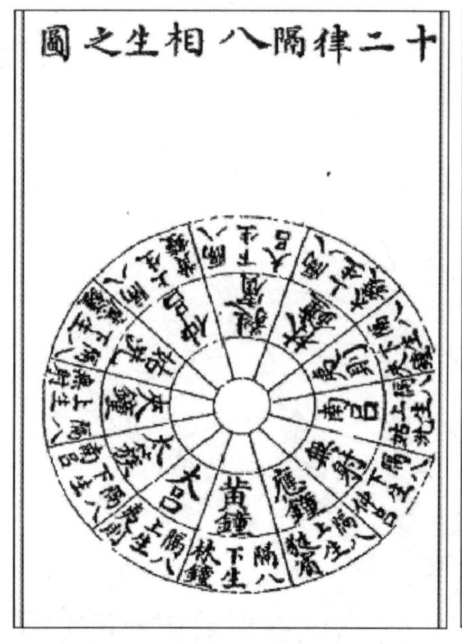
十二律隔八相生之圖

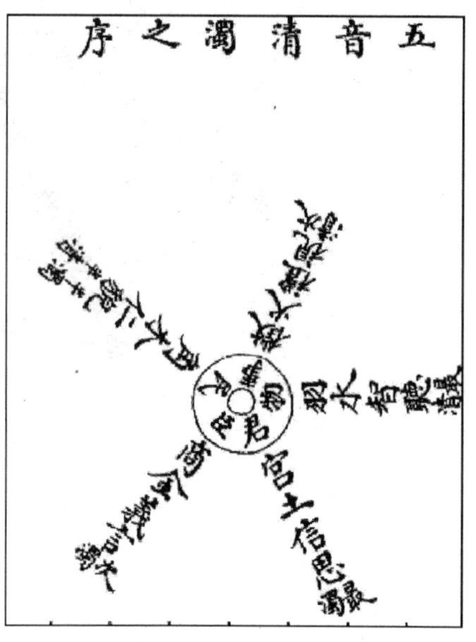
五音清濁之序

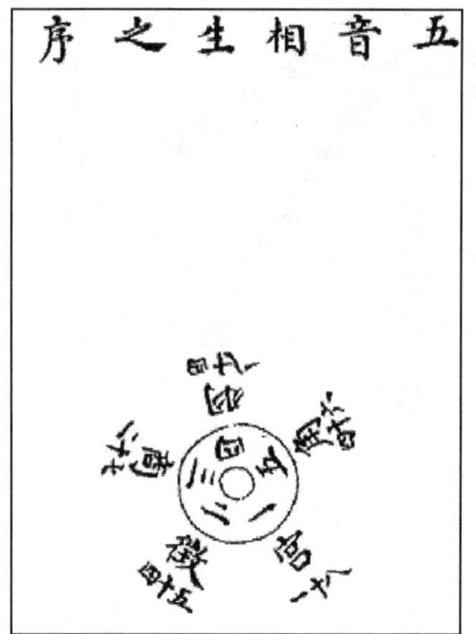
五音相生之序

右耳
爲合
百二十方分一千二百一十五
釐一毫五絲深二寸員分一千二
弦一寸四分二厘三毫弦七分一
右二
合在上籥左下而俱右也
其狀
籥似爵
百七分五厘
一十方分六
一寸圓分八百
圓徑九分深

上三
籥斛
升
合
其上
爲斛
方一尺深一尺二
寸一分五釐圓分
一百六十二萬方分
一百二十一萬五千
其容二千籥其重
二鈞其聲中黃鐘
斗
籥
下二
斗籥

左耳
爲升
弦三寸二分八釐六毫弦一寸六
分四釐三毫深三寸圓分一萬六
千二百方分一萬二千一百五十
左一
而左
升在上其下
爲斗
方七寸七分九釐
四毫深二寸圓分
十六方二千方分
十二方一千五百

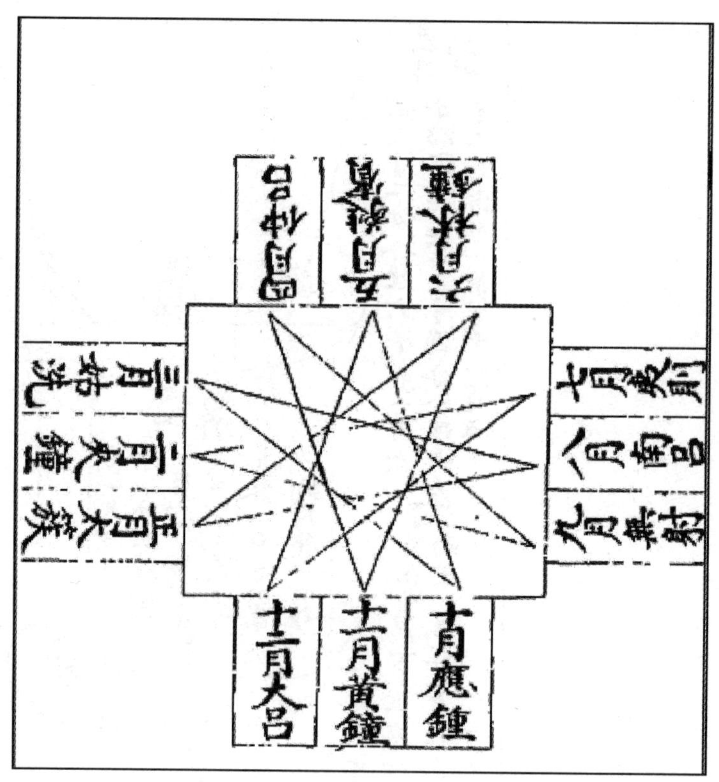
六月林鍾
五月蕤賓
四月仲呂
七月夷則
八月南呂
九月無射
十月應鍾
十一月黃鍾
十二月大呂
正月太簇
二月夾鍾
三月姑洗

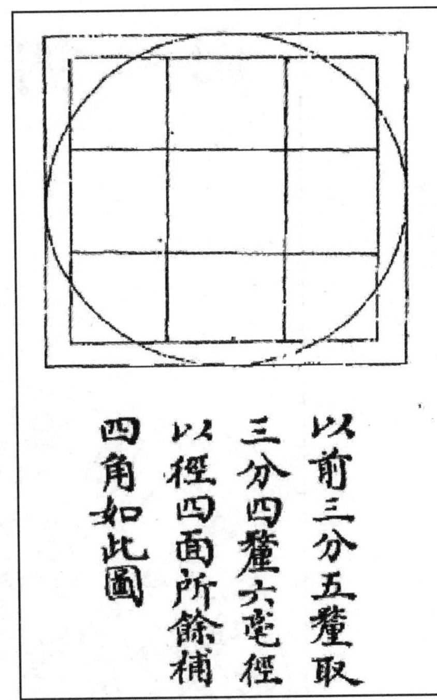
以前三分五釐取
三分四釐六毫徑
以徑四面所餘補
四角如此圖

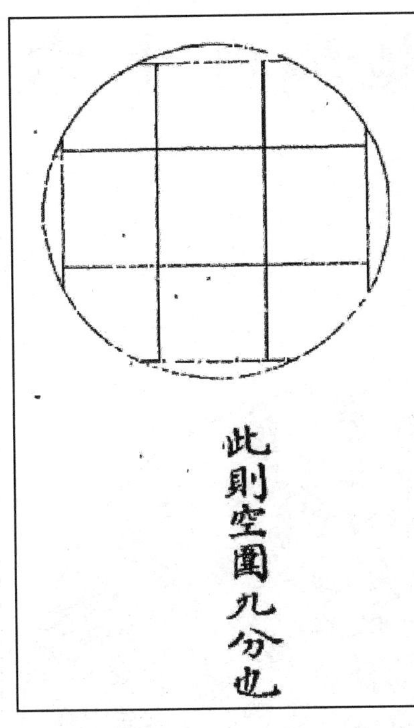
此則空圍九分也

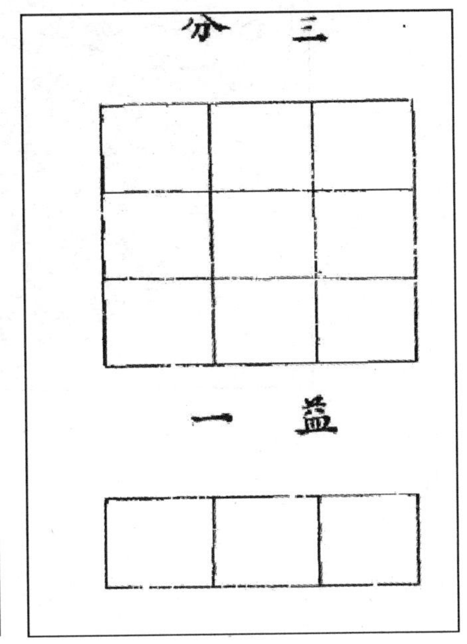
三分
益一

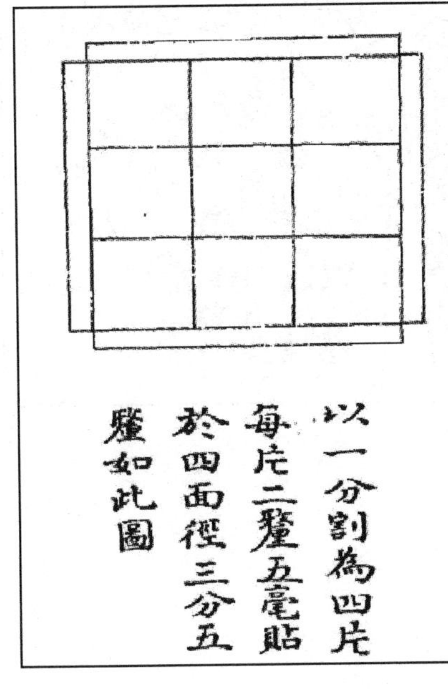
以一分割為四片
每片二釐五毫貼
於四面徑三分五
釐如此圖

六十四調起調之圖

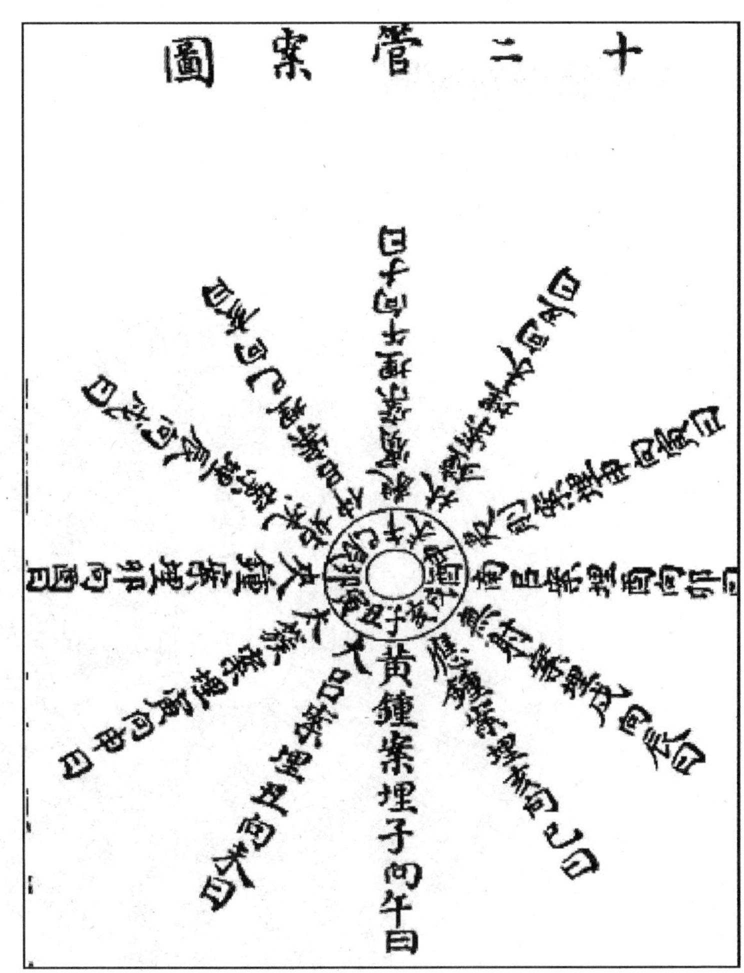
十二管案圖
黃鍾案埋子向午
大呂案埋丑向未
太簇案埋寅向申
夾鍾案埋卯向酉

十二律氣運之圖

苑洛志樂　卷二

明韓邦奇撰

黄鐘第一

解曰：此黄鐘之體數也。十分爲寸，分、釐、毫、絲並同。斷用之九，爲十何？以自然之數也。

長九寸，空圍九分，積八百一十分。

解曰：從長九寸，寸者十分。黄鐘之長，通有九寸也。空圍九分，分者，十分寸之一，黄鐘之管，滿於圍中，容九方分也，積實八十一分。黄鐘之管，從長九寸，寸十分，黄鐘九十分，空圍中九分，每長一分，圍必九分，以九十因之，則八百一十分也。

以寸代分
取其大則
明白易于
乘除

員田術。三分益一，得十二分。

解曰：三分爲一分，三分，九分也。又益一分，共四分，十二分也。以九方分平置，又三分益一分，共十二方分。

以開方法除之。

解曰：以上一分，分割爲四片，每凡二釐五毫，貼於九方分四面。又每片除一毫九絲二忽爲角，每片上得二釐三毫八忽。

得三分四釐六毫，強爲實徑之數。

解曰：中九方分，四面各得三分，外四面各二釐三毫八忽。東與西，四釐六毫一絲六忽，南與北亦然。是縱橫又得三分四釐六毫一絲六忽，爲實徑之數。

不盡三毫八絲四忽。

解曰：此補四角之數也。本以一分割作，作四片，每片二釐五毫，兩面該五釐。合九方分，該三分五釐。徑今每片取一毫九絲二忽補角，兩面該三毫八絲四忽。徑止得三分四釐六毫一絲六忽，猶餘三毫八絲四忽也。

今求員積之數。

解曰：謂圜員之數並内積之數也。

以徑三分四釐六毫自相乘。

解曰：不用一絲六忽，每一分得三分四釐六毫，每一釐得三釐四毫六絲，每一毫得三毫四絲六忽。分呂三乘，釐呂四乘，毫呂六乘。

得十一分九釐七毫一絲六忽。

解曰：若用一絲六忽，時正十二方分。惟不用一絲六忽，故止得如此。以上所乘計之，分之所得者十分三釐八毫，釐之所得者一分三釐八毫四絲，毫之所得者二釐六絲十六忽。總計所得十一方分零九釐七毫一絲六忽。

加以開方不盡之數，二毫八絲四忽。

解曰：此不盡之數，與上不同。上不盡之數，乃是以三分四釐六毫一絲六忽爲徑，祇盡三毫八絲四忽，除去補四角，成十二方分。此不盡之數，乃是以三分四釐六毫爲徑，于十二方分中餘得此數。

得一十二分。

解曰：以十一分九釐一毫一絲六忽合二毫八絲四忽，共得十二分，如前開方之數。以管長九。補註：「以管長九」四字疑衍。

解曰：每管一分，該十二分。積九十分而計之，共一千八十分，爲方積之數。徑三分四釐六毫一絲六忽，周方共十三分八釐四毫六絲四忽。

四分取三，爲員積之數，得八百一十分。

解曰：以一千八十分作四分，則一分該二百七十分。四分中取三分，爲員積之數，該八百一十分，以九方分積中計之。徑三分四釐六毫一絲六忽，周員十分八釐三毫四絲八小忽〇八秒。蔡：十分三釐八毫則少，彭：十分八釐七毫則多。

彭氏曰：黄鐘律管，有從長，有面冪，有空圍，有周，有徑，有積實。

解曰：從長者，只以黄鐘管上下言之，不以積論也。一，一管；二，九寸；三，九十分；四，九百釐；五，九千毫；六，九萬絲。面冪者，止論黄鐘管面上中邪之數也。空圍者，論圍員中所容之數，合面冪積實之數也。以方分計之，一分整，四分有餘，四分不足，以有餘補不足，每長一分，當有九方分，充滿於黄鐘之管。周廣者，九方分之邪，黄鐘管周員之數也，當有十分八釐三毫四絲零八少忽八秒。徑者，論黄鐘管直徑之數也，以管三分得一，當有三分四釐六毫一絲六忽。内積者，論黄鐘管上下空圍中之數也。七九爲絲法，八九十爲毫法，九九百爲釐法，十九千爲分法，十一九萬爲寸法，十二八十一萬爲黄鐘之實。通計黄鐘之實，一管九寸九十分，乘空圍九分，八百一十分，八十一萬釐，八萬萬一千萬毫，八千萬萬一百萬萬絲。

積黍

解曰：一爲一分。黄鐘之管，長九十分，立九十黍，每一分空圍中可容十三黍。又三分黍之一，以九十因之，可容千二百黍矣。夫黄鐘之管，一黍爲一分，黄鐘之實，止八百一十方分，何以能容千二百黍哉？蓋方與員不同。方無空，員有空。以員頂對員頂，則一爲一分，若縱横補塞，其空充滿。黄鐘之管，可容千二百黍，九十分之則每分該十三黍。又三分，黍之一矣。用羊頭山黍以篩子篩之，去其大者小者而用中者，若管既定，則隨大小之宜，而實其數尤爲至當。

黃鐘之實第二

解曰：此黃鐘之用數也。九分爲寸，分、釐、毫、絲並同。約體之十，以爲九。何以九？因三分損益而立也。若以十，則三分不盡其數，必有餘剩之數，且難推算。約之爲九，既不失其十之長，又無餘剩之數，易於推算矣。又置一而三，三徃而九間之，亦理之自然也。

子一

黃鐘之律

解曰：此黃鐘，通長之管也，一而已。太極以一含三，此一管含下文寸分釐毫絲之法數，實十一個三也。置一也，陽辰之始也。

丑三

爲絲法

解曰：黃鐘之數起於絲，然空圍中九分，八面相乘各三分。每一絲必有三絲，故三爲一絲，由一而三，加爲三，三個一也。此雖由一而三，然陰陽各爲一事，不相焉。第一三也，陰辰之始也。

寅九

爲寸數

解曰：此黄鐘之九寸也。一管九寸，與上子爲一連事。由三而三加爲九，三個三也。第二三也，含三寸。

卯二十七

爲毫法

解曰：黄鐘之數，九絲爲毫。然一毫乘圍，必有三毫，故九三二十七爲一毫也。與上丑爲一連事。由九而三加爲二十七，三個九也。第三三也。

辰八十一

爲分數

解曰：此黄鐘八十一分也。一寸九分，寸共八十一分。與上寅爲一連事。由二十七而三加，爲八十一。三個二十七也。第四三也。一分含三分。

巳二百四十三

爲釐法

解曰：黄鐘之數，九毫爲釐。然一釐乘圍，必有三釐二十七，既爲一毫，則九個二十七，該二百四十三，爲一釐也。與上卯爲一連事。由八十一而三加爲二百四十，三個三，八十一也。第五三也。

午七百二十九

爲釐數

解曰：此黄鐘七百二十九釐。一分九釐，八十一分，共該七百二十九釐。與上辰爲一連事。由二百四十三而三，加爲七百二十九，三個二百四十三也。第六三也。一釐含三釐。

未二千一百八十七

爲分法

解曰：黄鐘之數，九釐爲分。然一分乘圍，必有三分。二百四十三既爲一釐，則九個二百四十三，該二千一百八十七，爲一分也。與上巳爲一連事。由七百二十九而三，加爲二千一百八十七，三個七百二十九也。第七三也。

申六千五百六十一

爲毫數

解曰：此黄鐘之六千五百六十一毫也。一釐九毫，七百二十九釐，共該六千五百六十一毫，與上午爲一連事。由二千一百八十七而三，加爲六千五百六十一。三個二千一百八十七也，第八三也。一毫含三毫。

酉一萬九千六百八十三

爲寸法

解曰：黄鐘之數，九分爲寸。然一寸乘圍，必有三寸。二千一百八十七既爲一分，則九個二千一百八十七，該一萬九千六百八十三，爲一寸也。與上未爲一連事。由六千五百六十一而三加，爲一萬九千六百八十三，三個六千五百六十一也。第九三也。所謂九三之爲寸法是也。

戌五萬九千四十九

爲絲數

解曰：此黄鐘之五萬九千四十九絲也。一毫九絲，六千五百六十一毫，共該五萬九千四十九也，與上申爲一連事。由一萬九千六百八十三而三加，爲五萬九千四十九。三個一萬九千六百八十三也。第十三也。一絲含三絲。

亥十七萬七千一百四十七

爲黄鐘之實

解曰：黄鐘之數，九寸爲管。然乘圍而三之，一萬九千六百八十三既爲一寸，則九個一萬九千六百八十三，該十七萬七千一百四十七，爲九寸一管，黄鐘之實也。與上酉爲一連事。由五萬九千四十九而三加，爲十七萬七千一百四十七，三個五萬九千四十九也。第十一三也。所謂置一而十，一三之謂，黄鐘之實是也。

子寅辰午申戌，六陽辰。

解曰：以六律在位故也。子丑寅卯辰巳，則正陽。

亥酉未巳卯丑，六陰辰。

解曰：以六呂在位故也。午未申酉戌亥，則正陰。

黃鐘生十一律第三

解曰：十二律相生，亦在內。

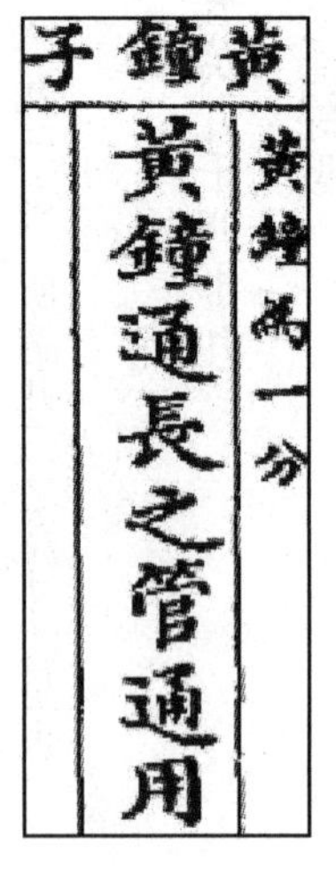

子一分

一爲九寸。

解曰：子，黃鐘也。一，黃鐘之管也。下十一律皆由此管而生。本註者，黃鐘生十一律也。圈外註者，十二律三分損益相生也。

黃鐘
子
分黃鐘爲三分
一分不用
林鐘六寸之管二分用

丑三分二

一爲三寸。

解曰：丑，林鐘也。三分三，分乎子也。二，林鐘之管也。以黃鐘九寸，分爲三分，每分三寸，得其二分，計六寸。爲林鐘之數也。〇分黃鐘九寸爲三分，去一分，下生林鐘，得二分，計六寸。

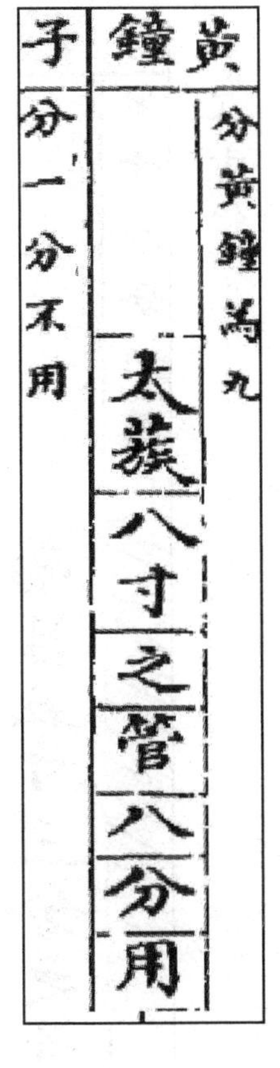

寅九分八

一爲一寸。

解曰：寅，太蔟也。九分九，分乎子也。入太蔟之管也。以黃鐘九寸，分爲九分，每分一寸，得其八分，計八寸，爲太蔟之數也。〇分林鐘六寸爲三分，每分二寸。益一分，上生太蔟，得四分，計八寸。

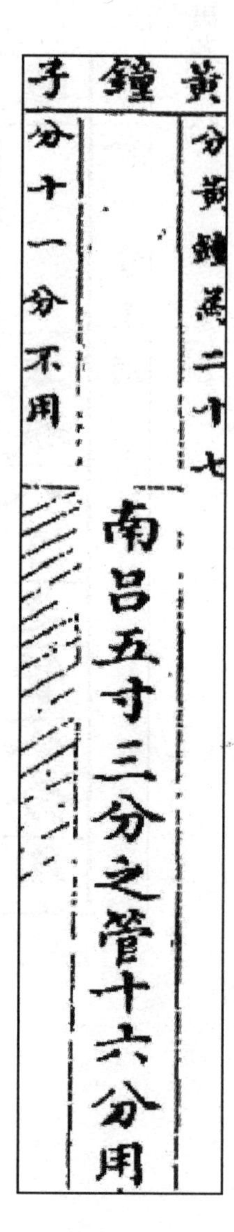

卯二十七分十六

三爲一寸，一爲三分。

解曰：卯，南呂也。二十七分，二十七分乎子也。十六，南呂之管也。以黃鐘九寸，分爲二十七分，每三分一寸，得其十六分，計五寸三分，爲南呂之數也。〇分太蔟八寸爲三分，每分二寸，六分去一分，下生南呂，得二分，計五寸三分。

黃鐘子
分黃鐘爲八十一
分十七分不用
姑洗七寸一分之管六十四分用

辰八十一分六十四

九爲一寸，一爲一分。

解曰：辰，姑洗也。八十一分，八十一分乎子也。六十四，姑洗之管也。以黃鐘九寸，分爲八十一分，每九分一寸，得六十四分，計七寸一分，爲姑洗之數也。○分南呂五寸三分，爲三分，每分一寸，七分益一分，上生姑洗，得四分，計七寸一分。

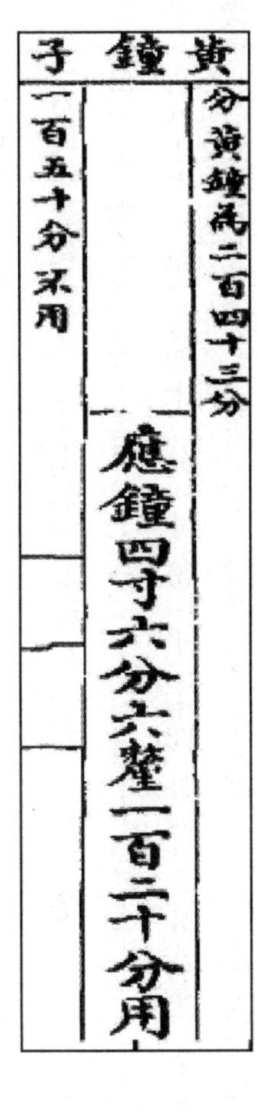

巳二百四十三分一百二十八

二十七爲一寸，三爲一分，一爲三釐。

解曰：巳，應鐘也。二百四十三分，二百四十三分乎子也。一百二十八，應鐘之管也。以黃鐘九寸，分爲二百四十三分，每二十七分一寸，得一百二十八分，計四寸六分六釐，爲應鐘之數也。分姑洗七寸一分爲三分，每分二寸三分三釐，去一分下生應鐘，得二分，計四寸六分六釐。

黃鐘子
分黃鐘爲七百二十九分
蕤賓六寸二分八釐之管五百十二分用
二百一十七分不用

午七百二十九分五百一十二

八十一分爲一寸，九爲一分，一爲一釐。

解曰：午，蕤賓也。七百二十九分，七百二十九分乎子也。五百一十二，蕤賓之管也。以黃鐘九寸，分爲七百二十九分，每八十一分一寸，得五百一十二，計六寸二分八釐，爲蕤賓之數也。○分應鐘四寸六分六釐爲三分，每分一寸五分二釐，益一分，上生蕤賓，得四分，計六寸二分八釐。

黃鐘子
分黃鐘爲二千一百八十七分
大呂八寸三分七釐六毫之管一千二十四用倍之
一百六十三不用
二百四十三分

未二千一百八十七分一千二十四

二百四十三爲一寸，二十七爲一，分三爲一釐，一爲三毫。

解曰：未，大呂也。二千一百八十七分，二千一百八十七，分乎子也。一千二十四，大呂之管也。以黃鐘九寸，分爲二千一百八十七分，每二百四十三分一寸，得一千二十四，計四寸一分八釐三毫，在陽倍之，爲八寸三分七釐六毫，爲大呂之數也。○分蕤賓六寸二分八釐爲三分，每分二寸八釐六毫，去一分下生大呂，得二分。計四寸一分八釐三毫，在陽倍之，通計八寸三分七釐六毫。在陽，謂居午也。

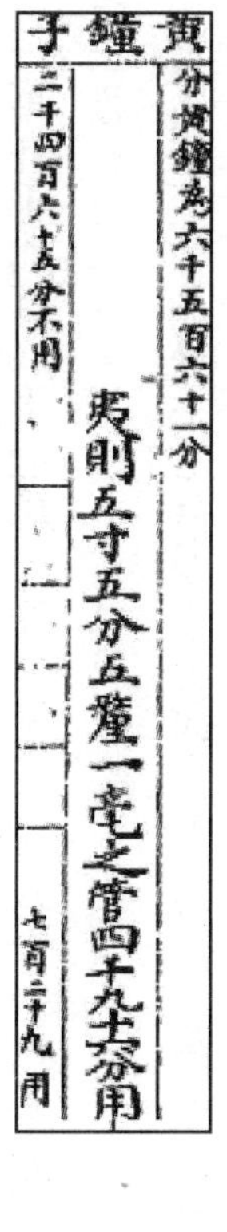

申六千五百六十一分四千九十六

七百二十九爲一寸，八十一爲一，分九爲一釐一爲一毫。

解曰：申，夷則也，六千五百六十一。分六千五百六十一，分乎子也。四千九十六，夷則之管也。以黃鐘九寸，分爲六千五百六十一分，每七百二十九分一寸，得四千九十六，計五寸五分五釐一毫，爲夷則之數也。○分大呂四寸一分八釐三毫爲三分，每分一寸三分五釐七毫，益一分，上生夷則，得四分，計五寸五分五釐一毫。

酉一萬九千六百八十三分八千一百九十三

二千一百八十七爲一寸，二百四十三爲一分，二十七爲一釐，三爲一毫，一爲二絲。

解曰：酉，夾鐘也，一萬九千六百八十三。分一萬九千六百八十三，分乎子也。八千一百九十二，夾鐘之半管也。以黃鐘九寸，分爲一萬九千六百八十三分，每二千一百八十七爲一寸，得八千一百九十二，計三寸六分六釐三毫六絲，在陽倍之，共七寸四分三釐七毫三絲，爲夾鐘之數也。○分夷則五寸五分五釐一毫爲三分，每分一寸七分七釐六毫三絲，去一分，下生夾鐘，得二分，計三寸六分六釐三毫六絲，在陽倍之，通計七寸四分三釐七毫三絲也。在陽，謂居卯也。

戌五萬九千四十九分三萬二千七百六十八

六千五百六十一爲一寸，七百二十九爲一分。八十一爲一釐，九爲一毫，一爲一絲。

解曰：戌，無射也，五萬九千四十九。分五萬九千四十九，分乎子也。三萬二千七百六十八，無射之管也。以黃鐘九寸，分爲五萬九千四十九分，每六千五百六十一爲一寸，得三萬二千七百六十八，計四寸八分八釐八絲，爲無射之數也。〇分夾鐘三寸六分六釐三毫六絲爲三分，每分一寸二分二釐一毫二絲，益一分，上生無射，得四分，計四寸八分八釐四毫八絲。

黃鐘子
分黃鐘爲一十七萬七千一百四十七分
一十一萬一千六百一十一分不用
仲呂六寸五分八釐三毫四絲六忽之管

亥一十七萬七千一百四十七分六萬五千五百三十六

一萬九千六百八十三爲一寸，二千一百八十七爲一分，二百四十三爲一釐，二十七爲一毫，三爲一絲，一爲三忽。

解曰：亥，仲呂也，十七萬七千一百四十七。分十七萬七千一百四十七，分乎子也。六萬五千五百三十六，仲呂之半管也。以黃鐘九寸，分爲十七萬七千一百四十七分，每一萬九千六百八十三爲一寸，得六萬五千五百三十六，計三寸二分八釐六毫二絲三忽，在陽倍之，共六寸五分八釐三毫四絲六忽，爲仲呂之數也。○分無射四寸八分八釐四毫八絲爲三分，每分一寸五分八釐七毫五絲六忽，去一分，下生仲呂，得二分，計三十○分八釐六毫二絲三忽，在陽倍之，六寸五分八釐三毫四絲六忽。在陽，謂居巳也。

十二律之實第四

解曰：十二律，各得於黃鐘之數也。

子黃鐘　十七萬七千一百四十七

全九寸

解曰：黃鐘之數，一萬九千六百八十三爲一寸，積則九個一萬九千六百八十三，爲九寸，共該十七萬七千一百四十七分。

半無

一以十七萬七千一百四十七之數不可分

解曰：一十七萬七千一百四十七分作兩分，一分得八萬八千五百七十三，餘一。兩分不得均平，故不可分而無半也。

一以三分損益，上下相生，之所不及，故亦無所用也。

解曰：黄鐘不爲他律所役，故損益不及，損益不及，故不用半。如林鐘受損於黄鐘三分九寸，林鐘得二分六寸一分，三寸爲半，非半無以成其數也。如太蔟受益於林鐘三分六寸，太蔟得四分八寸二分，四寸爲半，非半亦無以成其數也。獨黄鐘不然。

丑林鐘十一萬八千九十八

全六寸，半三寸不用。

解曰：凡律用半者，以上律短而下律長，故下律用半，以成宫商角徵羽之五聲，林鐘、南吕、應鐘，三律受役於黄鐘，太蔟爲徵，羽其上。太蔟、姑洗、蕤賓皆本。然多寡之數，其餘爲宫商角，皆依序而下，乃自爲上律。而上律更無短者，而半又將何所用哉？雖爲無射之羽，所用則變林鐘也，以黄鐘用變之半故也。

寅太蔟十五萬七千四百六十四

全八寸，半四寸。

卯南吕十萬四千九百七十六

全五寸三分，半二寸，六分不用。

解曰：黄鐘之數，二千一百八十七爲一分，積而三，之六千五百六十一，爲三分五寸。得九萬八千四百一十五，合三分之數，共十萬四千九百七十六。

辰姑洗十三萬九千九百六十八

全七寸一分，半三寸五分。

巳應鐘九萬三千三百一十二

全四寸六分六釐，半二寸三分，三釐不用。

解曰：黄鐘之數，二百四十三爲一釐，積而六，之一千四百五十八，爲六釐四寸六分，得九萬一千八百五十四，合六釐之數，共九萬三千三百一十二。

午蕤賓十二萬四千四百一十六

全六寸二分八釐，半三寸一分四釐。

未大呂十六萬五千八百八十八

全八寸三分七釐六毫，半四寸一分八釐三毫。

解曰：黄鐘之數，二十七爲一毫，積而六，之一百六十二，爲六毫八寸三分七釐，得十六萬五千七百二十六，合六毫之數，共十六萬五千八百八十八。

申夷則十一萬五百九十二

全五寸五分五釐一毫，半二寸七分二釐五毫。

酉夾鐘十四萬七千四百五十六

全七寸四分三釐七毫三絲，半三寸六分六釐三毫六絲。

解曰：黄鐘之數，三爲一絲，積而三，之爲九，七寸四分三釐七毫，得十四萬七千四百四十七，合三絲之數，共十四萬七千四百五十六。

戌無射九萬八千三百四

全四寸八分八釐四毫八絲，半二寸四分四釐二毫四絲。

亥仲吕十三萬一千七十二

全六寸五分八釐三毫四絲六忽，餘二算半三寸二分八釐六毫二絲。

解曰：黄鐘之數，一爲三忽，積而六之，爲二六寸五分八釐三毫四絲，得十三萬一千七十，合六忽之數，共十三萬一千七十二。

數至仲呂不生。

解曰：數止于仲呂，十二不生者，何也？蓋律呂相生，以三分損益，至於仲呂，寸分釐毫絲忽雖可三分，數十三萬一千七十二，並半數，三分亦不足，故不以相生也。二算者，三忽爲一也。

寸忽可三分

二寸一分八釐七毫一絲五忽

全　二寸一分八釐七毫一絲五忽

二寸一分八釐七毫一絲五忽

一寸八釐八毫七忽

半　一寸八釐八毫七忽

一寸八釐八毫七忽

數不可三分

一十三萬一千七十二

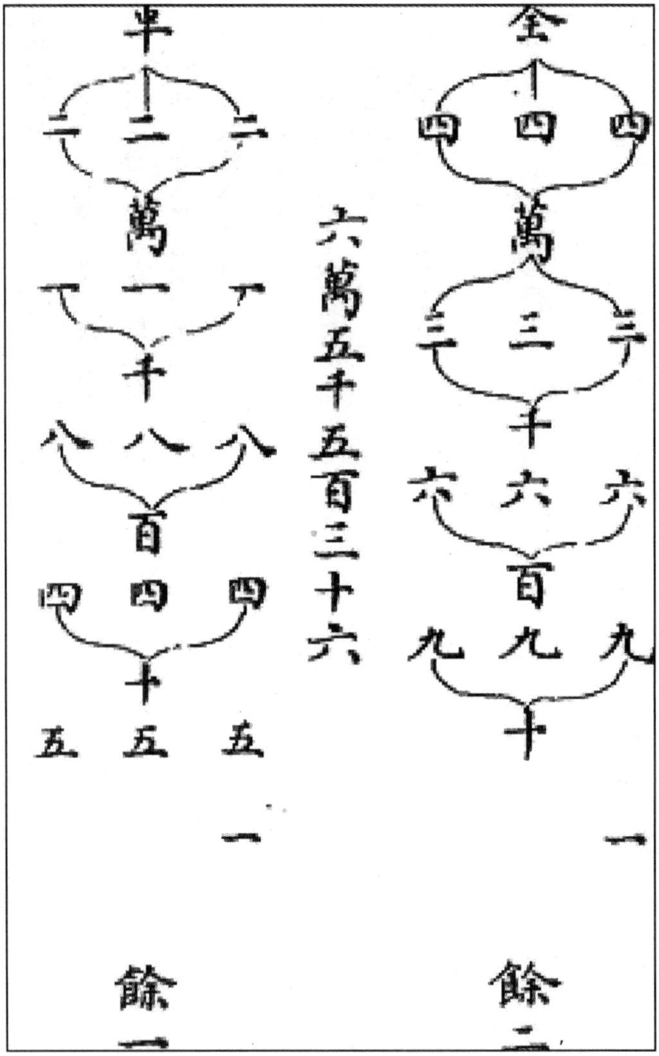

全
四 四 四
萬
三 三 三
千
六 六 六
百
九 九 九
十
一
餘二

六萬五千五百三十六

半
二 二 二
萬
一 一 一
千
八 八 八
百
四 四 四
十
五 五 五
一
餘一

變律第五

解曰：變律者，在正律之位，而非正律之聲也。然律所以有變者，其故有三。

其一，黃鐘至尊爲君，不爲他律役，而每一律皆當爲五聲二變，共七聲。如黃鐘爲宮，則得其正矣。其爲無射之商，夷則角，蕤賓之變徵，仲呂之徵，夾鐘之羽，大呂之變宮，皆受役於他律，故皆當變。黄鐘既變，其次所生之若仍本律，則長不成，曲亦當變焉。如黄鐘爲商，則太蔟之角，姑洗之變徵，林鐘之羽，南呂之變宮，皆隨而變。如黄鐘爲角，則太蔟之變徵，林鐘之變宮，皆隨而變。如爲徵則應鐘爲變徵，爲羽則太蔟爲變宮，臣之從君，理固然也。

其二，以黄鐘、林鐘、太蔟、南呂、姑洗、應鐘上六律長，蕤賓、大呂、夷則、夾鐘、無射、仲呂下六律短，以上律役下律，則或正或半，通而和；以下律役上律，則或正或半，戾而不和。故以上律役上律，以下律役下律，以上律役下律，皆不必變。惟以下律役上律，則必變其上律，使少短而與下律適也。

其三，相生之法，至仲呂而窮，使不再生六律，則上律獨不能遍七聲之用，下律亦無由而通。故以六三之七百二十九，因仲呂之實十三萬一千七十二，三分而益之，再得六律，以爲變也。其實乃仲呂之實相乘，三分益一再生。黄鐘不及舊數，止得十七萬四千七百六十二，其下相因而生五律，莫不於舊爲減，是皆數之自然，而非人力私智增損其間，以求合乎音韻也。其所以變有六者，以數至應鐘而窮，然至此則十二律七聲循環相役已遍，莫非天然自有也？律呂之數，妙矣哉！

黄鐘十七萬四千七百六十二 小分四百八十六。

全八寸七分八釐一毫六絲二忽不用。

解曰：仲呂之實，十三萬一千七十二，以三分之，不盡二算，當有有以通之。律當變者有六，故置一而六，三之得七百二十九。七百二十九，因仲呂之十三萬一千七十二，每仲呂之一，當七百二十九，共九十五百五十五萬一千四百八十八。以三分之，每分得三千一百八十五萬四百九十六，又益一分，上生黄鐘，共一萬二千七百四十萬一千九百八十四。復以七百二十九歸之，爲十七萬四千七百六十二個七百二十九零四百八十六。每黄鐘之一當七百二十九，爲黄鐘十七萬四千七百六十二零三分一之二，以寸法計之，十五萬七千四百六十四，得寸者八。以分法計之，一萬五千三百九，得分者十。以釐法計之，一千九百四十四，得釐者八。以毫法計之，二十七，得毫者一。以絲法計之，一十八，得絲者六。七百二十九爲一，一小分七百二十九，爲三，得三分，一之二，爲四百八十六，爲二忽。積而計之，十七萬四千七百六十二，小分四百八十六，半四寸三分八釐五毫三絲一忽，得八萬七千三百八十，一小分二百四十三。不用全者，所受役之律無長於此者也。下同，且黄鐘君也。

林鐘十一萬六千五百

全五寸八分二釐四毫一絲一忽三初，半二寸八分五釐六毫五絲六初。

解曰：以黄鐘一萬二千七百四十萬一千九百八十四，三分之，每分得四千二百四十六萬七千三百二十八，損一分，下生林鐘，八千四百九十三萬四千六百五十六，以七百二十九歸之，爲林鐘之十一萬六千五百，八個七百二十九零三百二十四八十一爲一初。

太蔟十五萬五千三百四十四。小分四百三十二。

全七寸八分二毫四絲四忽七初不用

半三寸八分四釐五毫六絲六忽八初

解曰：以林鐘八千四百九十三萬四千六百五十六，三分之，每分得二千八百三十一萬一千五百五十二，益一分，上生太蔟，一萬一千三百二十四萬六千二百八，以七百二十九歸之，爲太蔟之十九萬五千三百四十，四個七百二十九零四百二十二。

南呂十萬三千五百

全五寸，半二寸五分六釐七毫四絲五初二秒。

解曰：以太蔟一萬一千三百二十四萬六千二百八，三分之，每分得三千七百七十四萬八千七百三十六，損一分，下生南呂，七千五百四十九萬七千四百七十二，以七百二十九歸之，爲南呂之十萬三千五百六十，三個七百二十九零四十五。

姑洗十三萬八千八十四。小分六十

全七寸一釐二毫二絲一初二秒不用，半三寸四分五釐一毫一絲一初一秒。

解曰：以南呂七千五百四十九萬七千四百七十二，三分之，每分得二千五百十六萬五千八百二十四，益一分，上生姑洗，一萬六十六萬三千二百九十六，以七百二十九歸之，爲姑洗之十三萬八千八十，四個七百二十九零六十。

應鐘九萬二千五十六。小分四十

全四寸六分七毫四絲三忽一初四秒，餘算半二寸三分三毫六絲六忽六秒彊不用。

解曰：以姑洗一萬六十六萬三千二百九十六，三分之，每分得三千三百五十五萬四千四百三十二，損一分，下生應鐘，六千七百十萬八千八百六十四，以七百二十九歸之，爲應鐘之九，萬二千五十個七百二十九零四十。

應鐘六千七百十萬八千八百六十四，三分之，不盡一算。

二　二　三　六　九　六　二　一

二千二百三十六萬九千六百二十一　不盡一算

二 二 三 六 九 六 二

律生五聲第六

解曰：聲生於律，蓋律管之從長、周徑、圍積、面幕，其分寸釐毫絲忽無不通者，以黃鐘而吹之則爲宮，以太蔟而吹之則爲商，以姑洗而吹之則爲角，以林鐘而吹之則爲徵，以南呂而吹之則爲羽，此律管所以爲聲之元也。然律管相生，先後上下，自然有如此之聲矣，豈人爲之哉！

宮聲八十一

解曰：以此管吹之，其聲最濁，爲宮聲。曰八十一者，以此管有八十一分也。此管之聲，即所謂宮，夫豈外管而別又有宮聲者以此管而合之哉！〔一〕

商聲七十二

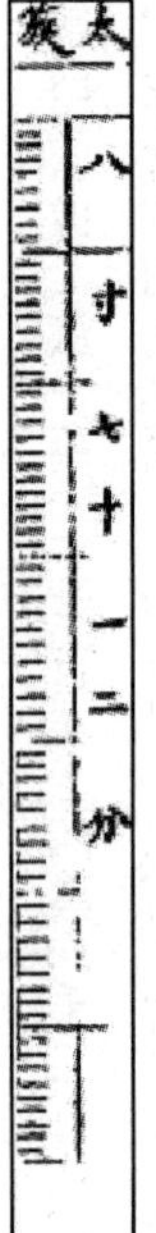

〔一〕此句字原本缺，據關中裕德堂本補。

解曰：以此管而吹之，其聲次濁，爲商聲。曰七十二者，以此管有七十二分也。

角聲六十四

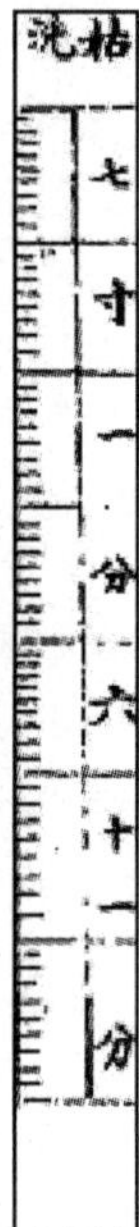

解曰：以此管而吹之，其聲半濁半清，清濁之間，爲角。曰六十四者，以此管六十四分也。

徵聲五十四

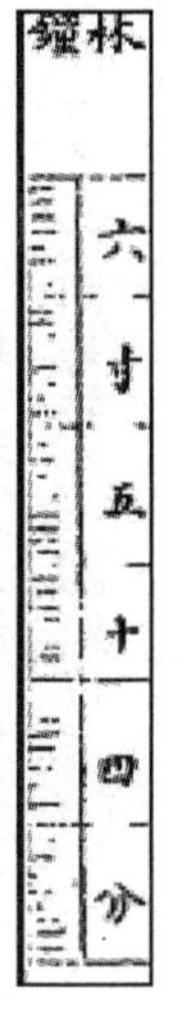

解曰：以此管而吹之，其聲次清，爲徵。曰五十四者，以此管有五十四分也。

羽聲四十八

解曰：以此管而吹之，其聲最清，爲羽。曰四十八者，以此管有四十八分也。

變聲第七

解曰：變聲者，所以接五聲之音，宫比於宫，徵比於徵，雖有七名，其實五聲而已。

變宫四十二　小分六

解曰：角聲之實六十四，以三分之，不盡一算。既不可行，當有以通之。聲之變者二，故置一而兩。三之得九，以九因角聲之實六十四，一九而當角數之一，爲六十四個九，六十九得五百四十。又四九得三十六，共五百七十六，以三分之，每分一百九十二，損一分，下生變宫，得三百八十四，以九歸之，得三百六十，爲四十九，又爲二九，是爲宫之四十二。又六爲一分一之二，即是姑洗生應鐘也。

變徵五十六　小分八

解曰：以變宫三百八十四，三分之，每分得一百二十八，益一分，上生變徵，得五百一十二，以九歸之，得五百四，爲五十六個九，是爲徵之五十六，又八爲四分一之三，是即應鐘生蕤賓也。

八十四聲圖第八

正律墨書　　正聲墨書

變律朱書　半聲朱書

十一月	黃鐘宮					
六月	林鐘宮	黃鐘徵				
正月	太蔟宮	林鐘徵	黃鐘商			
八月	南呂宮	太蔟徵	林鐘商	黃鐘羽		
三月	姑洗宮	南呂徵	太蔟商	林鐘羽	黃鐘角	
十月	應鐘宮	姑洗徵	南呂商	太蔟羽	林鐘角	黃鐘變宮
五月	蕤賓宮	應鐘徵	姑洗商	南呂羽	太蔟角	林鐘黃鐘變宮變徵
十二月	大呂宮	蕤賓徵	應鐘商	姑洗羽	南呂角	太蔟林鐘變宮變徵
七月	夷則宮	大呂徵	蕤賓商	應鐘羽	姑洗角	南呂太蔟變宮變徵
二月	夾鐘宮	夷則徵	大呂商	蕤賓羽	應鐘角	姑洗南呂變宮變徵
九月	無射宮	夾鐘徵	夷則商	大呂羽	蕤賓角	應鐘姑洗變宮變徵
四月	仲呂宮	無射徵	夾鐘商	夷則羽	大呂角	蕤賓應鐘變宮變徵
黃鐘變		仲呂徵	無射商	夾鐘羽	夷則角	大呂蕤賓變宮變徵
林鐘變			仲呂商	無射羽	夾鐘角	夷則大呂變宮變徵
太蔟變				仲呂羽	無射角	夾鐘夷則變宮變徵

南呂變　　仲呂角 無射夾鐘變宮 變徵

姑洗變　　仲呂無射變宮 變徵

應鐘變　　仲呂 變徵

解曰：十二律循其相生之序，以次而爲五聲二變，必足其數而後已。每一律役六律，已往者退，方來者進，如黃鐘爲宮，下生林鐘爲徵，林鐘上生太蔟爲商，太蔟下生南呂爲羽，南呂上生姑洗爲角，姑洗下生應鐘爲變宮，應鐘上生蕤賓爲變徵。黃鐘爲第一，林鐘爲第二，太蔟爲第三，南呂爲第四，姑洗爲第五，應鐘爲第六，蕤賓爲第七。一均既畢，黃鐘者退，大呂者進。林鐘爲宮，上生太蔟爲徵，太蔟下生南呂爲商，南呂上生姑洗爲羽，姑洗下生應鐘爲角，應鐘上生蕤賓爲變宮，蕤賓下生大呂爲變徵。一均既畢，林鐘者退，夷則者進。自此以往，至於蕤賓，則變黃鐘爲變徵，大呂則變黃鐘爲變宮，變林鐘爲變徵，夷則則變黃鐘爲角，變林鐘爲變宮，變大蔟爲變徵，夾鐘則變黃鐘爲羽，變林鐘爲角，變太蔟爲變宮，變南呂爲變徵，無射則變黃鐘爲商，變林鐘爲羽，變太蔟爲角，變南呂爲變宮，姑洗爲變徵，仲呂則變黃鐘爲徵，變林鐘爲商，變太蔟爲羽，變南呂爲角，變姑洗爲變宮，變應爲變徵。十二律各備七聲，七聲各盡十二律而後止焉。然黃鐘一均既畢，林鐘爲宮，固相生之序，而太蔟爲徵，至蕤賓亦仍前之序，更以盡十二律，莫不皆然。律呂之序，其妙矣哉！〇把圖中變黃鐘以下，拿來放在黃鐘以下，折而員之，則旋宮之義，愈爲明白。

六十調圖第九

宮　商　角

黃鐘宮黃 正太 正姑 正蕤 正林 正南 正應 正

此黄鐘爲宮，黄鐘第一調也。所謂黄鐘，一均之備者也。

無射商無正 黄半 大半 姑半 仲半 林半 南半

此黄鐘爲商，黄鐘第二調也。

夷則角夷正 無正 黄半 太半 夾半 仲半 林半

此黄鐘爲角，黄鐘第三調也。

仲呂徵仲正 林變 南變 應變 黄半 太半 姑半

此黄鐘爲徵，黄鐘第四調也。

夾鐘羽夾正 仲正 林變 南變 無正 黄半 太半

此黄鐘爲羽，黄鐘第五調也。○上下宮商角徵羽者，黄鐘得五聲，所謂黄鐘一均之備者也。左右宮商角徵羽者，五聲盡黄鐘，所謂黄鐘一調之備者也。

下十二律並同

大呂宮大正 夾正 仲正 林變 夷正 無正 黄半

應鐘商應正 大半 夾半 仲半 蕤半 夷半 無半

南呂角南正 應正 大半 夾半 姑半 蕤半 夷半

蕤賓徵蕤正 夷正 無正 黄半 大半 夾半 仲半

此大呂一大調也。

姑洗羽姑正 蕤正 夷正 無正 應正 大半 夾半

太蔟宮太正 姑正 蕤正 夷正 南正 應正 大半

黃鐘商黃 正太 正姑 正蕤 正林 正南 正應 正

無射角無 正黃 半太 半姑 半仲 半林 半南 半

林鐘徵林 正南 正應 正大 半太 半姑 半蕤 半

仲呂羽仲 正林 變南 變應 變黃 半太 半姑 半

此太蔟一大調也。

夾鐘宮夾 正仲 正林 變南 變無 正黃 半太 半

大呂商大 正夾 正仲 正林 變夷 正無 正黃 半

應鐘角應 正大 半夾 半仲 半蕤 半夷 半無 半

夷則徵夷 正無 正黃 半太 半夾 半仲 半林 半

蕤賓羽蕤 正夷 正無 正黃 半大 半夾 半仲 半

此夾鐘一大調也。

姑洗宮姑 正蕤 正夷 正無 正應 正大 半夾 半

太蔟商太 正姑 正蕤 正夷 正南 正應 正大 半

黃鐘角黃 正太 正姑 正蕤 正林 正南 正應 正

南呂徵南 正應 正太 半夾 半姑 半蕤 半夷 半

林鐘羽林 正南 正應 正太 半夾 半姑 半蕤 半

此姑洗一大調也。

仲呂宮仲 正林 變南 變應 變黃 半太 半姑 半

夾鐘商夾 正仲 正林 變南 變無 正黃 半太 半

大呂角大 正夾 正仲 正林 變夷 正無 正黃 半

無射徵無 正黃 半太 半姑 半仲 半林 半南 半

夷則羽夷 正無 正黃 半太 半夾 半仲 半林 半

此仲呂一大調也。

蕤賓宮蕤 正夷 正無 正黃 半太 半夾 半仲 半

姑洗商姑 正蕤 正夷 正無 正應 正大 半夾 半

太蔟角太 正姑 正蕤 正夷 正南 正應 正大 半

應鐘徵應 正大 半夾 半仲 半蕤 半夷 半無 半

南呂羽南 正應 正大 半夾 半姑 半蕤 半夷 半

此蕤賓一大調也。

林鐘宮林 正南 正應 正大 半太 半姑 半蕤 半

仲呂商仲 正林 變南 變應 變黃 半太 半姑 半

夾鐘角夾 正仲 正林 變南 變無 正黃 半大 半

黃鐘徵黃 正太 正姑 正蕤 正林 正南 正應 正

無射羽無 正黃 半太 半姑 半仲 半林 半南 半

此林鐘一大調也。

夷則宮夷 正無 正黃 半太 半夾 半仲 半林 半

蕤賓商蕤 正夷 正無 正黃 半大 半夾 半仲 半

姑洗角姑 正蕤 正夷 正無 正應 正太 半夾 半

大呂徵大 正夾 正仲 正林 變夷 正無 正黃 半

應鐘羽應 正大 半夾 半仲 半蕤 半夷 半無 半

此夷則一大調也。

南呂宮南 正應 正大 半夾 半姑 半蕤 半夷 半

林鐘商林 正南 正應 正大 半太 半姑 半蕤 半

仲呂角仲 正林 變南 變應 半黃 半大 半姑 半

太蔟徵太 正姑 正蕤 正夷 正南 正應 正大 半

黃鐘羽黃 正太 正姑 正蕤 正林 正南 正應 正

此南呂一大調也。

無射宮無 正黃 半太 半姑 半仲 半林 半南 半

夷則商夷 正無 正黃 半太 半夾 半仲 半林 半

蕤賓角蕤 正夷 正無 正黃 半太 半夾 半仲 半

夾鐘徵夾 正仲 正林 變南 變無 正黃 半太 半

大呂羽大 正夾 正仲 正林 變夷 正無 正黃 半

此無射一大調也。

應鐘宮應 正大 半夾 半仲 半蕤 半夷 半無 半

南呂商南 正應 正大 半夾 半姑 半蕤 半夷 半

林鐘角林 正南 正應 正大 半太 半姑 半蕤 半

姑洗徵姑 正蕤 正夷 正無 正應 正大 半夾 半

太蔟羽太 正姑 正蕤 正夷 正南 正應 正大 半

此應鐘一大調也。

解曰：始於黃鐘，終於黃鐘，有五調爲一大調。黃鐘爲調首，其下四調，得調首爲商徵角羽，而一大調備矣。大調五律，除調首中聲，必有二陰二陽，六十調皆同。夫六十調之序，雖以十二律長短爲先後，然黃鐘一均之備，終於南呂。南呂下即無射起調，一均之備，終於林鐘；林鐘下夷則起調，一均之備，終於仲呂；仲呂下該蕤賓，然一陽事畢，陰當用事，乃以仲呂起調，一均之備，終於太蔟；太蔟下夾鐘起調，而一大調畢矣。夾鐘一均之備，終於黃鐘，黃鐘下大呂起調首，然以大呂自左而右，逆數已往，爲調四律，即大呂一均之備、五聲之序，循是而去，六十調皆然，律呂之數妙矣哉！

候氣第十

候氣之法，下文皆是。

爲室三重，戶閉，塗釁必周密，緹縵室中。

陳氏曰：爲室三重，室各有門，爲門之位，外之以子，中之以午，内復以子。布緹上圓下方，愚謂門位，參差閉戶，塗釁緹室，所以使〔二〕風氣不通也。爲氣所動者灰散，爲物所動者灰聚。

以木爲案，每律各一案，內庳外高，從其方位，加律其上，以葭灰實其端，覆以緹素。

解曰：以木爲十二案，加十二律其上，埋於地中，其管斜埋，使其端與地齊。入地處卑，出地處高，故曰「內庳外高」。黃鐘埋於子位，上頭向南；蕤賓埋於午位，上頭向北；夾鐘埋於卯位，上頭向西；南呂埋於酉位，上頭向東；其餘八律，亦各依其辰位。中秋白露降，採河內葭莩爲灰實其管，或以素羅，或以素紗覆之。

按曆而候之，氣至則吹灰動素，小動爲氣和，大動爲君弱臣強，專政之應；不動爲君嚴猛之應。其升降之數，陽候則陽律升多，陰律升少；陰候則陰律升多，陽律升少。

在冬至則黃鐘九寸，升五分一釐三毫。

大寒則大呂八寸三分七釐六毫，升三分七釐六毫。

雨水則太蔟八寸，升四分五釐一毫六絲。

春分則夾鐘七寸四分三釐七毫三絲，升三分三釐七毫三絲。

穀雨則姑洗七寸一分，升四分釐五毫四絲三忽。

小滿則仲呂六寸五分八釐三毫四絲六忽，升三分□三毫四絲六忽。

夏至則蕤賓六寸二分八釐，升二分八釐。

〔二〕原本缺「閉戶塗釁緹室所以使」數字，據關中裕德堂本補。

大暑則林鐘六寸，升三分三釐四毫。

處暑則夷則五寸五分五釐五毫，升二分五釐五毫。

秋分則南呂五寸三分，升三分□□四毫一絲。

霜降則無射四十八分八釐四毫八絲，升二分二釐四毫八絲。

小雪則應鐘四寸六分六釐，升三分一毫一絲。

審度第十一

度者，分、寸、尺、丈、引，所以度長短也。生於黃鐘之長，以子穀秬黍中者九十枚，度之一爲一分。

解曰：凡黍積於管中，則十三黍三分，黍之一而滿一分，積九十分，則千有二百黍矣。故此九十黍之數，與下章千二百黍之數，其實一也。

十分爲寸，十寸爲尺，十尺爲丈，十丈爲引。數始於一、終於十者，天地之全數也。律未成之前，有是數而未見；律成而後，數始得以形焉。度之成，在律之後；度之數，在律之前。故律之長短圍徑，以度之寸分之數而定焉。

嘉量第十二

量者，龠、合、升、斗、斛，所以量多少也。生於黃鐘之容，以子穀秬黍中者一千二百實其龠，以升水準其槩，以度數審其容。一龠，積八百一十分。合龠爲合，兩龠也，積一千六百二十分。十合爲升，二十龠也，積一萬六千二百分。十升爲斗，百合，二百龠也，積十六萬二千分。十斗爲斛。二千龠，千合百升也。積一百六十二萬分。

謹權衡第十三

權衡者，銖、兩、斤、鈞、石，所以權輕重也。生於黄鐘之重，以子穀秬黍中者一千二百實其龠，百黍一銖，一龠十二銖，二十四銖爲一兩，兩龠也。十六兩爲斤，三十二龠，三百八十四銖也。三十斤爲鈞，九百六十龠，一萬一千五百一十銖，四百八十兩也。四鈞爲石。三千八百四十龠，四萬六千八十銖，一萬九千二百兩也。

苑洛志樂卷二

苑洛志樂　卷三

明韓邦奇撰

起調則例

黃鐘内調，十二律倣此。

黃鐘宮調	黃[宮]	林	太	南	姑	應	蕤
商調	大[宮]	南	姑	應	蕤	大	夷
角調	姑[宮]	應	蕤	大	夷	夾	無
徵調	林[宮]	太	南	姑	應	蕤	大
羽調	南[宮]	姑	應	蕤	大	夷	夾

黃鐘外調，十二律倣此。

黃鐘爲宮	黃[宮]	林	太	南	姑	應	蕤
爲商	無	仲	黃[商]	林	太	南	姑

爲角	夷	夾	無	仲	黄[角]	林	太	
為徵	仲	黄[徵]	林	太	南	姑	應	
爲羽	夾	無	仲	黄[羽]	林	太	南	

黄鐘用二變七轉歸宮之調，十二律皆然。

黄[起宮]	林	太	南	姑	應	蕤
大	夷	夾	無	仲	黄	林
太[應宮]	南	姑	應	蕤	大	夷
夾[應宮]	無	仲	黄	林	太	南
姑[應宮]	應	蕤	大	夷	夾	無
仲[應宮]	黄	林	太	南	姑	應
蕤	大	夷	夾	無	仲	黄[收宮]

黃鐘用五聲，不用二變九轉歸宮之調，十二律皆然。

黃起宮	林徵	太商	南羽	姑角	應	蕤
大應宮	夷	夾	無	仲	黃	林
太應宮	南	姑	應	蕤	大	夷
夾應宮	無	仲	黃	林	太	南
姑應宮	應	蕤	大	夷	夾	無
仲應宮	黃	林	太	南	姑	應
蕤應宮	大	夷	夾	無	仲	黃
林應宮	太	南	姑	應	蕤	大
夷宮	夾徵	無商	仲羽	黃角收宮	林	太

十二宮調

奏							
一奏（黃鐘爲宮始宮）	黃（全變）	林（徵全）	太（商全）	南（羽全）	姑（角全）	應（宮變）	蕤（變徵終）
二奏（大呂爲宮始宮）	大（全）	夷（徵全）	夾（商全）	無（羽）	仲（角）	黃（變宮變半）	林（變徵終全）
三奏（太蔟爲宮始宮）	太（全）	南（徵全）	姑（商全）	應（羽全）	蕤（角）	大（變宮半）	夷（變徵終全）
四奏（夾鐘爲宮始宮）	夾（全）	無（徵全）	仲（商全）	黃（羽半變）	林（角全）	太（變宮半）	南（變徵終全）
五奏（姑洗爲宮始宮）	姑（全）	應（徵全）	蕤（商全）	大（羽全）	夷（角全）	夾（變宮半）	無（變徵終全）
六奏（仲呂爲宮始宮）	仲（全）	黃（徵變半）	林（商全）	太（羽半）	南（角全）	姑（變宮半）	應（變徵終全）
七奏（蕤賓爲宮始宮）	蕤（全）	大（徵半）	夷（商全）	夾（羽半）	無（角全）	仲（變宮半）	黃（變徵終變半）
八奏（林鐘爲宮始宮）	林（全）	太（徵半）	南（商全）	姑（羽半）	應（角全）	蕤（變宮半）	大（變徵終半）
九奏（夷則爲宮始宮）	夷（全）	夾（徵半）	無（商全）	仲（羽半）	黃（角變半）	林（變宮半）	太（變徵終半）

奏							
十奏（南呂爲宮始宮）	南（全）	姑（徵半）	應（商全）	蕤（羽）	大（角半）	夷（變宮半）	夾（變徵終半）
十一奏（無射爲宮始宮）	無（全）	仲（半）	黃（商變半）	林（羽半）	太（角半）	南（變宮）	姑（變徵終半）
十二奏（應鐘爲宮始宮）	應（全）	蕤（徵半）	大（商半）	夷（羽）	夾（角半）	無（變宮半）	仲（變徵終半）

十二商調

奏							
一奏	無	仲	黃（黃鐘爲商；半變）	林	太	南	姑
二奏	應	蕤	大（大呂爲商；半）	夷	夾	無	仲
三奏	黃	林	太（太蔟爲商；全）	南	姑	應	蕤
四奏	大	夷	夾（夾鐘爲商；全）	無	仲	黃	林
五奏	太	南	姑（姑洗爲商；全）	應	蕤	大	夷
六奏	夾	無	仲（仲呂爲商；全）	黃	林	太	南
七奏	姑	應	蕤（蕤賓爲商；全）	大	夷	夾	無

八奏	仲	黃	林（林鐘爲商，全）	太	南	姑	應
九奏	蕤	大	夷（夷則爲商）	夾	無	仲	黃
十奏	林	太	南（南呂爲商，全）	姑	應	蕤	大
十一奏	夷	夾	無（無射爲商，全）	仲	黃	林	太
十二奏	南	姑	應（應鐘爲商，全）	蕤	大	夷	夾

十二角調

一奏	夷	夾	無	仲	黃（黃鐘爲角，半變）	林	太
二奏	南	姑	應	蕤	大（大呂爲角，半）	夷	夾
三奏	無	仲	黃	林	太（太蔟爲角，半）	南	姑
四奏	應	蕤	大	夷	夾（夾鐘爲角，半）	無	仲
五奏	黃	林	太	南	姑（姑洗爲角，全）	應	蕤

六奏	大	夷	夾	無	仲（仲呂爲角　全）	黃	林
七奏	太	南	姑	應	蕤（蕤賓爲角　全）	大	夷
八奏	夾	無	仲	黃	林（林鐘爲角　全）	太	南
九奏	姑	應	蕤	大	夷（夷則爲角　全）	夾	無
十奏	仲	黃	林	太	南（南呂爲角　全）	姑	應
十一奏	蕤	大	夷	夾	無（無射爲角　全）	仲	黃
十二奏	林	太	南	姑	應（應鐘爲角）	蕤	大

十二徵調

一奏	仲	黃（黃鐘爲徵　半變）	林	太	南	姑	應
二奏	蕤	大（大呂爲徵　半）	夷	夾	無	仲	黃
三奏	林	太（太蔟爲徵　半）	南	姑	應	蕤	大

四奏	夷	夾（夾鐘爲徵 半）	無	仲	黃	林	太
五奏	南	姑（姑洗爲徵 半）	應	蕤	大	夷	夾
六奏	無	仲（仲呂爲徵 半）	黃	林	太	南	姑
七奏	應	蕤（蕤賓爲徵 半）	大	夷	夾	無	仲
八奏	黃	林（林鐘爲徵 全）	太	南	姑	應	蕤
九奏	大	夷（夷則爲徵 全）	夾	無	仲	黃	林
十奏	太	南（南呂爲徵 全）	姑	應	蕤	大	夷
十一奏	夾	無（無射爲徵 全）	仲	黃	林	太	南
十二奏	姑	應（應鐘爲徵 全）	蕤	大	夷	夾	無

十二羽調

一奏	夾	無	仲	黃（黃鐘爲羽 半變）	林	太	南

二奏	姑	應	蕤	大半（大呂爲羽）	夷	夾	無
三奏	仲	黃	林	太半（太蔟爲羽）	南	姑	應
四奏	蕤	大	夷	夾半（夾鐘爲羽）	無	仲	黃
五奏	林	太	南	姑半（姑洗爲羽）	應	蕤	大
六奏	夷	夾	無	仲半（仲呂爲羽）	黃	林	太
七奏	南	姑	應	蕤半（蕤賓爲羽）	大	夷	夾
八奏	無	仲	黃	林全（林鐘爲羽）	太	南	姑
九奏	應	蕤	大	夷全（夷則爲羽）	夾	無	仲
十奏	黃	林	太	南全（南宮爲羽）	姑	應	蕤
十一奏	大	夷	夾	無全（無射爲羽）	仲	黃	林
十二奏	太	南	姑	應全（應鐘爲羽）	蕤	大	夷

周樂起羽黃鐘調，十二律皆然。

黃鐘起宮之羽，十回宮，所謂若樂九變者也。

南 姑 應 蕤 大 夷 夾 無 仲 黃

黃鐘起徵之羽，九回宮，所謂若樂八變者也。

姑 應 蕤 大 夷 夾 無 仲 黃

黃鐘起商之羽，八回宮。

應 蕤 大 夷 夾 無 仲 黃

黃鐘起羽之羽，七回宮，所謂若樂六變者也。

蕤 大 夷 夾 無 仲 黃

黃鐘起角之羽，六回宮。

大 夷 夾 無 仲 黃

黃鐘之變宮，雖不起調，乃回宮之律，五轉四變，即回宮。所謂上九、徵九、商八、羽七、角六、宮五者是也。

清宮雙調，十二律皆然。

黃 林 太 南 姑 應 蕤 大 夷 夾 無 仲 黃 林

損益隔八連珠調，十二律皆然。

此爲諸調之首，最爲深雅，天然之妙。人但知起調之宮，黃鐘生林鐘，而不知黃鐘十二律既備，復生黃鐘以歸宮，又復生林鐘以起調。如一綍之相連，本末皆生，與諸調不同。

黃 林 太 南 姑 應 蕤 大 夷 夾 無 仲 黃

林 太 南 姑 應 蕤 大 夷 夾 無 仲 黃 林

清角之調

林鐘以姑洗爲羽，周樂以羽起聲爲姑洗，姑洗乃黄鐘之角，然用姑洗半聲，故爲清角。黄鐘起調，林鐘起宫，姑洗起聲。

姑　應　蕤　大　夷　夾　無　仲　黄　林

慢角之調

黄鐘宫至姑洗，角改調，仍用姑洗全聲。黄鐘起調，姑洗接調。

姑　應　蕤　大　夷　夾　無　仲　黄　林　太　南　姑

少商之調　亦云清商

仲吕以太蔟爲羽，周樂以羽起聲爲太蔟，太蔟乃黄鐘之商，然用太蔟半聲，故爲少商。黄鐘起調，仲吕起宫，太蔟起聲。

太　南　姑　應　蕤　大　夷　夾　無　仲

下徵之調

無射以林鐘爲羽，周樂以羽起聲爲林鐘，林鐘爲黄鐘之徵，然用林鐘半聲，故爲下徵。黄鐘起調，無射起宫，林鐘起聲。

林　太　南　姑　應　蕤　大　夷　夾　無　仲　黄　林

自周公作樂之後，前代之制無考。後世皆宗周樂，故起調率若此清少下三調，皆用子。若然器須三十六，否則兼音。孫子曰：「聲不過五，五聲之變，至不可窮也。」此其大凡也。或備或摘，在乎人之所用耳。

全半倍正子則例

依古法，一均七聲，歸宫律管，各自備全半正倍之外，不須再具子聲，最整齊自然。應鐘管之全形，即蕤賓之半聲，應鐘管之全羽，即夷則之半聲也。

宫、徵、商、羽，兩倡兩和，四聲已具，再起倡聲，其序該半者，復用全起。每四聲即起全聲，不須用子聲矣。八聲而後别起，全則應鐘變子，爲仲吕半聲，生黄鐘半聲，和聲反長，必用子聲，一聲復起全。

長調左轉，至八聲用半，九聲復用全，起倡若依次用半。如夷則承大呂用半之後，主夾鐘之半，長於夷則宮，倡短而徵和，長則夾鐘當用半之半，爲子聲。至於無射之子生仲呂之子，仲呂又長，則當用子之子。然律無四聲，止有正倍子之三聲，不可行矣。故第十三該起全遇黃鐘，則用半尊律止倡和亦諧。凡長調至九聲，則當復用全。

右轉至九聲起半。

周樂：雲門起羽，兩倡兩和，兩全兩半則易。律如黃鐘爲宮起南呂，歷姑洗、應鐘，至蕤賓則接大呂復起全，至黃鐘歸宮，則序當用半。然歸宮用全聲。

咸池十四聲，則十聲至黃鐘用半，至林用全，太用半，林復用全，黃歸宮，用變全。

管子當用半之半者，不必別具子聲，止於短孔內用兼音可也。

凡聲遇黃鐘，除爲宮歸用全，餘皆用半尊律也。歸宮雖用全，亦用變。

十二律爲宮，七聲全半。

正聲倍子而爲母，子聲半正而爲子。若黃鐘之管，正聲九寸，爲均；其子聲則四寸半，三分損一，下生林鐘之子，又三分益一，上生太蔟之子，由是第之終於中呂，以從十二母相生之法。故黃鐘爲宮，而下生林鐘，爲徵；林鐘上生太蔟，爲商；太蔟下生南呂，爲羽；南呂上生姑洗，爲角；姑洗下生應鐘，爲變宮；應鐘上生蕤賓，爲變徵；此黃鐘之調，皆得三分之次，故用正律之聲。大呂爲宮而下生夷則，爲徵；夷則上生夾鐘，爲商；夾鐘下生無射，爲羽；無射上生仲呂，爲角；仲呂生黃鐘爲變宮，黃鐘長，用半。黃鐘生林鐘，爲變徵。此大呂之調，用正律之聲六，半律之聲，一也。太蔟爲宮而下生南呂，爲徵；南呂上生姑洗，爲商；姑洗下生應鐘，爲羽；應鐘上生蕤賓，爲角；蕤賓生大呂，爲變宮；大呂長，用半，蕤賓生大呂爲變徵，用正律之聲六，半律之聲，一也。夾鐘爲宮而下生無射，爲徵；無射生仲呂，爲商；仲呂上生黃鐘，爲羽；黃鐘正律聲長，非仲呂三分去一之次，故用子聲，爲羽；黃鐘下生林鐘，爲角；林鐘子律聲短，非仲呂爲商之次，故還用正聲，爲角；林鐘生太蔟，爲變宮；太蔟長，用半，太蔟生南呂，爲變徵。此夾鐘之調，正聲五，子聲二也。姑洗爲宫而下生應鐘，爲徵；應鐘上生蕤賓，爲商；蕤賓上生大吕，爲羽；大吕正律，聲非蕤賓三分去一之次，故用子聲，爲羽；大吕下生夷則，爲角；夷則子律聲短，非蕤賓爲商之次，故還用正聲，爲角；夷則生夾鐘，爲變宫；夾鐘長，用半，夾鐘生無射，爲變徵；此姑洗之調，正聲五，子聲二也。仲吕爲宫，而上生黄鐘，爲徵；黄鐘正律聲長，非仲吕三分去一之次，故用子聲，爲徵；黄鐘下生林鐘，爲商；林鐘子律聲短，非仲吕爲宫之次，故還用正聲，爲商；林鐘上生太蔟，爲羽；太蔟正律聲長，非林鐘三分去一之次，故用子聲，爲羽；太蔟下生南吕，爲角；南吕生姑洗，爲變宫；姑洗長，用半，姑洗生應鐘，爲變徵。此仲吕之調，正聲四，子聲三也。蕤賓爲宫而下生大吕，爲徵；大吕正律，聲長，非蕤賓三分去一之次，故用子聲，爲徵；大吕下生夷則，爲商；夷則上生夾鐘，爲羽；夾鐘正律，聲長，非夷則三分去一之次，故用子聲，爲羽；夾鐘下生無射，爲角；無射子律，聲短，非夷則爲商之次，故還用正聲，爲角；無射生仲吕，爲變宫；仲吕長用半，仲吕生黄鐘，爲變徵，用半。此蕤賓之調，正聲三，子聲四也。林鐘爲宫而上生太蔟，爲徵；太蔟正律，聲長，非林鐘三分去一之次，故用子聲，爲徵；太蔟下生南吕，爲商；南吕上生姑洗，爲羽；姑洗正律，聲長，非南吕三分去一之次，故用子聲，爲羽；姑洗下生應鐘，爲角；應鐘子律，聲短，非南吕爲商之次，故還用正聲，爲角；應鐘生蕤賓，爲變宫；蕤賓長，用半，蕤賓生大吕，爲變徵，用半，此林鐘之調，正聲三，子聲四也。夷則爲宫而上生夾鐘，爲徵；夾鐘正律，聲長，非夷則三分去一之次，故用子聲，爲徵；夾鐘下生無射，爲商；無射子律，聲短，非夷則爲宫之次，故還用正聲，爲商；無射上生仲吕，爲羽；仲吕正律，聲長，非無射三分去一之次，故用子聲，爲羽；仲吕上生黄鐘，爲角；黄鐘正律，聲長，非無射爲商之次，故用子聲，爲角；黄鐘生林鐘爲變宫，林鐘長，用半，林鐘生太蔟，爲變徵，用半。此夷則之調，正聲二，子聲五也。南吕爲宫，南吕上生姑洗，爲徵；姑洗正律，聲長，非南吕三分去一之次，故用子聲，爲徵；姑洗下生應鐘，爲商；應鐘子律，聲短，非南吕爲宫之次，故用正聲，爲商；應鐘上生蕤賓，爲羽；蕤賓正律，聲長，非應鐘三分去一之次，故用子聲，爲羽；蕤賓上生大吕，爲角；大吕正律，聲長，非應鐘爲商之次，故用子聲，爲角；大吕生夷則，爲變宫；夷則長，用半，夷則生夾鐘，爲變徵，用半。此南吕之調，正聲二，子聲五也。無射爲宫，而上生仲吕，爲徵；

仲呂正律，聲長，非無射三分去一之次，故用子聲，爲徵；　仲呂上生黄鍾，爲商；　黄鍾正律，聲長，非無射爲宫之次，故用子聲，爲商；　黄鍾下生林鍾，爲羽；　林鍾正律，聲長，非黄鍾子聲三分去一之次，故用子聲，爲羽；　林鍾上生太蔟，爲角；　太蔟正律，聲長，非黄鍾子聲爲商之次，故用子聲，爲角；　太蔟生南呂，爲變宫；　南呂長，用半，南呂生姑洗，爲半徵，用半。此無射之調，正聲一，子聲六也。應鍾爲宫，應鍾上生蕤賓，爲徵；　蕤賓正律，聲長，非應鍾三分去一之次，故用子聲，爲徵；　蕤賓上生大呂，爲商；　大呂正律，聲長，非應鍾爲宫之次，故用子聲，爲商；　大呂下生夷則，爲羽；　夷則正律，聲長，非蕤賓子聲爲徵之次，故用子聲，爲羽；　夷則上生夾鍾，爲角；　夾鍾正律，聲長，非大呂子聲爲商之次，故用子聲，爲角；　夾鍾生無射，爲變宫；　無射長，用半，無射生仲呂，爲變徵，用半。此應鍾之調，正聲一，子聲六也。此用半之大法，若調有不同，各於其調而均，聲惟取諧和而已。

祀天神

冬至，祀天神。降神之樂，用黄鍾九變。

冬至，陽生。十一月，子。黄鍾，冬至應候之管，爲子，十一月之律。天爲陽之尊，黄鍾九寸。九乃陽之極，故祀天用黄鍾，圜、丘、圍，三用全。三三，九也。黄鍾一調九變，黄鍾用五聲，五聲用黄鍾，一大調備也。

樂用曰：黄鍾爲宫，無射之商，夷則之角，仲呂之徵，夾鍾之羽。靁鼓靁鼗，孤竹之管，雲和之琴瑟，雲門之舞。冬至日，於地上之圜丘奏之，若樂九變，則天神皆降，可得而禮矣。舞用雲門者，樂雖與周樂異，然舞節陰辰陽辰則一也，同一俯仰進退。

黄鍾一變

黄　林　太　南　姑　應　蕤　黄

無射二變

無　仲　黄　林　太　南　姑　無

再作

夷則二變

夷 夾 無 仲 黃 林 太 夷

再作

仲呂二變

仲 黃 林 太 南 姑 應 仲

再作

夾鐘二變

夾 無 仲 黃 林 太 南 夾

再作

一奏：始奏黃鐘生林鐘；繼奏：林鐘生太蔟，以至黃鐘復生林鐘。雙調雙歸，宫如雜組，經緯成文而不亂，自然之妙也。正半宫商，按律而奏。

黃 林 太 南 姑 應 蕤 大 夷 夾 無 仲

林 太 南 姑 應 蕤 大 夷 夾 無 仲 黃

二奏

大 蕤 應 姑 南 太 林 黃 仲 無 夾 夷

蕤 應 姑 南 太 林 黃 仲 無 夾 夷 大

三奏

太 南 姑 應 蕤 大 夷 夾 無 仲 黃 林

南 姑 應 蕤 大 夷 夾 無 仲 黃 林 太

四奏

夾 夷 大 蕤 應 姑 南 太 林 黃 仲 無

夷 大 蕤 應 姑 南 太 林 黃 仲 無 夾

五奏

姑 應 蕤 大 夷 夾 無 仲 黃 林 太 南

應 蕤 大 夷 夾 無 仲 黃 林 太 南 姑

六奏

仲 無 夾 夷 大 蕤 應 姑 南 太 林 黃

無 夾 夷 大 蕤 應 姑 南 太 林 黃 仲

七奏

蕤 大 夷 夾 無 仲 黃 林 太 南 姑 應

大 夷 夾 無 仲 黃 林 太 南 姑 應 蕤

八奏

林 黃 仲 無 夾 夷 大 蕤 應 姑 南 太

黃 仲 無 夾 夷 大 蕤 應 姑 南 太 林

九奏

夷 夾 無 仲 黃 林 太 南 姑 應 蕤 大

夾 無 仲 黃 林 太 南 姑 應 蕤 大 夷

十奏

南 太 林 黃 仲 無 夾 夷 大 蕤 應 姑

太 林 黃 仲 無 夾 夷 大 蕤 應 姑 南

十一奏

無 仲 黃 林 太 南 姑 應 蕤 大 夷 夾

仲 黃 林 太 南 姑 應 蕤 大 夷 夾 無

十二奏

應 姑 南 太 林 黃 仲 無 夾 夷 大 蕤

姑 南 太 林 黃 仲 無 夾 夷 大 蕤 應

夏至，祭地祇之樂，用蕤賓六變。

夏至陰生五月，午。蕤賓應候之管，五月之律。地爲陰之尊，蕤賓乃陰之極，祭地用蕤賓，方澤圜四用，半、三、二、六也。

蕤賓一調六變，蕤賓用五聲，五聲用蕤賓，一大調備矣。

樂用曰：蕤賓爲宮，姑洗之商，太蔟之角，應鐘之徵，南呂之羽，靈鼓靈鼗，孫竹之管，空桑之琴瑟，咸池之舞。

夏至日，於地中之方澤奏之，則地祇皆出，可得而禮矣。舞用咸池，解見祀天神下。

蕤賓二變

蕤 大 夷 夾 無 仲 黃 蕤

再作

姑洗一變

姑 應 蕤 大 夷 夾 無 姑

太蔟一變

太 南 姑 應 蕤 大 夷 太

應鐘一變

應 蕤 大 夷 夾 無 仲 應

南呂一變

南 姑 應 蕤 大 夷 夾 南

一 黃鐘兩起調，姑洗兩應調，夷則兩接調，黃鐘見調，姑洗收宮。

黃 林 太 南 姑 應 蕤 大 夷 夾 無 仲 黃

林 太 南 姑 應 蕤 大 夷 夾 無 仲 黃 林

太 南 姑

二

大 蕤 應 姑 南 太 林 黃 仲 無 夾 夷 大

蕤 應 姑 南 太 林 黃 仲 無 夾 夷 大 蕤

應 姑 南

三

太 南 姑 應 蕤 大 夷 夾 無 仲 黃 林 太

南 姑 應 蕤 大 夷 夾 無 仲 黃 林 太 南

姑 應 蕤

四

夾 夷 大 蕤 應 姑 南 太 林 黃 仲 無 夾

夷大蕤應姑南太林黃仲無夾夷
大蕤應
五
姑應蕤大夷夾無仲黃林太南姑
應蕤大夷夾無仲黃林太南姑應
蕤大夷
六
仲無夾夷大蕤應姑南太林黃仲
無夾夷大蕤應姑南太林黃仲無
夾夷大
七
蕤大夷夾無仲黃林太南姑應蕤
大夷夾無仲黃林太南姑應蕤大
夷夾無
八
林黃仲無夾夷大蕤應姑南太林
黃仲無夾夷大蕤應姑南太林黃
仲無夾
九

夷夾無仲黄林太南姑應蕤大夷

夾無仲黄林太南姑應蕤大夷夾

無仲黄

十

南太林黄仲無夾夷大蕤應姑南

太林黄仲無夾夷大蕤應姑南太

林黄仲

十一

無仲黄林太南姑應蕤大夷夾無

仲黄林太南姑應蕤大夷夾無仲

黄林太

十二

應姑南太林黄仲無夾夷大蕤應

姑南太林黄仲無夾夷大蕤應姑

南太林

四時，享人鬼。降神之樂，用太蔟八變。

人生於寅，太蔟寅月之律，故享人鬼用太蔟。寅月之中，上去子陽六十日，下去午陰一百二十日。太蔟上戴乎天六十日，陽，一也，一，六十也。下履乎地一百二十日，陰，二也，二，六十也。太蔟位乎中，有人象焉。於天缺其一，於地多其二，故太蔟八變用五聲，五聲用太蔟，一大調備矣。

樂用曰：太蔟爲宮，黄鐘之商，無射之角，林鐘之徵，仲吕之羽。路鼓路鼗，陰竹之管，龍門之琴瑟，九德之舞。於宗廟之中奏之。若八變則人鬼皆格，可得而禮矣。

太蔟一變

太　南　姑　應　蕤　大　夷

黄鐘二變

黄　林　太　南　姑　應　蕤

再作

無射二變

無　仲　黄　林　太　南　姑

再作

林鐘二變

林　太　南　姑　應　蕤　大

再作

仲吕一變

仲　黄　林　太　南　姑　應

一

黄　林　太　南　姑　應　蕤　大　夷　夾　無　仲　黄

林　太　南　姑　應　蕤　大　夷　夾　無　仲　黄　林

南　姑　應　蕤　大　夷　夾　無　仲　黄

二
大蕤應姑南太林黃仲無夾夷大
蕤應姑南太林黃仲無夾夷大蕤
應姑南太林黃仲無夾夷大蕤應
姑南太林黃仲無夾夷大

三
太南姑應蕤大夷夾無仲黃林太
南姑應蕤大夷夾無仲黃林太南
姑應蕤大夷夾無仲黃林太南姑
應蕤大夷夾無仲黃林太

四
應姑南太林黃仲無夾夷大蕤應
姑南太林黃仲無夾夷大蕤應姑
南太林黃仲無夾夷大蕤應姑南
太林黃仲無夾夷大蕤應

五
姑應蕤大夷夾無仲黃林太南姑
應蕤大夷夾無仲黃林太南姑應
蕤大夷夾無仲黃林太南姑應蕤

大夷夾無仲黃林太南姑

六

南太林黃仲無夾夷大蕤應姑南

太林黃仲無夾夷大蕤應姑南太

林黃仲無夾夷大蕤應姑南太林

黃仲無夾夷大蕤應姑南

七

蕤大夷夾無仲黃林太南姑應蕤

大夷夾無仲黃林太南姑應蕤大

夷夾無仲黃林太南姑應蕤大夷

夾無仲黃林太南姑應蕤

八

林黃仲無夾夷大蕤應姑南太林

黃仲無夾夷大蕤應姑南太林黃

仲無夾夷大蕤應姑南太林黃仲

無夾夷大蕤應姑南太林

九

夷夾無仲黃林太南姑應蕤大夷

夾無仲黃林太南姑應蕤大夷夾

無仲黃林太南姑應蕤大夷夾無
仲黃林太南姑應蕤大夷

十

仲無夾夷大蕤應姑南太林黃仲
無夾夷大蕤應姑南太林黃仲無
夾夷大蕤應姑南太林黃仲無夾
夷大蕤應姑南太林黃仲

十一

無仲黃林太南姑應蕤大夷夾無
仲黃林太南姑應蕤大夷夾無仲
黃林太南姑應蕤大夷夾無仲黃
林太南姑應蕤大夷夾無

十二

夾夷大蕤應姑南太林黃仲無夾
夷大蕤應姑南太林黃仲無夾
夷大蕤應姑南太林黃仲無夾夷
大蕤應姑南太林黃仲無夾

苑洛志樂　卷四

明韓邦奇撰

擬周慶賀

元和回陽之曲，左轉左行七變，隔八而至大呂，右轉右行七變，隔八而至應鐘，天然自有也。世儒以五轉至大呂，既右轉矣，安得至大呂？

起黃鐘徵之徵

徵，火。火能生土，土能尅水，北屬水，南屬火，火能生土則尅水矣。十變而遇黃鐘，十宮數，土也。何以十生？數五，成數五。二五，爲十也。徵十變而復見黃鐘，火能生土，自然之數，妙矣。與周樂補輳者不同，世儒以起徵爲淫及於商，非也。淫及於商，蓋起羽及歸宮復生徵，商及羽爲一周，乃窮樂之變也。若以起徵爲淫，及則韶樂起宮，亦及於商矣。舊解以商爲紂。

黃鐘起調　林鐘起宮　太蔟起聲

太　南　姑　應　蕤　大　夷　夾　無　仲　黃　林

回調

黃　仲　無　夾　夷　大　蕤　應　姑　南　太　林

大呂起調　夷則起宮　夾鐘起聲

夾　無　仲　黃　林　太　南　姑　應　蕤　大　夷

回調
大 蕤 應 姑 南 太 林 黃 仲 無 夾 夷
太蔟起調 南呂起宮 姑洗起聲
姑 應 蕤 大 夷 夾 無 仲 黃 林 太 南
回調
太 林 黃 仲 無 夾 夷 大 蕤 應 姑 南
夾鐘起調 無射起宮 仲呂起聲
仲 黃 林 太 南 姑 應 蕤 大 夷 夾 無
回調
夾 夷 大 蕤 應 姑 南 太 林 黃 仲 無
姑洗起調 應鐘起宮 蕤賓起聲
蕤 大 夷 夾 無 仲 黃 林 太 南 姑 應
回調
姑 南 太 林 黃 仲 無 夾 夷 大 蕤 應
仲呂起調 黃鐘起宮 林鐘起聲
林 太 南 姑 應 蕤 大 夷 夾 無 仲 黃
回調
仲 無 夾 夷 大 蕤 應 姑 南 太 林 黃
蕤賓起調 大呂起宮 夷則起聲

夷 夾 無 仲 黃 林 太 南 姑 應 蕤 大

回調

蕤 應 姑 南 太 林 黃 仲 無 夾 夷 大

林鐘起調　太蔟起宮　南呂起聲

南 姑 應 蕤 大 夷 夾 無 仲 黃 林 太

回調

林 黃 仲 無 夾 夷 大 蕤 應 姑 南 太

夷則起調　夾鐘起宮　無射起聲

無 仲 黃 林 太 南 姑 應 蕤 大 夷 夾

回調

夷 大 蕤 應 姑 南 太 林 黃 仲 無 夾

南呂起調　姑洗起宮　應鐘起聲

應 蕤 大 夷 夾 無 仲 黃 林 太 南 姑

回調

南 太 林 黃 仲 無 夾 夷 大 蕤 應 姑

無射起調　仲呂起宮　黃鐘起聲

黃 林 太 南 姑 應 蕤 大 夷 夾 無 仲

回調

無 夾 夷 大 蕤 應 姑 南 太 林 黃 仲

應鐘起調　蕤賓起宮　大呂起聲

大 夷 夾 無 仲 黃 林 太 南 姑 應 蕤

回調

應 姑 南 太 林 黃 仲 無 夾 夷 大 蕤

擬周房中

順和從陽之曲，右轉右行七變，而至黃鐘，右轉左行五變，而至太蔟，仍宗黃鐘。黃鐘之徵也。不用九者，從黃鐘也。

起大呂徵之徵

大呂起調　蕤賓起宮　應鐘起聲

應 姑 南 太 林 黃 仲 無 夾 夷 大 蕤

黃鐘起調　仲呂起宮　無射起聲

無 夾 夷 大 蕤 應 姑 南 太 林 黃 仲

應鐘起調　姑洗起宮　南呂起聲

南 太 林 黃 仲 無 夾 夷 大 蕤 應 姑

無射起調　夾鐘起宮　夷則起聲

夷 大 蕤 應 姑 南 太 林 黃 仲 無 夾

南呂起調　太蔟起宮　林鐘起聲

林 黃 仲 無 夾 夷 大 蕤 應 姑 南 太

夷則起調　大呂起宮　蕤賓起聲

蕤　應　姑　南　太　林　黄　仲　無　夾　夷　大

林鐘起調　黄鐘起宮　仲呂起聲

仲　無　夾　夷　大　蕤　應　姑　南　太　林　黄

蕤賓起調　應鐘起宮　姑洗起聲

姑　南　太　林　黄　仲　無　夾　夷　大　蕤　應

仲呂起調　無射起宮　夾鐘起聲

夾　夷　大　蕤　應　姑　南　太　林　黄　仲　無

姑洗起調　南呂起宮　太蔟起聲

太　林　黄　仲　無　夾　夷　大　蕤　應　姑　南

夾鐘起調　夷則起宮　大呂起聲

大　蕤　應　姑　南　太　林　黄　仲　無　夾　夷

太蔟起調　林鐘起宮　黄鐘起聲

黄　仲　無　夾　夷　大　蕤　應　姑　南　太　林

擬周世子

中和承陽之曲，仍宗黄鐘之商，統於尊也。用八律五聲類調。

八宮之曲

太蔟爲宮

太 南 姑 應 蕤 大 夷 夾 無 仲 黄 林 太

夾鐘爲宮

夾 無 仲 黄 林 太 南 姑 應 蕤 大 夷 夾

姑洗爲宮

姑 應 蕤 大 夷 夾 無 仲 黄 林 太 南 姑

仲吕爲宮

仲 黄 林 太 南 姑 應 蕤 大 夷 夾 無 仲

蕤賓爲宮

蕤 大 夷 夾 無 仲 黄 林 太 南 姑 應 蕤

林鐘爲宮

林 太 南 姑 應 蕤 大 夷 夾 無 仲 黄 林

夷則爲宮

夷 夾 無 仲 黄 林 太 南 姑 應 蕤 大 夷

南吕爲宮

南 姑 應 蕤 大 夷 夾 無 仲 黄 林 太 南

八商之曲

太蔟爲商　黄鐘起宮　黄鐘之商

太 南 姑 應 蕤 大 夷 夾 無 仲 黄

夾鐘爲商　大呂起宮　大呂之商

夾　無　仲　黃　林　太　南　姑　應　蕤　大

姑洗爲商　太蔟起宮　太蔟之商

姑　應　蕤　大　夷　夾　無　仲　黃　林　太

仲呂爲商　夾鐘起宮　夾鐘之商

仲　黃　林　太　南　姑　應　蕤　大　夷　夾

蕤賓爲商　姑洗起宮　姑洗之商

蕤　大　夷　夾　無　仲　黃　林　太　南　姑

林鐘爲商　仲呂起宮　仲呂之商

林　太　南　姑　應　蕤　大　夷　夾　無　仲

夷則爲商　蕤賓起宮　蕤賓之商

夷　夾　無　仲　黃　林　太　南　姑　應　蕤

南呂爲商　林鐘起宮　林鐘之商

南　姑　應　蕤　大　夷　夾　無　仲　黃　林

八角之曲

太蔟爲角　無射起宮　無射之角

太　南　姑　應　蕤　大　夷　夾　無　仲　黃

夾鐘爲角　應鐘起宮　應鐘之角

夾　無　仲　黃　林　太　南　姑　應　蕤　大

姑洗爲角　黃鐘起宮　黃鐘之角

姑　應　蕤　大　夷　夾　無　仲　黃　林　太

仲呂爲角　大呂起宮　大呂之角

仲　黃　林　太　南　姑　應　蕤　大　夷　夾

蕤賓爲角　太蔟起宮　大蔟之角

蕤　大　夷　夾　無　仲　黃　林　太　南　姑

林鐘爲角　夾鐘起宮　夾鐘之角

林　太　南　姑　應　蕤　大　夷　夾　無　仲

夷則爲角　姑洗起宮　姑洗之角

夷　夾　無　仲　黃　林　太　南　姑　應　蕤

南呂爲角　仲呂起宮　仲呂之角

南　姑　應　蕤　大　夷　夾　無　仲　黃　林

八徵之曲

太蔟爲徵　林鐘起宮　林鐘之徵

太　南　姑　應　蕤　大　夷　夾　無　仲　黃　林

夾鐘爲徵　夷則起宮　夷則之徵

夾　無　仲　黃　林　太　南　姑　應　蕤　大　夷

姑洗爲徵　南呂起宮　南呂之徵

姑　應　蕤　大　夷　夾　無　仲　黃　林　太　南

仲呂爲徵　無射起宮　無射之徵

仲　黃　林　太　南　姑　應　蕤　大　夷　夾　無

蕤賓爲徵　應鐘起宮　應鐘之徵

蕤　大　夷　夾　無　仲　黃　林　太　南　姑　應

林鐘爲徵　黃鐘起宮　黃鐘之徵

林　太　南　姑　應　蕤　大　夷　夾　無　仲　黃

夷則爲徵　大呂起宮　大呂之徵

夷　夾　無　仲　黃　林　太　南　姑　應　蕤　大

南呂爲徵　太蔟起宮　太蔟之徵

南　姑　應　蕤　大　夷　夾　無　仲　黃　林　太

八羽之曲

太蔟爲羽　仲呂起宮　仲呂之羽

太　南　姑　應　蕤　大　夷　夾　無　仲

夾鐘爲羽　蕤賓起宮　蕤賓之羽

夾　無　仲　黃　林　太　南　姑　應　蕤

姑洗爲羽　林鐘起宮　林鐘之羽

姑　應　蕤　大　夷　夾　無　仲　黃　林

仲呂爲羽　夷則起宮　夷則之羽

仲　黃　林　太　南　姑　應　蕤　大　夷

蕤賓爲羽　南呂起宮　南呂之羽

蕤　大　夷　夾　無　仲　黄　林　太　南

林鐘爲羽　無射起宮　無射之羽

林　太　南　姑　應　蕤　大　夷　夾　無

夷則爲羽　應鐘起宮　應鐘之羽

夷　夾　無　仲　黄　林　太　南　姑　應

南呂爲羽　黄鐘起宮　黄鐘之羽

南　姑　應　蕤　大　夷　夾　無　仲　黄

擬周房中

中和從陽之曲，黄鐘之羽，不用七者，從太蔟也。雖云宮短徵長，然音節妙合，出於自然，且從陽之義。

八宮之曲

南呂爲宮

南　太　林　黄　仲　無　夾　夷　大　蕤　應　姑　南

無射爲宮

無　夾　夷　大　蕤　應　姑　南　太　林　黄　仲　無

應鐘爲宮

應　姑　南　太　林　黄　仲　無　夾　夷　大　蕤　應

黃鐘爲宮

黃 仲 無 夾 夷 大 蕤 應 姑 南 太 林 黃

大呂爲宮

大 蕤 應 姑 南 太 林 黃 仲 無 夾 夷 大

太蔟爲宮

太 林 黃 仲 無 夾 夷 大 蕤 應 姑 南 太

夾鐘爲宮

夾 夷 大 蕤 應 姑 南 太 林 黃 仲 無 夾

姑洗爲宮

姑 南 太 林 黃 仲 無 夾 夷 大 蕤 應 姑

八商之曲

南呂爲商　　應鐘起宮　　應鐘之商

南 太 林 黃 仲 無 夾 夷 大 蕤 應

無射爲商　　黃鐘起宮　　黃鐘之商

無 夾 夷 大 蕤 應 姑 南 太 林 黃

應鐘爲商　　大呂起宮　　大呂之商

應 姑 南 太 林 黃 仲 無 夾 夷 大

黃鐘爲商　　太蔟起宮　　太蔟之商

黃 仲 無 夾 夷 大 蕤 應 姑 南 太

大呂爲商　夾鐘起宮　夾鐘之商

大　蕤　應　姑　南　太　林　黄　仲　無　夾

太蔟爲商　姑洗起宮　姑洗之商

太　林　黄　仲　無　夾　夷　大　蕤　應　姑

夾鐘爲商　仲呂起宮　仲呂之商

夾　夷　大　蕤　應　姑　南　太　林　黄　仲

姑洗爲商　蕤賓起宮　蕤賓之商

姑　南　太　林　黄　仲　無　夾　夷　大　蕤

八角之曲

南呂爲角　大呂起宮　大呂之角

南　太　林　黄　仲　無　夾　夷　大

無射爲角　太蔟起宮　太蔟之角

無　夾　夷　大　蕤　應　姑　南　太

應鐘爲角　夾鐘起宮　夾鐘之角

應　姑　南　太　林　黄　仲　無　夾

黄鐘爲角　姑洗起宮　姑洗之角

黄　仲　無　夾　夷　大　蕤　應　姑

大呂爲角　仲呂起宮　仲呂之角

大　蕤　應　姑　南　太　林　黄　仲

太蔟爲角　蕤賓起宮　蕤賓之角

太　林　黃　仲　無　夾　夷　大　蕤

夾鐘爲角　林鐘起宮　林鐘之角

夾　夷　大　蕤　應　姑　南　太　林

姑洗爲角　夷則起宮　夷則之角

姑　南　太　林　黃　仲　無　夾　夷

八徵之曲

南呂爲徵　姑洗起宮　姑洗之徵

南　太　林　黃　仲　無　夾　夷　大　蕤　應　姑

無射爲徵　仲呂起宮　仲呂之徵

無　夾　夷　大　蕤　應　姑　南　太　林　黃　仲

應鐘爲徵　蕤賓起宮　蕤賓之徵

應　姑　南　太　林　黃　仲　無　夾　夷　大　蕤

黃鐘爲徵　林鐘起宮　林鐘之徵

黃　仲　無　夾　夷　大　蕤　應　姑　南　太　林

大呂爲徵　夷則起宮　夷則之徵

大　蕤　應　姑　南　太　林　黃　仲　無　夾　夷

太蔟爲徵　南呂起宮　南呂之徵

太　林　黃　仲　無　夾　夷　大　蕤　應　姑　南

夾鐘爲徵　無射起宮　無射之徵

夾 夷 大 蕤 應 姑 南 太 林 黃 仲 無

姑洗爲徵　應鐘起宮　應鐘之徵

姑 南 太 林 黃 仲 無 夾 夷 大 蕤 應

八羽之曲

南呂爲羽　蕤賓起宮　蕤賓之羽

南 太 林 黃 仲 無 夾 夷 大 蕤

無射爲羽　林鐘起宮　林鐘之羽

無 夾 夷 大 蕤 應 姑 南 太 林

應鐘爲羽　夷則起宮　夷則之羽

應 姑 南 太 林 黃 仲 無 夾 夷

黃鐘爲羽　南呂起宮　南呂之羽

黃 仲 無 夾 夷 大 蕤 應 姑 南

大呂爲羽　無射起宮　無射之羽

大 蕤 應 姑 南 太 林 黃 仲 無

太簇爲羽　應鐘起宮　應鐘之羽

太 林 黃 仲 無 夾 夷 大 蕤 應

夾鐘爲羽　黃鐘起宮　黃鐘之羽

夾 夷 大 蕤 應 姑 南 太 林 黃

姑洗爲羽　　大呂起宮　　大呂之羽

姑　南　太　林　黃　仲　無　夾　夷　大

擬周世孫

咸和繼陽之曲，起姑洗黃鐘之角也，六調。

六宮之曲

姑洗爲宮

姑　應　蕤　大　夷　夾　無　仲　黃　林　太　南　姑

仲呂爲宮

仲　黃　林　太　南　姑　應　蕤　大　夷　夾　無　仲

蕤賓爲宮

蕤　大　夷　夾　無　仲　黃　林　太　南　姑　應　蕤

林鐘爲宮

林　太　南　姑　應　蕤　大　夷　夾　無　仲　黃　林

夷則爲宮

夷　夾　無　仲　黃　林　太　南　姑　應　蕤　大　夷

南呂爲宮

南　姑　應　蕤　大　夷　夾　無　仲　黃　林　太　南

六商之曲

姑洗爲商　太蔟起宮　太蔟之商

姑 應 蕤 大 夷 夾 無 仲 黃 林 太

仲呂爲商　夾鐘起宮　夾鐘之商

仲 黃 林 太 南 姑 應 蕤 大 夷 夾

蕤賓爲商　姑洗起宮　姑洗之商

蕤 大 夷 夾 無 仲 黃 林 太 南 姑

林鐘爲商　仲呂起宮　仲呂之商

林 太 南 姑 應 蕤 大 夷 夾 無 仲

夷則爲商　蕤賓起宮　蕤賓之商

夷 夾 無 仲 黃 林 太 南 姑 應 蕤

南呂爲商　林鐘起宮　林鐘之商

南 姑 應 蕤 大 夷 夾 無 仲 黃 林

六角之曲

姑洗爲角　黃鐘起宮　黃鐘之角

姑 應 蕤 大 夷 夾 無 仲 黃

仲呂爲角　大呂起宮　大呂之角

仲 黃 林 太 南 姑 應 蕤 大

蕤賓爲角　太蔟起宮　太蔟之角

蕤 大 夷 夾 無 仲 黃 林 太

林鐘爲角　夾鐘起宮　夾鐘之角

林 太 南 姑 應 蕤 大 夷 夾

夷則爲角　姑洗起宮　姑洗之角

夷 夾 無 仲 黃 林 太 南 姑

南呂爲角　仲呂起宮　仲呂之角

南 姑 應 蕤 大 夷 夾 無 仲

六徵之曲

姑洗爲徵　南呂起宮　南呂之徵

姑 應 蕤 大 夷 夾 無 仲 黃 林 太 南

仲呂爲徵　無射起宮　無射之徵

仲 黃 林 太 南 姑 應 蕤 大 夷 夾 無

蕤賓爲徵　應鐘起宮　應鐘之徵

蕤 大 夷 夾 無 仲 黃 林 太 南 姑 應

林鐘爲徵　黃鐘起宮　黃鐘之徵

林 太 南 姑 應 蕤 大 夷 夾 無 仲 黃

夷則爲徵　大呂起宮　大呂之徵

夷 夾 無 仲 黃 林 太 南 姑 應 蕤 大

南呂爲徵　太蔟起宮　太蔟之徵

南 姑 應 蕤 大 夷 夾 無 仲 黃 林 太

六羽之曲

姑洗爲羽　林鐘起宮　林鐘之羽

姑 應 蕤 大 夷 夾 無 仲 黃 林

仲呂爲羽　夷則起宮　夷則之羽

仲 黃 林 太 南 姑 應 蕤 大 夷

蕤賓爲羽　南呂起宮　南呂之羽

蕤 大 夷 夾 無 仲 黃 林 太 南

林鐘爲羽　無射起宮　無射之羽

林 太 南 姑 應 蕤 大 夷 夾 無

夷則爲羽　應鐘起宮　應鐘之羽

夷 夾 無 仲 黃 林 太 南 姑 應

南呂爲羽　黃鐘起宮　黃鐘之羽

南 姑 應 蕤 大 夷 夾 無 仲 黃

擬周房中

咸和，從陽之曲起應鐘，實黃鐘之變宮，不用五者，從陽也。

六宮之曲

應鐘爲宮

應 姑 南 太 林 黄 仲 無 夾 夷 大 蕤 應

黄鐘爲宮

黄 仲 無 夾 夷 大 蕤 應 姑 南 太 林 黄

大呂爲宮

大 蕤 應 姑 南 太 林 黄 仲 無 夾 夷 大

太蔟爲宮

太 林 黄 仲 無 夾 夷 大 蕤 應 姑 南 太

夾鐘爲宮

夾 夷 大 蕤 應 姑 南 太 林 黄 仲 無 夾

姑洗爲宮

姑 南 太 林 黄 仲 無 夾 夷 大 蕤 應 姑

六商之曲

應鐘爲商　大呂起宮　大呂之商

應 姑 南 太 林 黄 仲 無 夾 夷 大

黄鐘爲商　太蔟起宮　太蔟之商

黄 仲 無 夾 夷 大 蕤 應 姑 南 太

大呂爲商　夾鐘起宮　夾鐘之商

大 蕤 應 姑 南 太 林 黄 仲 無 夾

太蔟爲商　姑洗起宮　姑洗之商

太　林　黃　仲　無　夾　夷　大　蕤　應　姑

夾鐘爲商　仲呂起宮　仲呂之商

夾　夷　大　蕤　應　姑　南　太　林　黃　仲

姑洗爲商　蕤賓起宮　蕤賓之商

姑　南　太　林　黃　仲　無　夾　夷　大　蕤

六角之曲

應鐘爲角　夾鐘起宮　夾鐘之角

應　姑　南　太　林　黃　仲　無　夾

黃鐘爲角　姑洗起宮　姑洗之角

黃　仲　無　夾　夷　大　蕤　應　姑

大呂爲角　仲呂起宮　仲呂之角

大　蕤　應　姑　南　太　林　黃　仲

太蔟爲角　蕤賓起宮　蕤賓之角

太　林　黃　仲　無　夾　夷　大　蕤

夾鐘爲角　林鐘起宮　林鐘之角

夾　夷　大　蕤　應　姑　南　太　林

姑洗爲角　夷則起宮　夷則之角

姑　南　太　林　黃　仲　無　夾　夷

六徵之曲

應鐘爲徵　蕤賓起宮　蕤賓之徵

應　姑　南　太　林　黃　仲　無　夾　夷　大　蕤

黃鐘爲徵　林鐘起宮　林鐘之徵

黃　仲　無　夾　夷　大　蕤　應　姑　南　太　林

大呂爲徵　夷則起宮　夷則之徵

大　蕤　應　姑　南　太　林　黃　仲　無　夾　夷

太蔟爲徵　南呂起宮　南呂之徵

太　林　黃　仲　無　夾　夷　大　蕤　應　姑　南

夾鐘爲徵　無射起宮　無射之徵

夾　夷　大　蕤　應　姑　南　太　林　黃　仲　無

姑洗爲徵　應鐘起宮　應鐘之徵

姑　南　太　林　黃　仲　無　夾　夷　大　蕤　應

六羽之曲

應鐘爲羽　夷則起宮　夷則之羽

應　姑　南　太　林　黃　仲　無　夾　夷

黃鐘爲羽　南呂起宮　南呂之羽

黃　仲　無　夾　夷　大　蕤　應　姑　南

大呂爲羽　無射起宮　無射之羽

大 蕤 應 姑 南 太 林 黃 仲 無

太蔟爲羽　應鐘起宮　應鐘之羽

太 林 黃 仲 無 夾 夷 大 蕤 應

夾鐘爲羽　黃鐘起宮　黃鐘之羽

夾 夷 大 蕤 應 姑 南 太 林 黃

姑洗爲羽　大呂起宮　大呂之羽

姑 南 太 林 黃 仲 無 夾 夷 大

宴臣下

太和之曲樂，雖宴臣下，然人主主之，於上起調，雖自蕤賓，仍用備樂雙調也。始於蕤賓、終於蕤賓爲一調，始於黃鐘、終於黃鐘爲一調。

蕤賓起調　大呂起宮　夷則起聲

夷 夾 無 仲 黃 林 太 南 姑 應 蕤 大

林鐘起調　太蔟起宮　南呂起聲

南 姑 應 蕤 大 夷 夾 無 仲 黃 林 太

夷則起調　夾鐘起宮　無射起聲

無 仲 黃 林 太 南 姑 應 蕤 大 夷 夾

南呂起調　姑洗起宮　應鐘起聲

應 蕤 大 夷 夾 無 仲 黃 林 太 南 姑

無射起調　仲呂起宮　黃鐘起聲

黃 林 太 南 姑 應 蕤 大 夷 夾 無 仲

應鐘起調　蕤賓起宮　大呂起聲

大 夷 夾 無 仲 黃 林 太 南 姑 應 蕤

黃鐘起調　林鐘起宮　太蔟起聲

太 南 姑 應 蕤 大 夷 夾 無 仲 黃 林

大呂起調　夷則起宮　夾鐘起聲

夾 無 仲 黃 林 太 南 姑 應 蕤 大 夷

太蔟起調　南呂起宮　姑洗起聲

姑 應 蕤 大 夷 夾 無 仲 黃 林 太 南

夾鐘起調　無射起宮　仲呂起聲

仲 黃 林 太 南 姑 應 蕤 大 夷 夾 無

姑洗起調　應鐘起宮　蕤賓起聲

蕤 大 夷 夾 無 仲 黃 林 太 南 姑 應

仲呂起調　黃鐘起宮　林鐘起聲

林 太 南 姑 應 蕤 大 夷 夾 無 仲 黃

廷樂雖七調，其實黃鐘一均之備樂。

房中　黄鐘　徵調

世子　黄鐘　商調　羽調

世孫　黄鐘　角調變宫

宴臣下　蕤賓　黄鐘變徵

此七調古今絶倡也。

黄鐘左行，隔八生林鐘，三分損一。及林鐘右行，隔八生黄鐘，則三分益一，爲有餘。若黄鐘爲徵用半，則多五分，然可借用兼音，亦可諧。和聲雖有七，然至角則當改調，古人所以有清角慢角之調，亦自然而然，不得已也。若不改調，黄鐘至蕤賓下接大呂，不能諧聲。是黄鐘不能接大呂矣。故必改調，則大呂不得爲宫用半以接聲，必用七音以接律。必須改調，以接聲。大呂既不得爲宫，則姑洗當爲宫。

苑洛志樂卷四

苑洛志樂　卷五

明韓邦奇撰

樂儀

凡例

柷起衆樂　敔止衆樂

鼖鼓起一宫應鼓節之　鏞鐘止一宫鐸收之

鎛鐘起一節　特磬收一節

拊鼓押二字堂上　鼗鼓押二字堂下

陽律左轉　陰律右轉

黄鐘左旋，用二變，七旋而起大吕，大吕右旋，亦用二變，七旋而起黄鐘。世儒知右旋而不得其義，以五旋起大吕，豈惟隔八，三分之無所用，乃右旋而卻左行。黄鐘雖接大吕，而不能生大吕，此乃五旋，適然而遇音節，全然不合。錯亂之甚，用二變右旋右行，與左旋契合。天然之妙，節節不差，乃古今製作，未之及者也。

圜丘

降神

撞柷，先底，次左，次右，撞者三。

黄鐘一變 衆樂齊舉。

靁鼓一應鼓二

堂上	堂下
黄鐘鎛鐘 春合正。	鎛鐘
黄鐘歌	舞
黄鐘歌鐘	編鐘
黄鐘歌磬	編磬
黄鐘笙	笙
黄鐘瑟	塤
黄鐘琴	笛
黄鐘簫	簫

堂上	堂下
太蔟鎛鐘 春四正。	鎛鐘
太蔟歌	舞
太蔟歌鐘	編鐘
太蔟歌磬	編磬
太蔟笙	笙
太蔟瑟	塤

堂上	堂下
林鐘特磬 應尺正。	特磬
林鐘歌	舞
林鐘歌鐘	編鐘
林鐘歌磬	編磬
林鐘笙	笙
林鐘瑟	篪
林鐘琴	笛
林鐘簫	簫
林鐘拊	鼗

堂上	堂下
南呂特磬 應工正。	特磬
南呂歌	舞
南呂歌鐘	編鐘
南呂歌磬	編磬
南呂笙	笙
南呂瑟	篪

太蔟琴　笛
太蔟簫　簫

堂上　堂下
姑洗鎛鐘 春一正。　鎛鐘
姑洗歌　舞
姑洗歌鐘　編鐘
姑洗歌磬　編磬
姑洗笙　笙
姑洗瑟　塤
姑洗琴　笛
姑洗簫　簫

堂上　堂下
蕤賓鎛鐘 春上正。　鎛鐘
蕤賓歌　舞
蕤賓歌鐘　編鐘
蕤賓歌磬　編磬
蕤賓笙　笙

南呂琴　笛
南呂簫　簫
南呂拊　鼗

堂上　堂下
應鐘特磬 應六正。　特磬
應鐘歌　舞
應鐘歌鐘　編鐘
應鐘歌磬　編磬
應鐘笙　笙
應鐘瑟　篪
應鐘琴　笛
應鐘簫　簫
應鐘拊　鼗

堂上　堂下
黃鐘特磬 應歸宮。　特磬
黃鐘歌　舞
黃鐘歌鐘　編鐘
黃鐘歌磬　編磬
黃鐘笙　笙

蕤賓瑟　塤
蕤賓琴　笛
蕤賓簫　簫

無射二變

靁鼗一應鼓二

堂上　堂下
無射鎛鐘 春合正。　鎛鐘
無射歌　舞
無射歌鐘　編鐘
無射歌磬　編磬
無射笙　笙
無射瑟　塤
無射琴　笛
無射簫　簫
堂上　堂下

黃鐘瑟　篪
黃鐘琴　笛
黃鐘簫　簫
黃鐘拊　鼗

鏞鐘一振鐸二

堂上　堂下
仲呂特磬 應尺半。　特磬
仲呂歌　舞
仲呂歌鐘　編鐘
仲呂歌磬　編磬
仲呂笙　笙
仲呂瑟　篪
仲呂琴　笛
仲呂簫　簫
仲呂拊　鼗
堂上　堂下

黃鐘鎛鐘 春四半。　　鎛鐘林鐘
黃鐘歌　　舞
黃鐘歌鐘　　編鐘
黃鐘歌磬　　編磬
黃鐘笙　　笙
黃鐘瑟　　塤
黃鐘琴　　笛
黃鐘簫　　簫

堂上　　堂下
太蔟鎛鐘 春一半。　　鎛鐘
太蔟歌　　舞
太蔟歌鐘　　編鐘
太蔟歌磬　　編磬
太蔟笙　　笙
太蔟瑟　　塤
太蔟琴　　笛
太蔟簫　　簫

特磬 應工半。　　特磬
林鐘歌　　舞
林鐘歌鐘　　編鐘
林鐘歌磬　　編磬
林鐘笙　　笙
林鐘瑟　　箎
林鐘琴　　笛
林鐘簫　　簫
林鐘拊　　鼗

堂上　　堂下
南呂特磬 應六半。　　特磬
南呂歌　　舞
南呂歌鐘　　編鐘
南呂歌磬　　編磬
南呂笙　　笙
南呂瑟　　箎
南呂琴　　笛
南呂簫　　簫
南呂拊　　鼗

堂上　堂下
姑洗鎛鐘　春上半。　鎛鐘
姑洗歌　舞
姑洗歌鐘　編鐘
姑洗歌磬　編磬
姑洗笙　笙
姑洗瑟　塤
姑洗琴　笛
姑洗簫　簫

再作
夷則二變
鼉鼓一應鼓二

堂上　堂下
夷則鎛鐘　春合正。　鎛鐘
夷則歌　舞
夷則歌鐘　編鐘
夷則歌磬　編磬

堂上　堂下
無射特磬　應歸宮。　特磬
無射歌　舞
無射歌鐘　編鐘
無射歌磬　編磬
無射笙　笙
無射瑟　篪
無射琴　笛
無射簫　簫
無射柎　鼗

鏞鐘一振鐸二

堂上　堂下
夾鐘特磬　應尺半。　特磬
夾鐘歌　舞
夾鐘歌鐘　編鐘
夾鐘歌磬　編磬

夷則笙　笙
夷則瑟　塤
夷則琴　笛
夷則簫　簫

堂上　堂下
無射鎛鐘 春四正。　鎛鐘
無射歌　舞
無射歌鐘　編鐘
無射歌磬　編磬
無射笙　笙
無射瑟　塤
無射琴　笛
無射簫　簫

堂上　堂下
黃鐘鎛鐘 春一半。　鎛鐘
黃鐘歌　舞
黃鐘歌鐘　編鐘

夾鐘笙　笙
夾鐘瑟　篪
夾鐘琴　笛
夾鐘簫　簫
夾鐘拊　鼗
堂上　堂下
仲呂特磬 應工半。　特磬
仲呂歌　舞
仲呂歌鐘　編鐘
仲呂歌磬　編磬
仲呂笙　笙
仲呂瑟　篪
仲呂琴　笛
仲呂簫　簫
仲呂拊　鼗
堂上　堂下
林鐘特磬 應六半。　特磬
林鐘歌　舞
林鐘歌鐘　編鐘

黃鐘歌磬　編磬
黃鐘笙　笙
黃鐘瑟　塤
黃鐘琴　笛
黃鐘簫　簫

堂上　堂下
太蔟鎛鐘春上半。　鎛鐘
太蔟歌　舞
太蔟歌鐘　編鐘
太蔟歌磬　編磬
太蔟笙　笙
太蔟瑟　塤
太蔟琴　笛
太蔟簫　簫

林鐘歌磬　編磬
林鐘笙　笙
林鐘瑟　篪
林鐘琴　笛
林鐘簫　簫
林鐘拊　鼗

堂上　堂下
夷則特磬應歸宮。　特磬
夷則歌　舞
夷則歌鐘　編鐘
夷則歌磬　編磬
夷則笙　笙
夷則瑟　篪
夷則琴　笛
夷則簫　簫
夷則拊　鼗

鏞鐘一振鐸二

再作

仲呂二變

霝鼓一應鼓二

堂上	堂下
仲呂鎛鐘 春合正。	鎛鐘
仲呂歌	舞
仲呂歌鐘	編鐘
仲呂歌磬	編磬
仲呂笙	笙
仲呂瑟	塤
仲呂琴	笛
仲呂簫	簫

堂上	堂下
林鐘鎛鐘 春四變。	鎛鐘
林鐘歌	舞
林鐘歌鐘	編鐘
林鐘歌磬	編磬
林鐘笙	笙
林鐘瑟	塤
林鐘琴	笛

堂上	堂下
黃鐘特磬 應尺半。	特磬
黃鐘歌	舞
黃鐘歌鐘	編鐘
黃鐘歌磬	編磬
黃鐘笙	笙
黃鐘瑟	篪
黃鐘琴	笛
黃鐘簫	簫
黃鐘拊	鼗

堂上	堂下
太蔟特磬 應工半。	特磬
太蔟歌	舞
太蔟歌鐘	編鐘
太蔟歌磬	編磬
太蔟笙	笙
太蔟瑟	篪
太蔟琴	笛

林鐘簫　簫

堂上　堂下

南呂鎛鐘 春一變。　鎛鐘

南呂歌　舞

南呂歌鐘　編鐘

南呂歌磬　編磬

南呂笙　笙

南呂瑟　塤

南呂琴　笛

南呂簫　簫

堂上　堂下

應鐘鎛鐘 春上變。　鎛鐘

應鐘歌　舞

應鐘歌鐘　編鐘

應鐘歌磬　編磬

應鐘笙　笙

應鐘瑟　塤

太蔟簫　簫

太蔟拊　鼗

堂上　堂下

姑洗特磬 應六半。　特磬

姑洗歌　舞

姑洗歌鐘　編鐘

姑洗歌磬　編磬

姑洗笙　笙

姑洗瑟　篪

姑洗琴　笛

姑洗簫　簫

姑洗拊　鼗

堂上　堂下

仲呂特磬 應歸宮。　特磬

仲呂歌　舞

仲呂歌鐘　編鐘

仲呂歌磬　編磬

仲呂笙　笙

仲呂瑟　篪

應鐘琴　笛
應鐘簫　簫

再作
夾鐘三變
靁鼓一應鼓二

堂上　堂下
夾鐘鎛鐘 春合正。　鎛鐘
夾鐘歌　舞
夾鐘歌鐘　編鐘
夾鐘歌磬　編磬
夾鐘笙　笙
夾鐘瑟　塤
夾鐘琴　笛
夾鐘簫　簫

堂上　堂下
仲呂鎛鐘 春四正。　鎛鐘

仲呂琴　笛
仲呂簫　簫
仲呂拊　鼗
鏞鐘一振鐸二

堂上　堂下
無射特磬 應尺正。　特磬
無射歌　舞
無射歌鐘　編鐘
無射歌磬　編磬
無射笙　笙
無射瑟　篪
無射琴　笛
無射簫　簫
無射拊　鼗

堂上　堂下
黃鐘特磬 應工半。　特磬

仲呂歌　舞
仲呂歌鐘　編鐘
仲呂歌磬　編磬
仲呂笙　笙
仲呂瑟　塤
仲呂琴　笛
仲呂簫　簫

堂上　堂下
林鐘鎛鐘春一變。　鎛鐘
林鐘歌　舞
林鐘歌鐘　編鐘
林鐘歌磬　編磬
林鐘笙　笙
林鐘瑟　塤
林鐘琴　笛
林鐘簫　簫
堂上　堂下

黃鐘歌　舞
黃鐘歌鐘　編鐘
黃鐘歌磬　編磬
黃鐘笙　笙
黃鐘瑟　篪
黃鐘琴　笛
黃鐘簫　簫
黃鐘拊　鼗
堂上　堂下
太蔟特磬應六半。　特磬
太蔟歌　舞
太蔟歌鐘　編鐘
太蔟歌磬　編磬
太蔟笙　笙
太蔟瑟　篪
太蔟琴　笛
太蔟簫　簫
太蔟拊　鼗
堂上　堂下

南呂鎛鐘 春上變。　鎛鐘　夾鐘特磬 應歸宮。　特磬

南呂歌　舞　夾鐘歌　舞

南呂歌鐘　編鐘　夾鐘歌鐘　編鐘

南呂歌磬　編磬　夾鐘歌磬　編磬

南呂笙　笙　夾鐘笙　笙

南呂瑟　塤　夾鐘瑟　篪

南呂琴　笛　夾鐘琴　笛

南呂簫　簫　夾鐘簫　簫

夾鐘拊　敳

鏞鐘一振鐸二

再作

迎神

鼗鼓一應鼓二

堂上

黃鐘鎛鐘 春　林鐘特磬 應　太蔟鎛鐘 春　南呂特磬 應

黃鐘歌　林鐘歌　太蔟歌　南呂歌

黃鐘歌鐘　林鐘歌鐘　太蔟歌鐘　南呂歌鐘

黃鐘歌磬　林鐘歌磬　太蔟歌磬　南呂歌磬

黃鐘笙　林鐘笙　太蔟笙　南呂笙

黃鐘瑟
黃鐘琴
黃鐘簫
再作
姑洗鎛鐘 春
姑洗歌
姑洗歌鐘
姑洗歌磬
姑洗笙
姑洗瑟
姑洗琴
姑洗簫
再作
夷則鎛鐘 春
夷則歌
夷則歌鐘
夷則歌磬

林鐘瑟
林鐘琴
林鐘簫
林鐘拊
再作
應鐘特磬 應
應鐘歌
應鐘歌鐘
應鐘歌磬
應鐘笙
應鐘瑟
應鐘琴
應鐘簫
應鐘拊
再作
夾鐘特磬 應
夾鐘歌
夾鐘歌鐘
夾鐘歌磬

太蔟瑟
太蔟琴
太蔟簫
再作
再作
蕤賓鎛鐘 春
蕤賓歌
蕤賓歌鐘
蕤賓歌磬
蕤賓笙
蕤賓瑟
蕤賓琴
蕤賓簫
再作
無射鎛鐘 春
無射歌
無射歌鐘
無射歌磬

南呂瑟
南呂琴
南呂簫
南呂拊
大呂特磬 應
大呂歌
大呂歌鐘
大呂歌磬
大呂笙
大呂瑟
大呂琴
大呂簫
大呂拊
再作
仲呂特磬 應
仲呂歌
仲呂歌鐘
仲呂歌磬

夷則笙　夾鐘笙　無射笙　仲呂笙

夷則瑟　夾鐘瑟　無射瑟　仲呂瑟

夷則琴　夾鐘琴　無射琴　仲呂琴

夷則簫　夾鐘簫　無射簫　仲呂簫

再作　夾鐘拊　再作　仲呂拊

再作　再作

黄鐘鎛鐘春　林鐘特磬應

黄鐘歌　林鐘歌

黄鐘歌鐘　林鐘歌鐘

黄鐘歌磬　林鐘歌磬

黄鐘笙　林鐘笙

黄鐘瑟　林鐘瑟

黄鐘琴　林鐘琴

黄鐘簫　林鐘簫

再作　林鐘拊

鏞鐘一振鐸二

黄 林 太 南 姑 應 蕤 大 夷 夾 無 仲 黄

林 太 南 姑 應 蕤 大 夷 夾 無 仲 黄 林

始奏黄鐘生林鐘，繼奏林鐘生太蔟，以至黄鐘復生林鐘。雙調雙歸宮。凡奏，如黄鐘宮生，林鐘徵相應，太蔟商生，南呂羽相應。至林鐘生太蔟，則無所用。此調黃鐘生林鐘，林鐘復生太蔟，生生迭奏，如貫珠之連，如雜組，經緯以成文，天然之妙也。正半宮商，按律用。

堂下

黃鐘鎛鐘	林鐘特磬	太蔟鎛鐘	南呂特磬
黃鐘編鐘	林鐘編鐘	太蔟編鐘	南呂編鐘
黃鐘編磬	林鐘編磬	太蔟編磬	南呂編磬
黃鐘笙	林鐘笙	太蔟笙	南呂笙
黃鐘塤	林鐘篪	太蔟塤	南呂篪
黃鐘笛	林鐘笛	太蔟笛	南呂笛
黃鐘簫	林鐘簫	太蔟簫	南呂簫
再作	林鐘鼗	再作	南呂鼗
	再作		再作
姑洗鎛鐘	應鐘特磬	蕤賓鎛鐘	大呂特磬
姑洗編鐘	應鐘編鐘	蕤賓編鐘	大呂編鐘
姑洗編磬	應鐘編磬	蕤賓編磬	大呂編磬
姑洗笙	應鐘笙	蕤賓笙	大呂笙
姑洗塤	應鐘篪	蕤賓塤	大呂篪
姑洗笛	應鐘笛	蕤賓笛	大呂笛
姑洗簫	應鐘簫	蕤賓簫	大呂簫

再作
夷則鎛鐘
夷則編鐘
夷則編磬
夷則笙
夷則塤
夷則笛
夷則簫
再作

黃鐘鎛鐘
黃鐘編鐘
黃鐘編磬
黃鐘笙
黃鐘塤
黃鐘笛
黃鐘簫
再作

應鐘拊
再作
夾鐘特磬
夾鐘編鐘
夾鐘編磬
夾鐘笙
夾鐘篪
夾鐘笛
夾鐘簫
夾鐘鼗
再作
林鐘特磬
林鐘編鐘
林鐘編磬
林鐘笙
林鐘篪
林鐘笛
林鐘簫
林鐘鼗

再作
無射鎛鐘
無射編鐘
無射編磬
無射笙
無射塤
無射笛
無射簫
再作

大呂鼗
再作
仲呂特磬
仲呂編鐘
仲呂編磬
仲呂笙
仲呂篪
仲呂笛
仲呂簫
仲呂鼗
再作

再作

參神

古人灼見天道之實，深識義理之微。凡祭，雖天地山川，必有尸。故古有迎尸之樂。後世無尸，故有迎神之樂。神降則迎，神至則參，三禮俱不可廢。

樂同上，但用大吕之聲。

迎牲

樂同上，但用太蔟之聲。

進玉帛

樂同上，但用夾鐘之聲。

初獻

樂同上，但用姑洗之聲，堂下用陽辰之舞。

亞獻

樂同上，但用仲吕之聲，堂下用陽辰之舞。

終獻

樂同上，但用蕤賓之聲，堂下用陰辰之舞。

飲福

樂同上，但用林鐘之聲。

嘏

樂同上，但用夷則之聲。

徹

樂同上，但用南呂之聲。

辭神

樂同上，但用無射之聲。

望燎

堂上	堂下	堂上	堂下
應鐘鎛鐘	應鐘鎛鐘	姑洗特磬	姑洗特磬
應鐘歌	舞	姑洗歌	舞
應鐘歌鐘	應鐘編鐘	姑洗歌鐘	姑洗編鐘
應鐘歌磬	應鐘編磬	姑洗歌磬	姑洗編磬
應鐘笙	應鐘笙	姑洗笙	姑洗笙
應鐘瑟	應鐘塤	姑洗瑟	姑洗篪
應鐘琴	應鐘笛	姑洗琴	姑洗笛
應鐘簫	應鐘簫	姑洗簫	姑洗簫
	再作	姑洗柎	姑洗鼗
		再作	再作
堂上	堂下	堂上	堂下
南呂鎛鐘	南呂鎛鐘	太蔟特磬	太蔟特磬
南呂歌	舞	太蔟歌	舞

南呂歌鐘
南呂歌磬
南呂笙
南呂瑟
南呂琴
南呂簫
再作
堂上
林鐘鎛鐘
林鐘歌
林鐘歌鐘
林鐘歌磬
林鐘笙
林鐘瑟
林鐘琴
林鐘簫
再作

南呂編鐘
南呂編磬
南呂笙
南呂塤
南呂笛
南呂簫
再作
堂下
林鐘鎛鐘
舞
林鐘編鐘
林鐘編磬
林鐘笙
林鐘塤
林鐘笛
林鐘簫
再作

太簇歌鐘
太簇歌磬
太簇笙
太簇瑟
太簇琴
太簇簫
太簇拊
再作
堂上
黃鐘特磬
黃鐘歌
黃鐘歌鐘
黃鐘歌磬
黃鐘笙
黃鐘瑟
黃鐘琴
黃鐘簫
黃鐘拊
再作

太簇編鐘
太簇編磬
太簇笙
太簇篪
太簇笛
太簇簫
太簇鼗
再作
堂下
黃鐘特磬
舞
黃鐘編鐘
黃鐘編磬
黃鐘笙
黃鐘篪
黃鐘笛
黃鐘簫
黃鐘鼗
再作

堂上
仲呂鎛鐘
仲呂歌
仲呂歌鐘
仲呂歌磬
仲呂笙
仲呂瑟
仲呂琴
仲呂簫
再作
堂上
夾鐘鎛鐘
夾鐘歌
夾鐘歌鐘
夾鐘歌磬
夾鐘笙
夾鐘瑟
夾鐘琴

堂下
仲呂鎛鐘
舞
仲呂編鐘
仲呂編磬
仲呂笙
仲呂塤
仲呂笛
仲呂簫
再作
堂下
夾鐘鎛鐘
舞
夾鐘編鐘
夾鐘編磬
夾鐘笙
夾鐘塤
夾鐘笛

堂上
無射特磬
無射歌
無射歌鐘
無射歌磬
無射笙
無射瑟
無射琴
無射簫
無射拊
再作
堂上
夷則特磬
夷則歌
夷則歌鐘
夷則歌磬
夷則笙
夷則瑟
夷則琴

堂下
無射特磬
舞
無射編鐘
無射編磬
無射笙
無射篪
無射笛
無射簫
無射鼗
再作
堂下
夷則特磬
舞
夷則編鐘
夷則編磬
夷則笙
夷則篪
夷則笛

夾鐘簫
再作

堂上
大呂鎛鐘
大呂歌
大呂歌鐘
大呂歌磬
大呂笙
大呂瑟
大呂琴
大呂簫
再作

堂上
應鐘鎛鐘
應鐘歌
應鐘歌鐘
應鐘歌磬

夾鐘簫
再作

堂下
大呂鎛鐘
舞
大呂編鐘
大呂編磬
大呂笙
大呂塤
大呂笛
大呂簫
再作

堂下
應鐘鎛鐘
舞
應鐘編鐘
應鐘編磬

夷則簫
夷則拊
再作
堂上
蕤賓特磬
蕤賓歌
蕤賓歌鐘
蕤賓歌磬
蕤賓笙
蕤賓瑟
蕤賓琴
蕤賓簫
蕤賓拊
再作
堂上
姑洗特磬
姑洗歌
姑洗歌鐘
姑洗歌磬

夷則簫
夷則鼗
再作
堂下
蕤賓特磬
舞
蕤賓編鐘
蕤賓編磬
蕤賓笙
蕤賓篪
蕤賓笛
蕤賓簫
蕤賓鼗
再作
堂下
姑洗特磬
舞
姑洗編鐘
姑洗編磬

應鐘笙　應鐘笙　姑洗笙　姑洗笙
應鐘瑟　應鐘塤　姑洗瑟　姑洗篪
應鐘琴　應鐘笛　姑洗琴　姑洗笛
應鐘簫　應鐘簫　姑洗簫　姑洗簫
姑洗柎　姑洗鼗
鏞鐘振鐸櫟敔

方澤

降神　律與圜丘同，聲調不同。

撞柷　先底，次左，次右，撞者三。

蕤賓三變　衆樂齊舉。

靈鼓一應鼓二

堂上　堂下　堂上　堂下
蕤賓鎛鐘　春合正。　鎛鐘　大呂特磬　應尺半。　特磬
蕤賓歌　舞　大呂歌　舞
蕤賓歌鐘　編鐘　大呂歌鐘　編鐘
蕤賓歌磬　編磬　大呂歌磬　編磬
蕤賓笙　笙　大呂笙　笙
蕤賓瑟　塤　大呂瑟　篪
蕤賓琴　笛　大呂琴　笛

蕤賓簫　簫
堂上　堂下
夷則鏄鐘（春四正。）　鏄鐘
夷則歌　舞
夷則歌鐘　編鐘
夷則歌磬　編磬
夷則笙　笙
夷則瑟　塤
夷則琴　笛
夷則簫　簫
堂上　堂下
無射鏄鐘（春一正。）　鏄鐘
無射歌　舞
無射歌鐘　編鐘
無射歌磬　編磬
無射笙　笙
無射瑟　塤

大呂簫　簫
大呂拊　鼗
堂上　堂下
夾鐘特磬（應工半。）　特磬
夾鐘歌　舞
夾鐘歌鐘　編鐘
夾鐘歌磬　編磬
夾鐘笙　笙
夾鐘瑟　篪
夾鐘琴　笛
夾鐘簫　簫
夾鐘拊　鼗
堂上　堂下
仲呂特磬（應六半。）　特磬
仲呂歌　舞
仲呂歌鐘　編鐘
仲呂歌磬　編磬
仲呂笙　笙
仲呂瑟　篪

無射琴　笛
無射簫　簫

堂上　堂下
黃鐘鎛鐘 春六半。　鎛鐘
黃鐘歌　舞
黃鐘歌鐘　編鐘
黃鐘歌磬　編磬
黃鐘笙　笙
黃鐘瑟　塤
黃鐘琴　笛
黃鐘簫　簫

再作

姑洗一變

靈鼓一應鼓二

堂上　堂下
姑洗鎛鐘 春合正。　鎛鐘

仲呂琴　笛
仲呂簫　簫
仲呂拊　鼗

堂上　堂下
蕤賓特磬 應歸宮。　特磬
蕤賓歌　舞
蕤賓歌鐘　編鐘
蕤賓歌磬　編磬
蕤賓笙　笙
蕤賓瑟　篪
蕤賓琴　笛
蕤賓簫　簫
蕤賓拊　鼗

鏞鐘一振鐸二

堂上　堂下
應鐘特磬 應尺正。　特磬

堂上	堂下
姑洗歌	舞
姑洗歌鐘	編鐘
姑洗歌磬	編磬
姑洗笙	笙
姑洗瑟	塤
姑洗琴	笛
姑洗簫	簫

堂上	堂下
蕤賓鎛鐘 春四正。	鐘
蕤賓歌	舞
蕤賓歌鐘	編鐘
蕤賓歌磬	編磬
蕤賓笙	笙
蕤賓瑟	塤
蕤賓琴	笛
蕤賓簫	簫

堂上	堂下
應鐘歌	舞
應鐘歌鐘	編鐘
應鐘歌磬	編磬
應鐘笙	笙
應鐘瑟	篪
應鐘琴	笛
應鐘簫	簫
應鐘柎	鼗

堂上	堂下
大呂特磬 應工半。	特磬
大呂歌	舞
大呂歌鐘	編鐘
大呂歌磬	編磬
大呂笙	笙
大呂瑟	篪
大呂琴	笛
大呂簫	簫
大呂柎	鼗

堂上	堂下

夷則鎛鐘 春一正。　鎛鐘
夷則歌　舞
夷則歌鐘　編鐘
夷則歌磬　編磬
夷則笙　笙
夷則瑟　塤
夷則琴　笛
夷則簫　簫

堂上　堂下
無射鎛鐘 春上正。　鎛鐘
無射歌　舞
無射歌鐘　編鐘
無射歌磬　編磬
無射笙　笙
無射瑟　塤
無射琴　笛
無射簫　簫

夾鐘特磬 應六半。　特磬
夾鐘歌　舞
夾鐘歌鐘　編鐘
夾鐘歌磬　編磬
夾鐘笙　笙
夾鐘瑟　篪
夾鐘琴　笛
夾鐘簫　簫
夾鐘拊　鼗

堂上　堂下
姑洗特磬 應歸宮。　特磬
姑洗歌　舞
姑洗歌鐘　編鐘
姑洗歌磬　編磬
姑洗笙　笙
姑洗瑟　篪
姑洗琴　笛
姑洗簫　簫
姑洗拊　鼗

太蔟一變

靈鼓一應鼓二

堂上	堂下
太蔟鎛鐘 春合正。	鎛鐘
太蔟歌	舞
太蔟歌鐘	編鐘
太蔟歌磬	編磬
太蔟笙	笙
太蔟瑟	塤
太蔟琴	笛
太蔟簫	簫

堂上	堂下
姑洗鎛鐘 春四正。	鎛鐘
姑洗歌	舞
姑洗歌鐘	編鐘
姑洗歌磬	編磬
姑洗笙	笙

鏞鐘一振鐸二

堂上	堂下
南呂特磬 應尺正。	特磬
南呂歌	舞
南呂歌鐘	編鐘
南呂歌磬	編磬
南呂笙	笙
南呂瑟	篪
南呂琴	笛
南呂簫	簫
南呂拊	鼗

堂上	堂下
應鐘特磬 應工正。	特磬
應鐘歌	舞
應鐘歌鐘	編鐘
應鐘歌磬	編磬
應鐘笙	笙

姑洗瑟 塤
姑洗琴 笛
姑洗簫 簫

堂上 堂下
蕤賓鎛鐘 春一正。 鎛鐘
蕤賓歌 舞
蕤賓歌鐘 編鐘
蕤賓歌磬 編磬
蕤賓笙 笙
蕤賓瑟 塤
蕤賓琴 笛
蕤賓簫 簫

堂上 堂下
夷則鎛鐘 春上正。 鎛鐘
夷則歌 舞
夷則歌鐘 編鐘
夷則歌磬 編磬

應鐘瑟 篪
應鐘琴 笛
應鐘簫 簫
應鐘拊鼗

堂上 堂下
大呂特磬 應六半。 特磬
大呂歌 舞
大呂歌鐘 編鐘
大呂歌磬 編磬
大呂笙 笙
大呂瑟 篪
大呂琴 笛
大呂簫 簫
大呂拊 鼗

堂上 堂下
太蔟特磬 應歸宮。 特磬
太蔟歌 舞
太蔟歌鐘 編鐘
太蔟歌磬 編磬

夷則笙　笙
夷則瑟　塤
夷則琴　笛
夷則簫　簫

應鐘一變
靈鼓一應鼓二

堂上　堂下
應鐘鎛鐘 春合正。　鎛鐘
應鐘歌　舞
應鐘歌鐘　編鐘
應鐘歌磬　編磬
應鐘笙　笙
應鐘瑟　塤
應鐘琴　笛
應鐘簫　簫
堂上　堂下

太蔟笙　笙
太蔟瑟　篪
太蔟琴　笛
太蔟簫　簫
太蔟拊　鼗

鏞鐘一振鐸二

堂上　堂下
蕤賓特磬 應尺半。　特磬
蕤賓歌　舞
蕤賓歌鐘　編鐘
蕤賓歌磬　編磬
蕤賓笙　笙
蕤賓瑟　篪
蕤賓琴　笛
蕤賓簫　簫
蕤賓拊　鼗
堂上　堂下

堂上	堂下
大呂鎛鐘 春四半。	鎛鐘
大呂歌	舞
大呂歌鐘	編鐘
大呂歌磬	編磬
大呂笙	笙
大呂瑟	塤
大呂琴	笛
大呂簫	簫

堂上	堂下
夾鐘鎛鐘 春一半。	鎛鐘
夾鐘歌	舞
夾鐘歌鐘	編鐘
夾鐘歌磬	編磬
夾鐘笙	笙
夾鐘瑟	塤
夾鐘琴	笛
夾鐘簫	簫

堂上	堂下
夷則特磬 應工半。	特磬
夷則歌	舞
夷則歌鐘	編鐘
夷則歌磬	編磬
夷則笙	笙
夷則瑟	箎
夷則琴	笛
夷則簫	簫
夷則拊	鼗

堂上	堂下
無射特磬	特磬
無射歌	舞
無射歌鐘	編鐘
無射歌磬	編磬
無射笙	笙
無射瑟	箎
無射琴	笛
無射簫	簫
無射拊	鼗

堂上　　　　堂下
仲呂鎛鐘　　鎛鐘
仲呂歌　　　舞
仲呂歌鐘　　編鐘
仲呂歌磬　　編磬
仲呂笙　　　笙
仲呂瑟　　　塤
仲呂琴　　　笛
仲呂籥　　　籥

堂上　　　　堂下
應鐘特磬　　特磬
應鐘歌　　　舞
應鐘歌鐘　　編鐘
應鐘歌磬　　編磬
應鐘笙　　　笙
應鐘瑟　　　篪
應鐘琴　　　笛
應鐘籥　　　籥
應鐘拊　　　鼗

鏞鐘一振鐸二

南呂一變

靈鼓一應鼓二

堂上　　　　堂下
南呂鎛鐘 春合正。　鎛鐘
南呂歌　　　舞
南呂歌鐘　　編鐘
南呂歌磬　　編磬
南呂笙　　　笙

堂上　　　　堂下
姑洗特磬 應尺半。　特磬
姑洗歌　　　舞
姑洗歌鐘　　編鐘
姑洗歌磬　　編磬
姑洗笙　　　笙

南呂瑟　　塤
南呂琴　　笛
南呂簫　　簫

堂上　　堂下
應鐘鎛鐘 春四正。　　鎛鐘
應鐘歌　　舞
應鐘歌鐘　　編鐘
應鐘歌磬　　編磬
應鐘笙　　笙
應鐘瑟　　塤
應鐘琴　　笛
應鐘簫　　簫

堂上　　堂下
大呂鎛鐘 春一半。　　鎛鐘
大呂歌　　舞
大呂歌鐘　　編鐘

姑洗瑟　　篪
姑洗琴　　笛
姑洗簫　　簫
姑洗拊　　鼗

堂上　　堂下
蕤賓特磬 應工半。　　特磬
蕤賓歌　　舞
蕤賓歌鐘　　編鐘
蕤賓歌磬　　編磬
蕤賓笙　　笙
蕤賓瑟　　篪
蕤賓琴　　笛
蕤賓簫　　簫
蕤賓拊　　鼗

堂上　　堂下
夷則特磬 應六半。　　特磬
夷則歌　　舞
夷則歌鐘　　編鐘

大呂歌磬	編磬
大呂笙	笙
大呂瑟	塤
大呂琴	笛
大呂簫	簫
堂上	堂下
夾鐘鎛鐘 春上半。	鎛鐘
夾鐘歌	舞
夾鐘歌鐘	編鐘
夾鐘歌磬	編磬
夾鐘笙	笙
夾鐘瑟	塤
夾鐘琴	笛
夾鐘簫	簫

夷則歌磬	編磬
夷則笙	笙
夷則瑟	篪
夷則琴	笛
夷則簫	簫
夷則柎	鼗
堂上	堂下
南呂特磬 應歸宮。	特磬
南呂歌	舞
南呂歌鐘	編鐘
南呂歌磬	編磬
南呂笙	笙
南呂瑟	篪
南呂琴	笛
南呂簫	簫
南呂柎	鼗

鏞鐘一振鐸二

起調之要，惟在於識全半起應之訣，知合尺代宮徵之義。合，宮義也；尺，徵義也。有當宮而用半，不得以爲宮而上律，又非宮也，以合尺字代之。如蕤賓爲黃鐘之變徵，下生大呂，大呂當起宮。如咸池之調，蕤賓動而大呂應，大呂當爲蕤賓之徵羽，蕤賓不可以名宮，亦以合字代之。不然，古人何故不曰「宮商」而曰「合四」邪？

迎神

鼗鼓一應鼓二

堂上

黃鐘鎛鐘 春合全。　林鐘特磬 應尺全。　太蔟鎛鐘 春四正。　南呂特磬 應工全。

黃鐘歌　林鐘歌　太蔟歌　南呂歌

黃鐘歌鐘　林鐘歌鐘　太蔟歌鐘　南呂歌鐘

黃鐘歌磬　林鐘歌磬　太蔟歌磬　南呂歌磬

黃鐘笙　林鐘笙　太蔟笙　南呂笙

黃鐘瑟　林鐘瑟　太蔟瑟　南呂瑟

黃鐘琴　林鐘琴　太蔟琴　南呂琴

黃鐘簫　林鐘簫　太蔟簫　南呂簫

林鐘拊　南呂拊

堂上

姑洗鎛鐘 春合正。　應鐘特磬 應尺全。　蕤賓鎛鐘 春四全。　大呂特磬 應工半。

姑洗歌　應鐘歌　蕤賓歌　大呂歌

姑洗歌鐘　應鐘歌鐘　蕤賓歌鐘　大呂歌鐘

姑洗歌磬　應鐘歌磬　蕤賓歌磬　大呂歌磬

姑洗笙　應鐘笙　蕤賓笙　大呂笙

姑洗瑟
姑洗琴
姑洗簫

堂上
夷則鎛鐘 春合全。
夷則歌
夷則歌鐘
夷則歌磬
夷則笙
夷則瑟
夷則琴
夷則簫

堂上
黃鐘鎛鐘 春四變。
黃鐘歌
黃鐘歌鐘
黃鐘歌磬

應鐘瑟
應鐘琴
應鐘簫
應鐘拊

夾鐘特磬 應尺半。
夾鐘歌
夾鐘歌鐘
夾鐘歌磬
夾鐘笙
夾鐘瑟
夾鐘琴
夾鐘簫
夾鐘拊

林鐘特磬
林鐘歌
林鐘歌鐘
林鐘歌磬

蕤賓瑟
蕤賓琴
蕤賓簫

無射鎛鐘 春四全。
無射歌
無射歌鐘
無射歌磬
無射笙
無射瑟
無射琴
無射簫

太簇鎛鐘 春四正。
太簇歌
太簇歌鐘
太簇歌磬

大呂瑟
大呂琴
大呂簫
大呂拊

仲呂特磬 春工半。
仲呂歌
仲呂歌鐘
仲呂歌磬
仲呂笙
仲呂瑟
仲呂琴
仲呂簫
仲呂拊

南呂特磬
南呂歌
南呂歌鐘
南呂歌磬

黃鐘笙　林鐘笙　太簇笙　南呂笙
黃鐘瑟　林鐘瑟　太簇瑟　南呂瑟
黃鐘琴　林鐘琴　太簇琴　南呂琴
黃鐘簫　林鐘簫　太簇簫　南呂簫
林鐘拊南呂拊
堂上
姑洗鎛鐘 春合正。　應鐘特磬 應尺正。　蕤賓鎛鐘 春四正。　大呂特磬 應工半。
姑洗歌　應鐘歌　蕤賓歌　大呂歌
姑洗歌鐘　應鐘歌鐘　蕤賓歌鐘　大呂歌鐘
姑洗歌磬　應鐘歌磬　蕤賓歌磬　大呂歌磬
姑洗笙　應鐘笙　蕤賓笙　大呂笙
姑洗瑟　應鐘瑟　蕤賓瑟　大呂瑟
姑洗琴　應鐘琴　蕤賓琴　大呂琴
姑洗簫　應鐘簫　蕤賓簫　大呂簫
應鐘拊　大呂拊
堂上
夷則鎛鐘 春合正。　夾鐘特磬 應尺半。　無射鎛鐘 春四正。　仲呂特磬 應工半。
夷則歌　夾鐘歌　無射歌　仲呂歌
夷則歌鐘　夾鐘歌鐘　無射歌鐘　仲呂歌鐘

夷則歌磬　夾鐘歌磬　無射歌磬　仲呂歌磬
夷則笙　夾鐘笙　無射笙　仲呂笙
夷則瑟　夾鐘瑟　無射瑟　仲呂瑟
夷則琴　夾鐘琴　無射琴　仲呂琴
夷則簫　夾鐘簫　無射簫　仲呂簫
夾鐘柎　仲呂柎

堂上

黃鐘鎛鐘 春合正。　林鐘特磬 應尺正。　太蔟鎛鐘 春四。　南呂特磬 應工。
黃鐘歌　林鐘歌　太蔟歌　南呂歌
黃鐘歌鐘　林鐘歌鐘　太蔟歌鐘　南呂歌鐘
黃鐘歌磬　林鐘歌磬　太蔟歌磬　南呂歌磬
黃鐘笙　林鐘笙　太蔟笙　南呂笙
黃鐘瑟　林鐘瑟　太蔟瑟　南呂瑟
黃鐘琴　林鐘琴　太蔟琴　南呂琴
黃鐘簫　林鐘簫　太蔟簫　南呂簫
林鐘柎　南呂柎
姑洗鎛鐘　收聲
姑洗歌
姑洗歌鐘

姑洗歌磬			
姑洗笙			
姑洗瑟			
姑洗琴			
姑洗簫			
			鏞鐘一振鐸二
堂下			
黃鐘鎛鐘	林鐘特磬	太蔟鎛鐘	南呂特磬
舞	舞	舞	舞
黃鐘編鐘	林鐘編鐘	太蔟編鐘	南呂編鐘
黃鐘編磬	林鐘編磬	太蔟編磬	南呂編磬
黃鐘笙	林鐘笙	太蔟笙	南呂笙
黃鐘塤	林鐘篪	太蔟塤	南呂篪
黃鐘笛	林鐘笛	太蔟笛	南呂笛
黃鐘簫	林鐘簫	太蔟簫	南呂簫
	林鐘鼗		南呂鼗
堂下			
姑洗鎛鐘	應鐘特磬	蕤賓鎛鐘	大呂特磬
舞	舞	舞	舞

姑洗編鐘
姑洗編磬
姑洗笙
姑洗塤
姑洗笛
姑洗簫

堂下
夷則鎛鐘
夷則編鐘
夷則編磬
夷則笙
夷則塤
夷則笛
夷則簫

堂下
黃鐘鎛鐘
黃鐘編鐘

應鐘編鐘
應鐘編磬
應鐘笙
應鐘篪
應鐘笛
應鐘簫
應鐘豎

夾鐘特磬
夾鐘編鐘
夾鐘編磬
夾鐘笙
夾鐘篪
夾鐘笛
夾鐘簫
夾鐘豎

林鐘特磬
林鐘編鐘

蕤賓編鐘
蕤賓編磬
蕤賓笙
蕤賓塤
蕤賓笛
蕤賓簫

無射鎛鐘
無射編鐘
無射編磬
無射笙
無射塤
無射笛
無射簫

太蔟鎛鐘
太蔟編鐘

大呂編鐘
大呂編磬
大呂笙
大呂篪
大呂笛
大呂簫
大呂豎

仲呂特磬
仲呂編鐘
仲呂編磬
仲呂笙
仲呂篪
仲呂笛
仲呂簫
仲呂豎

南呂特磬
南呂編鐘

黃鐘編磬　林鐘編磬　太簇編磬　南呂編磬
黃鐘笙　林鐘笙　太簇笙　南呂笙
黃鐘塤　林鐘篪　太簇塤　南呂篪
黃鐘笛　林鐘笛　太簇笛　南呂笛
黃鐘簫　林鐘簫　太簇簫　南呂簫
林鐘鼗　南呂鼗

堂下
姑洗鎛鐘　應鐘特磬　蕤賓鎛鐘　大呂特磬
姑洗編鐘　應鐘編鐘　蕤賓編鐘　大呂編鐘
姑洗編磬　應鐘編磬　蕤賓編磬　大呂編磬
姑洗笙　應鐘笙　蕤賓笙　大呂笙
姑洗塤　應鐘篪　蕤賓塤　大呂篪
姑洗笛　應鐘笛　蕤賓笛　大呂笛
姑洗簫　應鐘簫　蕤賓簫　大呂簫
應鐘鼗　大呂鼗

堂下
夷則鎛鐘　夾鐘特磬　無射鎛鐘　仲呂特磬
夷則編鐘　夾鐘編鐘　無射編鐘　仲呂編鐘
夷則編磬　夾鐘編磬　無射編磬　仲呂編磬

夷則笙
夷則塤
夷則笛
夷則簫

堂下
黃鐘鎛鐘
黃鐘編鐘
黃鐘編磬
黃鐘笙
黃鐘塤
黃鐘笛
黃鐘簫

姑洗鎛鐘
姑洗編鐘
姑洗編磬
姑洗笙
姑洗塤

夾鐘笙
夾鐘篪
夾鐘笛
夾鐘簫
夾鐘鼗

林鐘特磬
林鐘編鐘
林鐘編磬
林鐘笙
林鐘篪
林鐘笛
林鐘簫
林鐘鼗

無射笙
無射塤
無射笛
無射簫

太蔟鎛鐘
太蔟編鐘
太蔟編磬
太蔟笙
太蔟塤
太蔟笛
太蔟簫

仲呂笙
仲呂篪
仲呂笛
仲呂簫
仲呂鼗

南呂特磬
南呂編鐘
南呂編磬
南呂笙
南呂篪
南呂笛
南呂簫
南呂鼗

姑洗笛
姑洗簫
參神
　樂同上，但用大呂之聲。
迎牲
　樂同上，但用太蔟之聲。
進玉帛
　樂同上，但用夾鐘之聲。
初獻
　樂同上，但用姑洗之聲。堂下用陽辰之舞。
亞獻
　樂同上，但用仲呂之聲，堂下用陽辰之舞，右轉。
終獻
　樂同上，但用蕤賓之聲，堂上用陰辰之舞。
飲福
　樂同上，但用林鐘之聲，右轉。
嘏
　樂同上，但用夷則之聲。
徹

樂同上，但用南呂之聲。

辭神

樂同上，但用無射之聲。

望瘞

鼗鼓一，應鼓二。

堂上	堂下
應鐘鎛鐘	應鐘鎛鐘
應鐘歌	舞
應鐘歌鐘	應鐘編鐘
應鐘歌磬	應鐘編磬
應鐘笙	應鐘笙
應鐘瑟	應鐘塤
應鐘琴	應鐘笛
應鐘簫	應鐘簫

堂上	堂下
南呂鎛鐘	南呂鎛鐘
南呂歌	舞
南呂歌鐘	南呂編鐘

堂上	堂下
姑洗特磬	姑洗特磬
姑洗歌	舞
姑洗歌鐘	姑洗編鐘
姑洗歌磬	姑洗編磬
姑洗笙	姑洗笙
姑洗瑟	姑洗篪
姑洗琴	姑洗笛
姑洗簫	姑洗簫
姑洗柎	姑洗鼗

堂上	堂下
太蔟特磬	太蔟特磬
太蔟歌	舞
太蔟歌鐘	太蔟編鐘

南呂歌磬　南呂編磬
南呂笙　南呂笙
南呂瑟　南呂塤
南呂琴　南呂笛
南呂簫　南呂簫

堂上　堂下
林鐘鎛鐘　林鐘鎛鐘
林鐘歌　舞
林鐘歌鐘　林鐘編鐘
林鐘歌磬　林鐘編磬
林鐘笙　林鐘笙
林鐘瑟　林鐘塤
林鐘琴　林鐘笛
林鐘簫　林鐘簫

堂上　堂下
仲呂鎛鐘　仲呂鎛鐘
仲呂歌　舞

太簇歌磬　太簇編磬
太簇笙　太簇笙
太簇瑟　太簇篪
太簇琴　太簇笛
太簇簫　太簇簫
太簇拊　太簇鼗

堂上　堂下
黃鐘特磬　黃鐘特磬
黃鐘歌　舞
黃鐘歌鐘　黃鐘編鐘
黃鐘歌磬　黃鐘編磬
黃鐘笙　黃鐘笙
黃鐘瑟　黃鐘篪
黃鐘琴　黃鐘笛
黃鐘簫　黃鐘簫
黃鐘拊　黃鐘鼗

堂上　堂下
無射特磬　無射特磬
無射歌　舞

仲呂歌鐘
仲呂歌磬
仲呂笙
仲呂瑟
仲呂琴
仲呂簫

堂上
夾鐘鎛鐘
夾鐘歌
夾鐘歌鐘
夾鐘歌磬
夾鐘笙
夾鐘瑟
夾鐘琴
夾鐘簫

堂上
大呂鎛鐘

仲呂編鐘
仲呂編磬
仲呂笙
仲呂塤
仲呂笛
仲呂簫

堂下
夾鐘鎛鐘
舞
夾鐘編鐘
夾鐘編磬
夾鐘笙
夾鐘塤
夾鐘笛
夾鐘簫

堂下
大呂鎛鐘

無射歌鐘
無射歌磬
無射笙
無射瑟
無射琴
無射簫
無射拊

堂上
夷則特磬
夷則歌
夷則歌鐘
夷則歌磬
夷則笙
夷則瑟
夷則琴
夷則簫
夷則拊

堂上
蕤賓特磬

無射編鐘
無射編磬
無射笙
無射篪
無射笛
無射簫
無射鼗

堂下
夷則特磬
舞
夷則編鐘
夷則編磬
夷則笙
夷則篪
夷則笛
夷則簫
夷則鼗

堂下
蕤賓特磬

大呂歌
大呂歌鐘
大呂歌磬
大呂笙
大呂瑟
大呂琴
大呂簫

堂上
應鐘鎛鐘
應鐘歌
應鐘歌鐘
應鐘歌磬
應鐘笙
應鐘瑟
應鐘琴
應鐘簫

堂上

舞
大呂編鐘
大呂編磬
大呂笙
大呂塤
大呂笛
大呂簫

堂下
應鐘鎛鐘
舞
應鐘編鐘
應鐘編磬
應鐘笙
應鐘塤
應鐘笛
應鐘簫

堂下

蕤賓歌
蕤賓歌鐘
蕤賓歌磬
蕤賓笙
蕤賓瑟
蕤賓琴
蕤賓簫
蕤賓柎

堂上
姑洗特磬
姑洗歌
姑洗歌鐘
姑洗歌磬
姑洗笙
姑洗瑟
姑洗琴
姑洗簫
姑洗柎

堂上

舞
蕤賓編鐘
蕤賓編磬
蕤賓笙
蕤賓篪
蕤賓笛
蕤賓簫
蕤賓鼗

堂下
姑洗特磬
舞
姑洗編鐘
姑洗編磬
姑洗笙
姑洗篪
姑洗笛
姑洗簫
姑洗鼗

堂下

南呂鎛鐘
南呂歌
南呂歌鐘
南呂歌磬
南呂笙
南呂瑟
南呂琴
南呂簫

堂上
林鍾鎛鐘
林鍾歌
林鍾歌鐘
林鍾歌磬
林鍾笙
林鍾瑟
林鍾琴
林鍾簫

南呂鎛鐘
舞
南呂編鐘
南呂編磬
南呂笙
南呂塤
南呂笛
南呂簫

堂下
林鍾鎛鐘
舞
林鍾編鐘
林鍾編磬
林鍾笙
林鍾篪
林鍾笛
林鍾簫

太簇特磬
太簇歌
太簇歌鐘
太簇歌磬
太簇笙
太簇瑟
太簇琴
太簇簫
太簇拊

堂上
黃鍾特磬
黃鍾歌
黃鍾歌鐘
黃鍾歌磬
黃鍾笙
黃鍾瑟
黃鍾琴
黃鍾簫
黃鍾拊

太簇特磬
舞
太簇編鐘
太簇編磬
太簇笙
太簇篪
太簇笛
太簇簫
太簇鼗

堂下
黃鍾特磬
舞
黃鍾編鐘
黃鍾編磬
黃鍾笙
黃鍾塤
黃鍾笛
黃鍾簫
黃鍾鼗

堂上
仲呂鎛鐘
仲呂歌
仲呂歌鐘
仲呂歌磬
仲呂笙
仲呂瑟
仲呂琴
仲呂簫

堂上
夾鐘鎛鐘
夾鐘歌
夾鐘歌鐘
夾鐘歌磬
夾鐘笙
夾鐘瑟
夾鐘琴
夾鐘簫

堂下
仲呂鎛鐘
舞
仲呂編鐘
仲呂編磬
仲呂笙
仲呂篪
仲呂笛
仲呂簫

堂下
夾鐘鎛鐘
舞
夾鐘編鐘
夾鐘編磬
夾鐘笙
夾鐘篪
夾鐘笛
夾鐘簫

堂上
無射特磬
無射歌
無射歌鐘
無射歌磬
無射笙
無射瑟
無射琴
無射簫
無射拊

堂上
夷則特磬
夷則歌
夷則歌鐘
夷則歌磬
夷則笙
夷則瑟
夷則琴
夷則簫

堂下
無射特磬
舞
無射編鐘
無射編磬
無射笙
無射塤
無射笛
無射簫
無射鼗

堂下
夷則特磬
舞
夷則編鐘
夷則編磬
夷則笙
夷則塤
夷則笛
夷則簫

堂上
大呂鎛鐘
大呂歌
大呂歌鐘
大呂歌磬
大呂笙
大呂瑟
大呂琴
大呂簫

堂上
應鐘鎛鐘
應鐘歌
應鐘歌鐘
應鐘歌磬
應鐘笙
應鐘瑟
應鐘琴

堂下
大呂鎛鐘
舞
大呂編鐘
大呂編磬
大呂笙
大呂瑟
大呂笛
大呂簫

堂下
應鐘鎛鐘
舞
應鐘編鐘
應鐘編磬
應鐘笙
應鐘篪
應鐘笛

夷則拊
堂上
蕤賓特磬
蕤賓歌
蕤賓歌鐘
蕤賓歌磬
蕤賓笙
蕤賓瑟
蕤賓琴
蕤賓簫
蕤賓拊

堂上
姑洗特磬
姑洗歌
姑洗歌鐘
姑洗歌磬
姑洗笙
姑洗瑟
姑洗琴

夷則鼗
堂下
蕤賓特磬
舞
蕤賓編鐘
蕤賓編磬
蕤賓笙
蕤賓塤
蕤賓笛
蕤賓簫
蕤賓鼗

堂下
姑洗特磬
舞
姑洗編鐘
姑洗編磬
姑洗笙
姑洗塤
姑洗笛

應鐘簫	應鐘簫
堂上	堂下
南呂鎛鐘	南呂鎛鐘
南呂歌	舞
南呂歌鐘	南呂編鐘
南呂歌磬	南呂編磬
南呂笙	南呂笙
南呂瑟	南呂篪
南呂琴	南呂笛
南呂簫	南呂簫
堂上	堂下
林鐘鎛鐘	林鐘鎛鐘
林鐘歌	舞
林鐘歌鐘	林鐘編鐘
林鐘歌磬	林鐘編磬
林鐘笙	林鐘笙
林鐘瑟	林鐘篪

姑洗簫	姑洗簫
姑洗拊	姑洗鼗
堂上	堂下
太蔟特磬	太蔟特磬
太蔟歌	舞
太蔟歌鐘	太蔟編鐘
太蔟歌磬	太蔟編磬
太蔟笙	太蔟笙
太蔟瑟	太蔟塤
太蔟琴	太蔟笛
太蔟簫	太蔟簫
太蔟拊	太蔟鼗
堂上	堂下

林鐘琴
林鐘簫

林鐘笛
林鐘簫

鏞鼓振鐸櫟敔

苑洛志樂卷五

苑洛志樂　卷六

明韓邦奇撰

廟享

降神

撞柷：先底，次左，次右，撞者三。

太蔟二變 衆樂齊舉。

路鼓一應鼓二

堂上

太蔟鎛鐘 春合正。
太蔟歌
太蔟歌鐘
太蔟歌磬
太蔟笙
太蔟瑟
太蔟琴
太蔟簫

堂上

堂下

太蔟鎛鐘
舞
太蔟編鐘
太蔟編磬
太蔟笙
太蔟塤
太蔟笛
太蔟簫

堂下

堂上

南呂特磬 應尺正。
南呂歌
南呂歌鐘
南呂歌磬
南呂笙
南呂瑟
南呂琴
南呂簫
南呂拊

堂上

堂下

南呂特磬
舞
南呂編鐘
南呂編磬
南呂笙
南呂篪
南呂笛
南呂簫
南呂鼗

堂下

姑洗鎛鐘 春四正。	姑洗鎛鐘
姑洗歌	舞
姑洗歌鐘	姑洗編鐘
姑洗歌磬	姑洗編磬
姑洗笙	姑洗笙
姑洗瑟	姑洗塤
姑洗琴	姑洗笛
姑洗簫	姑洗簫

堂上	堂下
蕤賓鎛鐘 春一正。	蕤賓鎛鐘
蕤賓歌	舞
蕤賓歌鐘	蕤賓編鐘
蕤賓歌磬	蕤賓編磬
蕤賓笙	蕤賓笙
蕤賓瑟	蕤賓塤
蕤賓琴	蕤賓笛
蕤賓簫	蕤賓簫

應鐘特磬 應工正。	應鐘特磬
應鐘歌	舞
應鐘歌鐘	應鐘編鐘
應鐘歌磬	應鐘編磬
應鐘笙	應鐘笙
應鐘瑟	應鐘篪
應鐘琴	應鐘笛
應鐘簫	應鐘簫
應鐘拊	應鐘鼗

堂上	堂下
大呂特磬	大呂特磬
大呂歌	舞
大呂歌鐘	大呂編鐘
大呂歌磬	大呂編磬
大呂笙	大呂笙
大呂瑟	大呂篪
大呂琴	大呂笛
大呂簫	大呂簫
大呂拊	大呂鼗

堂上	堂下
夷則鎛鐘 春上正。	夷則鎛鐘
夷則歌	舞
夷則歌鐘	夷則編鐘
夷則歌磬	夷則編磬
夷則笙	夷則笙
夷則瑟	夷則塤
夷則琴	夷則笛
夷則簫	夷則簫

再作

黃鐘一變 衆樂齊舉。

路鼓一應鼓二

堂上	堂下
黃鐘鎛鐘 春合正。	黃鐘鎛鐘
黃鐘歌	舞
黃鐘歌鐘	黃鐘編鐘
黃鐘歌磬	黃鐘編磬

堂上	堂下
太蔟特磬 應歸宮。	太蔟特磬
太蔟歌	舞
太蔟歌鐘	太蔟編鐘
太蔟歌磬	太蔟編磬
太蔟笙	太蔟笙
太蔟瑟	太蔟篪
太蔟琴	太蔟笛
太蔟簫	太蔟簫
太蔟拊	太蔟鼗
	鏞鐘一振鐸二

堂上	堂下
林鐘特磬 應尺正。	林鐘特磬
林鐘歌	舞
林鐘歌鐘	林鐘編鐘
林鐘歌磬	林鐘編磬

黃鐘笙
黃鐘瑟
黃鐘琴
黃鐘簫
堂上
太蔟鎛鐘 春四正。
太蔟歌
太蔟歌鐘
太蔟歌磬
太蔟笙
太蔟瑟
太蔟琴
太蔟簫
堂上
姑洗鎛鐘 春一正。
姑洗歌
姑洗歌鐘

黃鐘笙
黃鐘塤
黃鐘笛
黃鐘簫
堂下
太蔟鎛鐘
舞
太蔟編鐘
太蔟編磬
太蔟笙
太蔟塤
太蔟笛
太蔟簫
堂下
姑洗鎛鐘
舞
姑洗編鐘

林鐘笙
林鐘瑟
林鐘琴
林鐘簫
林鐘拊
堂上
南呂特磬 應工正。
南呂歌
南呂歌鐘
南呂歌磬
南呂笙
南呂瑟
南呂琴
南呂簫
南呂拊
堂上
應鐘特磬 應六正。
應鐘歌
應鐘歌鐘

林鐘笙
林鐘篪
林鐘笛
林鐘簫
林鐘鼗
堂下
南呂特磬
舞
南呂編鐘
南呂編磬
南呂笙
南呂篪
南呂笛
南呂簫
南呂鼗
堂下
應鐘特磬
舞
應鐘編鐘

姑洗歌磬　姑洗編磬
姑洗笙　姑洗笙
姑洗瑟　姑洗塤
姑洗琴　姑洗笛
姑洗簫　姑洗簫

堂上　堂下
蕤賓鎛鐘 春上正。　蕤賓鎛鐘
蕤賓歌　舞
蕤賓歌鐘　蕤賓編鐘
蕤賓歌磬　蕤賓編磬
蕤賓笙　蕤賓笙
蕤賓瑟　蕤賓塤
蕤賓琴　蕤賓笛
蕤賓簫　蕤賓簫

無射一變
路鼓一應鼓二

應鐘歌磬　應鐘編磬
應鐘笙　應鐘笙
應鐘瑟　應鐘篪
應鐘琴　應鐘笛
應鐘簫　應鐘簫
應鐘拊　應鐘鼗
堂上　堂下
黃鐘特磬 應歸宮。　黃鐘特磬
黃鐘歌　舞
黃鐘歌鐘　黃鐘編鐘
黃鐘歌磬　黃鐘編磬
黃鐘笙　黃鐘笙
黃鐘瑟　黃鐘篪
黃鐘琴　黃鐘笛
黃鐘簫　黃鐘簫
黃鐘拊　黃鐘鼗
鏞鐘一振鐸二

堂上

無射鎛鐘 春合正。
無射歌
無射歌鐘
無射歌磬
無射笙
無射瑟
無射琴
無射簫

堂下

無射鎛鐘
舞
無射編鐘
無射編磬
無射笙
無射塤
無射笛
無射簫

堂上

黃鐘鎛鐘 春四半。
黃鐘歌
黃鐘歌鐘
黃鐘歌磬
黃鐘笙
黃鐘瑟
黃鐘琴
黃鐘簫

堂下

黃鐘鎛鐘
舞
黃鐘編鐘
黃鐘編磬
黃鐘笙
黃鐘塤
黃鐘笛
黃鐘簫

堂上

仲呂特磬 應尺半。
仲呂歌
仲呂歌鐘
仲呂歌磬
仲呂笙
仲呂瑟
仲呂琴
仲呂簫
仲呂柎

堂下

仲呂特磬
舞
仲呂編鐘
仲呂編磬
仲呂笙
仲呂篪
仲呂笛
仲呂簫
仲呂鼗

堂上

林鐘特磬 應工半。
林鐘歌
林鐘歌鐘
林鐘歌磬
林鐘笙
林鐘瑟
林鐘琴
林鐘簫

堂下

林鐘特磬
舞
林鐘編鐘
林鐘編磬
林鐘笙
林鐘篪
林鐘笛
林鐘簫

堂上　堂下
太蔟鎛鐘 春一半。　太蔟鎛鐘
太蔟歌　舞
太蔟歌鐘　太蔟編鐘
太蔟歌磬　太蔟編磬
太蔟笙　太蔟笙
太蔟瑟　太蔟塤
太蔟琴　太蔟笛
太蔟簫　太蔟簫
堂上　堂下
姑洗鎛鐘 春上半。　姑洗鎛鐘
姑洗歌　舞
姑洗歌鐘　姑洗編鐘
姑洗歌磬　姑洗編磬
姑洗笙　姑洗笙
姑洗瑟　姑洗塤
姑洗琴　姑洗笛

林鐘拊　林鐘鼗
堂上　堂下
南呂特磬 應六半。　南呂特磬
南呂歌　舞
南呂歌鐘　南呂編鐘
南呂歌磬　南呂編磬
南呂笙　南呂笙
南呂瑟　南呂篪
南呂琴　南呂笙
南呂簫　南呂簫
南呂拊　南呂鼗
堂上　堂下
無射特磬 應歸宮。　無射特磬
無射歌　舞
無射歌鐘　無射編鐘
無射歌磬　無射編磬
無射笙　無射笙
無射瑟　無射篪
無射琴　無射笛

姑洗簫	姑洗簫
林鐘二變	
路鼓一應鼓二	
堂上	堂下
林鐘鎛鐘 春合正。	林鐘鎛鐘
林鐘歌	舞
林鐘歌鐘	林鐘編鐘
林鐘歌磬	林鐘編磬
林鐘笙	林鐘笙
林鐘瑟	林鐘塤
林鐘琴	林鐘笛
林鐘簫	林鐘簫
堂上	堂下
南呂鎛鐘 春四正。	南呂鎛鐘
南呂歌	舞
南呂歌鐘	南呂編鐘

無射簫	無射簫
無射拊	無射鼗
	鏞鐘一振鐸二
堂上	堂下
太蔟特磬 應尺半。	太蔟特磬
太蔟歌	舞
太蔟歌鐘	太蔟編鐘
太蔟歌磬	太蔟編磬
太蔟笙	太蔟笙
太蔟瑟	太蔟篪
太蔟琴	太蔟笛
太蔟簫	太蔟簫
太蔟拊	太蔟鼗
堂上	堂下
姑洗特磬 應工半。	姑洗特磬
姑洗歌	舞
姑洗歌鐘	姑洗編鐘

南呂歌磬　南呂編磬
南呂笙　南呂笙
南呂瑟　南呂塤
南呂琴　南呂笛
南呂簫　南呂簫

堂上　堂下
應鐘鎛鐘 春一正。　應鐘鎛鐘
應鐘歌　舞
應鐘歌鐘　應鐘編鐘
應鐘歌磬　應鐘編磬
應鐘笙　應鐘笙
應鐘瑟　應鐘塤
應鐘琴　應鐘笛
應鐘簫　應鐘簫

堂上　堂下
大呂鎛鐘 春合正。　大呂鎛鐘
大呂歌　舞

姑洗歌磬　姑洗編磬
姑洗笙　姑洗笙
姑洗瑟　姑洗篪
姑洗琴　姑洗笛
姑洗簫　姑洗簫
姑洗拊　姑洗鼗

堂上　堂下
蕤賓特磬　蕤賓特磬
蕤賓歌　舞
蕤賓歌鐘　蕤賓編鐘
蕤賓歌磬　蕤賓編磬
蕤賓笙　蕤賓笙
蕤賓瑟　蕤賓篪
蕤賓琴　蕤賓笛
蕤賓簫　蕤賓簫
蕤賓拊　蕤賓鼗

堂上　堂下
林鐘鎛鐘 應工半。　林鐘鎛鐘
林鐘歌　舞

大呂歌鐘　大呂編鐘
大呂歌磬　大呂編磬
大呂笙　大呂笙
大呂瑟　大呂塤
大呂琴　大呂箎
大呂簫　大呂簫

再作
仲呂二變
路鼓一應鼓二
堂上　堂下
仲呂鎛鐘 春合正。　仲呂鎛鐘
仲呂歌　舞
仲呂歌鐘　仲呂編鐘
仲呂歌磬　仲呂編磬
仲呂笙　仲呂笙
仲呂瑟　仲呂塤
仲呂琴　仲呂箎

林鐘歌鐘　林鐘編鐘
林鐘歌磬　林鐘編磬
林鐘笙　林鐘笙
林鐘瑟　林鐘篪
林鐘琴　林鐘箎
林鐘簫　林鐘簫
林鐘拊　林鐘敔
鏞鐘一振鐸二

堂上　堂下
黃鐘特磬 應合變半。　黃鐘特磬
黃鐘歌　舞
黃鐘歌鐘　黃鐘編鐘
黃鐘歌磬　黃鐘編磬
黃鐘笙　黃鐘笙
黃鐘瑟　黃鐘篪
黃鐘琴　黃鐘箎

仲呂簫　　仲呂簫
堂上　　堂下
林鐘鎛鐘 春四正。　　林鐘鎛鐘
林鐘歌　　舞
林鐘歌鐘　　林鐘編鐘
林鐘歌磬　　林鐘編磬
林鐘笙　　林鐘笙
林鐘瑟　　林鐘塤
林鐘琴　　林鐘笛
林鐘簫　　林鐘簫
堂上　　堂下
南呂鎛鐘 春一正。　　南呂鎛鐘
南呂歌　　舞
南呂歌鐘　　南呂編鐘
南呂歌磬　　南呂編磬
南呂笙　　南呂笙
南呂瑟　　南呂塤

黃鐘簫　　黃鐘簫
黃鐘拊　　黃鐘鼗
堂上　　堂下
太蔟特磬 應工半。　　太蔟特磬
太蔟歌　　舞
太蔟歌鐘　　太蔟編鐘
太蔟歌磬　　太蔟編磬
太蔟笙　　太蔟笙
太蔟瑟　　太蔟篪
太蔟琴　　太蔟笛
太蔟簫　　太蔟簫
太蔟拊　　太蔟鼗
堂上　　堂下
姑洗特磬 應六半。　　姑洗特磬
姑洗歌　　舞
姑洗歌鐘　　姑洗編鐘
姑洗歌磬　　姑洗編磬
姑洗笙　　姑洗笙
姑洗瑟　　姑洗篪

南呂琴
南呂簫

堂上
應鐘鎛鐘 春上正。
應鐘歌
應鐘歌鐘
應鐘歌磬
應鐘笙
應鐘瑟
應鐘琴
應鐘簫

南呂笛
南呂簫

堂下
應鐘鎛鐘
舞
應鐘編鐘
應鐘編磬
應鐘笙
應鐘塤
應鐘笛
應鐘簫

姑洗琴
姑洗簫
姑洗拊
堂上
仲呂特磬
仲呂歌
仲呂歌鐘
仲呂歌磬
仲呂笙
仲呂瑟
仲呂琴
仲呂簫
仲呂拊

姑洗笛
姑洗簫
姑洗鼗
堂下
仲呂特磬
舞
仲呂編鐘
仲呂編磬
仲呂笙
仲呂篪
仲呂笛
仲呂簫
仲呂鼗
鏞鐘一振鐸二

迎神
鼗鼓一應鼓二
堂上
黃鐘鎛鐘 春合正。
黃鐘歌

林鐘特磬 應尺半。
林鐘歌

太蔟鎛鐘 春四正。
太蔟歌

南呂特磬 應工正。
南呂歌

黃鐘歌鐘
黃鐘歌磬
黃鐘笙
黃鐘瑟
黃鐘琴
黃鐘簫

姑洗鎛鐘 春一正。
姑洗歌
姑洗歌鐘
姑洗歌磬
姑洗笙
姑洗瑟
姑洗琴
姑洗簫

夷則鎛鐘 春合正。
夷則歌
夷則歌鐘

林鐘歌鐘
林鐘歌磬
林鐘笙
林鐘瑟
林鐘琴
林鐘簫
林鐘拊
應鐘特磬 應六正。
應鐘歌
應鐘歌鐘
應鐘歌磬
應鐘笙
應鐘瑟
應鐘琴
應鐘簫
應鐘拊
夾鐘特磬 應尺半。
夾鐘歌
夾鐘歌鐘

太簇歌鐘
太簇歌磬
太簇笙
太簇瑟
太簇琴
太簇簫

蕤賓鎛鐘 春上正。
蕤賓歌
蕤賓歌鐘
蕤賓歌磬
蕤賓笙
蕤賓瑟
蕤賓琴
蕤賓簫

無射鎛鐘 春四正。
無射歌
無射歌鐘

南呂歌鐘
南呂歌磬
南呂笙
南呂瑟
南呂琴
南呂簫
南呂拊
大呂特磬 應工半。
大呂歌
大呂歌鐘
大呂歌磬
大呂笙
大呂瑟
大呂琴
大呂簫
大呂拊
仲呂特磬 應工半。
仲呂歌
仲呂歌鐘

夷則歌磬
夷則笙
夷則瑟
夷則琴
夷則簫

黃鐘鎛鐘 春合變。
黃鐘歌
黃鐘歌鐘
黃鐘歌磬
黃鐘笙
黃鐘瑟
黃鐘琴
黃鐘簫

姑洗鎛鐘 春合正。
姑洗歌
姑洗歌鐘
姑洗歌磬

夾鐘歌磬
夾鐘笙
夾鐘瑟
夾鐘琴
夾鐘簫
夾鐘拊
林鐘特磬 應尺正。
林鐘歌
林鐘歌鐘
林鐘歌磬
林鐘笙
林鐘瑟
林鐘琴
林鐘簫
林鐘拊
應鐘特磬 應尺正。
應鐘歌
應鐘歌鐘
應鐘歌磬

無射歌磬
無射笙
無射瑟
無射琴
無射簫

太蔟鎛鐘 春四正。
太蔟歌
太蔟歌鐘
太蔟歌磬
太蔟笙
太蔟瑟
太蔟琴
太蔟簫

蕤賓鎛鐘 春四正。
蕤賓歌
蕤賓歌鐘
蕤賓歌磬

仲呂歌磬
仲呂笙
仲呂瑟
仲呂琴
仲呂簫
仲呂拊
南呂特磬 應工正。
南呂歌
南呂歌鐘
南呂歌磬
南呂笙
南呂瑟
南呂琴
南呂簫
南呂拊
大呂特磬 應工半。
大呂歌
大呂歌鐘
大呂歌磬

姑洗笙
姑洗瑟
姑洗琴
姑洗簫

夷則鎛鐘 春合正。
夷則歌
夷則歌鐘
夷則歌磬
夷則笙
夷則瑟
夷則琴
夷則簫

黃鐘鎛鐘 春合變。
黃鐘歌
黃鐘歌鐘
黃鐘歌磬
黃鐘笙

應鐘笙
應鐘瑟
應鐘琴
應鐘簫
應鐘拊
夾鐘特磬
夾鐘歌
夾鐘歌鐘
夾鐘歌磬
夾鐘笙
夾鐘瑟
夾鐘琴
夾鐘簫
夾鐘拊
林鐘特磬 應尺正。
林鐘歌
林鐘歌鐘
林鐘歌磬
林鐘笙

蕤賓笙
蕤賓瑟
蕤賓琴
蕤賓簫

無射鎛鐘 春四正。
無射歌
無射歌鐘
無射歌磬
無射笙
無射瑟
無射琴
無射簫

太蔟鎛鐘 春四正。
太蔟歌
太蔟歌鐘
太蔟歌磬
太蔟笙

大呂笙
大呂瑟
大呂琴
大呂簫
大呂拊
仲呂特磬 應工半。
仲呂歌
仲呂歌鐘
仲呂歌磬
仲呂笙
仲呂瑟
仲呂琴
仲呂簫
仲呂拊
南呂特磬 應工正。
南呂歌
南呂歌鐘
南呂歌磬
南呂笙

黃鐘瑟
黃鐘琴
黃鐘簫

姑洗鎛鐘 春合變。
姑洗歌
姑洗歌鐘
姑洗歌磬
姑洗笙
姑洗瑟
姑洗琴
姑洗簫

夷則鎛鐘 春合正。
夷則歌
夷則歌鐘
夷則歌磬
夷則笙
夷則瑟

林鐘瑟
林鐘琴
林鐘簫
林鐘柎
應鐘特磬 應尺正。
應鐘歌
應鐘歌鐘
應鐘歌磬
應鐘笙
應鐘瑟
應鐘琴
應鐘簫
應鐘柎
夾鐘特磬 應尺半。
夾鐘歌
夾鐘歌鐘
夾鐘歌磬
夾鐘笙
夾鐘瑟

太蔟瑟
太蔟琴
太蔟簫

蕤賓鎛鐘 春四正。
蕤賓歌
蕤賓歌鐘
蕤賓歌磬
蕤賓笙
蕤賓瑟
蕤賓琴
蕤賓簫

無射鎛鐘 春四正。
無射歌
無射歌鐘
無射歌磬
無射笙
無射瑟

南呂瑟
南呂琴
南呂簫
南呂柎
大呂特磬 應工正。
大呂歌
大呂歌鐘
大呂歌磬
大呂笙
大呂瑟
大呂琴
大呂簫
大呂柎
仲呂特磬 應工半。
仲呂歌
仲呂歌鐘
仲呂歌磬
仲呂笙
仲呂瑟

夷則琴　夾鐘琴　無射琴　仲呂琴
夷則簫　夾鐘簫　無射簫　仲呂簫
　　　　夾鐘拊　　　　　仲呂拊
黃鐘鎛鐘 春合變。　林鐘特磬 應尺正。　太蔟鎛鐘 春四正。　南呂特磬 應工正。
黃鐘歌　林鐘歌　太蔟歌　南呂歌
黃鐘歌鐘　林鐘歌鐘　太蔟歌鐘　南呂歌鐘
黃鐘歌磬　林鐘歌磬　太蔟歌磬　南呂歌磬
黃鐘笙　林鐘笙　太蔟笙　南呂笙
黃鐘瑟　林鐘瑟　太蔟瑟　南呂瑟
黃鐘琴　林鐘琴　太蔟琴　南呂琴
黃鐘簫　林鐘簫　太蔟簫　南呂簫
　　　　林鐘拊　　　　　南呂拊
姑洗鎛鐘 春合正。　應鐘特磬 應尺正。　蕤賓鎛鐘 春四正。　大呂特磬 應工半。
姑洗歌　應鐘歌　蕤賓歌　大呂歌
姑洗歌鐘　應鐘歌鐘　蕤賓歌鐘　大呂歌鐘
姑洗歌磬　應鐘歌磬　蕤賓歌磬　大呂歌磬
姑洗笙　應鐘笙　蕤賓笙　大呂笙
姑洗瑟　應鐘瑟　蕤賓瑟　大呂瑟
姑洗琴　應鐘琴　蕤賓琴　大呂琴

姑洗簫
夷則鎛鐘 春合正。
夷則歌
夷則歌鐘
夷則歌磬
夷則笙
夷則瑟
夷則琴
夷則簫
黃鐘鎛鐘 合收聲。
黃鐘歌
黃鐘歌鐘
黃鐘歌磬
黃鐘笙
黃鐘瑟
黃鐘琴
黃鐘簫

應鐘簫
應鐘拊
夾鐘特磬 應尺半。
夾鐘歌
夾鐘歌鐘
夾鐘歌磬
夾鐘笙
夾鐘瑟
夾鐘琴
夾鐘簫
夾鐘拊

蕤賓簫
無射鎛鐘 春四正。
無射歌
無射歌鐘
無射歌磬
無射笙
無射瑟
無射琴
無射簫

大呂簫
大呂拊
仲呂特磬 應工半。
仲呂歌
仲呂歌鐘
仲呂歌磬
仲呂笙
仲呂瑟
仲呂琴
仲呂簫
仲呂拊

堂下

黃鐘鎛鐘 春合正。	林鐘特磬 應尺正。	太簇鎛鐘 春四正。	南呂特磬 應工半。
黃鐘編鐘	林鐘編鐘	太簇編鐘	南呂編鐘
黃鐘編磬	林鐘編磬	太簇編磬	南呂編磬
黃鐘笙	林鐘笙	太簇笙	南呂笙
黃鐘塤	林鐘篪	太簇塤	南呂篪
黃鐘笛	林鐘笛	太簇笛	南呂笛
黃鐘簫	林鐘簫	太簇簫	南呂簫
	林鐘鼗		南呂鼗
姑洗鎛鐘 春合正。	應鐘特磬 應尺正。	蕤賓鎛鐘 春四正。	大呂特磬 應工半。
姑洗編鐘	應鐘編鐘	蕤賓編鐘	大呂編鐘
姑洗編磬	應鐘編磬	蕤賓編磬	大呂編磬
姑洗笙	應鐘笙	蕤賓笙	大呂笙
姑洗塤	應鐘篪	蕤賓塤	大呂篪
姑洗笛	應鐘笛	蕤賓笛	大呂笛
姑洗簫	應鐘簫	蕤賓簫	大呂簫
	應鐘鼗		大呂鼗
夷則鎛鐘 春合正。	夾鐘特磬 應尺半。	無射鎛鐘 春四正。	仲呂特磬 應工半。
夷則編鐘	夾鐘編鐘	無射編鐘	仲呂編鐘

夷則編磬
夷則笙
夷則塤
夷則笛
夷則簫

黃鍾鎛鍾　春合變。
黃鍾編鍾
黃鍾編磬
黃鍾笙
黃鍾塤
黃鍾笛
黃鍾簫

姑洗鎛鍾　春合正。
姑洗編鍾
姑洗編磬
姑洗笙
姑洗塤

夾鍾編磬
夾鍾笙
夾鍾篪
夾鍾笛
夾鍾簫
夾鍾鼗
林鍾特磬　應尺正。
林鍾編鍾
林鍾編磬
林鍾笙
林鍾篪
林鍾笛
林鍾簫
林鍾鼗
應鍾特磬　應尺正。
應鍾編鍾
應鍾編磬
應鍾笙
應鍾篪

無射編磬
無射笙
無射塤
無射笛
無射簫
太蔟鎛鍾　春四正。
太蔟編鍾
太蔟編磬
太蔟笙
太蔟塤
太蔟笛
太蔟簫
蕤賓鎛鍾　春四正。
蕤賓編鍾
蕤賓編磬
蕤賓笙
蕤賓塤

仲呂編磬
仲呂笙
仲呂篪
仲呂笛
仲呂簫
仲呂鼗
南呂特磬　應工正。
南呂編鍾
南呂編磬
南呂笙
南呂篪
南呂笛
南呂簫
南呂鼗
大呂特磬　應工半。
大呂編鍾
大呂編磬
大呂笙
大呂篪

姑洗笛
姑洗簫

夷則鎛鐘 春合正。
夷則編鐘
夷則編磬
夷則笙
夷則塤
夷則笛
夷則簫

黃鐘鎛鐘 春合變。
黃鐘編鐘
黃鐘編磬
黃鐘笙
黃鐘塤
黃鐘笛
黃鐘簫

應鐘笛
應鐘簫
應鐘鼗
夾鐘特磬 應尺正。
夾鐘編鐘
夾鐘編磬
夾鐘笙
夾鐘篪
夾鐘笛
夾鐘簫
夾鐘鼗
林鐘特磬 應尺正。
林鐘編鐘
林鐘編磬
林鐘笙
林鐘篪
林鐘笛
林鐘簫
林鐘鼗

蕤賓笛
蕤賓簫

無射鎛鐘 春四正。
無射編鐘
無射編磬
無射笙
無射塤
無射笛
無射簫

太簇鎛鐘 春四正。
太簇編鐘
太簇編磬
太簇笙
太簇塤
太簇笛
太簇簫

大呂笛
大呂簫
大呂鼗
仲呂特磬 應工半。
仲呂編鐘
仲呂編磬
仲呂笙
仲呂篪
仲呂笛
仲呂簫
仲呂鼗
南呂特磬 應工正。
南呂編鐘
南呂編磬
南呂笙
南呂篪
南呂笛
南呂簫
南呂鼗

姑洗鎛鐘 春合變。
姑洗編鐘
姑洗編磬
姑洗笙
姑洗塤
姑洗笛
姑洗簫

夷則鎛鐘 春合正。
夷則編鐘
夷則編磬
夷則笙
夷則塤
夷則笛
夷則簫

黃鐘鎛鐘 春合變。
黃鐘編鐘
黃鐘編磬

應鐘特磬 應尺正。
應鐘編鐘
應鐘編磬
應鐘笙
應鐘篪
應鐘笛
應鐘簫
應鐘鼗

夾鐘特磬 應尺半。
夾鐘編鐘
夾鐘編磬
夾鐘笙
夾鐘篪
夾鐘笛
夾鐘簫
夾鐘鼗

林鐘特磬 應尺正。
林鐘編鐘
林鐘編磬

蕤賓鎛鐘 春四正。
蕤賓編鐘
蕤賓編磬
蕤賓笙
蕤賓塤
蕤賓笛
蕤賓簫

無射鎛鐘 春四正。
無射編鐘
無射編磬
無射笙
無射塤
無射笛
無射簫

太蔟鎛鐘 春四正。
太蔟編鐘
太蔟編磬

大呂特磬 應工正。
大呂編鐘
大呂編磬
大呂笙
大呂篪
大呂笛
大呂簫
大呂鼗

仲呂特磬 應工半。
仲呂編鐘
仲呂編磬
仲呂笙
仲呂篪
仲呂笛
仲呂簫
仲呂鼗

南呂特磬 應工正。
南呂編鐘
南呂編磬

黃鐘笙　林鐘笙　太簇笙　南呂笙
黃鐘塤　林鐘篪　太簇塤　南呂篪
黃鐘笛　林鐘笛　太簇笛　南呂笛
黃鐘簫　林鐘簫　太簇簫　南呂簫
林鐘鼗　南呂鼗
姑洗鎛鐘 春合正。　應鐘特磬 應尺正。　蕤賓鎛鐘 春四正。　大呂特磬 應工半。
姑洗編鐘　應鐘編鐘　蕤賓編鐘　大呂編鐘
姑洗編磬　應鐘編磬　蕤賓編磬　大呂編磬
姑洗笙　應鐘笙　蕤賓笙　大呂笙
姑洗塤　應鐘篪　蕤賓塤　大呂篪
姑洗笛　應鐘笛　蕤賓笛　大呂笛
姑洗簫　應鐘簫　蕤賓簫　大呂簫
應鐘鼗　大呂鼗
夷則鎛鐘 春合正。　夾鐘特磬 應尺半。　無射鎛鐘 春四正。　仲呂特磬 應工半。
夷則編鐘　夾鐘編鐘　無射編鐘　仲呂編鐘
夷則編磬　夾鐘編磬　無射編磬　仲呂編磬
夷則笙　夾鐘笙　無射笙　仲呂笙
夷則塤　夾鐘篪　無射塤　仲呂篪
夷則笛　夾鐘笛　無射笛　仲呂笛

夷則簫　夾鐘簫　無射簫　仲呂簫
夾鐘䥶　仲呂䥶
黄鐘鎛鐘 合收聲。
黄鐘編鐘
黄鐘編磬
黄鐘笙
黄鐘塤
黄鐘篴
黄鐘簫

參神

樂同上，但用大呂之聲。

迎牲

樂同上，但用太蔟之聲。

進玉帛

樂同上，但用夾鐘之聲。

初獻

樂同上，但用姑洗之聲，陽辰之舞。

亞獻

樂同上，但用仲呂之聲，陽辰之舞。

終獻

樂同上，但用蕤賓之，陰辰之舞。

飲福

樂同上，但用林鐘之聲。

嘏

樂同上，但用夷則之聲。

徹

樂同上，但用南呂之聲。

辭神

樂同上，但用無射之聲。

焚帛

鼖鼓一應鼓二

堂上	堂下	堂上	堂下
夾鐘鎛鐘	夾鐘鎛鐘	夷則特磬	夷則特磬
夾鐘歌	舞	夷則歌	舞
夾鐘歌鐘	夾鐘編鐘	夷則歌鐘	夷則編鐘
夾鐘歌磬	夾鐘編磬	夷則歌磬	夷則編磬
夾鐘笙	夾鐘笙	夷則笙	夷則笙
夾鐘瑟	夾鐘塤	夷則瑟	夷則篪

夾鐘琴
夾鐘簫

堂上
大呂鎛鐘
大呂歌
大呂歌鐘
大呂歌磬
大呂笙
大呂瑟
大呂琴
大呂簫

堂上
應鐘鎛鐘
應鐘歌
應鐘歌鐘
應鐘歌磬
應鐘笙

夾鐘笛
夾鐘簫

堂下
大呂鎛鐘
舞
大呂編鐘
大呂編磬
大呂笙
大呂塤
大呂笛
大呂簫

堂下
應鐘鎛鐘
舞
應鐘編鐘
應鐘編磬
應鐘笙

夷則琴
夷則簫
拊
堂上
蕤賓特磬
蕤賓歌
蕤賓歌鐘
蕤賓歌磬
蕤賓笙
蕤賓瑟
蕤賓琴
蕤賓簫
拊
堂上
姑洗特磬
姑洗歌
姑洗歌鐘
姑洗歌磬
姑洗笙

夷則笛
夷則簫
鼗
堂下
蕤賓特磬
舞
蕤賓編鐘
蕤賓編磬
蕤賓笙
蕤賓篪
蕤賓笛
蕤賓簫
鼗
堂下
姑洗特磬
舞
姑洗編鐘
姑洗編磬
姑洗笙

應鐘瑟	應鐘塤
應鐘琴	應鐘笛
應鐘簫	應鐘簫
堂上	堂下
南呂鎛鐘	南呂鎛鐘
南呂歌	舞
南呂歌鐘	南呂編鐘
南呂歌磬	南呂編磬
南呂笙	南呂笙
南呂瑟	南呂塤
南呂琴	南呂笛
南呂簫	南呂簫
堂上	堂下
林鐘鎛鐘	林鐘鎛鐘
林鐘歌	舞
林鐘歌鐘	林鐘編鐘
林鐘歌磬	林鐘編磬

姑洗瑟	姑洗篪
姑洗琴	姑洗笛
姑洗簫	姑洗簫
拊	鼗
堂上	堂下
太蔟特磬	太蔟特磬
太蔟歌	舞
太蔟歌鐘	太蔟編鐘
太蔟歌磬	太蔟編磬
太蔟笙	太蔟笙
太蔟瑟	太蔟篪
太蔟琴	太蔟笛
太蔟簫	太蔟簫
拊	鼗
堂上	堂下
黃鐘特磬	黃鐘特磬
黃鐘歌	舞
黃鐘歌鐘	黃鐘編鐘
黃鐘歌磬	黃鐘編磬

林鐘笙
林鐘瑟
林鐘琴
林鐘簫

堂上
仲呂鎛鐘
仲呂歌
仲呂歌鐘
仲呂歌磬
仲呂笙
仲呂瑟
仲呂琴
仲呂簫

堂上
夾鐘鎛鐘
夾鐘歌
夾鐘歌鐘

林鐘笙
林鐘塤
林鐘笛
林鐘簫

堂下
仲呂鎛鐘
舞
仲呂編鐘
仲呂編磬
仲呂笙
仲呂塤
仲呂笛
仲呂簫

堂下
夾鐘鎛鐘
舞
夾鐘編鐘

黃鐘笙
黃鐘瑟
黃鐘琴
黃鐘簫
拊
堂上
無射特磬
無射歌
無射歌鐘
無射歌磬
無射笙
無射瑟
無射琴
無射簫
拊
堂上
夷則特磬
夷則歌
夷則歌鐘

黃鐘笙
黃鐘篪
黃鐘笛
黃鐘簫
鼗
堂下
無射特磬
舞
無射編鐘
無射編磬
無射笙
無射篪
無射笛
無射簫
鼗
堂下
夷則特磬
舞
夷則編鐘

夾鐘歌磬	夾鐘編磬
夾鐘笙	夾鐘笙
夾鐘瑟	夾鐘塤
夾鐘琴	夾鐘笛
夾鐘簫	夾鐘簫
堂上	堂下
大呂鎛鐘	大呂鎛鐘
大呂歌	舞
大呂歌鐘	大呂編鐘
大呂歌磬	大呂編磬
大呂笙	大呂笙
大呂瑟	大呂塤
大呂琴	大呂笛
大呂簫	大呂簫
堂上	堂下
應鐘鎛鐘	應鐘鎛鐘
應鐘歌	舞

夷則歌磬	夷則編磬
夷則笙	夷則笙
夷則瑟	夷則篪
夷則琴	夷則笛
夷則簫	夷則簫
拊	鼗
堂上	堂下
蕤賓特磬	蕤賓特磬
蕤賓歌	舞
蕤賓歌鐘	蕤賓編鐘
蕤賓歌磬	蕤賓編磬
蕤賓笙	蕤賓笙
蕤賓瑟	蕤賓篪
蕤賓琴	蕤賓笛
蕤賓簫	蕤賓簫
拊	鼗
堂上	堂下
姑洗特磬	姑洗特磬
姑洗歌	舞

應鐘歌鐘
應鐘歌磬
應鐘笙
應鐘瑟
應鐘琴
應鐘簫
堂上
南呂鎛鐘
南呂歌
南呂歌鐘
南呂歌磬
南呂笙
南呂瑟
南呂琴
南呂簫
堂上
林鐘鎛鐘

應鐘編鐘
應鐘編磬
應鐘笙
應鐘塤
應鐘笛
應鐘簫
堂下
南呂鎛鐘
舞
南呂編鐘
南呂編磬
南呂笙
南呂塤
南呂笛
南呂簫
堂下
林鐘鎛鐘

姑洗歌鐘
姑洗歌磬
姑洗笙
姑洗瑟
姑洗琴
姑洗簫
拊
堂上
太蔟特磬
太蔟歌
太蔟歌鐘
太蔟歌磬
太蔟笙
太蔟瑟
太蔟琴
太蔟簫
拊
堂上
黃鐘特磬

姑洗編鐘
姑洗編磬
姑洗笙
姑洗篪
姑洗笛
姑洗簫
鼗
堂下
太蔟特磬
舞
太蔟編鐘
太蔟編磬
太蔟笙
太蔟篪
太蔟笛
太蔟簫
鼗
堂下
黃鐘特磬

林鐘歌
林鐘歌鐘
林鐘歌磬
林鐘笙
林鐘瑟
林鐘琴
林鐘簫

堂上
仲呂鎛鐘
仲呂歌
仲呂歌鐘
仲呂歌磬
仲呂笙
仲呂瑟
仲呂琴
仲呂簫

堂上

舞
林鐘編鐘
林鐘編磬
林鐘笙
林鐘塤
林鐘笛
林鐘簫

堂下
仲呂鎛鐘
舞
仲呂編鐘
仲呂編磬
仲呂笙
仲呂塤
仲呂笛
仲呂簫

堂下

黃鐘歌
黃鐘歌鐘
黃鐘歌磬
黃鐘笙
黃鐘瑟
黃鐘琴
黃鐘簫
拊

堂上
無射特磬
無射歌
無射歌鐘
無射歌磬
無射笙
無射瑟
無射琴
無射簫
拊

堂上

舞
黃鐘編鐘
黃鐘編磬
黃鐘笙
黃鐘篪
黃鐘笛
黃鐘簫
鼗

堂下
無射特磬
舞
無射編鐘
無射編磬
無射笙
無射篪
無射笛
無射簫
鼗

堂下

夾鐘鎛鐘
夾鐘歌
夾鐘歌鐘
夾鐘歌磬
夾鐘笙
夾鐘瑟
夾鐘琴
夾鐘簫

堂上
大呂鎛鐘
大呂歌
大呂歌鐘
大呂歌磬
大呂笙
大呂瑟
大呂琴
大呂簫

夾鐘鎛鐘
舞
夾鐘編鐘
夾鐘編磬
夾鐘笙
夾鐘塤
夾鐘笛
夾鐘簫

堂下
大呂鎛鐘
舞
大呂編鐘
大呂編磬
大呂笙
大呂塤
大呂笛
大呂簫

夷則特磬
夷則歌
夷則歌鐘
夷則歌磬
夷則笙
夷則瑟
夷則琴
夷則簫
拊

堂上
蕤賓特磬
蕤賓歌
蕤賓歌鐘
蕤賓歌磬
蕤賓笙
蕤賓瑟
蕤賓琴
蕤賓簫
拊

夷則特磬
舞
夷則編鐘
夷則編磬
夷則笙
夷則篪
夷則笛
夷則簫
鼗

堂下
蕤賓特磬
舞
蕤賓編鐘
蕤賓編磬
蕤賓笙
蕤賓篪
蕤賓笛
蕤賓簫
鼗

堂上
應鐘鎛鐘
應鐘歌
應鐘歌鐘
應鐘歌磬
應鐘笙
應鐘瑟
應鐘琴
應鐘簫

堂下
應鐘鎛鐘
舞
應鐘編鐘
應鐘編磬
應鐘笙
應鐘塤
應鐘笛
應鐘簫

堂上
南呂鎛鐘
南呂歌
南呂歌鐘
南呂歌磬
南呂笙
南呂瑟
南呂琴
南呂簫

堂下
南呂鎛鐘
舞
南呂編鐘
南呂編磬
南呂笙
南呂塤
南呂笛
南呂簫

堂上
姑洗特磬
姑洗歌
姑洗歌鐘
姑洗歌磬
姑洗笙
姑洗瑟
姑洗琴
姑洗簫
拊

堂下
姑洗特磬
舞
姑洗編鐘
姑洗編磬
姑洗笙
姑洗篪
姑洗笛
姑洗簫
鼗

堂上
太蔟特磬
太蔟歌
太蔟歌鐘
太蔟歌磬
太蔟笙
太蔟瑟
太蔟琴
太蔟簫

堂下
太蔟特磬
舞
太蔟編鐘
太蔟編磬
太蔟笙
太蔟篪
太蔟笛
太蔟簫

堂上
林鐘鎛鐘
林鐘歌
林鐘歌鐘
林鐘歌磬
林鐘笙
林鐘瑟
林鐘琴
林鐘簫

堂上
仲呂鎛鐘
仲呂歌
仲呂歌鐘
仲呂歌磬
仲呂笙
仲呂瑟
仲呂琴

堂下
林鐘鎛鐘
舞
林鐘編鐘
林鐘編磬
林鐘笙
林鐘塤
林鐘笛
林鐘簫

堂下
仲呂鎛鐘
舞
仲呂編鐘
仲呂編磬
仲呂笙
仲呂塤
仲呂笛

拊
堂上
黃鐘特磬
黃鐘歌
黃鐘歌鐘
黃鐘歌磬
黃鐘笙
黃鐘瑟
黃鐘琴
黃鐘簫

拊
堂上
無射特磬
無射歌
無射歌鐘
無射歌磬
無射笙
無射瑟
無射琴

鼗
堂下
黃鐘特磬
舞
黃鐘編鐘
黃鐘編磬
黃鐘笙
黃鐘篪
黃鐘笛
黃鐘簫

鼗
堂下
無射特磬
舞
無射編鐘
無射編磬
無射笙
無射篪
無射笛

仲呂簫
堂上
夾鐘鎛鐘
夾鐘歌
夾鐘歌鐘
夾鐘歌磬
夾鐘笙
夾鐘瑟
夾鐘琴
夾鐘簫

堂上
大呂鎛鐘
大呂歌
大呂歌鐘
大呂歌磬
大呂笙
大呂瑟

仲呂簫
堂下
夾鐘鎛鐘
舞
夾鐘編鐘
夾鐘編磬
夾鐘笙
夾鐘塤
夾鐘笛
夾鐘簫

堂下
大呂鎛鐘
舞
大呂編鐘
大呂編磬
大呂笙
大呂塤

無射簫
拊
堂上
夷則特磬
夷則歌
夷則歌鐘
夷則歌磬
夷則笙
夷則瑟
夷則琴
夷則簫
拊
堂上
蕤賓特磬
蕤賓歌
蕤賓歌鐘
蕤賓歌磬
蕤賓笙
蕤賓瑟

無射簫
鼗
堂下
夷則特磬
舞
夷則編鐘
夷則編磬
夷則笙
夷則篪
夷則笛
夷則簫
鼗
堂下
蕤賓特磬
舞
蕤賓編鐘
蕤賓編磬
蕤賓笙
蕤賓篪

大呂琴
大呂簫
堂上
應鐘鎛鐘
應鐘歌
應鐘歌鐘
應鐘歌磬
應鐘笙
應鐘瑟
應鐘琴
應鐘簫
堂上
南呂鎛鐘
南呂歌
南呂歌鐘
南呂歌磬
南呂笙

大呂笛
大呂簫
堂下
應鐘鎛鐘
舞
應鐘編鐘
應鐘編磬
應鐘笙
應鐘塤
應鐘笛
應鐘簫
堂下
南呂鎛鐘
舞
南呂編鐘
南呂編磬
南呂笙

蕤賓琴
蕤賓簫
拊
堂上
姑洗特磬
姑洗歌
姑洗歌鐘
姑洗歌磬
姑洗笙
姑洗瑟
姑洗琴
姑洗簫
拊
堂上
太蔟特磬
太蔟歌
太蔟歌鐘
太蔟歌磬
太蔟笙

蕤賓笛
蕤賓簫
鼗
堂下
姑洗特磬
舞
姑洗編鐘
姑洗編磬
姑洗笙
姑洗篪
姑洗笛
姑洗簫
鼗
堂下
太蔟特磬
舞
太蔟編鐘
太蔟編磬
太蔟笙

南呂瑟	南呂塤
南呂琴	南呂笛
南呂簫	南呂簫
堂上	堂下
林鐘鎛鐘	林鐘鎛鐘
林鐘歌	舞
林鐘歌鐘	林鐘編鐘
林鐘歌磬	林鐘編磬
林鐘笙	林鐘笙
林鐘瑟	林鐘塤
林鐘琴	林鐘笛
林鐘簫	林鐘簫
堂上	堂下
仲呂鎛鐘	仲呂鎛鐘
仲呂歌	舞
仲呂歌鐘	仲呂編鐘
仲呂歌磬	仲呂編磬

太蔟瑟	太蔟篪
太蔟琴	太蔟笛
太蔟簫	太蔟簫
拊	鼗
堂上	堂下
黃鐘特磬	黃鐘特磬
黃鐘歌	舞
黃鐘歌鐘	黃鐘編鐘
黃鐘歌磬	黃鐘編磬
黃鐘笙	黃鐘笙
黃鐘瑟	黃鐘篪
黃鐘琴	黃鐘笛
黃鐘簫	黃鐘簫
拊	鼗
堂上	堂下
無射特磬	無射特磬
無射歌	舞
無射歌鐘	無射編鐘
無射歌磬	無射編磬

仲呂笙
仲呂瑟
仲呂琴
仲呂簫

仲呂笙
仲呂塤
仲呂笛
仲呂簫

無射笙
無射瑟
無射琴
無射簫
拊

無射笙
無射篪
無射笛
無射簫
鼗

苑洛志樂卷六

苑洛志樂　卷七

明韓邦奇撰

黃帝樂：雲門、咸池。黃帝以土德王，雲門象天，用火，起黃鐘之徵，以生爲用；咸池象地，用水，起大呂之羽，以尅爲用。黃帝始探五行之情，故作二樂。火以生土，土以尅水。

雲門

一奏　林全太半南全姑半應全蕤半大半夷半夾半無半仲半黃子

二奏　夷　夾　無　仲　黃　林　太　南　姑　應　蕤　大

三奏　南　姑　應　蕤　大　夷　夾　無　仲　黃　林　太

四奏　無　仲　黃　林　太　南　姑　應　蕤　大　夷　夾

五奏　應　蕤　大　夷　夾　無　仲　黃　林　太　南　姑

六奏　黃　林　太　南　姑　應　蕤　大　夷　夾　無　仲

七奏　大　夷　夾　無　仲　黃　林　太　南　姑　應　蕤

八奏　太　南　姑　應　蕤　大　夷　夾　無　仲　黃　林

九奏　夾　無　仲　黃　林　太　南　姑　應　蕤　大　夷

十奏　姑　應　蕤　大　夷　夾　無　仲　黃　林　太　南

十一奏仲　黃　林　太　南　姑　應　蕤　大　夷　夾　無

十二奏　蕤　大　夷　夾　無　仲　黃　林　太　南　姑　應

一歌　蕤　應　姑　南　太　林　黃　仲　無　夾　夷　大

二歌　仲　無　夾　夷　大　蕤　應　姑　南　太　林　黃

三歌　姑　南　太　林　黃　仲　無　夾　夷　大　蕤　應

四歌　夾　夷　大　蕤　應　姑　南　太　林　黃　仲　無

五歌　太　林　黃　仲　無　夾　夷　大　蕤　應　姑　南

六歌　大　蕤　應　姑　南　太　林　黃　仲　無　夾　夷

七歌　黃　仲　無　夾　夷　大　蕤　應　姑　南　太　林

八歌　應　姑　南　太　林　黃　仲　無　夾　夷　大　蕤

九歌　無　夾　夷　大　蕤　應　姑　南　太　林　黃　仲

十歌　南　太　林　黃　仲　無　夾　夷　大　蕤　應　姑

十一歌　夷　大　蕤　應　姑　南　太　林　黃　仲　無　夾

十二歌　林　黃　仲　無　夾　夷　大　蕤　應　姑　南　太

咸池

一奏　無全仲半黃半林半太半南半姑半應半蕤半大全

二奏　應　蕤　大　夷　夾　無　仲　黃　林　太

三奏　黃　林　太　南　姑　應　蕤　大　夷　夾
四奏　大　夷　夾　無　仲　黃　林　太　南　姑
五奏　太　南　姑　應　蕤　大　夷　夾　無　仲
六奏　夾　無　仲　黃　林　太　南　姑　應　蕤
七奏　姑　應　蕤　大　夷　夾　無　仲　黃　林
八奏　仲　黃　林　太　南　姑　應　蕤　大　夷
九奏　蕤　大　夷　夾　無　仲　黃　林　太　南
十奏　林　太　南　姑　應　蕤　大　夷　夾　無
十一奏　夷　夾　無　仲　黃　林　太　南　姑　應
十二奏　南　姑　應　蕤　大　夷　夾　無　仲　黃

一歌　仲　無　夾　夷　大　蕤　應　姑　南　黃
二歌　姑　南　太　林　黃　仲　無　夾　夷　應
三歌　夾　夷　大　蕤　應　姑　南　太　林　無
四歌　太　林　黃　仲　無　夾　夷　大　蕤　南
五歌　大　蕤　應　姑　南　太　林　黃　仲　夷
六歌　黃　仲　無　夾　夷　大　蕤　應　姑　林
七歌　應　姑　南　太　林　黃　仲　無　夾　蕤
八歌　無　夾　夷　大　蕤　應　姑　南　太　仲

九歌	南	太	林	黃	仲	無	夾	夷	大	姑
十歌	夷	大	蕤	應	姑	南	太	林	黃	夾
十一歌	林	黃	仲	無	夾	夷	大	蕤	應	太
十二歌	蕤	應	姑	南	太	林	黃	仲	無	大

堯大章用十二律相生自然之序；舜大韶用七聲相生自然之序。二樂獨得其元，後之作者，律必自大章，聲必自大韶，不能過也。

大章樂

一奏	黃全	林全	太全	南全	姑全	應全	蕤全	大半	夷全	夾半	無全	仲半	黃變全
二奏	大全	夷全	夾全	無全	仲全	黃變半	林全	太半	南全	姑半	應全	蕤半	大全
三奏	太全	南全	姑全	應全	蕤全	大半	夷全	夾半	無全	仲半	黃變全	林半	太全
四奏	夾全	無全	仲全	黃半	林全	太半	南全	姑半	應全	蕤半	大半	夷半	夾全
五奏	姑全	應全	蕤全	大半	夷全	夾半	無全	仲半	黃變半	林半	太半	南半	姑全
六奏	仲全	黃半	林全	太半	南全	姑半	應全	蕤半	大半	夷半	夾半	無半	仲全
七奏	蕤全	大半	夷全	夾半	無全	仲半	黃變半	林半	太半	南半	姑半	應半	蕤全
八奏	林全	太半	南全	姑半	應全	蕤半	大半	夷半	夾半	無半	仲半	黃子	林全
九奏	夷全	夾半	無全	仲半	黃半	林半	太半	南半	姑半	應半	蕤半	大子	夷全

十奏 南全 姑半 應全 蕤半 大半 夷半 夾半 無半 仲半 黃子 林半 太子 南全

十一奏無全 仲半 黃半 林半 太半 南半 姑半 應半 蕤半 大子 夷半 夾子 無全

十二奏應全 蕤半 大半 夷半 夾半 無半 仲半 黃子 林半 太子 南半 姑子 應全

一歌 大 蕤 應 姑 南 太 林 黃 仲 無 夾 夷 大

二歌 黃 仲 無 夾 夷 大 蕤 應 姑 南 太 林 黃

三歌 應 姑 南 太 林 黃 仲 無 夾 夷 大 蕤 應

四歌 無 夾 夷 大 蕤 應 姑 南 太 林 黃 仲 無

五歌 南 太 林 黃 仲 無 夾 夷 大 蕤 應 姑 南

六歌 夷 大 蕤 應 姑 南 太 林 黃 仲 無 夾 夷

七歌 林 黃 仲 無 夾 夷 大 蕤 應 姑 南 太 林

八歌 蕤 應 姑 南 太 林 黃 仲 無 夾 夷 大 蕤

九歌 仲 無 夾 夷 大 蕤 應 姑 南 太 林 黃 仲

十歌 姑 南 太 林 黃 仲 無 夾 夷 大 蕤 應 姑

十一歌夾 夷 大 蕤 應 姑 南 太 林 黃 仲 無 夾

十二歌太 林 黃 仲 無 夾 夷 大 蕤 應 姑 南 太

虞樂九成，五聲以卒成，二變以接律，此韶樂之所以盛也。

黃鐘九成之奏，始於黃鐘，終於黃鐘。小成於七，大成於九。九七六十三聲，始於相生，如一絲之相連，盡善盡美，惟韶欒然也。

黄鐘起宮　宮　徵　商　羽　角　變宮　變徵終

一奏　黄全　林全　太全　南全　姑全　應全　蕤全

大呂應宮　宮　徵　商　羽　角　變宮　變徵終

二奏　大全　夷全　夾全　無全　仲全　黄變半　林全

太蔟應宮　宮　徵　商　羽　角　變宮　變徵終

三奏　太全　南全　姑全　應全　蕤全　大半　夷全

夾鐘應宮　宮　徵　商　羽　角　變宮　變徵終

四奏　夾全　無全　仲全　黄　林全　太半　南全

姑洗應宮　宮　徵　商　羽　角　變宮　變徵終

五奏　姑全　應全　蕤全　大半　夷全　夾半　南全

仲呂應宮　宮　徵　商　羽　角　變宮　變徵終

六奏　仲全　黄變半　林全　太半　南全　姑半　應全

蕤賓應宮　宮　徵　商　羽　角　變宮　變徵終

七奏　蕤全　大半　夷全　夾半　無全　仲半　黄半

林鐘應宮　宮　徵　商　羽　角　變宮　變徵終

八奏　林全　太半　南全　姑半　應全　蕤半　大半

夷則收宮　宮　徵　商　羽　角　變宮　變徵終

九奏　夷全　夾半　無全　仲半變黃半　林半　太半

大呂九成之奏

大呂起宮　宮　徵　商　羽　角　變宮　變徵終

一奏　大全　夷全　夾全　無全　仲全　黃變半　林全

太蔟應宮　宮　徵　商　羽　角　變宮　變徵終

二奏　太全　南全　姑全　應全　蕤全　大半　夷全

夾鐘應宮　宮　徵　商　羽　角　變宮　變徵終

三奏　夾全　無全　仲全　黃　林全　太半　南全

姑洗應宮　宮　徵　商　羽　角　變宮　變徵終

四奏　姑全　應全　蕤全　大半　夷全　夾半　南全

仲呂應宮　宮　徵　商　羽　角　變宮　變徵終

五奏　仲全　黃變半　林全　太半　南全　姑半　應全

蕤賓應宮　宮　徵　商　羽　角　變宮　變徵終

六奏　蕤全　大半　夷全　夾半　無全　仲半　黃半

林鐘應宮　宮　徵　商　羽　角　變宮　變徵終

七奏　林全　太半　南全　姑半　應全　蕤半　大半

夷則應宮　宮　徵　商　羽　角　變宮　變徵終

八奏　夷全　夾半　無全　仲半變黃半　林半　太半
南呂收宮　宮　徵　商　羽　角　變宮　變徵終
九奏　南全　姑半　應全　蕤半　大半　夷半　夾半

太蔟九成之奏

太蔟起宮　宮　徵　商　羽　角　變宮　變徵終
一奏　太全　南全　姑全　應全　蕤全　大半　夷全
夾鐘應宮　宮　徵　商　羽　角　變宮　變徵終
二奏　夾全　無全　仲全　黃　林全　太半　南全
姑洗應宮　宮　徵　商　羽　角　變宮　變徵終
三奏　姑全　應全　蕤全　大半　夷全　夾半　南全
仲呂應宮　宮　徵　商　羽　角　變宮　變徵終
四奏　仲全　黃變半　林全　太半　南全　姑半　應全
蕤賓應宮　宮　徵　商　羽　角　變宮　變徵終
五奏　蕤全　大半　夷全　夾半　無全　仲半　黃半
林鐘應宮　宮　徵　商　羽　角　變宮　變徵終
六奏　林全　太半　南全　姑半　應全　蕤半　大半
夷則應宮　宮　徵　商　羽　角　變宮　變徵終

七奏　夷全　夾半　無全　仲半變黃半　林半　太半

南呂應宮　宮　徵　商　羽　角　變宮　變徵終

八奏　南全　姑半　應全　蕤半　大半　夷半　夾半

無射收宮　宮　徵　商　羽　角　變宮　變徵終

九奏　無全　仲半　黃變半林半　太半　南半　姑半

夾鐘九成之奏

夾鐘起宮　宮　徵　商　羽　角　變宮　變徵終

一奏　夾全　無全　仲全　黃　林全　太半　南全

姑洗應宮　宮　徵　商　羽　角　變宮　變徵終

二奏　姑全　應全　蕤全　大半　夷全　夾半　南全

仲呂應宮　宮　徵　商　羽　角　變宮　變徵終

三奏　仲全　黃變半林全　太半　南全　姑半　應全

蕤賓應宮　宮　徵　商　羽　角　變宮　變徵終

四奏　蕤全　大半　夷全　夾半　無全　仲半　黃半

林鐘應宮　宮　徵　商　羽　角　變宮　變徵終

五奏　林全　太半　南全　姑半　應全　蕤半　大半

夷則應宮　宮　徵　商　羽　角　變宮　變徵終

六奏　夷全　夾半　無全　仲半　黃變半　林半　太半

南呂應宮　宮　徵　商　羽　角　變宮　變徵終

七奏　南全　姑半　應全　蕤半　大半　夷半　夾半

無射應宮　宮　徵　商　羽　角　變宮　變徵終

八奏　無全　仲半　黃變半　林半　太半　南半　姑半

應鐘收宮　宮　徵　商　羽　角　變宮　變徵終

九奏　應全　蕤半　大半　夷半　夾半　無半　仲半

姑洗九成之奏

姑洗起宮　宮　徵　商　羽　角　變宮　變徵終

一奏　姑全　應全　蕤全　大半　夷全　夾半　無全

仲呂應宮　宮　徵　商　羽　角　變宮　變徵終

二奏　仲全　黃變半　林全　太全　南全　姑半　應全

蕤賓應宮　宮　徵　商　羽　角　變宮　變徵終

三奏　蕤全　大半　夷全　夾半　無全　仲半　黃半

林鐘應宮　宮　徵　商　羽　角　變宮　變徵終

四奏　林全　太半　南全　姑半　應全　蕤半　大半

夷則應宮　宮　徵　商　羽　角　變宮　變徵終

五奏　夷全　夾半　無全　仲半　黄變半　林半　太半

南呂應宮　宮　徵　商　羽　角　變宮　變徵終

六奏　南全　姑半　應全　蕤半　大半　夷半　夾半

無射應宮　宮　徵　商　羽　角　變宮　變徵終

七奏　無全　仲半　黄變半　林半　太半　南半　姑半

應鐘收宮　宮　徵　商　羽　角　變宮　變徵終

八奏　應全　蕤半　大半　夷半　夾半　無半　仲半

黄鐘收宮　宮　徵　商　羽　角　變宮　變徵終

九奏　黄全　林全　太全　南全　姑全　應全　蕤全

仲呂九成之奏

仲呂起宮　宮　徵　商　羽　角　變宮　變徵終

一奏　仲全　黄變半　林全　太全　南全　姑半　應全

蕤賓應宮　宮　徵　商　羽　角　變宮　變徵終

二奏　蕤全　大半　夷全　夾半　無全　仲半　黄半

林鐘應宮　宮　徵　商　羽　角　變宮　變徵終

三奏　林全　太半　南全　姑半　應全　蕤半　大半

夷則應宮　宮　徵　商　羽　角　變宮　變徵終

四奏　夷全　夾半　無全　仲半　黄變半　林半　太半

南呂應宮　宮　徵　商　羽　角　變宮　變徵終

五奏　南全　姑半　應全　蕤半　大半　夷半　夾半

無射應宮　宮　徵　商　羽　角　變宮　變徵終

六奏　無全　仲半　黄變半　林半　太半　南半　姑半

應鐘收宮　宮　徵　商　羽　角　變宮　變徵終

七奏　應全　蕤半　大半　夷半　夾半　無半　仲半

黄鐘爲宮　宮　徵　商　羽　角　變宮　變徵終

八奏　黄全　林全　太全　南全　姑全　應全　蕤全

大呂收宮　宮　徵　商　羽　角　變宮　變徵終

九奏　大全　夷全　夾全　無全　仲全　黄變半　林全

蕤賓九成之奏

蕤賓起宮　宮　徵　商　羽　角　變宮　變徵終

一奏　蕤全　大半　夷全　夾半　無全　仲半　黄半

林鐘應宮　宮　徵　商　羽　角　變宮　變徵終

二奏　林全　太半　南全　姑半　應全　蕤半　大半

夷則應宮　宮　徵　商　羽　角　變宮　變徵終

三奏　夷全　夾半　無全　仲半　黃變半　林半　太半
南呂應宮　宮　徵　商　羽　角　變宮　變徵終
四奏　南全　姑半　應全　蕤半　大半　夷半　夾半
無射應宮　宮　徵　商　羽　角　變宮　變徵終
五奏　無全　仲半　黃變半　林半　太半　南半　姑半
應鐘收宮　宮　徵　商　羽　角　變宮　變徵終
六奏　應全　蕤半　大半　夷半　夾半　無半　仲半
黃鐘爲宮　宮　徵商　羽　角　變宮　變徵終
七奏　黃全　林全　太全　南全　姑全　應全　蕤全
大呂應宮　宮　徵　商　羽　角　變宮　變徵終
八奏　大全　夷全　夾全　無全　仲全　黃變半　林全
太蔟收宮　宮　徵　商　羽　角　變宮　變徵終
九奏　太全　南全　姑全　應全　蕤全　大半　夷全

林鐘九成之奏

林鐘起宮　宮　徵　商　羽　角　變宮　變徵終
一奏　林全　太半　南全　姑半　應全　蕤半　大半
夷則應宮　宮　徵　商　羽　角　變宮　變徵終

二奏　夷全　夾半　無全　仲半　黃變半　林半　太半

南呂應宮　宮　徵　商　羽　角　變宮　變徵終

三奏　南全　姑半　應全　蕤半　大半　夷半　夾半

無射應宮　宮　徵　商　羽　角　變宮　變徵終

四奏　無全　仲半　黃變半　林半　太半　南半　姑半

應鐘收宮　宮　徵　商　羽　角　變宮　變徵終

五奏　應全　蕤半　大半　夷半　夾半　無半　仲半

黃鐘爲宮　宮　徵　商　羽　角　變宮　變徵終

六奏　黃全　林全　太全　南全　姑全　應全　蕤全

大呂應宮　宮　徵　商　羽　角　變宮　變徵終

七奏　大全　夷全　夾全　無全　仲全　黃變半　林全

太蔟應宮　宮　徵　商　羽　角　變宮　變徵終

八奏　太全　南全　姑全　應全　蕤全　大半　夷全

夾鐘收宮　宮　徵　商　羽　角　變宮　變徵終

九奏　夾全　無全　仲全　黃全　林全　太半　南全

夷則九成之奏

夷則起宮　宮　徵　商　羽　角　變宮　變徵終

一奏　夷全　夾半　無全　仲半　黃變半　林半　太半
南呂應宮　宮　徵　商　羽　角　變宮　變徵終
二奏　南全　姑半　應全　蕤半　大半　夷半　夾半
無射應宮　宮　徵　商　羽　角　變宮　變徵終
三奏　無全　仲半　黃變半　林半　太半　南半　姑半
應鐘收宮　宮　徵　商　羽　角　變宮　變徵終
四奏　應全　蕤半　大半　夷半　夾半　無半　仲半
黃鐘爲宮　宮　徵　商　羽　角　變宮　變徵終
五奏　黃全　林全　太全　南全　姑全　應全　蕤全
大呂應宮　宮　徵　商　羽　角　變宮　變徵終
六奏　大全　夷全　夾全　無全　仲全　黃變半　林全
太蔟應宮　宮　徵　商　羽　角　變宮　變徵終
七奏　太全　南全　姑全　應全　蕤全　大半　夷全
夾鐘應宮　宮　徵　商　羽　角　變宮　變徵終
八奏　夾全　無全　仲全　黃　林全　太半　南全
姑洗收宮　宮　徵　商　羽　角　變宮　變徵終
九奏　姑全　應全　蕤全　大半　夷全　夾半　南全

南呂九成之奏

南呂起宮　宮　徵　商　羽　角　變宮　變徵終

一奏　南全　姑半　應全　蕤半　大半　夷半　夾半

無射應宮　宮　徵　商　羽　角　變宮　變徵終

二奏　無全　仲半　黃半　林半　太半　南半　姑半

應鐘收宮　宮　徵　商　羽　角　變宮　變徵終

三奏　應全　蕤半　大半　夷半　夾半　無半　仲半

黃鐘爲宮　宮　徵　商　羽　角　變宮　變徵終

四奏　黃全　林全　太全　南全　姑全　應全　蕤全

大呂應宮　宮　徵　商　羽　角　變宮　變徵終

五奏　大全　夷全　夾全　無全　仲全　黃變半　林全

太蔟應宮　宮　徵　商　羽　角　變宮　變徵終

六奏　太全　南全　姑全　應全　蕤全　大半　夷全

夾鐘應宮　宮　徵　商　羽　角　變宮　變徵終

七奏　夾全　無全　仲全　黃　林全　太半　南全

姑洗應宮　宮　徵　商　羽　角　變宮　變徵終

八奏　姑全　應全　蕤全　大半　夷全　夾半　南全

仲呂收宮　宮　徵　商　羽　角　變宮　變徵終

九奏　　仲全　黄變半　林全　太半　南全　姑半　應全

無射九成之奏

無射起宮　宮　徵　商　羽　角　變宮　變徵終

一奏　　無全　仲半　黄變半　林半　太半　南半　姑半

應鐘收宮　宮　徵　商　羽　角　變宮　變徵終

二奏　　應全　蕤半　大半　夷半　夾半　無半　仲半

黄鐘爲宮　宮　徵　商　羽　角　變宮　變徵終

三奏　　黄全　林全　太全　南全　姑全　應全　蕤

大呂應宮　宮　徵　商　羽　角　變宮　變徵終

四奏　　大全　夷全　夾全　無全　仲全　黄變半　林全

太蔟應宮　宮　徵　商　羽　角　變宮　變徵終

五奏　　太全　南全　姑全　應全　蕤　大半　夷全

夾鐘應宮　宮　徵　商　羽　角　變宮　變徵終

六奏　　夾全　無全　仲全　黄　林全　太半　南全

姑洗應宮　宮　徵　商　羽　角　變宮　變徵終

七奏　　姑全　應全　蕤全　大半　夷全　夾半　南

仲呂應宮　宮　徵　商　羽　角　變宮　變徵終
八奏　仲全　黃變半　林全　太半　南全　姑半　應全
蕤賓收宮　宮　徵　商　羽　角　變宮　變徵終
九奏　蕤全　大半　夷全　夾半　無全　仲半　黃半

應鐘九成之奏

應鐘起宮　宮　徵　商　羽　角　變宮　變徵終
一奏　應全　蕤半　大半　夷半　夾半　無半　仲半
黃鐘爲宮　宮　徵　商　羽　角　變宮　變徵終
二奏　黃全　林全　太全　南全　姑全　應全　蕤全
大呂應宮　宮　徵　商　羽　角　變宮　變徵終
三奏　大全　夷全　夾全　無全　仲全　黃變半　林全
太蔟應宮　宮　徵　商　羽　角　變宮　變徵終
四奏　太全　南全　姑全　應全　蕤全　大半　夷全
夾鐘應宮　宮　徵　商　羽　角　變宮　變徵終
五奏　夾全　無全　仲全　黃　林全　太半　南全
姑洗應宮　宮　徵　商　羽　角　變宮　變徵終
六奏　姑全　應全　蕤全　大半　夷全　夾　南全

仲呂應宮 宮 徵 商 羽 角 變宮 變徵終

七奏 仲全 黄變半 林全 太半 南全 姑半 應全

蕤賓應宮 宮 徵 商 羽 角 變宮 變徵終

八奏 蕤全 大半 夷全 夾半 無全 仲半 黄半

林鐘收宮 宮 徵 商 羽 角 變宮 變徵終

九奏 林全 太半 南全 姑半 應全 蕤半 大半

歌右轉，亦當右行。大呂七變，隔八而生黄鐘，與奏之左轉左行者，參同契合，且長短齊一。世儒以歌五轉，大呂生太蔟則右轉，左行而用卻右行，且歌短而奏長，皆非自然之用也。虞廷，古聖人之制，豈若此之安排強合哉！恐起右轉，恐亦非虞制，漢儒因周制而推耳。

大呂九成之歌

大呂起宮 黄變徵 黄變宮 黄角 黄羽 黄徵

一歌 大全 蕤全 應全 姑全 南全 太全 林全

黄鐘起宮 應變徵 應變宮 應角 應羽 應商 應徵

二歌 黄全 仲半 無全 夾半 夷全 大半 蕤半

應鐘起宮 無變徵 無變宮 無角 無羽 無商 無徵

三歌 應全 姑半 南半 太半 林半 黄半 仲半

無射起宮　南變徵　南變宮　南角　南羽　南商　南徵
四歌　無全　夾半　夷半　大半　蕤半　應半　姑半
南呂起宮　夷變徵　夷變宮　夷角　夷羽　夷商　夷徵
五歌　南全　太半　林全　黃半　仲全　無全　夾全
夷則起宮　林變徵　林變宮　林角　林羽　林商　林徵
六歌　夷全　大半　蕤半　應全　姑半　南全　太半
林鐘起宮　蕤變徵　蕤變宮　蕤角　蕤羽　蕤商　蕤徵
七歌　林全　黃半　仲半　無全　夾半　夷全　大半
蕤賓起宮　仲變徵　仲變宮　仲角　仲羽　仲商　仲徵
八歌　蕤全　應全　姑半　南全　太半　林全　黃半
仲呂起宮　姑變徵　姑變宮　姑角　姑羽　姑商　姑徵
九歌　仲　無全　夾半　夷全　大半　蕤半　應全

黃鐘九成之歌

黃鐘起宮　應變徵　應變宮　應角　應羽　應商　應徵
一歌　黃全　仲半　無全　夾半　夷全　大半　蕤半
應鐘起宮　無變徵　無變宮　無角　無羽　無商　無徵
二歌　應全　姑半　南半　太半　林半　黃半　仲半

無射起宮　南變徵　南變宮　南角　南羽　南商　南徵

三歌　無全　夾半　夷半　大半　蕤半　應全　姑半

南呂起宮　夷變徵　夷變宮　夷角　夷羽　夷商　夷徵

四歌　南全　太半　林全　黃半　仲全　無全　夾全

夷則起宮　林變徵　夷變宮　林角　林羽　林商　林徵

五歌　夷全　大半　蕤半　應全　姑半　南全　太半

林鐘起宮　蕤變徵　蕤變宮　蕤角　蕤羽　蕤商　蕤徵

六歌　林全　黃半　仲半　無全　夾半　夷全　大半

蕤賓起宮　仲變徵　仲變宮　仲角　仲羽　仲商　仲徵

七歌　蕤全　應全　姑半　南全　太半　林全　黃半

仲呂起宮　姑變徵　姑變宮　姑角　姑羽　姑商　姑徵

八歌　仲　無全　夾半　夷全　大半　蕤半　應全

姑洗起宮　夾變徵　夾變宮　夾角　夾羽　夾商　夾徵

九歌　姑　南全　太半　林全　黃變半　仲全　無全

應鐘九成之歌

應鐘起宮　無變徵　無變宮　無角　無羽　無商　無徵

一歌　應全　姑半　南半　太半　林半　黃半　仲半

無夷起宮　南變徵　南變宮　南角　南羽　南商　南徵
二歌　無全　夾半　夷半　大半　蕤全　應全　姑半
南呂起宮　夷變徵　夷變宮　夷角　夷羽　夷商　夷徵
三歌　南全　太半　林全　黃半　仲全　無全　夾全
夷則起宮　林變徵　林變宮　林角　林羽　林商　林徵
四歌　夷全　大半　蕤半　應全　姑半　南全　太半
林鐘起宮　蕤變徵　蕤變宮　蕤角　蕤羽　蕤商　蕤徵
五歌　林全　黃半　仲半　無全　夾半　夷全　大半
蕤賓起宮　仲變徵　仲變宮　仲角　仲羽　仲商　仲徵
六歌　蕤全　應全　姑半　南全　太半　林全　黃半
仲呂起宮　姑變徵　姑變宮　姑角　姑羽　姑商　姑徵
七歌　仲　無全　夾半　夷全　大半　蕤　應全
姑洗起宮　夾變徵　夾變宮　夾角　夾羽　夾商　夾徵
八歌　姑　南全　太半　林全　黃變半　仲全　無全
夾鐘起宮　太變徵　太變宮　太角　太羽　太商　太徵
九歌　夾　夷全　大半　蕤全　應全　姑半　南全

無射九成之歌

無夷起宮　南變徵　南變宮　南角　南羽　南商　南徵
一歌　無全　夾半　夷半　大半　蕤全　應全　姑半
南呂起宮　夷變徵　夷變宮　夷角　夷羽　夷商　夷徵
二歌　南全　太半　林全　黃半　仲全　無全　夾全
夷則起宮　林變徵　林變宮　林角　林羽　林商　林徵
三歌　夷全　大半　蕤半　應全　姑半　南全　太半
林鐘起宮　蕤變徵　蕤變宮　蕤角　蕤羽　蕤商　蕤徵
四歌　林全　黃半　仲半　無全　夾半　夷全　大半
蕤賓起宮　仲變徵　仲變宮　仲角　仲羽　仲商　仲徵
五歌　蕤全　應全　姑半　南全　太半　林全　黃半
仲呂起宮　姑變徵　姑變宮　姑角　姑羽　姑商　姑徵
六歌　仲　無全　夾半　夷全　大半　蕤半　應全
姑洗起宮　夾變徵　夾變宮　夾角　夾羽　夾商　夾徵
七歌　姑　南全　太半　林全　黃變半　仲全　無全
夾鐘起宮　太變徵　太變宮　太角　太羽　太商　太徵
八歌　夾　夷全　大半　蕤全　應全　姑全　南全

太蔟起宮　大變徵　大變宮　大角　大羽　大商　大徵
九歌　太　林全　黃變半　仲全　無全　夾全　夷全

南呂九成之歌

南呂起宮　夷變徵　夷變宮　夷角　夷羽　夷商　夷徵
一歌　南全　太半　林全　黃半　仲全　無全　夾全
夷則起宮　林變徵　林變宮　林角　林羽　林商　林徵
二歌　夷　大半　蕤半　應半　姑半　南全　太半
林鐘起宮　蕤變徵　蕤變宮　蕤角　蕤羽　蕤商　蕤徵
三歌　林　黃半　仲半　無全　夾半　夷全　大半
蕤賓起宮　仲變徵　仲變宮　仲角　仲羽　仲商　仲徵
四歌　蕤全　應全　姑半　南全　太半　林全　黃半
仲呂起宮　姑變徵　姑變宮　姑角　姑羽　姑商　姑徵
五歌　仲　無全　夾半　夷全　大半　蕤半　應全
姑洗起宮　夾變徵　夾變宮　夾角　夾羽　夾商　夾徵
六歌　姑　南全　太半　林林　黃變半　仲全　無全
夾鐘起宮　太變徵　太變宮　太角　太羽　太商　太徵
七歌　夾　夷全　大半　蕤全　應全　姑全　南全

太蔟起宮　太變徵　太變宮　大角　太羽　太商　太徵

八歌　太　林全　黄變半　仲全　無全　夾全　夷全

大呂起宮　黄變徵　黄變宮　黄角　黄羽　黄商　黄徵

九歌　大　蕤　應　姑　南　太　林

夷則九成之歌

夷則起宮　林變徵　林變宮　林角　林羽　林商　林徵

一歌　夷　大半　蕤半　應半　姑半　南全　太半

林鐘起宮　蕤變徵　蕤變宮　蕤角　蕤羽　蕤商　蕤徵

二歌　林全　黄半　仲半　無全　夾半　夷全　大半

蕤賓起宮　仲變徵　仲變宮　仲角　仲羽　仲商　仲徵

三歌　蕤全　應全　姑半　南全　太半　林全　黄半

仲呂起宮　姑變徵　姑變宮　姑角　姑羽　姑商　姑徵

四歌　仲　無全　夾半　夷全　大半　蕤半　應全

姑洗起宮　夾變徵　夾變宮　夾角　夾羽　夾商　夾徵

五歌　姑　南全　太半　林全　黄變半　仲全　無全

夾鐘起宮　太變徵　太變宮　太角　太羽　太商　太徵

六歌　夾　夷全　大半　蕤全　應全　姑全　南全

太蔟起宮　大變徵　大變宮　大角　大羽　大商　大徵

七歌　太　林全　黄變半　仲全　無全　夾全　夷全

大呂起宮　黄變徵　黄變宮　黄角　黄羽　黄商　黄徵

八歌　大　蕤　應　姑　南　太　林

黄鐘起宮　應變徵　應變宮　應角　應羽　應商　應徵

九歌　黄全　仲半　無全　夾半　夷全　大半　蕤半

林鐘九成之歌

林鐘起宮　蕤變徵　蕤變宮　蕤角　蕤羽　蕤商　蕤徵

一歌　林全　黄半　仲半　無全　夾半　夷全　大半

蕤賓起宮　仲變徵　仲變宮　仲角　仲羽　仲商　仲徵

二歌　蕤全　應全　姑半　南全　太半　林全　黄半

仲呂起宮　姑變徵　姑變宮　姑角　姑羽　姑商　姑徵

三歌　仲　無全　夾半　夷全　大半　蕤半　應全

姑洗起宮　夾變徵　夾變宮　夾角　夾羽　夾商　夾徵

四歌　姑　南全　太半　林全　黄半　仲全　無全

夾鐘起宮　太變徵　太變宮　太角　太羽　太商　太徵

五歌　夾　夷全　大半　蕤全　應全　姑全　南全

太蔟起宮　大變徵　大變宮　大角　大羽　大商　大徵

六歌　太　林全　黃變半仲全　無全　夾全　夷全

大呂起宮　黃變徵　黃變宮　黃角　黃羽　黃商　黃徵

七歌　大　蕤　應　姑　南　太　林

黃鐘起宮　應變徵　應變宮　應角　應羽　應商　應徵

八歌　黃全　仲半　無全　夾半　夷全　大半　蕤半

應鐘起宮　無變徵　無變宮　無角　無羽　無商　無徵

九歌　應全　姑半　南半　太半　林半　黃半　仲半

蕤賓九成之歌

蕤賓起宮　仲變徵　仲變宮　仲角　仲羽　仲商　仲徵

一歌　蕤全　應全　姑半　南全　太半　林全　黃半

仲呂起宮　姑變徵　姑變宮　姑角　姑羽　姑商　姑徵

二歌　仲　無全　夾半　夷全　大半　蕤半　應全

姑洗起宮　夾變徵　夾變宮　夾角　夾羽　夾商　夾徵

三歌　姑　南全　太半　林全　黃半　仲全　無全

夾鐘起宮　太變徵　太變宮　太角　太羽　太商　太徵

四歌　夾　夷全　大半　蕤全　應全　姑全　南全

太蔟起宮　大變徵　大變宮　大角　大羽　大商　大徵
五歌　太　林全　黃變半　仲全　無全　夾全　夷全
大呂起宮　黃變徵　黃變宮　黃角　黃羽　黃商　黃徵
六歌　大　蕤　應　姑　南　太　林
黃鐘起宮　應變徵　應變宮　應角　應羽　應商　應徵
七歌　黃全　仲半　無全　夾半　夷全　大半　蕤半
應鐘起宮　無變徵　無變宮　無角　無羽　無商　無徵
八歌　應全　姑半　南半　太半　林半　黃半　仲半
無射起宮　南變徵　南變宮　南角　南羽　南商　南徵
九歌　無全　夾半　夷半　大半　蕤半　應半　姑半

仲呂九成之歌

仲呂起宮　姑變徵　姑變宮　姑角　姑羽　姑商　姑徵
一歌　仲　無全　夾半　夷全　大半　蕤半　應全
姑洗起宮　夾變徵　夾變宮　夾角　夾羽　夾商　夾徵
二歌　姑　南全　太半　林全　黃半　仲全　無全
夾鐘起宮　太變徵　太變宮　太角　太羽　太商　太徵
三歌　夾　夷全　大半　蕤全　應全　姑全　南全

太蔟起宮　大變徵　大變宮　大角　大羽　大商　大徵
四歌　太　林全　黃變半仲全　無　夾全　夷全
大呂起宮　黃變徵　黃變宮　黃角　黃羽　黃商　黃徵
五歌　大　蕤　應　姑　南　太　林
黃鐘起宮　應變徵　應變宮　應角　應羽　應商　應徵
六歌　黃全　仲半　無全　夾半　夷全　大半　蕤半
應鐘起宮　無變徵　無變宮　無角　無羽　無商　無徵
七歌　應　姑半　南半　太半　林半　黃半　仲半
無射起宮　南變徵　南變宮　南角　南羽　南商　南徵
八歌　無全　夾半　夷半　大半　蕤半　應全　姑半
南呂起宮　夷變徵　夷變宮　夷角　夷羽　夷商　夷徵
九歌　南全　太半　林全　黃半　仲全　無全　夾全

姑洗九成之歌

姑洗起宮　夾變徵　夾變宮　夾角　夾羽　夾商　夾徵
一歌　姑　南全　太半　林全　黃半　仲全　無全
夾鐘起宮　太變徵　太變宮　太角　太羽　太商　太徵
二歌　夾　夷全　大半　蕤全　應全　姑全　南全

太蔟起宮　大變徵　大變宮　大角　大羽　大商　大徵

三歌　太　林全　黃變半　仲全　無全　夾全　夷全

大呂起宮　黃變徵　黃變宮　黃角　黃羽　黃商　黃徵

四歌　大　蕤　應　姑　南　太　林

黃鐘起宮　應變徵　應變宮　應角　應羽　應商　應徵

五歌　黃全　仲半　無全　夾半　夷全　大半　蕤半

應鐘起宮　無變徵　無變宮　無角　無羽　無商　無徵

六歌　應全　姑半　南半　太半　林半　黃半　仲半

無射起宮　南變徵　南變宮　南角　南羽　南商　南徵

七歌　無全　夾半　夷半　大半　蕤半　應全　姑半

南呂起宮　夷變徵　夷變宮　夷角　夷羽　夷商　夷徵

八歌　南全　太半　林全　黃半　仲全　無全　夾全

夷則起宮　林變徵　林變宮　林角　林羽　林商　林徵

九歌　夷全　大半　蕤半　應全　姑半　南全　太半

夾鐘九成之歌

夾鐘起宮　太變徵　太變宮　太角　太羽　太商　太徵

一歌　夾　夷全　大半　蕤全　應全　姑全　南全

太蔟起宮　大變徵　大變宮　大角　大羽　大商　大徵

二歌　太　林全　黃變半仲全　無全　夾全　夷全

大呂起宮　黃變徵　黃變宮　黃角　黃羽　黃商　黃徵

三歌　大　蕤　應　姑　南　太　林

黃鐘起宮

四歌　黃全　仲半　無全　夾半　夷全　大半　蕤半

應鐘起宮　無變徵　無變宮　無角　無羽　無商　無徵

五歌　應全　姑半　南半　太半　林半　黃半　仲半

無射起宮　南變徵　南變宮　南角　南羽　南商　南徵

六歌　無全　夾半　夷半　大半　蕤半　應半　姑半

南呂起宮　夷變徵　夷變宮　夷角　夷羽　夷商　夷徵

七歌　南全　太半　林全　黃半　仲全　無全　夾全

夷則起宮　林變徵　林變宮　林角　林羽　林商　林徵

八歌　夷全　大半　蕤半　應全　姑半　南全　太半

林鐘起宮　蕤變徵　蕤變宮　蕤角　蕤羽　蕤商　蕤徵

九歌　林全　黃半　仲半　無全　夾全　夷全　大半

太蔟九成之歌

太蔟起宮　大變徵　大變宮　大角　大羽　大商　大徵

一歌　太　林全　黃變半　仲全　無全　夾全　夷全

大呂起宮　黃變徵　黃變宮　黃角　黃羽　黃商　黃徵

二歌　大　蕤　應　姑　南　太　林

黃鐘起宮　應變徵　應變宮　無角　應羽　應商　應徵

三歌　黃全　仲半　無全　夾半　夷全　大半　蕤半

應鐘起宮　無變徵　無變宮　無角　無羽　無商　無徵

四歌　應全　姑半　南半　太半　林半　黃半　仲半

無射起宮　南變徵　南變宮　南角　南羽　南商　商徵

五歌　無全　夾半　夷半　大半　蕤半　應全　姑半

南呂起宮　夷變徵　夷變宮　夷角　夷羽　夷商　夷徵

六歌　南全　太半　林全　黃半　仲全　無全　夾全

夷則起宮　林變徵　林變宮　林角　林羽　林商　林徵

七歌　夷全　大半　蕤半　應全　姑半　南　太半

林鐘起宮　蕤變徵　蕤變宮　蕤角　蕤羽　蕤商　蕤徵

八歌　林全　黃半　仲半　無全　夾半　夷全　大半

蕤賓起宮　仲變徵　仲變徵　仲角　仲羽　仲商　仲徵

九歌　蕤半　應全　姑半　南全　太半　林全　黃半

季札觀周樂，見舞簫韶，曰：「至矣，盡矣，雖甚盛德，蔑以加矣。」黃鐘一畢，本調即付大呂之元臣，此所以興季札之嘆也。雖然歸宮綿遠，此所以胡公猶封也。舜樂見於虞書，惟「搏拊琴瑟」一節，奏之宗廟者也；「擊石拊石」一節，奏之朝廷者也。其他祭如類。于上帝，禋于六宗，望于山川，及巡狩柴望，皆未見作何樂。想時質樸，其九成十二奏，皆如宗廟之儀耳。不可考也。

漢儒以九變享人鬼者，以虞樂九成有「祖考來格」之文，遂附會之耳。

夏樂大夏：「夏以金德王。」林鐘律屬金，商聲屬金，用林鐘。

起宮，林鐘之商。南呂用南呂起聲。

一奏　南全　姑半　應全　蕤半　大半　夷半　夾半　無半　仲半　黃子　林半

二奏　無全　仲半　黃半　林半　太半　南半　姑半　應半　蕤半　大子　夷半

三奏　應全　蕤半　大半　夷半　夾半　無半　仲半　黃子　林半　太子　南半

四奏　黃半　林半　太半　南半　姑半　應半　蕤半　大子　夷半　夾子　無半

五奏　大半　夷半　夾半　無半　仲半　黃子　林半　太子　南半　姑子　應半

六奏　太全　南全　姑全　應全　蕤全　大半　夷全　夾半　無全　仲半　黃半

七奏　夾　無　仲　黃　林　太　南　姑　應　蕤　大

八奏 姑 應 蕤 大 夷 夾 無 仲 黃 林 太

九奏 仲 黃 林 太 南 姑 應 蕤 大 夷 夾

十奏 蕤 大 夷 夾 無 仲 黃 林 太 南 姑

十一奏 林 太 南 姑 應 蕤 大 夷 夾 無 仲

十二奏 夷 夾 無 仲 黃 林 太 南 姑 應 蕤

一歌 姑 南 太 林 黃 仲 無 夾 夷 大 蕤

二歌 夾 夷 大 蕤 應 姑 南 太 林 黃 仲

三歌 太 林 黃 仲 無 夾 夷 大 蕤 應 姑

四歌 大 蕤 應 姑 南 太 林 黃 仲 無 夾

五歌 黃 仲 無 夾 夷 大 蕤 應 姑 南 太

六歌 應半 姑半 南半 太半 林半 黃半 仲半 無全 夾半 夷全 大全

七歌 無 夾 夷 大 蕤 應 姑 南 太 林 黃

八歌 南 太 林 黃 仲 無 夾 夷 大 蕤 應

九歌 夷 大 蕤 應 姑 南 太 林 黃 仲 無

十歌 林 黃 仲 無 夾 夷 大 蕤 應 姑 南

十一歌 蕤 應 姑 南 太 林 黃 仲 無 夾 夷

十二歌 仲 無 夾 夷 大 蕤 應 姑 南 太 林

商樂大濩：「商以水德王。」應鐘律屬水，羽聲屬水，以應鐘。

起宮：應鐘之羽，夷則用夷則起聲。

一奏	夷全	夾全	無全	仲全	黃半	林全	太半	南全	姑半	應全
二奏	南全	姑全	應全	蕤全	大全	夷全	夾全	無全	仲全	黃半
三奏	無全	仲全	黃半	林全	太全	南全	姑全	應全	蕤全	大半
四奏	應全	蕤全	大半	夷全	夾全	無全	仲全	黃半	林全	太半
五奏	黃半	林全	太半	南全	姑全	應全	蕤全	大半	夷全	夾半
六奏	大半	夷全	夾半	無全	仲全	黃半	林全	太半	南全	姑半
七奏	太半	南全	姑半	應全	蕤全	大半	夷全	夾半	無全	仲半
八奏	夾半	無全	仲半	黃半	林全	太半	南全	姑半	應全	蕤半
九奏	姑半	應全	蕤半	大半	夷全	夾半	無全	仲半	黃半	林半
十奏	仲半	黃半	林半	太半	南全	姑半	應全	蕤半	大半	夷半
十一奏	蕤半	大半	夷半	夾半	無全	仲半	黃半	林半	太半	南半
十二奏	林半	太半	南半	姑半	應全	蕤半	大半	夷半	夾半	無半

一歌	仲	無	夾	夷	大	蕤	應	姑	南	太
二歌	姑半	南全	太半	林全	黃半	仲全	無全	夾全	夷全	大全
三歌	夾	夷	大	蕤	應	姑	南	太	林	黃

四歌 太 林 黃 仲 無 夾 夷 大 蕤 應

五歌 大 蕤 應 姑 南 太 林 黃 仲 無

六歌 黃 仲 無 夾 夷 大 蕤 應 姑 南

七歌 應 姑 南 太 林 黃 仲 無 夾 夷

八歌 無 夾 夷 大 蕤 應 姑 南 太 林

九歌 南 太 林 黃 仲 無 夾 夷 大 蕤

十歌 夷 大 蕤 應 姑 南 太 林 黃 仲

十一歌 林 黃 仲 無 夾 夷 大 蕤 應 姑

十二歌 蕤 應 姑 南 太 林 黃 仲 無 夾

苑洛志樂卷七

苑洛志樂　卷八

明韓邦奇撰

周樂

周禮大司樂曰：「凡樂，圜鐘爲宮，黄鐘爲角，太蔟爲徵，姑洗爲羽，靁鼓靁鼗，孤竹之管，雲和之琴瑟，雲門之舞，冬日至，於地上之圜丘奏之。若樂六變，則天神皆降，可得而禮矣。」

此降神之樂也。天神既出降，然後可以行禮奏樂。圜鐘，即夾鐘也。黄鐘爲角，非爲夾鐘之角，乃夷則爲宮起調，黄鐘爲夷則之角也。太蔟爲徵，林鐘爲宮起調，姑洗爲羽，亦是林鐘爲宮起調。六變者，圜鐘、黄鐘各二變，太蔟、姑洗各一變，蓋太蔟、姑洗，皆爲林鐘之調。林鐘亦二變也。若以過一聲爲一變，古人有以一變祀神者，止歌一字，奏一聲邪？鄭玄曰：「變，猶更也。樂成，則更奏也。」

夾鐘二變

夾鐘爲宮　起黄鐘宮之羽　夾鐘羽之羽也

始羽　終宮

南 全姑 全應 全蕤 全大 全夷 全夾 全無 全仲 全黄 變全

黄鐘二變

黄鐘爲角　起黄鐘宮之羽

始羽　　　　　　　　　　終宮

南 全姑 全應 全蕤 全大 全夷 全夾 全無 全仲 全黃 變全

太蔟一變

太蔟爲徵　起太蔟宮之羽

始羽　　　　　　　　　　終宮

應 全蕤大 半夷 全夾 全無 全仲 全黃 變半林 全太 全

姑洗一變

姑洗爲羽　起姑洗宮之羽

始羽　　　　　　　　　　終宮

大 半夷 全夾 半無 全仲 全黃 變半林 全太 半南 全姑 全

歌大呂　奏黃鐘，歌大呂，即奏夾鐘，歌無射也。　蓋黃鐘乃夾鐘之羽，無射乃大呂之呂也。

始羽　　　　　　　　　　終宮

無 全夾 全夷 全大 全

歌大呂

始羽　　　　　　　　　　終宮

無 全夾 全夷 全大 全

歌應鐘

始羽　　　　　　　　　　終宮

夷 半大 半蕤 半應 全

歌南呂

始羽　　　　　　　　終宮

蕤 半應 全姑 半南 全

圜鐘，夾鐘也。夾鐘生於房心之氣，房心爲大辰天帝之明堂天宮。夾鐘陰聲，其相坐從陽數，其陽無射，無射上生仲呂，仲呂與地宮同位，不用也。中呂上生黄鐘，黄鐘下生林鐘，林鐘地宮，又不用。林鐘上生太蔟，太蔟下生南呂，南呂與無射同位，又不用。南呂上生姑洗。紫微垣在子而角居之，太微垣在卯、寅而宫、徵居之，天市垣在辰而羽居之，是五音之氣，發動於三垣之中，宜乎天神皆降。獨不言商者，蓋歌奏起羽，遇宫則止，自然不見商聲，況周以木德王天下，懼商聲屬金克木，故諱之。鼓鼗用靁，六面之響以助羽角之清。祀天樂，雲門爲主。孤竹之管，單竹，屬陽。雲和，高岡之地，屬陽。取爲琴瑟，其聲清。雲門之舞，由俯而仰，其容多仰，勢若升天。六變乃羽七之樂，屬水。水能生木，其氣日升，正取「雲門」之義。自羽聲之羽奏至夾鐘，其數七，故謂之羽七。然不言七而言六者，起聲在南呂，一變在姑洗，六變至夾鐘得宫，故謂之六變。樂云六變，樂之所以爲雲門者，正以起奏。羽水生角木，至六變收宫，又當羽七水位，自始至終，不離乎水，則宫羽相得。夫天一生水，水乃天根，是「雲門」焉。是故六變。圜鐘爲宫者，以奏之終言之。

六變夾鐘爲宫

黄鐘爲宫　始羽　　　　終宫

一奏　南 全姑 全應 全蕤 全大 全夷 全夾 全無 全仲 全黄 變全

林鐘爲宫　始羽　　　　終宫

二奏　姑 全應 全蕤 半大 半夷 全夾 半無 全仲 半黄 變半林 全

太蔟爲宮　始羽　終宮

三奏　應全蕤全大半夷全夾全無全仲全黃變半林全太全

南呂爲宮　始羽　終宮

四奏　蕤半大半夷半夾半無全仲辛黃變半林半太半南全

姑洗爲宮　始羽　終宮

五奏　大半夷全夾半無全仲全黃變半林全太半南全姑全

應鐘爲宮　始羽　終宮

六奏　夷半夾半無半仲半黃變半林半太半南半姑半應全

蕤賓爲宮　始羽　終宮

七奏　夾半無全仲半黃變半林全太半南全姑半應全蕤全

大呂爲宮　始羽　終宮

八奏　無全仲全黃變半林全太全南全姑全應全蕤全大全

夷則爲宮　始羽　終宮

九奏　仲半黃變半林半太半南全姑半應全蕤半大半夷全

夾鐘爲宮　始羽　終宮

十奏　黃變半林全太半南全姑全應全蕤全大半夷全夾全

大呂爲宮　始羽　終宮

一歌　無全夾全夷全大全

蕤賓爲宮　始羽　　終宮

二歌　夾半夷全大半蕤全

應鐘爲宮　始羽　　終宮

三歌　夷半大半蕤半應全

姑洗爲宮　始羽　　終宮

四歌　大半蕤全應全姑全

南呂爲宮　始羽　　終宮

五歌　蕤半應全姑半南全

太蔟爲宮　始羽　　終宮

六歌　應全姑全南全太全

林鐘爲宮　始羽　　終宮

七歌　姑半南全太半林全

黃鐘爲宮　始羽　　終宮

八歌　南全太全林全黃變半

仲呂爲宮　始羽　　終宮

九歌　太半林全黃變半仲全

無射收宮　始羽　　終宮

十歌　林半黃變半仲半無全

六變者，夾鐘爲宮，以黄鐘爲羽，起聲在羽之羽，南呂也。一變在姑洗，二變在應鐘，三變在蕤賓，四變在大呂，五變在夷則，六變在夾鐘。以初歷羽，調中之數當六，故六變。在夾鐘者，數羽之羽而得之也。以六變之位，成十奏之樂，爲「雲門」，屬陽。六變即「羽七」之謂也。數聲則爲七，數變則爲六。

十奏者，起羽黄鐘，一奏也；繼羽以角，林鐘，二奏也；繼角以變宮，太蔟，三奏也；繼變宮以變徵，南呂，四奏也；繼變徵以姑洗，五奏也；繼姑洗以應鐘，六奏也；繼應鐘以蕤賓，七奏也；繼蕤賓以大呂，八奏也；繼大呂以夷則，九奏也；繼夷則以夾鐘，十奏也。六變樂至此收宮。羽水生角木而清角生焉，水之生木，由冬而春，陽之所由生也。陽生而後有天，故祀天神之樂，必先起羽、角，以合陽生之義。蓋造化之機，由生而出。「雲門」之名，以升天爲義。「雲」者，升天之物也；「門」者，陽氣之所從出也。子爲天根，水爲天數，故六變之樂起子位。黄鐘水局之羽，歷十奏至夾鐘收宮，合十二干，以屬陽氣。太史公謂之「十母」是也。用之以祀天神則天神下降，不亦宜乎！然六變之樂，惟夾鐘可以祀天者，以帝出乎震，而太微垣亦在氐房間，正夾鐘所臨卯位也。奏自黄鐘起者，夾鐘以黄鐘爲羽，雲門以水調爲先。歌自大呂起者，冬至斗指子日躔丑，丑與子合，故曰「玉衡杓建，天之綱也。日月初躔，星之紀也」。天以斗日而運歲功，樂以歌奏而成調。起奏在黄鐘，收奏在夾鐘。起歌在大呂，收歌在無射。先庭奏而後升歌，凡歌奏，起羽收宮，謂之「用宮逐羽，而清角生焉」。蓋奏則本宮之羽乃前宮之角，歌則本宮之羽乃後宮之角，前後皆羽角之陽，故謂之「雲門」。「雲門」者也，陽之所由生。在洛書之數，一而三；在造化之序，冬而春。水之生木，順以出。鄭玄曰：「雷鼓雷鼗八面。」

周禮大司樂曰：「凡樂，函鐘爲宮，太蔟爲角，姑洗爲徵，南呂爲羽，靈鼓靈鼗，孫竹之管，空桑之琴瑟，咸池之舞。夏日至，於澤中之方丘奏之。若樂八變，則地示皆出，可得而禮矣。」

此亦降神之樂也。

林鐘二變

林鐘爲宮　起太蔟宮之羽

始羽　終宮

應全蕤全大半夷全夾全無全仲全黄變半林全太全南全姑全南全太全

太蔟二變

太蔟爲角　起太蔟宮之羽

始羽　終宮

應全蕤全大半夷全夾全無全仲全黄變半林全太全南全姑全南全太全

姑洗二變

姑洗爲徵　起姑洗宮之羽

始羽　終宮

大半夷全夾半無全仲全黄變半林全太半南全姑全應全蕤全應全姑全

南呂二變

南呂爲羽　起南呂宮之羽

始羽　終宮

蕤半大半夷半夾半無全仲半黄變半林半太半南全姑半應全姑半南全

歌蕤賓

始羽　終宮

夾半夷全大半蕤全

歌應鐘

始羽　　終宮

夷半大半蕤半應全

歌南呂

始羽　　終宮

蕤半應全姑半南全

歌姑洗

始羽　　終宮

大半蕤全應全姑全

地宮林鐘。林鐘上生太蔟，太蔟下生南呂，南呂上生姑洗。祭地示，樂必以林鐘者，林鐘未律，未乃土氣最旺之方，在文王後天卦位，屬坤。「致役乎坤」，故奏至林鐘，可以祭地示。太蔟乃林鐘徵，在第九奏爲無射之角火，音變而木矣；姑洗乃林鐘羽，在第二奏爲南呂徵水，音變而火矣；南呂乃林鐘商，在第十一奏爲鍾羽金，音變而水矣；木、火、金、水麗乎土而爲四象，四象交而成中土之變化。且木火之音居東，得位；金水之音居西，得位；土音居南方夏季獨旺之中，得位。五氣全具，土德中尊，有坤道焉，宜乎地示皆出。鼓鼗用靈，體大聲宏，以應徵商陰濁。祭地示，樂以咸池入地爲主。孫竹之管，叢生數偶空桑卑濕之地，屬陰。取爲琴瑟，其聲濁。咸池之舞，由仰而俯，其容多俯，盤旋向地，廣布東西，八變乃徵九之樂，屬火。先克金而後生土，自徵聲之羽，奏至林鐘，其數九，故謂之「徵九」。然不言九而言八者，起聲在應鐘，一變在蕤賓，八變在林鐘得宮。故謂之八變。樂云：「八變樂之所以爲咸池者，正以起奏徵火克商金，至八變收宮，又當徵九火位，自始至終，不離乎火，則流徵歸坤。夫地二生火，火乃地竈。是『咸池』焉。」是故八變。函鐘爲宮者，以奏之終言之。

鄭玄曰：「靈鼓靈鼗六面。」

八變林鐘爲宮

太蔟爲宮　始羽　終宮

一奏

應全蕤全大半夷全夾全無全仲全黃變半林全太全南全姑全南全太全

南呂爲宮　始羽　終宮

二奏

蕤半大半夷半夾半無全仲半黃變半林半太半南全姑半應全姑半南全

姑洗爲宮　始羽　終宮

三奏

大半夷全夾半無全仲全黃變半林全太半南全姑全應全蕤全應全姑全

應鐘爲宮　始羽　終宮

四奏

夷半夾半無半仲半黃變半林半太半南半姑半應全蕤半大半蕤半應全

蕤賓爲宮　始羽　終宮

五奏

夾半無全仲半黃變半林全太半南全姑半應全蕤全大半夷全大半蕤全

大呂爲宮　始羽　終宮

六奏

無 全仲 全黃 變半林 全太 全南 全姑 全應 全蕤 全大 全夷 全夾 全夷 全大 全

夷則爲宮　始羽　終宮

七奏

仲 半黃 變半林 半太 半南 全姑 半應 全蕤 半大 半夷 全夾 半無 全夾 半夷 全

夾鐘爲宮　始羽　終宮

八奏

黃 變半林 全太 半南 全姑 全應 全蕤 全大 半夷 半夾 半無 全仲 全無 全夾 全

無射爲宮　始羽　終宮

九奏

林 半太 半南 半姑 半應 全蕤 半大 半夷 半夾 半無 全仲 半黃 變半仲 半無 全

仲呂爲宮　始羽　終宮

十奏

太 半南 全姑 半應 全蕤 全大 半夷 全夾 半無 全仲 全黃 變半林 全黃 變半仲 全

黃鐘爲宮　始羽　終宮

十一奏

南 全姑 全應 全蕤 全大 全夷 全夾 全無 全仲 全黃 變半林 全太 全林 全黃 變半

林鐘爲宮　始羽　終宮

十二奏

姑半應全蕤半大半夷全夾半無全仲半黃變半林全太半南全太半林全

應鐘爲宮　始羽　終宮

一歌　夷半大半蕤半應全

姑洗爲宮　始羽　終宮

二歌　大半蕤全應全姑全

南呂爲宮　始羽　終宮

三歌　蕤半應全姑半南全

太蔟爲宮　始羽　終宮

四歌　應全姑全南全太全

林鐘爲宮　始羽　終宮

五歌　姑半南全太半林全

黃鐘爲宮　始羽　終宮

六歌　南全太全林全黃變半

仲呂爲宮　始羽　終宮

七歌　太半林全黃變半仲全

無射爲宮　始羽　終宮

八歌　林半黃變半仲半無全

夾鐘爲宮　始羽　終宮

九歌　黄 變半仲 全無 全夾 全

夷則爲宫　始羽　終宫

十歌　仲 半無 全夾 半夷

大吕爲宫　始羽　終宫

十一歌　無 全夾 全夷 全大 全

蕤賓爲宫　始羽　終宫

十二歌　夾 半夷 全大 半蕤 全

八變者，林鐘爲宫。以太蔟爲徵，起聲在徵之羽，應鐘也。一變在蕤賓，二變在大吕，三變在夷則，四變在夾鐘，五變在無射，六變在仲吕，七變在黄鐘，八變在林鐘。以初歷徵，調中之數當八，故八變。在林鐘，數徵之羽而得之也。以八變之位成十二奏之樂，爲咸池，屬陰。八變，即徵九之謂也。數聲則爲九，數變則爲八。十二奏者，起徵太蔟，一奏也；繼徵以商，南吕，二奏也；繼商以羽，姑洗，三奏也；繼羽以角，應鐘，四奏也；繼角以變宫，蕤賓，五奏也；繼變宫以變徵，大吕，六奏也；繼變徵以夷則，七奏也；繼夷則以夾鐘，八奏也；繼夾鐘以無射，九奏也；繼無射以仲吕，十奏也；繼仲吕以黄鐘，十一奏也；繼黄鐘以林鐘，十二奏也。八變樂至此收宫。始奏徵商，次奏羽角，先克後生，由夏而秋，陰之所由生也。陰生而後有地，故祭地祇之樂，必先起徵商之奏，以合陰克之義。蓋造化之機，由克而入，「咸池」之名，以入地爲義。「池」者，入地之物也；「咸」者，備也。氣遇十二辰爲備。火能生土，金由火煉，故八變之樂，必起太蔟寅位火局之首，歷十二奏至林鐘收宫，合十二支，以屬陰氣。太史公謂之「十二子」是也。用之以祭地祇，則地祇皆出，不亦宜乎！然八變之樂，惟林鐘宫可以祭地祇者，以地社之星居未，而後天之坤亦在未位故也。歌自應鐘起者，起奏在寅，寅與亥合，故奏太蔟，必歌應鐘。起奏在太蔟，收奏在林鐘。起歌在應鐘，收歌在蕤賓。凡奏皆起徵之羽，由羽而宫十聲，由宫而商二聲，順也。自商反徵，歸宮二聲，逆也。夫商下生羽者，順也。今不生羽而反徵，是刻羽也。刻者，克也。不生則爲克矣。故曰：「引商刻羽，而流徵成焉。」商歸徵，火克金也；徵歸宮，火生土也；金受火克，則不能傷木；土受火生，則土德旺。故用以祭地也。故謂之「咸池」也。「咸池」也者，陰之所由，備在洛書之數則七，而九在造化之序，則夏而秋，火之克金逆，以入周諱商聲，引商刻羽，則商在徵後。金得火制，不能克木，此周祚之所以綿長也。

周禮大司樂曰：「凡樂，黃鐘爲宮，大呂爲角，太蔟爲徵，應鐘爲羽。路鼓路鼗，陰竹之管，龍門之琴瑟，九德之歌，九聲之舞，於宗廟之中奏之。若樂九變，則人鬼可得而禮矣。」

此亦降神之樂也。

黃鐘三變

黃鐘爲宮　起黃鐘宮之羽

始羽　終宮

南 全姑 全應 全蕤 全大 全夷 全夾 全無 全仲 全黃 變全

大呂二變

大呂爲角　起大呂宮之羽

始羽　終宮

無 全仲 全黃 變半林 全太 全南 全姑 全應 全蕤 全大 全夷 全夾 全夷 全大 全

太蔟二變

太蔟爲徵　起太蔟宮之羽

始羽　終宮

應 全蕤 全大 半夷 全夾 全無 全仲 全黄 變半太 全

應鐘二變

應鐘爲羽　起應鐘宮之羽

始羽　終宫

夷 半夾 半無 半仲 半黄 變半林 半太 半南 半姑 半應 全蕤 半大 半蕤 半應 全

歌大吕

始羽　終宫

無 全夾 全夷 全大 全

歌黄鐘

始羽　終宫

南 全太 全林 全黄 變全

歌應鐘

始羽　終宫

夷 半大 半蕤 半應 全

歌太蔟

始羽　終宫

應 全姑 全南 全太 全

人宫，黄鐘。黄鐘下生林鐘，林鐘，地宫，又辟之。林鐘上生太蔟，太蔟下生南吕，南吕與天宫之陽同位，又辟之。南吕上生姑洗，姑洗南呂之合，又辟之。姑洗下生應鐘，應鐘上生蕤賓，蕤賓地宮，林鐘之陽也，又辟之。蕤賓上生大呂。享宗廟，樂必以黃鐘者，黃鐘之律子，宿虛危，有宗廟之象。人生於子，復歸於子。故起奏於黃鐘，收奏於黃鐘。可以享人鬼。大呂乃黃鐘六合，律在第四奏，爲南呂角。太蔟乃黃鐘商，在第二奏，爲林鐘徵。應鐘乃黃鐘變宮，在第三奏，爲太蔟羽，則亥、子、丑、寅四辰，律皆作五音。人鬼之氣在北，因音發揚，其氣昭著，故奏黃鐘，可以享人鬼。鼓鼗用路，四面之響，以合宮羽之聲。陰竹生於山北龍門，山在西北。取管琴瑟於此，所以引北方之氣，以發人鬼之靈。「九德」言人鬼之功業者，魄之所附也，歌之則魂來合魄。磬舞揖遜，蹈厲發揚之儀，終不若揖遜之容爲善美，故以奏宗廟。九變乃宮五之樂，五五相守爲十，屬土。用本宮起羽，清濁之間，陰陽之會，人負陰而抱陽以生，及其死也，魂魄交則爲神而能享。自宮聲之羽，奏至黃鐘本宮，其數十，故謂之宮五。然不言十而言九者，起聲南呂，一變在姑洗，九變至黃鐘得宮，故謂之九變。樂云：「九變樂之可以禮人鬼者，以人死魄歸於土。」九變乃宮五之位，屬土，始終於此奏之，則人魄之在土者，其靈因音發動，況亥子丑，北方幽陽，宗廟神靈所藏，寅爲鬼户，端午日天罡塞之，則人鬼不出，故百藥可採。亥有水音，丑有木音，寅有火音，則水化木，木化火，從鬼户以出，萃於宮五，而爲神靈之昭格矣。理豈誣乎？是可禮焉，是故九變。黃鐘爲宮者，以奏之始終言之。鄭玄曰：「路鼓鼗鼓四面。」

九變黃鐘爲宮

黃鐘爲宮　始羽　終宮

一奏　南全 姑全 應全 蕤全 大全 夷全 夾全 無全 仲全 黃變全

林鐘爲宮　始羽　終宮

二奏　姑半 應全 蕤半 大半 夷全 夾半 無全 仲半 黃變半 林全 太半 南全 太全 林全

太蔟爲宮　始羽　終宮

三奏　應全蕤全大半夷全夾全無全仲全黃變半林全太全

南呂爲宮　始羽　終宮

四奏　蕤半大半夷半夾半無全仲半黃變半林半太半南全姑半應姑半南全

姑洗爲宮　始羽　終宮

五奏　大半夷全夾半無全仲全黃變半林全太半南全姑全

應鐘爲宮　始羽　終宮

六奏　夷半夾半無半仲半黃變半林半太半南半姑半應全蕤半大半蕤半應全

蕤賓爲宮　始羽　終宮

七奏　夾半無全仲半黃變半林全太半南全姑半應全蕤全

大呂爲宮　始羽　終宮

八奏　無全仲全黃變半林全太全南全姑全應全蕤全大全夷全夾全夷全大全

夷則爲宮　始羽　終宮

九奏　仲半黃變半林半太半南全姑半應全蕤半大半夷全

夾鐘爲宮　始羽　終宮

十奏　黃變半林全太半南全姑全應全蕤全大全夷全夾全無全仲全無全夾全

無射爲宮　始羽　終宮

十一奏　林半太半南半姑半應全蕤半大半夷半夾半無全

仲呂爲宮　始羽　終宮

十二奏　太半南全姑半應全蕤全大半夷全夾半無全仲全黄變半林全黄變半仲全

黄鐘爲宫　始羽　終宫

十三奏　南全姑全應全蕤全大全夷全夾全無全仲全黄變全

大吕爲宫　始羽　終宫

一歌　無全夾全夷全大全

蕤賓爲宫　始羽　終宫

二歌　夾半夷全大半蕤全

應鐘爲宫　始羽　終宫

三歌　夷半大半蕤半應全

姑洗爲宫　始羽　終宫

四歌　大半蕤全應全姑全

南吕爲宫　始羽　終宫

五歌　蕤半應全姑半南全

太蔟爲宫　始羽　終宫

六歌　應全姑全南全太全

林鐘爲宫　始羽　終宫

七歌　姑半南全太半林全

黄鐘爲宫　始羽　終宫

八歌　南全 太全 林全 黃變全

仲呂爲宮　始羽　終宮

九歌　太半 林全 黃變半 仲全

無射爲宮　始羽　終宮

十歌　林半 黃變半 仲半 無全

夾鐘爲宮　始羽　終宮

十一歌　黃變半 仲全 無全 夾全

夷則爲宮　始羽　終宮

十二歌　仲半 無全 夾半 夷全

大呂收宮　始羽　終宮

十三歌　無全 夾全 夷全 大全

九變者，黃鐘爲宮，以南呂爲羽起聲。一變在姑洗，二變在應鐘，三變在蕤賓，四變在大呂，五變在夷則，六變在夾鐘，七變在無射，八變在仲呂，九變在黃鐘。以初歷宮，調中之數當九，故變在黃鐘者，數宮之羽而得之也。以九變之位成十三奏之樂，兼雲門、咸池以屬人鬼。九變即宮五倍數之謂也。數聲則爲十，數變則爲九。

十三奏者，起宮在黃鐘，一奏也；繼宮以徵，林鐘二奏也；繼徵以商，太蔟三奏也；繼商以羽，南呂四奏也；繼羽以角，姑洗五奏也；繼角以變宮，應鐘六奏也；繼變宮以變徵，蕤賓七奏也；繼變徵以大呂，八奏也；繼大呂以夷則，九奏也；繼夷則以夾鐘，十奏也；繼夾鐘以無射，十一奏也；繼無射以仲呂，十二奏也；繼仲呂以黃鐘，十三奏也；九變樂至此收宮；凡歌奏起聲，皆在乎宮之羽；惟陽律之奏，則用宮逐羽，先之以雲門。而陰呂之奏，則引商刻羽，後之以咸池。蓋人生於天、成於地，死則魂在天、魄在地，故其祭之，必合天地二樂而後成享焉。

周禮大司樂曰：「乃奏姑洗，歌南呂，舞大磬，以祀四望。」

「四望」，日、月、星、辰也，爲天神之次，故樂均用六變。起奏在姑洗，六變在林鐘，收宮。蓋姑洗爲林鐘之羽，大呂爲姑洗之羽，起聲當在大呂。周時，冬至日躔牽牛九度，是日、月、星、辰，皆起於丑，大呂丑律，宜爲祀四望之始聲。辰與酉合，故歌南呂以合奏，起聲在蕤賓午位，收聲在黃鐘子位。中於午、入於酉而歸於北，取周天星辰之義也。是故奏姑洗、歌南呂者，以歌奏之始言之。

六變林鐘爲宮，至十奏收宮。

姑洗爲宮　始羽　終宮

一奏　大半夷全夾半無全仲全黃變半林全太半南全姑全

應鐘爲宮　始羽　終宮

二奏　夷半夾半無半仲半黃變半林半太半南半姑半應全

蕤賓爲宮　始羽　終宮

三奏　夾半無全仲半黃變半林全太半南全姑半應全蕤全

大呂爲宮　始羽　終宮

四奏　無全仲全黃變半林全太全南全姑全應全蕤全大全

夷則爲宮　始羽　終宮

五奏　仲半黃變半林半太半南全姑半應全蕤半大半夷全

夾鐘爲宮　始羽　終宮

六奏　黃變半　林全　太半　南全　姑全　應全　蕤全　大半　夷全　夾全

無射爲宮　始羽　終宮

七奏　林半　太半　南半　姑半　應全　蕤半　大半　夷半　夾半　無全

仲呂爲宮　始羽　終宮

八奏　太半　南全　姑半　應全　蕤全　大半　夷全　夾半　無全　仲全

黃鐘爲宮　始羽　終宮

九奏　南全　姑全　應全　蕤全　大全　夷全　夾全　無全　仲全　黃變半

林鐘爲宮　始羽　終宮

十奏　姑半　應全　蕤半　大半　夷全　夾半　無全　仲半　黃變半　林全

南呂爲宮　始羽　終宮

一歌　蕤半　應全　姑半　南全

太蔟爲宮　始羽　終宮

二歌　應全　姑全　南全　太全

林鐘爲宮　始羽　終宮

三歌　姑半　南全　太半　林全

黃鐘爲宮　始羽　終宮

四歌　南全　太全　林全　黃變全

仲呂爲宮　始羽　終宮

五歌　太半林全黃變半仲全

無射爲宮　始羽　終宮

六歌　林半黃變半仲半無全

夾鐘爲宮　始羽　終宮

七歌　黃變半仲全無全夾全

夷則爲宮　始羽　終宮

八歌　仲半無全夾半夷全

大呂爲宮　始羽　終宮

九歌　無全夾全夷全大全

蕤賓收宮　始羽　終宮

十歌　夾半夷全大半蕤全

六變者，林鐘爲宮，以姑洗爲羽，起聲在羽之羽，大呂也。一變在夷則，二變在夾鐘，三變在無射，四變在仲呂，五變在黃鐘，六變在林鐘，以初歷羽，調中之數當六，故六變在林鐘者，數羽之羽而得之也。以六變之位成十奏之樂，亦爲雲門，屬陽。十奏者起羽，姑洗一奏也；繼羽以角，應鐘二奏也；繼角以變宮，蕤賓三奏也；繼變宮以變徵，大呂四奏也；繼變徵以夷則，五奏也；繼夷則以夾鐘，六奏也；繼夾鐘以無射，七奏也；繼無射以仲呂，八奏也；繼仲呂以黃鐘，九奏也；繼黃鐘以林鐘，十奏也。六變樂至此收宮，其諸取義，以祀天神樂同。然祀天神之樂，宮在夾鐘，羽在黃鐘；祀四望之樂，宮在林鐘，羽在姑洗之不同，蓋天者，帝之神也，子爲帝座，而帝始出乎震。四望者，日月星辰之神也，日月星辰麗乎天而顯於辰方。午未，天之中；　姑洗，辰之律。帝爲天之主宰，日月星辰爲天之妙用，故取義同而其位有不同。凡歌奏，皆用宮逐羽，以從天焉。

周禮大司樂曰：「乃奏蕤賓，歌函鐘，舞大夏，以祭山川。」

山川，五嶽、四鎮、五湖、四海也，爲地不之次，故歌奏與祭地同位。但祭地歌奏終於未午，祭山川歌奏始於午未，原始者，推乎山川之所自要終者，隨乎坤之位。坤者，地也。山川者，流峙於地之中也，是故奏蕤賓、歌函鐘，以歌奏之始言之。

八變，應鐘爲宮，至十二奏收宮。

蕤賓爲宮　始羽　終宮

一奏

夾 半無 全仲 半黃 變半林 全太 半南 全姑 半應 全蕤 全大 半夷 全大 半蕤 全

大呂爲宮　始羽　終宮

二奏

無 全仲 全黃 變半林 全太 全南 全姑 全應 全蕤 全大 全夷 全夾 全夷 全大 全

夷則爲宮　始羽　終宮

三奏

仲 半黃 變半林 半太 半南 全姑 半應 全蕤 半大 半夷 全夾 半無 全夾 半夷 全

夾鐘爲宮　始羽　終宮

四奏

黃 變半林 全太 半南 全姑 全應 全蕤 全大 半夷 全夾 全無 全仲 半無 全夾 全

無射爲宮　始羽　終宮

五奏

林 半太 半南 全姑 半應 全蕤 半大 半夷 半夾 半無 全仲 半黃 變半仲 半無 全

仲呂爲宮　始羽　終宮

六奏

太 半南 全姑 半應 全蕤 全大 半夷 全夾 半無 全仲 全黃 變半林 全黃 變半仲 全

黃鐘爲宮　始羽　終宮

七奏

南 全姑 全應 全蕤 全大 全夷 全夾 全無 全仲 全黃 變全林 全太 全林 全黃 變全

林鐘爲宮　始羽　終宮

八奏

姑 半應 全蕤 半大 半夷 全夾 半無 全仲 半黃 變半林 全太 半南 全太 半林 全

太蔟爲宮　始羽　終宮

九奏

應 全蕤 全大 半夷 全夾 全無 全仲 全黃 變半林 全太 全南 全姑 全南 全太 全

南呂爲宮　始羽　終宮

十奏

蕤半大半夷半夾半無全仲半黃變半林半太半南全姑半應全姑半南全

姑洗爲宮　始羽　終宮

十一奏

大半夷全夾半無全仲全黃變半林全太半南全姑全應全蕤全應全姑全

應鐘收宮　始羽　終宮

十二奏

夷半夾半無半仲半黃變半林半太半南半姑半應全蕤半大半蕤半應全

林鐘爲宮　始羽　終宮

一歌　姑半南全太半林全

黃鐘爲宮　始羽　終宮

二歌　南全太全林全黃變全

仲呂爲宮　始羽　終宮

三歌　太半林全黃變半仲全

無射爲宮　始羽　終宮

四歌　林半黃變半仲半無全

夾鐘爲宮　始羽　終宮

五歌　黃變半仲全無全夾全

夷則爲宮　始羽　終宮

六歌　仲半無全夾半夷全

大呂爲宮　始羽　終宮

七歌　無全夾全夷全大全

蕤賓爲宮　始羽　終宮

八歌　夾半夷全大半蕤全

應鐘爲宮　始羽　終宮

九歌　夷半大半蕤半應全

姑洗爲宮　始羽　終宮

十歌　大半蕤全應全姑全

南呂爲宮　始羽　終宮

十一奏　蕤半應全姑半南全

太蔟收宮　始羽　終宮

十二歌　應全姑全南全太全

八變者，應鐘爲宮，以蕤賓爲徵，起聲在徵之羽，夾鐘也。一變在無射，二變在仲呂，三變在黄鐘，四變在林鐘，五變在太蔟，六變在南呂，七變在姑洗，八變在應鐘。以初歷徵，調中之數當八，故八變。在應鐘者，數徵之羽而得之也。以八變之位成十二奏之樂，亦爲咸池，屬陰。

十二奏者，起徵蕤賓，一奏也；繼徵以商大呂，二奏也；繼商以羽夷則，三奏也；繼羽以角夾鐘，四奏也；繼角以變宮無射，五奏也；繼變宮以變徵仲呂，六奏也；繼變徵以黄鐘，七奏也；繼黄鐘以林鐘，八奏也；繼林鐘以太蔟，九奏也；繼太蔟以南呂，十奏也；繼南呂以姑洗，十一奏也；繼姑洗以應鐘，十二奏也。八變樂至此收宮。其諸取義，以祭地示樂同。然祭地示之樂，宮在林鐘，徵在太蔟；山川之樂，宮在應鐘，徵在蕤賓之不同，蓋地者，土也，土獨旺於未寅，爲火局之首。山川起於西北，午爲火局之次。地得坤之全體，山川起自地中之西北，故取義同而其位有不同。起奏在午、蕤賓，起歌在未、林鐘，蓋午與未合，始奏起聲在卯、夾鐘，始歌起聲在辰、姑洗。卯與亥爲三合，辰與亥爲暗加，故祭山川必於此起聲，收奏在亥、應鐘；收歌在寅、太蔟。亥、寅乃先天、後天艮、坤之位，艮、坤本山川之氣，故祭山川必於此收聲。其歌奏皆引商刻羽，以從地焉。

周禮大司樂曰：「乃奏無射，歌夾鐘，舞大武，以享先祖。」

無射，戌律也。戌，乾位也。後天之乾退居西北，有祖道焉，故始奏之，以動先祖之氣。夾鐘在卯，卯與戌合，歌之以合奏焉。大武之舞，有夾振之容，總干山立於下，故獨先祖可以受享於上。若列祖，則不可焉。

九變，無射爲宮，至十奏收宮。

無射爲宮　始羽　終宮

一奏

林 半太 半南 半姑 半應 全蕤 半大 半夷 半夾 半無 全

仲呂爲宮　始羽　終宮

二奏

太 半南 全姑 半應 全蕤 全大 半夷 全夾 半無 全仲 全黃 變半林 全黃 變半仲 全

黃鐘爲宮　始羽　終宮

三奏

南全姑半應全蕤全大全夷全夾全無全仲全黃變全

林鐘爲宮　始羽　終宮

四奏

姑半應全蕤半大半夷全夾半無全仲半黃變半林全太半南全太半林全

太蔟爲宮　始羽　終宮

五奏

應全蕤全大半夷全夾全無全仲全黃變半林全大全

南呂爲宮　始羽　終宮

六奏

蕤半大半夷半夾半無全仲半黃變半林全太半南全姑半應全姑半南全

姑洗爲宮　始羽　終宮

七奏

大半夷全夾半無全仲全黃變半林全太半南全姑全

應鐘爲宮　始羽　終宮

八奏

夷全夾半無半仲半黃變半林半太半南半姑半應全蕤全大半蕤半應全

蕤賓爲宮　始羽　終宮

九奏

夾半無全仲半黃變半林全太半南全姑半應全蕤全

大呂爲宮　始羽　終宮

十奏

無全仲全黃變半林全太全南全姑全應全蕤全大全夷全夾全夷全大全

夷則爲宮　始羽　終宮

十一奏

仲半黃變半林半太半南全姑半應全蕤半大半夷全

夾鐘爲宮　始羽　終宮

十二奏

黃變半林全太半南全姑全應全蕤全大半夷全夾全無全仲全無全夾全

無射收宮　始羽　終宮

十三奏

林半太半南半姑半應全蕤半大半夷半夾半無全

夾鐘爲宮　始羽　終宮

一歌　黃變半仲全無全夾全

夷則爲宮　始羽　終宮

二歌　仲半無全夾半夷全

大呂爲宮　始羽　終宮

三歌　無全夾全夷全大全

蕤賓爲宮　始羽　終宮

四歌　夾半夷全大半蕤全

應鐘爲宮　始羽　終宮

五歌　夷半大半蕤半應全

姑洗爲宮　始羽　終宮

六歌　大半蕤全應全姑全

南呂爲宮　始羽　終宮

七歌　蕤半應全姑半南全

太蔟爲宮　始羽　終宮

八歌　應全姑全南全太全

林鐘爲宮　始羽　終宮

九歌　姑半南全太半林全

黃鐘爲宮　始羽　終宮

十歌　南全太全林全黃變全

仲呂爲宮　始羽　終宮

十一歌太半林全黃變半仲全

無射爲宮　始羽　終宮

十二歌林 半黃 變半仲 半無 全

夾鐘收宮 始羽 終宮

十三歌黃 變半仲 全無 全夾 全

九變者，無射爲宮，以林鐘爲羽起聲。一變在太蔟，二變在南呂，三變在姑洗，四變在應鐘，五變在蕤賓，六變在大呂，七變在夷則，八變在夾鐘，九變在無射。以初歷宮，調中之數當九，故九變。在無射者，數宮之羽而得之也。以九變之位成十三奏之樂，亦兼雲門、咸池。

十三奏者，起宮在無射，一奏也；繼宮以徵仲呂，二奏也；繼徵以商黃鐘，三奏也；繼商以羽林鐘，四奏也；繼羽以角太蔟，五奏也；繼角以變宮南呂，六奏也；繼變宮以變徵姑洗，七奏也；繼變徵以應鐘，八奏也；繼應鐘以蕤賓，九奏也；繼蕤賓以大呂，十奏也；繼大呂以夷則，十一奏也；繼夷則以夾鐘，十二奏也；繼夾鐘以無射，十三奏也。九變樂至此收宮，其諸取義以享人鬼樂同。然享人鬼之樂，宮在黃鐘，徵在林鐘；享先祖之樂，宮在無射，徵在仲呂之不同，蓋黃鐘，諸律之父，再生之黃鐘，又以無射爲父，是無射有祖道焉，故取義同而其位有不同。九陽律之奏，皆用宮逐羽；九陰呂之奏，皆引商刻羽。

周禮大司樂曰：「乃奏夷則，歌小呂，舞大濩，以享先妣。」夷則，申之律也。申乃坤之方，後天之坤退居西南，有妣道焉。故奏之以動先妣之氣。小呂在巳，巳與申合，歌之以合奏焉。先妣之分，不得以並先祖，故舞可大濩而不可大武。蓋大濩乃前代之制，雖有夾振之容，在下而不爲嫌也。

九變，夷則爲宮，至十三奏收宮。

夷則爲宮　始羽　終宮

一奏

仲半 黃變半 林半 太半 南全 姑半 應全 蕤半 大半 夷全

夾鐘爲宮　始羽　終宮

二奏

黃變半 林全 太半 南全 姑全 應全 蕤全 大半 夷全 夾全 無全 仲全 無全 夾全

無射爲宮　始羽　終宮

三奏

林半 太半 南半 姑半 應全 蕤半 大半 夷半 夾半 無全

仲呂爲宮　始羽　終宮

四奏

太半 南全 姑半 應全 蕤全 大半 夷全 夾半 無全 仲全 黃變半 林全 黃變半 仲全

黃鐘爲宮　始羽　終宮

五奏

南全 姑全 應全 蕤全 大全 夷全 夾全 無全 仲全 黃變全

林鐘爲宮　始羽　終宮

六奏

姑半 應全 蕤半 大半 夷全 夾半 無全 仲半 黃變半 林全 太半 南全 太半 林全

太蔟爲宮　始羽　終宮

七奏

應全蕤全大半夷全夾全無全仲全黃變半林全太全

南呂爲宮　始羽　終宮

八奏

蕤半大半夷半夾半無全仲半黃變半林半太半南全姑半應全姑半南全

姑洗爲宮　始羽　終宮

九奏

大半夷全夾半無全仲全黃變半林全太半南全姑全

應鐘爲宮　始羽　終宮

十奏

夷半夾半無半仲半黃變半林全太半南半姑半應全蕤半大半蕤半應全

蕤賓爲宮　始羽　終宮

十一奏

夾半無全仲半黃變半林全太半南全姑半應全蕤全

大呂爲宮　始羽　終宮

十二奏

無全仲全黃變半林全太全南全姑全應全蕤全大夷全夾全夷全大全全

夷則爲宮　始羽　終宮

十三奏

仲半黃變半林半太半南全姑半應全蕤半大半夷全

仲呂爲宮　始羽　終宮

一歌　太半林全黃變半仲全

無射爲宮　始羽　終宮

二歌　林半黃變半仲半無全

夾鐘爲宮　始羽　終宮

三歌　黃變半仲全無全夾全

夷則爲宮　始羽　終宮

四歌　仲半無全夾半夷全

大呂爲宮　始羽　終宮

五歌　無全夾全夷全大全

蕤賓爲宮　始羽　終宮

六歌　夾半夷半大半蕤全

應鐘爲宮　始羽　終宮

七歌　夷半大半蕤半應全

姑洗爲宮　始羽　終宮

八歌　大半蕤全應全姑全

南呂爲宮　始羽　終宮

九歌　蕤半應全姑半南全

太蔟爲宮　始羽　終宮

十歌　應全姑全南全太全

林鐘爲宮　始羽　終宮

十一歌　姑半南全太半林全

黄鐘爲宮　始羽　終宮

十二歌　南全太全林全黄變全

仲呂收宮　始羽　終宮

十三歌　太半林全黄變半仲全

九變者，夷則爲宮，以仲呂爲羽起聲。一變在黄鐘，二變在林鐘，三變在太蔟，四變在南呂，五變在姑洗，六變在應鐘，七變在蕤賓，八變在大呂，九變在夷則。以初歷宮，調中之數當九，故九變。在夷則者，數宮之羽而得之也，以九變之位成十三奏之樂，亦兼雲門、咸池。

十三奏者，起宮在夷則，一奏也；繼宮以徵夾鐘，二奏也；繼徵以商無射，三奏也；繼商以羽仲呂，四奏也；繼羽以角黄鐘，五奏也；繼角以變宮林鐘，六奏也；繼變宮以變徵太蔟，七奏也；繼變徵以南呂，八奏也；繼南呂以姑洗，九奏也；繼姑洗以應鐘，十奏也；繼應鐘以蕤賓，十一奏也；繼蕤賓以大呂，十二奏也；繼大呂以夷則，十三奏也，九變樂至此收宮。其諸取義，與享先祖皆同乎人鬼。然享先祖之樂，宮在無射，徵在仲呂，享先妣之樂，宮在夷則，徵在夾鐘之不同。蓋仲呂爲無射之妻，有妣道焉。仲呂之位在巳，夷則之位在申，巳與申合，然不以巳而以申，蓋巳當巽長女之位，申當坤母之位，長女至爲母而後老，故享先妣不以仲吕而以夷則也。凡陽律之奏，皆用宫逐羽；凡陰吕之奏，皆引商刻羽。

鄭玄曰：「以黄鐘之鐘、大吕之聲爲均者，黄鐘陽聲之首，大吕爲之合，奏之以祀天神，尊之也。『天神』，謂五帝及日月星辰也。王者又各以夏正月，祀其所受命之帝於南郊，尊之也。孝經説曰：『祭天南郊，就陽位是也。』太蔟陽聲第二，應鐘爲之合。『咸池』，大咸也。地祇所祭於北郊，謂神州之神及社稷。姑洗，陽聲第三，南吕爲吕爲之合。四望、五嶽、四鎮、四瀆，此言祀者，司中司命風師雨師，或亦用此樂與？蕤賓，陽聲第四，函鐘爲之合。函鐘一名林鐘。夷則，陽聲第五，小吕爲之合，小吕一名中吕。『先妣』，姜嫄也。嫄履大人跡，感神靈而生后稷，是周之先母也。周立廟，自后稷爲始祖。姜嫄無所配，是以特立廟而祭之，謂之『閟宫閟神』。無射，陽聲之下也，夾鐘爲之合，夾鐘一名圜鐘，先祖謂先王先公。」

古樂可疑。

周樂以不用黄鐘之管，故自羽起調，及至歸宫，則零星補輳，音節雖合，乃安排而成，非天然也。又自右旋，逆數相接。夫黄鐘，君律也。宫，君聲也。今起調即無宫人調，宫便爲人役。周公作樂，豈不知此？或者天數所在，雖聖人亦有不悟處。異時周家，武王甫崩，周公即攝政。未久，諸侯强大，天王受制於五霸。後來寄命於列國，所有止一附庸耳。至於陽左旋、陰右旋，陰不從陽，豈非大逆乎？此周家所以號令不行，此樂之效，周人忌商，故三祭之樂不言商。及至樂歌，則專用宫、徵、商、羽，一角始終不用，不可知也。

韶樂：「奏左旋而七，歌右旋而五。」歌短而奏長，何以相比？古詩皆四言，未有七言、五言者。今一部詩經皆四言，間有多一二字者，餘音耳，非比於音者也。歌必四言者，以其用金舂玉應之節也。又韶奏與歌，一均即過。宫奏纔七聲，歌纔五言，金舂玉應，奏至六言歌，至四言即無以施其節，況六言纔餘半句耳？夫十二律、八十四聲，如一索之相連，始終無一間斷，所以用變宫變徵者，正以姑洗不能接大吕，故用二變。以至蕤賓而大吕承之，直至應而止。若止七音即畢，則一律各爲一曲，不必音節相續，安在孔子所謂「繹如」也？每章或四句或八句，或六句二句，亦可收尾。或一句，亦可。

舞黃鐘，歌大呂，舞左旋，歌右旋。夫樂有八音，爲比之人聲而設，古今亦有清奏者，但未被之人聲耳。宮商自有節而不亂，夫奏與歌，正欲相同，豈可奏歌異調？況歌止於五而奏則七，乖戾甚矣！今以時曲言之：如吹彈水仙子，唱折桂令，何以相比？歌用右旋，雖能相生，音節不合；卻又用左旋之聲，安在其爲右轉乎？又曰：「日右轉。」然日何曾右轉？曆家以右旋，易於推步耳。今舉目見日，但見東昇西沒，何曾西昇東沒哉？

六變，祀天用夾鐘。夾鐘，陰律也，不可以祀天，乃借無射以起調。既用無射起調，則爲無射也，於夾鐘何與焉？夫以夾鐘爲宮，則當以林鐘爲角，卻接無射之角，又不可接。乃曲曲數宮，以黃鐘爲角，豈惟相生不接，音節亦不相合，乃曲爲之說，以附會之理，亦欠通。其附會之說，見本註。其太蔟爲徵、姑洗爲羽及下八變、九變，皆類此。此必樂經既經諸侯去其籍，又經秦火，殘篇斷簡及人所傳誦，差訛欠真。漢儒乃從而附會之云。

馬遷律書，後儒皆倚此而推。〔一〕

六經經秦火之後，多失其真。其詩、書、易、春秋四經，在春秋、戰國時，固皆全備無恙，惟禮、樂之書，當春秋之諸侯僭竊，皆去其籍，未經秦火之前，固已難考矣。而樂之一事，當時列國但用新聲，古樂棄而不用，是禮、樂二事，比之他經，其殘缺固甚。而樂之一事，比之禮尤甚。漢儒得其影響而附會之，然漢儒之學，亦不可及。如九變起羽歸宮之說，音調自合，亦可用之。「歌右轉」一節，以五轉而律呂相生，黃鐘即接大呂，但音節不合，卻用左生成曲，又是左行耳。其「奏黃鐘、歌大呂」之說，必當時律從左旋，呂從右旋，八音歌舞皆同，此陰陽左右之義。而當時殘編斷簡之中，有大呂右旋之調，遂誤認之，以爲歌右轉，而以斗左日右附而會之耳。至於子與丑合之類，尤爲牽合無理，淺之乎，其論古樂也哉？十干、十二支、四隅、八方，皆是類也。如右轉則黃鐘七變，隔八生應鐘，則右轉右行矣，方可右轉。止用其隔八相生之序，五生即過律。黃鐘過大呂之類。然於音節，一則不合，一則古人之歌必四言，況韶又虞時之歌，必四言也。而角則無所附，故音節猶用左

〔一〕此句據嘉慶十一年關中裕德堂本補。

轉相生之序，角下猶用變宮，而五音始全。此律呂爲陽宮，必三聲而後陰，陰必三聲而後陽。蓋用宮商角三聲倡也。

周樂因不用黃鐘正管，又周以木德王天下，水能生木，羽，水也。故自羽倒起，及至歸宮卻右旋，零星補輳，殊無意味，絶似漢人之附會。六經經秦火之後，禮，國家所不可無，或有人誦習，樂則盡亡矣。漢人得其影響，以己意而足成之。

韶樂宮長在先，故起宮；周樂宮短在後，故起羽。

鐘磬俱有三，有歌鐘、歌磬設，與琴瑟並作堂上。書曰：「戛擊、鳴球在堂上，編鐘、編磬設堂下，與堂下之樂並作，有特鐘、特磬，宣收衆樂。」世儒謂「一鐘而三名」，非也。柷敔起收全樂，鼓鏞起收一宮，特鐘特磬起收二字。一倡一和，琴瑟則一聲一字。鐘謂之特，獨也，每架獨懸一鐘也，其非編鐘益明矣。歌鐘一聲一字，編鐘一聲一舞。

左旋，一均之備，起大呂；右旋，一調之備起，應鐘妙矣。金石宣收，樂貫始終，貫通若止。七音即畢，則一律各爲一曲，不必音節相續，安在孔子所謂「繹如」也，且於金聲玉振、一舂一應，無所施矣。今考定十二律，始終音節相繹於右，以俟知音君子焉。如黃鐘爲宮，徵應之；次角，變宮應之；次蕤賓，大呂應之。然後別以大呂起調，餘律倣此。

古今之樂八音，與歌舞同調，況八音之設，本爲比歌聲合舞容耳。金舂玉應，本皆四言，無五七言者。然後世曲調亦能合律，今以「渭城朝雨浥輕塵」協之，則末三字一金兩玉，次句兩金一玉，三句兩金一玉，四句一金兩玉，更入繁聲，尤爲盈耳，但非雅淡也。漢儒非不知樂，彼但神其所述，以見夫廣大精微，曲折艱深。天地人物無不貫通於音節之間，遺其大旨，荒其本原，弗顧也。漢儒之附會每若此，蓋國語、左傳之流風也。漢儒如馬遷律書，卻的當精確，無一字可議，蓋所傳者正也。

記謂：「鼓無當於五聲。如大鐘，亦無當於五聲。柷敔亦然。」鼗鼓雖一字一聲，然不分清濁，八十四聲一律耳。亦和樂、節樂之器也。若謂琴瑟隨歌聲而右轉八音，並奏琴瑟，捋又左乎？學者審思「樂何爲而作也」，則知歌之意矣。今時俗有清唱而無管弦者，乃喪與其易也寧戚之意。

漢儒承秦火之後，雖多附會，然非漢儒，則後世何所因而追考其正古樂？雖曰有未當處，然因而正之，皆其功也。然則漢儒有功於六經者，亦百世之師也。樂主其盈，簡短寂寥，何以感動乎人？況於神於鬼於不乎？曰「萬舞」，曰「洋洋」，皆言其盛也。記曰：「聲相應故生變。」如宮生徵，徵與宮應爲一變，此一小變也。黃鐘一均既備，生大呂爲一變，此一大變也，皆可以成。樂韶九成，一大變也，九變，一小變也，八變、六變，亦小變。

記曰：「感於物而動，故形於聲；聲相應，故生變。變成方，謂之『音』。比音而樂之，及干戚羽毛，謂之『樂』。」此數言，樂之始末，盡之矣，以此知清奏非全樂也。歌與八音，不可相離也。

書亦曰：「詩言志，歌永言。聲依永，律和聲，八音克諧，無相奪倫。」樂本起於詩，詩本生於心，而心本感於物。苟八音無詩，八音何用哉？其清奏但不歌耳。調，則歌調也。如今時曲所謂清彈，所彈或水仙子，或折桂令，但不唱耳。如海清之曲，雖無字，調亦具焉。如琴曲、梅花等曲，雖無字，調亦具，後人亦有譜之字者矣。

樂書以四合、三合、二合，謂人二、地三、天四，而爲祀天、祭地、享人鬼之說，尤爲無謂。

周樂起羽，南呂倡而姑洗和，應鐘倡而蕤賓和。陰短陽長，陰返倡而陽反和，短者倡而長者和，淩犯甚矣。及至大呂，則倡長和短卻又不倫，而倡者，長者又陰也。周公作樂，何扶陰抑陽若此！

齊景公徵招角招

春秋之時，惟齊有韶樂。故夫子聞韶於齊，景公奏徵韶、角韶。

徵韶　若十二聲，回宮別取全半。

一奏　林全　太半　南全　姑半　應全　蕤半　大全

二奏　夷全　夾半　無全　仲半　黃變半　林半　太全

三奏　南全　姑半　應全　蕤半　大半　夷半　夾全

四奏　無全　仲半　黃半　林半　太半　南半　姑全

五奏　應全蕤半大半夷半夾半無半仲全

六奏　黃全林全太全南全姑全應全蕤全

七奏　大全夷全夾全無全仲全黃半林全

八奏　太全南全姑全應全蕤全大半夷全

九奏　夾全無全仲全黃半林全太半南全

十奏　姑全應全蕤全大半夷全夾半無全

十一奏　仲全黃半林全太半南全姑半應全

十二奏　蕤全大半夷全夾半無全仲半黃半

一歌　夷全夾半無全仲半黃變半林半太半

二歌　南全姑半應全蕤半大半夷半夾半

三歌　無全仲半黃變半林半太半南半姑半

四歌　應全蕤半大半夷半夾半無半仲半

五歌　黃變全林全太全南全姑全應全蕤全

六歌　大全夷全夾全無全仲全黃變半林全

七歌　太全南全姑全應全蕤全大半夷全

八歌　夾全無全仲全黃變半林全太半南全

九歌　姑全應全蕤全大半夷全夾半無全

十歌　仲全黃變半林全太半南全姑半應全

十一歌　蕤全大半夷全夾半無全仲半黃變半

十二歌　林全太半南全姑半應全蕤半大半

角招

一奏　姑全應全蕤全大半夷全夾半無全

二奏　仲全黃半林全太半南全姑半應全

三奏　蕤全大半夷全夾半無全仲半黃變全

四奏　林全太半南全姑半應全蕤半大全

五奏　夷全夾半無全仲半黃半林半太全

六奏　南全姑半應全蕤半大半夷半夾全

七奏　無全仲半黃半林半太半南半姑全

八奏　應全蕤半大半夷半夾半無半仲全

九奏　黃全林全太全南全姑全應全蕤全

十奏　大全夷全夾全無全仲全黃半林全

十一奏　太全南全姑全應全蕤全大半夷全

十二奏　夾全無全仲全黃半林全太半南全

一歌　仲全黃變半林全太半南全姑半應全

二歌　蕤全大半夷全夾半無全仲半黃變半

三歌　林全太半南全姑半應全蕤半大半

四歌　夷全夾半無全仲半黄變半林半太半
五歌　南全姑半應全蕤半大半夷半夾半
六歌　無全仲半黄變半林半太半南半姑半
七歌　應全蕤半大半夷半夾半無半仲半
八歌　黄變全林全太全南全姑全無全蕤全
九歌　大全夷全夾全無全仲全黄變半林全
十歌　太全南全姑全應全蕤全大半夷全
十一歌　夾全無全仲全黄變半林全太半南全
十二歌　姑全應全蕤全大半夷全夾半無全

苑洛志樂卷八

苑洛志樂　卷九

明韓邦奇撰

余既取樂之切要者，考證删定，著之於篇，乃復多取古今，製作論議，或分列於各款之末，或統載於簡編之後，無所決擇者，蓋學樂者貴識樂之情而能權，苟能識樂之情而得其權，則伸縮去取，裁度删定，皆有卓見。古不能以制我，今不能以淆我，而樂可沛然矣。然情豈易識，權豈易得哉？學者但能從事於多聞多見之際，彼雖是非之不同，得失之有異，然皆足以啓發乎吾心，優而遊之，厭而飫之，則樂之情可識而權度在我，隨器應之，而無惑矣。此余所以於古今諸家之旨，詳書而博録之也。苑洛韓邦奇書

古經文，一字不妄下。如「鼓瑟吹笙」，不是説「又鼓瑟，又吹笙也」。蓋鼓瑟必吹笙，瑟聲不可自和，必以笙和之。瑟之一音，古今浩歎，以爲難和，而不知和之以笙也。如「如塤如篪」，古人至比之兄弟之相和。夫他音豈皆不和，而獨以「塤、篪」言者，他音一音各爲一節，獨「塤」「篪」二音同爲一節，蓋同氣也。如「鼖鼓維鏞」，「鼖」，大鼓也；「鏞」，大鐘也。鼖起宫，鏞收宫，不可相離也。如「吹笙鼓簧」，他竹音皆按其孔則無聲，放其孔則有聲，惟笙放其孔則無聲，按其孔則有聲。故謂之「鼓」，蓋「吹笙」必「鼓簧」也。

金

考工記曰：「六分其金，而錫居一，謂之鐘鼎之齊。」又曰：「桌氏爲量，改煎金錫則不耗。不耗然後權之，權之然後準之，準之然後量之。」「凡鑄金之狀，金與錫，黑濁之氣竭，黄白次之；黄白之氣竭，青白次之；青白之氣竭，青氣次之，

然後可鑄也。」

陳氏樂書曰：「金生於土而別於土，其卦則兌，其方則西，其時則秋，其風閶闔，其聲尚羽，其音則鏗。立秋之氣，先王作樂用之，以爲金奏焉。」

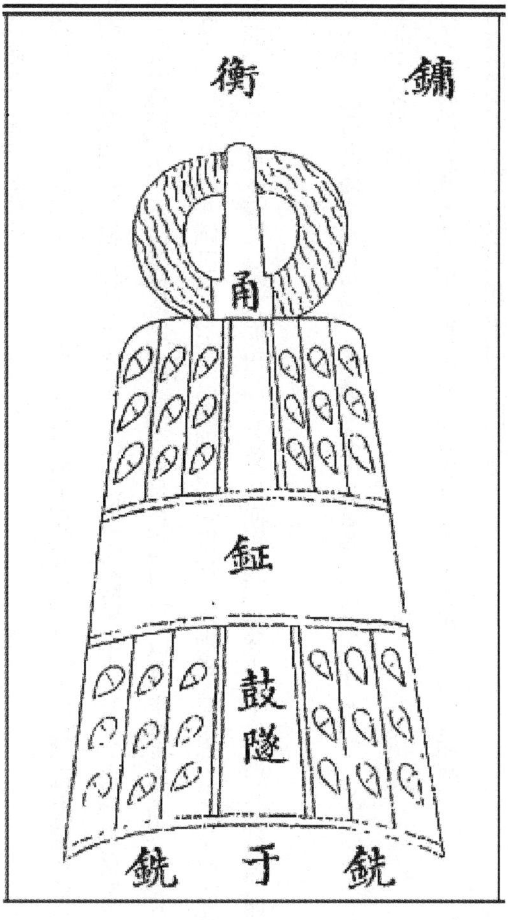

鏞鐘，即大鐘也。宣收一宮，與鼗鼓相應者。

長四尺五寸，銑間闊二尺八寸一分二釐五毫。以四尺五寸十六分之，每分二寸八分一釐二毫五絲，寸之所得者，三尺二寸；分之所得者，一尺二寸八分；釐之所得者，一分六釐；毫之所得者，三釐二毫；絲之所得者，八毫。銑徑以十六分，取十分，闊二尺八寸一分二釐五毫，以爲銑徑。銑，鐘口之角也。去二分，取八分，以爲鉦徑。又去二分，取六分，以爲舞徑。鼓中爲圜月，爲隧。受擊處也。周官：「鐘師掌金奏，鎛師掌金奏之，鼓鼓人掌四金之聲音。」此以金與鼓交言之，可見金與鼓相應，有金必有鼓，皆節樂之器也。

單穆公曰：「先王之制鐘也，大不出鈞，重不過石。」律度量衡於是乎生，則樂器待律然後制，而律度又待鐘然後生，則鐘又音之重者。故古人謂之「鐘律之學」。

考工記鳧氏爲鐘，兩欒謂之銑，銑間謂之于，于上謂之鼓，鼓上謂之鉦，鉦上謂之舞，舞上謂之甬，甬上謂之衡。鐘懸謂之旋，旋蟲謂之幹，鐘帶謂之篆，篆間謂之枚，枚間謂之景，于上之攠謂之隧。十分其銑，去二以爲鉦。以其鉦謂之銑間，去二分以爲鼓間，以其鼓間謂之舞修，去二分以爲舞廣，以其鉦之長爲之甬長，以其甬長爲之圍。參分其圍，去一以爲衡圍。參分其甬長，二在上，一在下，以設其旋。鐘已厚則石，已薄則播，侈則柞，弇則鬱，長甬則振，是故大鐘十分其鼓間，以其一爲之厚；小鐘十分其鉦間，以其一爲之厚。鐘大而短，則其聲疾而短聞；鐘小而長，則其聲舒而遠聞。爲隧，六分其厚，以其一爲之，深而圜之。

鐘已厚則石大厚則聲不發，已薄則播太薄則聲散。侈廣也則柞柞讀爲咋，咋然之咋，聲大外也。，弇收小其口則鬱聲不舒揚，長甬則震鐘掉則聲不正。銑鐘角也于鐘唇也。。

唐史：商孫盈按鳧氏欒於鼓鉦舞之法，用演算法乘除，定鐘之輕重大小厚薄，音與磬協。

詩云「鼖鼓維鏞」，蓋鼖以起宮，鏞以收宮，相須而不可離。

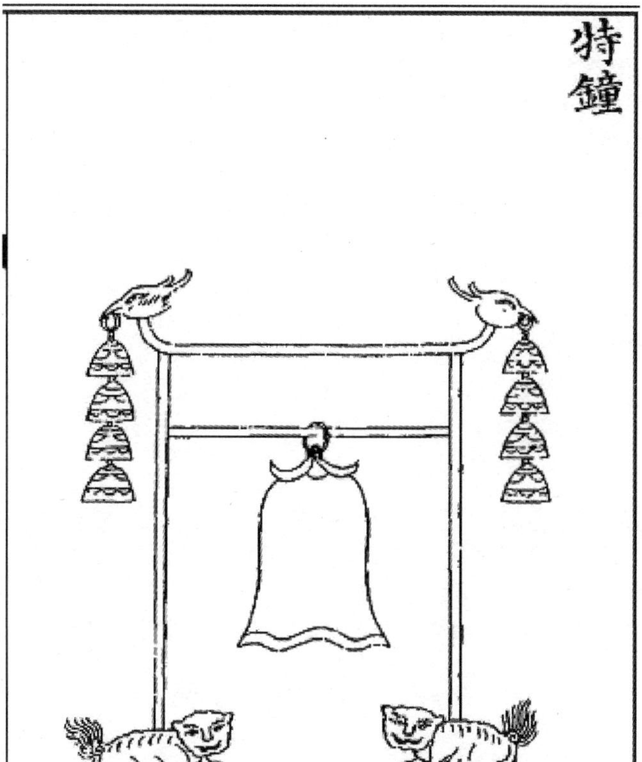

特鐘

此乃周之特鐘，以其獨懸，而已與特磬相應者。

三倍本律，長三尺六寸，宣收一節。所謂金聲玉振、金春玉應是也。長三尺六寸，取二尺二寸五分爲銑徑，餘如鏞鐘之制遞減。

呂氏春秋曰：「黄帝命伶倫鑄十二鐘，和五音。」傳曰：「黄帝命伶倫與營援，作十二鐘。」十二辰之鐘，以應十二月

之律。十二辰之鐘，特鐘也。單穆公

宋李宗諤領太常，總考十二鎛鐘。

李宗諤曰：「金部之中，鎛鐘爲難。如一聲不及，則宫商失序。使十二鎛工皆精習，則遲速有倫，隨月用律，諸曲無不通矣。」又曰：「後周嘗以十二鎛相生擊之，音韻克諧。」

馮元曰：「原其四清之意，蓋爲夷則至應鐘四宫而設也。」

此與編磬相應者，十二其長，二倍本律。

半聲十二，共二十四。一聲、一舞、一擊。長二尺七寸，銑徑一尺六寸八分七釐強，餘如鏞鐘遞減。周之編鐘、歌鐘，至隋猶有存者。編鐘止有六，大小隨其律，比歌鐘微大。歌鐘止有九，大小亦隨其律，比編鐘微小。製造極其工巧，今皆亡矣，止有圖存，此可爲諸家論鐘制者之証。中古以來，編鐘十二，歌鐘十二，其大皆如黄鐘，不分大小，惟以厚薄爲清濁耳。黄鐘極薄，用銅極少；應鐘極厚，用銅極多。

范鎮曰：「編鐘皆從其律之長，故鐘口十者，其長六，以爲鐘之身。」鉦者，正也。居鐘之中，上下皆八，下去二以爲之鼓，上去二以爲之舞，則鉦居四而鼓與舞皆六。

古者編鐘，大小異制，有倍十二律而爲二十四者，大架所用也；有合十二律四清而爲十六者，中架所用也；有倍七音而爲十四者，小架所用也。昔宋沇爲太常丞，嘗待漏光宅寺，聞塔上風鐸聲，傾聽久之。因登塔，歷孔中得一鐸，往往無風自搖，洋洋乎有聞矣。摘而取之，果姑洗編鐘也。又嘗道：「逢度支運乘，其間一鈴，亦編鐘也。及配懸音，皆合其度。豈亦識徵在金奏者乎！」

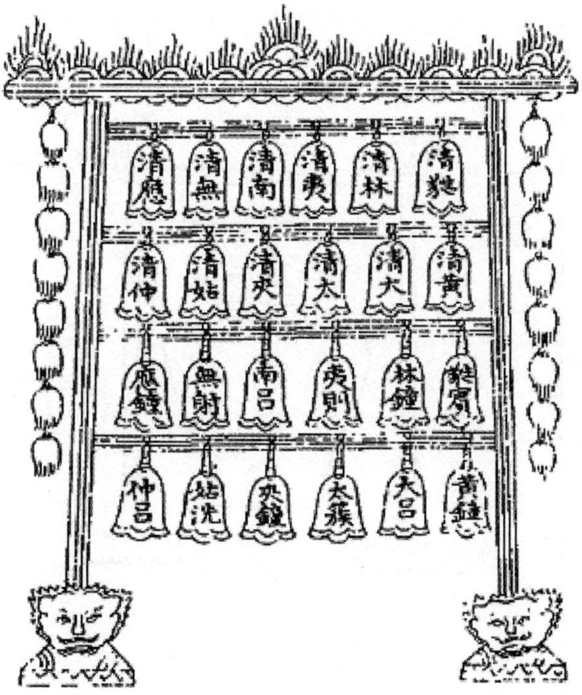

此與歌磬相應者。

正聲十二，半聲十二，各於本律加一倍。長一尺八寸，取一尺五寸二分五毫有奇，以爲銑徑，餘如鏞鐘遞減。

博古圖曰：「鐘如律之長而倍惟半，此爲中制。」又曰：「枚長一寸二分。黃鐘重十四斤五兩。」又曰：「枚用以節樂之餘聲。」蓋聲無節則鍠鍠成韻，而隆殺雜亂故也。

歌鐘

古今論鐘者或云「止用十二」，或云「十六」，或云「二十四」，數之多少，皆不必論，但聲能和應，君臣民不相淩犯，則是非定矣。今以無射爲宫，則黃鐘爲商，太蔟爲角，仲呂爲徵，林鐘爲羽，則宫小而商、角大，是以臣民而淩其君，宫徵不應應和。商羽雖應，然非無射之商羽也，觀此則鐘數可定矣。

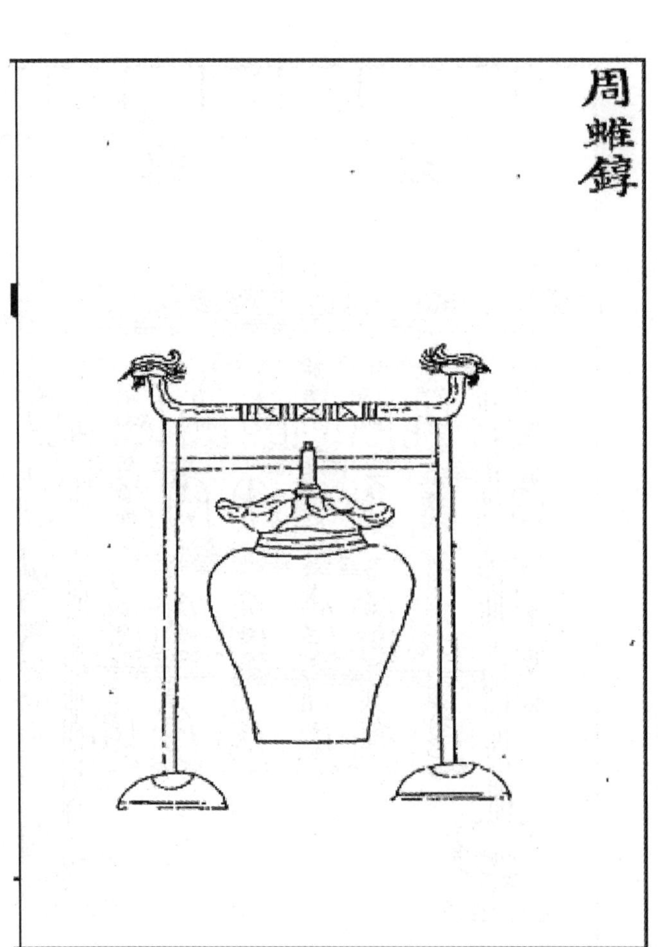

高一尺三寸五分，上徑長一尺一寸，闊八寸五分；下口徑長八寸三分，闊六寸八分；鈕雌高三寸一分，闊一寸六分。重二十一斤。以雌爲鈕，雌用鼻禦雨，智獸也。周官司服「宗彝」謂「虎雌」，蓋以節之於宗廟彝器之間，以爲法焉。錞之爲用，其鳴必以時，智者之道也。周禮「小師以金錞和鼓」，此也。

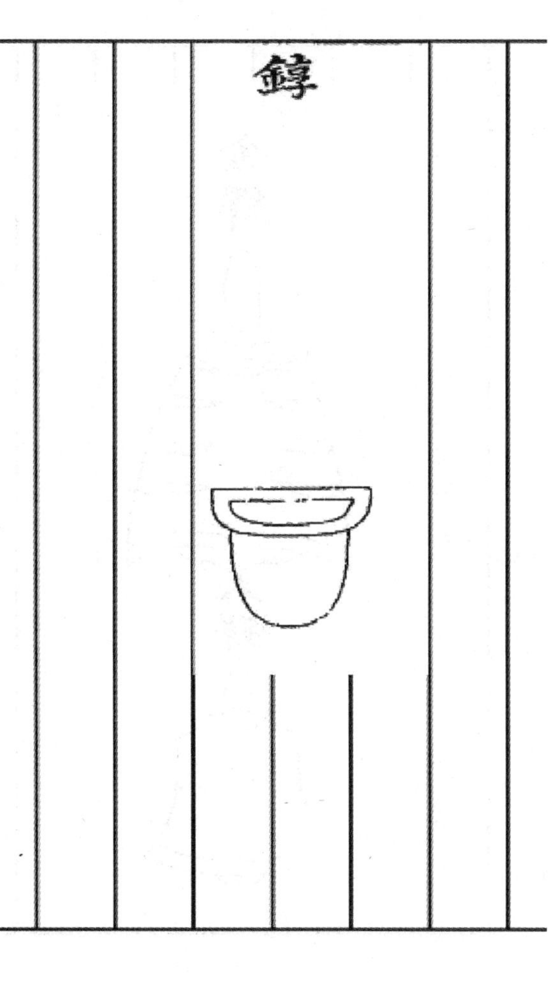

即今俗所謂「磬」也。以帛爲帶子，實以糠，而環之以承磬，置之几上，以木爲槌，以錦囊冒之，囊外爲鱗甲，收其聲，柔以和鼓聲。

鄭氏云：「錞，錞于也。圓如碓頭，大上小下。高一尺三寸，上徑長九寸五分，闊八寸；下口長徑五寸八分，闊五五寸，重三十五斤。」

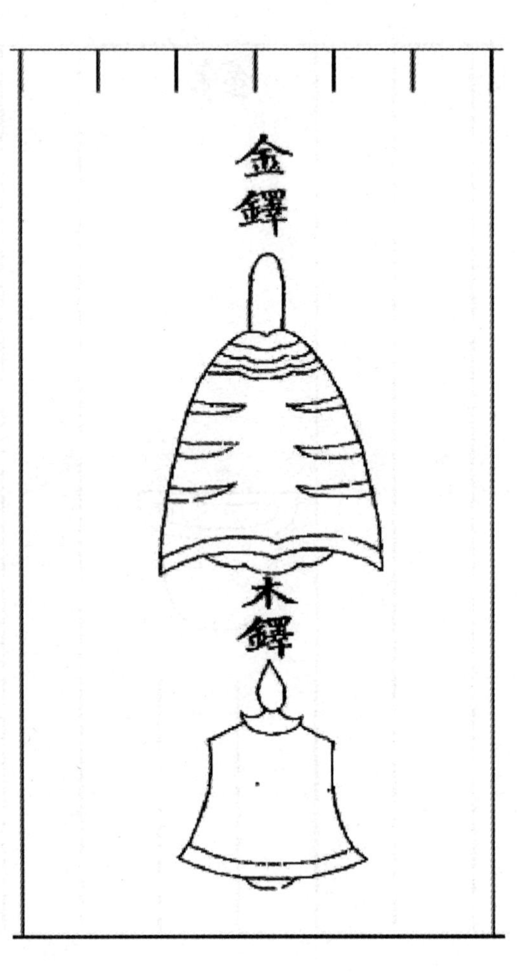

周禮：「鼓人掌教六鼓四金之音聲，以節聲樂。」「鉦」即「鐃」「鐸」「鐲」也。四金者，設四金也。金口、金舌曰「金鉦」，武舞用之。今軍中軍隨鼓進，既退軍，即振鉦以肅靜，人無譁者。樂以象武功，奏則象行軍，故舞畢即鳴鉦。金口、木舌曰「木鉦」，文舞畢用。

周禮：「鼓人以金鐸通鼓。兩司馬執鐸，三鼓摝鐸振樂。」記曰：「夾振之，而駟伐盛威於中國也。」司馬法曰：「鐸聲不過琅。」釋名曰：「鐸，度號令之限度也。」則鐸，大鐸也，舞者振之，警衆以爲節。

石

陳氏樂書曰：「石之爲物，堅實而不動，其卦則乾，其時則秋冬之交，其方則西北之維，其風不周，其聲尚角，其音則辨立冬之氣也。」先王作樂擊之，以爲磬之屬焉。蓋金石之樂，其聲未嘗不相應。莊子曰：「金石有聲，不考不鳴。」國語曰：「金石以動之。」唐李嗣真以車鐸而得徵音之石，則其相應可知。三代之樂既壞於秦漢，漢至成帝尚未有金石之樂。及晉武破苻堅之後，而四廂金石始備焉。後世復以泗濱石，其聲下而不和，而以華原所出者易之。信乎審一以定和，難哉！

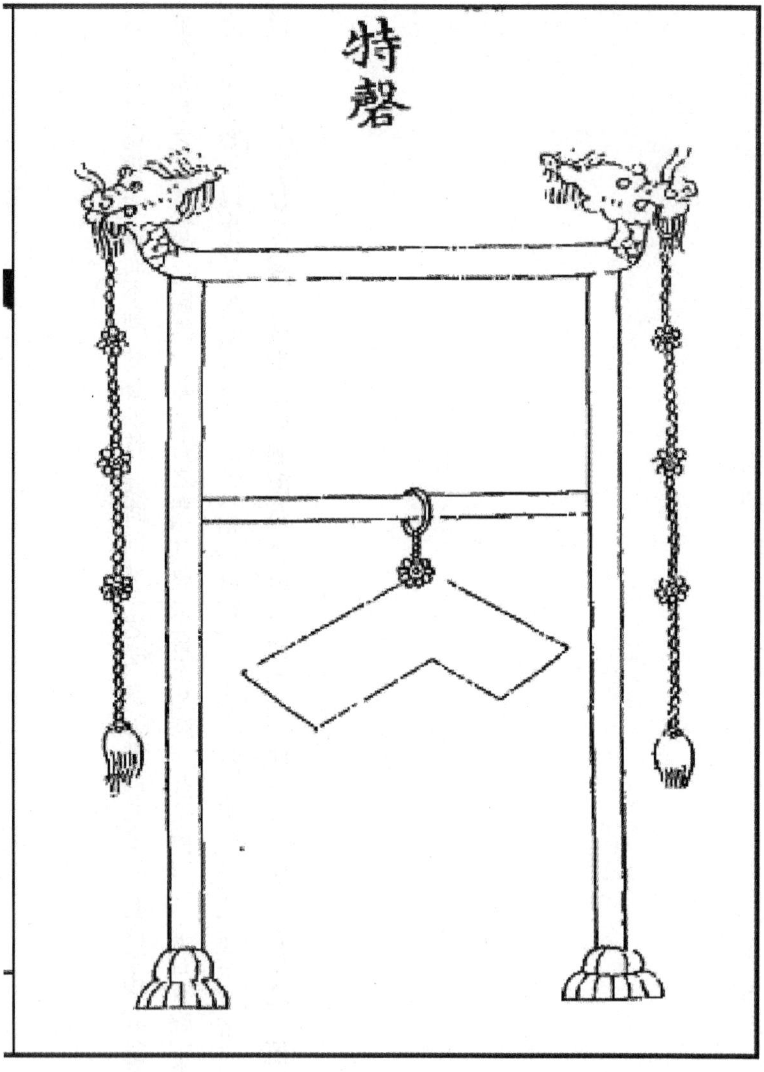

特磬則三倍黄鐘而爲之。鼓二尺二寸五分，股一尺八寸，博厚如法遞加。

特磬

編磬二倍黃鐘，鼓一尺八寸，股一尺三寸五分，廣如法遞加。

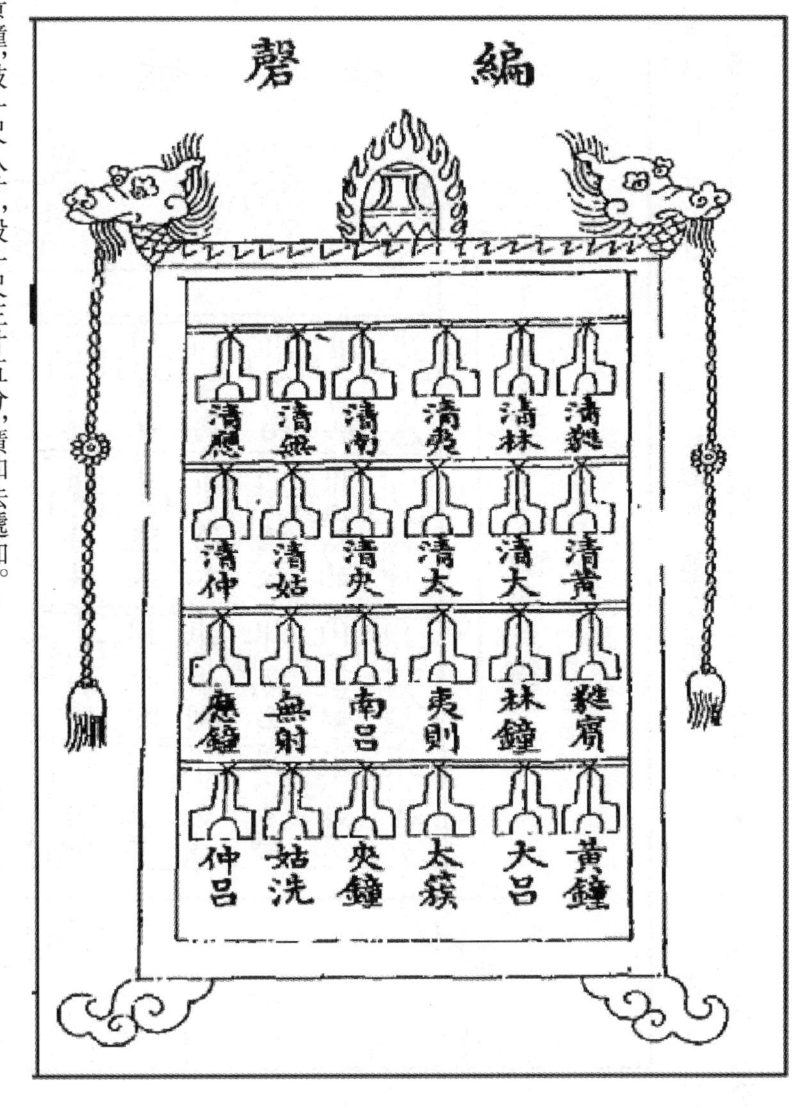

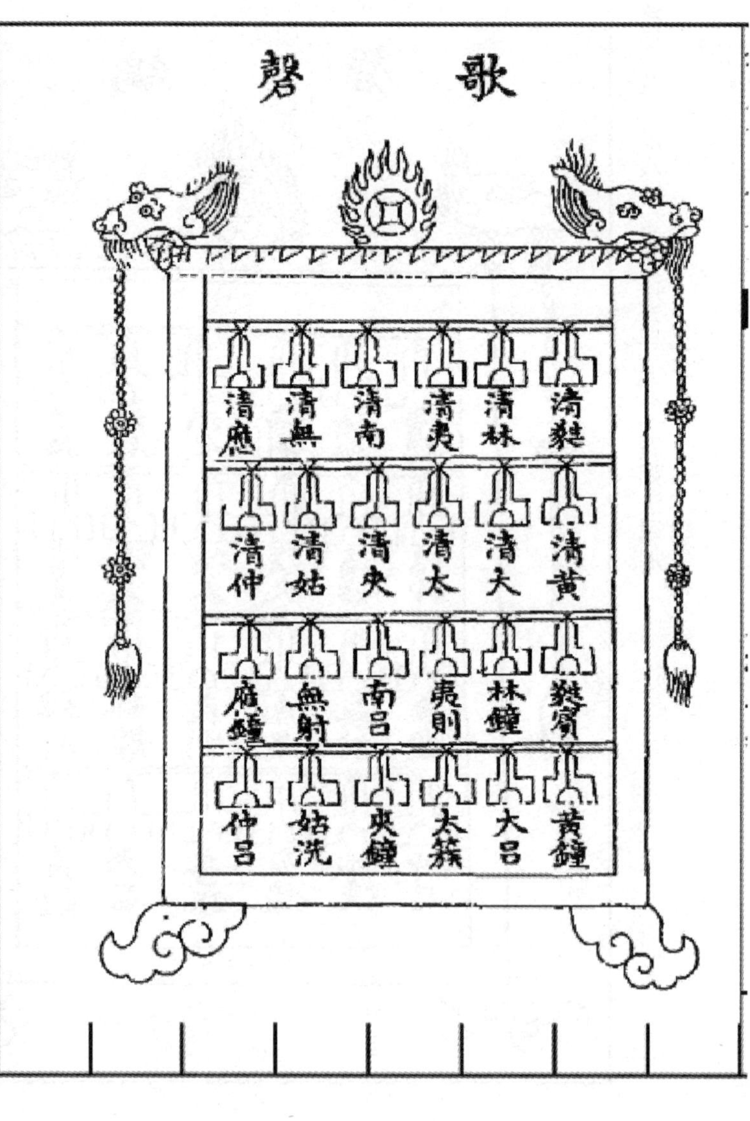

歌磬一倍黃鐘，鼓一尺三寸五分，股九寸，廣如法遞加。通典磬世本云：「叔所造，不知何代人。」又曰：「無句作磬。」周禮冬官：「磬氏爲磬，倨句一矩有半，其博爲一，股爲二，鼓爲三。參分其股博，去一以爲鼓博。參分其鼓博，以其一爲之厚。已上則摩其旁，已下則摩其耑。」

「博廣也。」鄭司農云：「磬聲太上則摩鑢其旁，『玄』謂『太上』，聲清也，薄而廣則濁。『太下』，聲濁也，短而厚則清。」

股磬之短句也，九寸。鼓磬之長句也，一尺三寸五分。以一尺三寸五分三分之，廣得其一，四寸五分；股得其二，九寸。鼓則得其三，爲一尺三寸五分。長句之中爲鼓，圜徑三寸，受擊處也。周磬有三圜至九圜者，鼓在長句內，故以長句爲鼓。鼓地廣仍四寸五分，鼓圜則三寸，他說俱未明。李冲曰：「編磬大架所用二十四枚，應十二律，倍聲。」范鎮曰：「編磬皆以周官磬氏爲法，若黄鐘股之博四寸五分，股九寸，鼓一尺三寸五分。鼓之博三寸，而其厚一寸，其弦一尺三寸五分。十二磬各以其律而三分損益之。」

陳氏樂書曰：「叔之離磬則專簴之特磬，非十二器之編磬也。磬大則特縣，小則編縣，古有大架，二十四枚同一簨簴，通十二律正倍之聲，亦庶乎古也。」

倍還加本磬一倍，與鐘相合。

十二磬各以其律，而三分損益之。

絲　附木

陳氏樂書曰：「絲飾物而成聲，其卦則離，其方則南，其時則夏，其聲尚宫，其律蕤賓，其風景，其音哀，夏至之氣也。先王作樂，弦之以爲琴瑟之屬焉。蓋琴瑟之樂，君子所常御，其大小雖不同，而其聲應一也。故均列之堂上焉。」

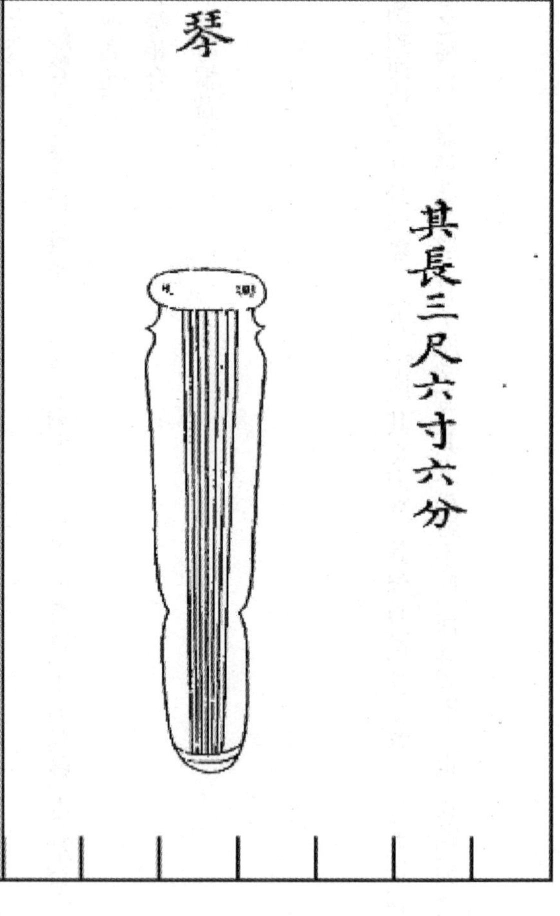

通典琴世本云：「神農所造琴操曰『扶來』，伏羲作琴所以修身理性，反其天真也。」白虎通曰：「琴，禁也。禁止於邪，以正人心也。」琴弦制：大琴宮弦二百四十綸三蠒一絲，以十二絲爲一綸，過此則粗，不及則細。商弦二百有六，角弦一百七十有二，徵與商同，羽與角同。文一百三十有八，武一百有四，自宮至羽，皆次第降。三十四綸，宮、商、角，三弦纏過一法；徵弦亦纏，用文弦爲胎纏弦法大弦用七綸。

樂書曰：「古者造琴之法，削以嶧陽之桐，成以檿桑之絲，徽以麗水之金，軫以崑山之玉，雖成器在人，而音含太古矣。」蓋其制，長三尺六寸六分，象期之日也；廣六寸，象六合也。弦有五，象五行也；腰廣四寸，象四時也；前廣後狹，象尊卑也；上圓下方，象天地也；暉十有三，象十二律也；餘一，以象閏也。

古樂大琴用二十弦則一徽，盡十二律也。

朱子曰：「古人以吹管聲傳於琴上，如吹管起黃鐘，則以琴之黃鐘聲合之，聲合無差。然後以次徧合諸聲，則五聲皆正。」唐人紀琴先以管色合字定宮弦，乃以宮弦下生徵，徵上生商，上下相生，終於少商。下生者隔二弦、上生者隔一弦取之，凡絲聲皆當如此。今人苟簡，不復以管定聲，其高下出於臨時，非古法也。調弦之法，散聲四暉，隔四而得二聲，中暉亦如之，而得四聲。八暉隔三而得六聲，九暉按上者隔二而得四聲，按下有隔一而得三聲，十暉按上者隔一而得五聲，按下者隔二而得四聲。每疑七弦隔一調之六，皆應於第十暉，而第三弦獨於第十一暉調之乃應，及思而得之七弦，散聲爲五聲之正，而大弦十二律之位，又衆弦散聲之所取正也。故逐弦之五聲，皆自東而西，相爲次第。其六弦會於十暉，則一與三者，角與散角應也；二與四者，徵與散徵應也；四與六者，宮與散少宮應也；五與七者，商與散少商應也。其第三、第五弦會於十一暉，則羽與散羽應也。義各有當，初不相須，故不同會於一暉也。

明堂位曰：「大琴、大瑟、中琴、小瑟，四代之樂器也。」古之人作樂，聲音相保而爲和，細大不踰而爲平，故用大琴，必以大瑟配之；用中琴，必以小瑟配之。然後大者不陵，細者不抑，五聲和矣。

宋中興樂志論曰：「八音之中，金、石、竹、匏、土、木六者，皆有一定之聲。革爲燥濕所薄，絲有弦柱，緩急不齊。故二者其聲難定。」

十二弦琴，宋朝嘗爲十二弦琴，應十有二律，倍應之聲，靡不悉備。蓋亦不失先王制作之實也。樂器惟琴則古今皆尚之，君子類能撫，其譜獨詳，故不備録。

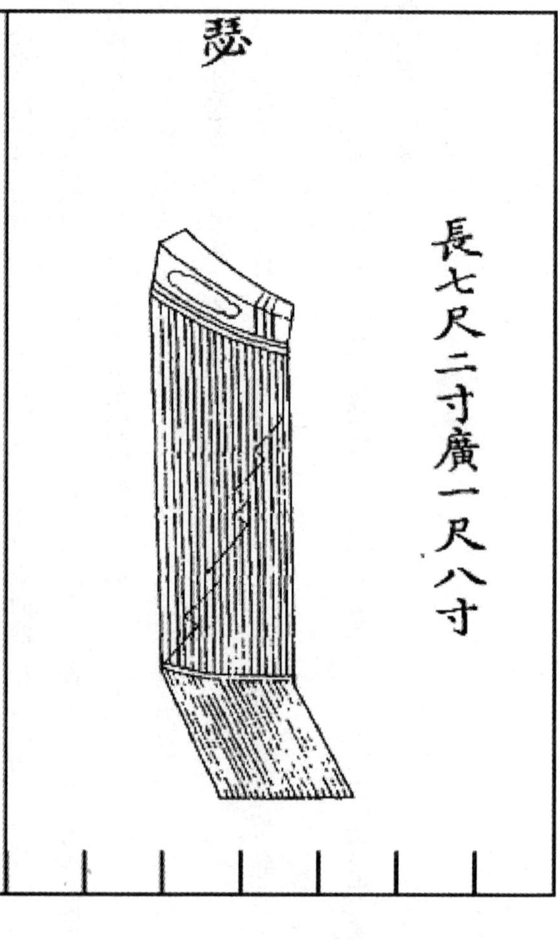

弦二十七，長七尺二寸，廣一尺八寸。岳崇寸有八分，中施九梁，皆象黄鐘之數。梁下相連，使其聲沖融。首尾之下爲兩穴，使其聲條達。是傳所謂「大瑟達越」也。四隅刻雲，以緣其武象其出於雲；和漆其壁，與首尾腹取桐梓漆之。全設二十五弦，弦一柱崇二寸七分，别以五色，五五相次，蒼爲上，朱次之，黄次之，素與黝又次之。使肄習者便於擇弦，弦八十一絲而朱之，是謂「朱弦」。九梁貼腹内。

調瑟之法：後魏陳仲儒云：「中弦如琴之宫弦，亦須用軫。如琴以軫調聲，令與黄鐘一管相合，然後合黄鐘。宫弦既定，其餘十一弦則以相生之法，定徵、商、羽、角二變。」愚謂：「上十三弦既定，則下十三弦以應和爲節，瑟弦若止用二十五，至應鐘爲宮，則商、羽、角無措，非以惑於二少也。一弦爲宮，則三弦始爲商，二十五弦亦不足用。

瑟弦與琴弦不同。琴以暉爲十二律，弦爲七聲。每一聲中具十二律，故弦止用七，足矣。瑟弦每一弦止爲一律，與鐘磬等。然鐘磬猶錯而用之，瑟以隔十二，往而不返，必須二十七弦方足。羽聲若角，則上生矣，其變宮、變徵，則以左手抑馬後羽角而用之。然則二十七弦固無預於二變也。二均之聲，以清中相應，雙彈之第一弦，黃鐘中聲第十四弦，黃鐘清應。其按習也，令左右手互應，清正聲相和，亦依鐘律，聲數合奏，其制可謂近古矣。誠本五音互應，而去四清，先王之制也。二均二節聲於瑟聲，十二清聲，十二極清。一弦象琴第一暉，大抵於瑟半身設柱子，右手彈中聲十二，左手彈清聲十二，其律並同。第二弦大呂中第十五弦大呂清，第三弦太蔟中第十六弦太蔟清，第四弦夾鐘中第十七弦夾鐘清，第五弦姑洗中第十八弦姑洗清，第六弦仲呂中第十九弦仲呂清，第七弦蕤賓中第二十弦蕤賓清，第八弦林鐘中第二十一弦林鐘清，第九弦夷則中第二十二弦夷則清，第十弦南呂中第二十三弦南呂清，第十一弦無射中第二十四弦無射清，第十二弦應鐘中第二十五弦應鐘清。

古人論者，多以二十五弦爲中，制則當如陳仲儒，用五調調琴之法定四聲。自隔一至隔五多不過，隔六則二十五弦足矣。然未有所驗，未知能應否？

五調調音之法：十三暉隔五取二聲；十暉隔一取十聲，中惟三、五在十一暉、九暉，隔二取八聲；八暉隔三取六聲；七暉隔四取四聲；一暉隔五取二聲；四暉半隔四取六聲；五暉隔二取八聲；六暉半隔一取十聲；七暉隔四取四聲。

琴家有調弦宮、商、角、徵、羽五調，初教學者撫琴，先以五調調弦之法授之。

大瑟五十弦，中瑟二十七弦，小瑟十三弦。中瑟以十二弦應，小瑟以六弦應。瑟最難和，以笙和之，樂家鮮及之。《詩》曰：「鼓瑟吹笙」，言鼓瑟必吹笙。

鐘

國語：「周景王將鑄無射，而爲之大林。作無射鐘，爲大以覆之，其律中林鐘也。或云：「鑄無射以林鐘之數益之也。」單穆公曰：『不可。夫鐘，不過以動聲。動聲謂合樂以全奏，而八音從之也。若無射有林，耳弗及矣。若無射復有大林以覆之，無射，陽聲之細者也。林鐘，音之大者也，細抑大陵，故耳不能聽及也。夫鐘聲，以爲耳也，耳所不及，非鐘也，非法鐘之聲也。猶目所不見，不可以爲目也。若目之精明所不見，見亦不可施以目也。耳目所不能及而強之，則有眩惑之失，以生惑也。夫目之察度也，不過步武尺寸之間，六尺爲步。賈云：「半步爲武。」其察色也，不過墨丈尋常之間。五尺爲墨，倍墨爲丈，八尺爲尋，倍尋爲常。耳之察和也，在清濁之間。清濁，律中之變。黃鐘爲宮則濁，大呂爲角則清也。其察清濁也，不過一人所勝。勝，舉也。是故先王之制鐘也，大不出均，重不過石，鈞，所以鈞音之法也。以木長六尺者強擊之，爲鈞法。百二十斤爲石。律度量衡於是乎生，律，五聲陰陽之法也。度，丈尺也。量，斗斛也。衡，有斤兩之數，生於黃鐘之管，容秬黍千二百粒，粒百爲銖，是爲一龠。龠二爲合，合重一兩，故曰「律度量衡於是乎生也」。小大器用於是乎出，出於鐘也。易云「制器者尚其象」，小謂錙銖分寸，大謂斤兩丈尺。故聖人慎之。今王作鐘也，聽之弗及，耳不及知其清濁也。比之不度，不度，不中鈞石之數也。鐘聲不可以知和，耳不能聽，故不可以知和也。制度不可以出節，節謂法度量衡之節也。無益於樂而鮮民財，將焉用之？夫樂，不過以聽耳，而美不過以觀目，若聽樂而震，觀美而眩，患莫甚焉。』問於伶州鳩。對曰：『臣聞之：琴瑟尚宮，輕者從大，重者從細，故琴瑟尚宮。鐘尚羽，鐘聲大，故尚羽。石尚角，石，磬也。輕於鐘，故尚角。角，清濁之中也。匏竹利制，匏，笙也。竹，簫管也。利制，以聲音調利爲制，無所尚也。大不踰宮，細不過羽。夫宮，音之主也，第以及羽。宮聲大，故爲主。第，次第也。聖人保樂而愛財，財以備器，樂以殖財，保，安也。備，具也。殖，長也。古者以樂省土風而紀農事，故曰「樂以殖財」。故樂器重者從細，重，謂金石也。從細，尚細聲也，謂鐘尚羽，石尚角也。輕者從大，輕，瓦絲也。從大謂尚宮也。是以金尚羽，石尚角，瓦絲尚宮，匏竹尚議，議，從其調利也。革木一聲。革，鼗鼓也。木，柷敔也。一聲，無清濁之變也。夫政象樂，樂從和，和從平，和，八音克諧也。平，細大不踰也。故可以平民。樂和則諧，政和則平也。聲以和樂，律以平聲。聲，五聲也，以成八音而調樂也。賈侍中云：「黃鐘爲宮，林鐘爲徵，太蔟爲商，南呂爲羽，姑洗爲角，所以平五聲也。」金石以動之，鐘磬所以動五聲也。絲竹以行之，弦管所以行之也。詩以道之，道己志也。書曰：「詩言志。」歌以詠之，詠詩也。書曰：「聲依永。」匏以宣之，宣，發揚。瓦以贊之，贊，助也。革木以節之。物得其常曰「樂極」，物，事也。極，中也。極之所集曰聲，集，會也。言中和之所會集，曰五聲也。聲應相保曰和，保，安也。細大不踰曰平。細大之聲不相踰越曰「平」。今無射有大林，是不平也。如是而鑄之金，鑄金以爲鐘也。磨之以石，磨石以爲磬也。繫之絲木，絲木以爲琴瑟也。越之匏竹，越匏竹以爲笙管也，越謂爲孔也。樂記曰：「朱弦而疏越。」節之鼓節其長短大小也。而行之，以遂八風。遂，順也。傳曰「所以節八音而行八風」也。正西曰兑，爲金，爲閶闔風。西北曰乾，爲石，爲不周。正北曰坎，爲革，爲廣莫。東北曰艮，爲匏，爲融風。正東曰震，爲竹，爲明庶。東南曰巽，爲木，爲清明。正南曰離，爲絲，爲景風。西南曰坤，爲瓦，爲涼風。於是乎氣無滯陰，亦無散陽，滯，積也。積陰而發，則夏有霜雹。散陽，陽不藏，冬無冰李梅實之類也。陰陽序次，風雨時至，嘉生繁祉，人民和利，物備而樂成，上下不罷，音皮，勞也。故曰「樂正」。今細過其主妨於正，細謂無射也。主，正也。言無射有大林，是作細而大過其律，妨於正聲也。用物過度妨於財，過度，用金多也。正害財匱妨於樂，樂從和，今正害財匱，故妨於樂也。細抑大陵不容於耳，非和也，「細」，無射。「大」，大林也。言大聲陵之，細聲抑而不聞，不容於耳，耳不能容別也。聽聲越遠，非平也。越，迂也。言無射之聲，爲大林所陵，聽之微細迂遠，非平也。妨正匱財，聲不和平，非宗官之所司也。宗官，宗伯，樂宮屬也。夫有和平之聲，則有蕃殖之財，樂以殖財也。於是乎道之以中德，詠之以中音，中德，中庸之德聲也。中音，中和之音也。德音不愆，以合神人，合神人，謂祭祀饗宴也。神是以寧，民是以聽。若夫匱財用，罷民力，以逞淫心，聽之不和，比之不度，無益於教，而離民怒神，非臣之所聞也。王不聽。』」州鳩曰：「王其以心疾死乎？」夫樂，天子之職也；夫音，樂之輿也；樂因音而行。而鐘，音之器也。音由器以發。天子省風以作樂，器以鍾之，鍾，聚也。輿以行之，樂須音而行。小者不窕，他刀反。窕，不滿也。大者不摦，音戶。摦謂横大不入也。窕則不咸，不完備人心也。摦則不容，心不堪容也。心是以感，感實生疾，今鐘□矣，王心不堪其能久乎！

陳氏禮書曰：「典同凡爲樂器，以十有二律爲之度數。」單穆公曰：「先王之制鐘也，大不出鈞，重不過石，律度量衡於是乎生。」則樂器待律然後制，而律度又待鐘然後生。故有十二辰之鐘，以應十二月之律。十二辰之鐘，大鐘也。大鐘特縣，詩、書、爾雅所謂「鏞」是也，非十二辰之鐘則編焉。周禮所謂「編鐘」是也。鐘體之別五：銑、于、鼓、鉦、舞是也。鐘磬之二甬，衡是也。衡上有旋，旋飾有蟲，介於干、鼓、舞之間。有帶布，於帶間有枚。先儒曰：「銑，金之澤者。」又曰：「銑，小鑿也。」鐘欒亦謂之「銑」，其以類鑿然也。于則銑間之曲袪者也，鼓則于上之待枷者也，鉦則鼓舞之正中者也，舞則聲之震動於此者也。甬，出舞上者也。帶類篆，故謂之「篆」，乳有數，故謂之「枚」，然鐘之長短徑圍，經無明證，其言：「十分其銑，去二以爲鉦，以其鉦爲之銑間者。鉦體之徑，居銑間之八也。去鉦二分以爲之鼓間者，鼓間之徑，居銑間之六也。以其鼓間爲之舞修，修舞之徑也。舞徑亦居銑間之六也，去舞徑二分，以爲舞廣，廣舞之長也。舞長居銑間之四也，舞長四而徑間亦四，武鼓徑六而長亦六。」鄭氏以爲此鐘口十，其長十六也。凡樂器，以十有二律爲之度數，若黄鐘之律九寸，十六之而銑取其十以爲度，則銑徑五寸有奇，鉦鼓舞之所居者，遞去二分，則舞修三寸有奇，舞廣二寸有奇。林鐘之律六寸，十六之而銑取其十以爲度，則銑徑三寸有奇，鉦鼓舞之居者，遞去二分，則舞二寸有奇，舞廣一寸有奇。餘律之鐘亦然。賈公彦曰：「律各倍半以爲鐘，舉一端也。」大鐘十分，其鼓間以其一爲之厚；小鐘十分，其鉦間以其一爲之厚。

銑之六與鼓間同鉦間又殺矣。與鼓間異，此所以各十分之以爲厚薄。鄭氏曰：「鼓鉦之間同方六而今宜異。又十分之一猶太厚，皆非也。若言鼓外鉦外，則近之。鼓外二，鉦外一，以謂鼓外二間，鉦外一間。而十分之，以其一爲厚薄，其説誤矣。

陳氏樂書曰：「嘗考唐史，商盈孫按鳧氏欒銑，於鼓鉦舞之法，用演算法乘除。鎛鐘之輕重高下定編鐘之制。黄鐘九寸五分，倍應鐘三十三分有半，差爲四十八字。口項之量，徑衡之圍，莫不有齊量焉。」使工按圖鑄之，凡二百四十枚。及其成也，音韻與磬協矣。今太常所用舊鐘無慮千枚，其間或類古法，大抵出盈孫所造也，外此則器律短而聲高矣。

聖朝嘗詔李照制管調律，而更鑄焉。其法悉圓其形，而弇一孔，其上出柄蟠龍之飾，雖和應於一時，然較古鐘，如鈴而不圓者，異矣。唐制：凡私家不設鐘磬，三品以上女樂五人，五品以下不過三人，是不知周官大胥樂縣之制也。

鏞

書「笙鏞以間」，詩「賁鼓維鏞」，註云：「鏞，大鐘也。」爾雅：「大鐘曰鏞。」

鎛

周禮「鎛師」註：「鎛如鐘而大。」禮、書，韋昭、杜預云：「小鐘。」儀禮：鎛從薄，與鉞鎛之鎛同。隋志：「金之屬二，一曰鎛鐘，每鐘懸一簨簴，各應律呂之應，即黄帝所命伶倫鑄二鐘和五音者也。」

宋仁宗明道初，詔定大樂，集賢校理李照言：「古者鎛鐘擊爲節，檢而無合典之義。大射有二鎛，皆亂擊焉。後周以十二鎛相生擊之，景德中，李宗諤領大常總考十二鎛鐘，而樂工相承，殿庭習用三調六曲。三調者，黄鐘、太蔟、蕤賓也；六曲者，調別有隆安、正安二曲。郊廟之縣則環而擊之。宗諤上言曰：『金部之中，鎛鐘爲難。如一聲不及，則宫商失序。使十二鎛工皆精習，則遲速有倫，隨月用律，諸曲無不通矣。』真宗應詔黄鐘、太蔟二宫，更增文舞、武舞、福酒三曲，至是詔馮元等議考擊之法。元等奏言：「後周嘗以相生之法擊之，音韻克諧。國朝亦用，隨均合曲，然但施殿庭，未及郊廟。謂宜使十二鐘依辰列位，隨均爲節，便於合樂。仍得並施郊廟，若軒縣以下則不用。此制所以重備樂、尊王制也。」詔從焉。慶曆四年，大安樂成，詔侍臣觀新樂於紫宸殿，凡鎛十二，黄鐘高尺三寸半，廣一尺二寸，鼓六、鉦四、舞六，通衡並旋蟲，共高八寸四分，隧徑二寸二分，深一寸二釐，篆帶每面縱者四、横者四，枚景挾鼓與舞，四處各有九，每面共三十六。兩欒間一尺四寸，容九斗九升五合，重一百六斤。大呂以下十一鐘，並與黃鐘同制，而兩欒間遞減，至應鐘容九斗三升五合，而其重加至應鐘重一百四十八斤，並中新律。議者以爲：周禮大鐘十分，其鼓間以其一爲之厚；小鐘十分，其鉦間以其一爲之厚。則是大鐘宜厚，小鐘宜薄。今大鐘重一百六斤，小鐘乃重一百四十八斤，則小鐘厚非也。五年二月，乾寧軍進古鐘一，送詳定所。四月，知制誥王洙奏：「黃鐘爲宮最尊者，但聲有尊卑耳。不必在其形體也。」言鐘磬依律數爲大小之制者，經典無正文。惟鄭康成立意言之，亦自云假設之法。孔穎達作疏，因而述之。據歷代史籍，亦無鐘磬依數大小之說。其康成、穎達等即非身曾制作樂器。至如言「磬前長三律二尺七寸，後長二律一尺八寸，是磬有大小」者，據此以黃鐘爲律。臣曾依此法造黃鐘特磬者，止得林鐘律聲。若隨律長短爲鐘大小之制，則黃鐘長二尺二寸半，減至應鐘，則形制大小比黃鐘纔四分之一。又九月、十月以無射、應鐘爲宮，即黃鐘、大呂反爲商聲，宮小而商大，是君弱臣強之象。今參酌其鎛、鐘、特磬制度，欲且各依律數算定長短大小容受數，仍以皇祐中黍尺爲法鑄大呂、應鐘，鐘磬各一，民徵爲事，羽爲物，不相淩。爲之「正迭相淩」，謂之「慢」，百王所不易也。聲，重濁者爲尊，輕清者爲卑，卑者不可加於尊，古今之所同也，故列聲之尊卑者，事與物不與焉，何則？事爲君治，物爲君用，不能尊於君故也。惟君、臣、民三者，則自有上下之分，不得相越，故四清聲之設，正謂臣民相避，以爲尊卑也。今若止用十二鐘旋相考擊，至夷則以下四管爲宮之時，臣民相越，上下交戾，則淩犯之音作矣，此甚不可者也。其鐘磬十六，皆本周、漢諸儒之說，及唐家典法所載，欲損爲十二，惟照獨見。臣以爲且如舊制便。」帝令權用十二枚爲一格，且詔曰：「俟有知音者，能考四鐘，協調清濁，有司別議以聞。」元祐間，范鎮爲樂論上之，其論鐘曰：「夫鐘之制，周官鳧氏言之甚詳，而訓解者其誤有三。若云『帶所以介其名也』，介在于鼓鉦舞甬衡之上，其誤一也；又云『舞上下促，以橫爲修，從爲廣，舞廣四分』，今亦去徑之二分以爲間，則舞間之方常居銑之四也，舞間方四，則鼓間六亦其方也，鼓六、鉦六、舞四，既言鼓間與舞脩相應，則鼓與舞，皆所云六鉦六舞四，其誤二也。又云『鼓外二、鉦外一』，彼既以鉦、鼓皆六，無厚薄之差，故從而穿鑿以遷就其說，其誤三也。今臣所鑄編鐘十二，皆從其律之長，故鐘口十者其長十六，以爲鐘之身。鉦者，正也，居鐘之中，上下皆八，下去二以爲之鼓，上去二以爲之舞，則鉦居四而鼓與舞皆六，是故于、鼓、鉦、舞、篆、景、欒、隧、甬、衡、旋、蟲，鐘之文也，著於外者也。廣、長、空、徑、厚、薄、大、小，鐘之數也，起於內者也。若夫金錫之齊與鑄金之狀，率按諸經，差之毫釐，則聲有高下，不可不審。其鑄鐘亦以此法而四倍之。今太常鐘無即見形制聲韻所歸。』奏可。五月，翰林學士承旨王拱辰言：「奉詔詳定大樂，比臣至局，鐘磬已成。竊緣律有長短，磬有大小，黄鐘九寸最長，其氣陽，其象土，其正聲爲宫，爲諸律之首。蓋君德之象，不可並也。今十三鐘磬一以黄鐘爲率，與古爲異。臣亦嘗詢逸、瑗等，皆言依律大小，則聲不能諧。故臣竊有疑，請下詳定大樂所，更稽古義參定之。」是月，知諫院李兑言：「曩者紫宸殿閱太常新樂，議者以鐘之形制未中律度，遂斥而不用。復詔近侍詳定，切聞崇天院聚議。而王拱辰欲更前史之義，王洙不從，議論喧嘖。夫樂之道，廣大微妙，非知音入神，豈可輕議？西漢去聖尚近，有制氏世典大樂，但能紀其鏗鏘，而不能言其義。況今又千餘年，而欲求三代之音，不亦難乎？且阮逸罪廢之人，安能通聖明？述作之士，務爲異説，欲規恩賞。朝廷制樂數年，當國財匱乏之時，煩費甚廣，器既成矣，又欲改爲，雖命兩府大宫監議，然未能裁定其當，請以新成鐘磬與祖宗舊樂參校其聲，但取和諧近雅者合用之。」大觀間，議禮局言：「伶州鳩曰：『大鈞有鎛無鐘，鳴其細也；細鈞有鐘無鎛，昭其大也。』然則鐘，大器也；鎛，小鐘也。以宫、商爲鈞，則謂之大鈞，其聲大，故用鎛以鳴其細而不用鐘。以角徵羽爲鈞，則謂之小鈞，其聲細，故用鐘以昭其大而不用鎛。然後細大不踰，聲應相保，和平出焉。是鎛、鐘兩器，其用不同，故周人各立其官，後世之鎛鐘，非特不分大小，又混爲一器。復於樂架編磬之外，設鎛鐘十二以配之，則於義重復，乞宫架樂去十二鎛鐘，止設一大鐘爲鐘，一小鐘爲鎛，一大磬爲特磬，以爲衆聲所依。」詔：「可。」

剽

爾雅：「鐘中者曰剽。」音票

棧

爾雅：「鐘小者曰棧。」晉時，剡縣民於田中得一鐘，長三寸，口徑四寸，銘「棧」音盞。唐時，岑陽耕者得古鐘，高尺餘，楊枚叩之曰：「此姑洗角也。」既劀拭，有刻在兩欒，果然。

陳氏樂書曰：「虞夏之時，小鐘謂之『鐘』，大鐘謂之『鏞』。周之時，大鐘謂之『鐘』，小鐘謂之『鎛』。則鎛之爲用，其實編鐘也。編鐘之用，其實歌鐘也。一器而三名之，各有攸趣爾。」

又曰：「莫非鐘也？大者謂之鏞，以名爲大故也。書言『笙鏞』，詩言『賁鼓維鏞』，鏞鼓有斁，是已小者謂之棧，以象功之淺者也。昔晉人得鐘，長三寸，中徑四寸，銘曰『棧』是已，若夫大而不鏞，小而不棧，則又掠其大小之聲，而歸於中焉。其斯已爲剽歟？」儀禮大射：「阼階之東，笙磬，其南笙鐘，其南鎛。西階之西，頌磬，其南笙鏞，其南鎛，皆南陳。」國語曰：「細鈞有鍾無鎛，昭其大也；大鈞有鎛無鐘。甚大無鎛，鳴其細也。蓋細鈞，角徵也，必和之以大，故有鐘無鎛。大鈞，宮商也，必和之以細，故有鎛無鐘。」則鎛小鐘大明矣。晉語左傳：「鄭伯嘉納魯之寶，鄭人賂晉侯歌鐘二肆及其鎛。」韋昭、杜預皆以鎛爲小鐘，然言「歌鐘及其鎛」，則鐘大鎛小可知。「鐘師掌金奏大鐘也，鎛師掌金奏小鐘也。」許慎曰：「鎛，錞于之屬，所以應鐘磬也。」於理或然。鄭康成謂：「鎛如鐘而大。」孫炎、郭璞釋：「大鐘之鏞，亦名爲鎛。」不亦失小大之辨歟？以經考之，自虞至周，鏞大而鐘小。自周公制禮，鐘大而鎛小。雖有改制之名，無變大小之實也。秦、漢以來，鐘鎛之制，小者或數寸，大者或容千石，皆不本律度。故梁去衡鐘而設鎛，隋疑無射之鎛無合曲之義，乃襲。後周以十二鎛相生擊之，聲韻始克諧矣。聖朝之初，鎛鐘有三調六曲，更詔依均擊之，與編鐘相應。要知失細大之制，非成周製作之意也。傳曰：「黃鐘之鐘，容秬黍一斛八斗爲度。」國語曰：「度律均鐘，以定中聲。」白虎通曰：「鎛者，時之聲，節度之所生也。有節度則萬物昌，無節度則萬物亡。」斯言信矣。

編鐘

小胥：「凡縣鐘磬，十爲『堵』，全爲『肆』。」註云：「鐘磬編縣之二八十六枚，而在一簴謂之『堵』，鐘一堵，磬一堵，謂之『肆』。十六枚之數，起於八音，倍而設之，故十六也。禮書曰：「後世宗鄭氏説，用四清聲以謂夷則、南呂、無射、應鐘四宮，管短則減。黄鐘、大呂、太蔟、姑洗四管之半，以爲清聲而應之，則樂音諧。」今大晟樂宗前代制，亦用十六枚，以十二枚爲正鐘，四枚爲清鐘焉。隋志：「金之屬二，曰編鐘、小鐘也。」各應律呂大小，以次編而懸之。上下皆八，合十六鐘，縣於一簨簴。宋仁宗明道初，改制大樂，命集賢校理李照等預議，翰林學士馮元等共同討論。時太常鐘磬每十六枚爲一簴，而四清聲相承不擊。照因上言：「十二律聲已備於四清聲，乃鄭衛之樂，請於編縣上留十二，中聲去四清鐘，則哀思邪辟之聲，無由而起也。」元等駁之曰：「前聖制樂，取法非一，故有十三管之和，十九管之巢，三十六簧之竽，二十五弦之瑟，十三弦之箏，九弦七弦之琴，十六枚之鐘磬。各自取義，寧有一之於律呂，專爲十二數也？且鐘磬八音之首，春秋號樂，總言金奏；詩頌稱美，實依磬聲。此二器非可輕改，今照欲損爲十二，不得其法於古，臣等以爲不可。且聖人既以十二律各配一鐘，又設黄鐘至夾鐘四清聲以附正聲之次，原其四清之意，蓋爲夷則至應鐘四宮而設也。夫五音，宮爲君，商爲臣，角爲民，徵爲事，羽爲物……無大小，無厚薄，無金齊，一以黄鐘爲率，而磨以取律之合，故黄鐘最薄而輕。自大呂以降，迭加重厚，是以卑陵尊，以小加大，其可乎？且清聲者不見於經，惟小胥註云「鐘磬者編次之二八十六枚，而在一簴謂之『堵』」，至唐又有十二清聲，其聲愈高，尤爲非是。國朝舊有四聲，置而弗用，至劉幾用之，與鄭、衛無異。按編鐘、編磬十六，其來遠矣，豈獨見於周禮小胥之註哉？漢成帝時，犍爲郡於水濵得古鐘十六枚，帝因是陳禮樂雅頌之聲，以風化天下。其其事載於禮樂志不爲不詳，豈因劉幾然後用哉？且漢承秦，秦未嘗制作禮樂，其稱古磬十六者，乃二帝三王之遺法也。其王樸樂內，編鐘、編磬以其聲律太高，歌者難逐四清聲，置而不用。及神宗朝，下二律則四清聲皆用，而諧協矣。周禮曰：

「鳧氏爲鐘，薄厚之所震動，清濁之所由出，則清聲豈不見於經哉？今鎮簫、笛、塤、篪、巢笙、和笙，獻於朝廷，簫必十六管，是四清聲在其間矣。自古無十二管之簫，豈簫韶九成之樂，已有鄭衛之聲乎？禮部太常亦言：「鎮樂法自係一家之學，難以參用，而樂如舊制。」

陳氏樂書曰：「先王作樂，以十有二律爲之數度，以十有二聲爲之齊量，紀之以三，平之以六，歸於十二，天之道也。然則以十有二辰正鐘磬樂縣之位，豈他故哉？凡以齊量數度考中聲，順天道而已。蓋編鐘十二同在一簴爲一堵，鐘磬各一堵，爲四。春秋傳歌鐘二四，則四堵也。小胥之職，凡縣鐘磬半爲堵，全爲肆。是鐘磬皆在所編矣。」

磬師掌教，擊磬擊編鐘，於鐘言編，則磬可知。明堂位曰：「叔之離磬，編則雜，離則特。」謂之離磬，則特懸之磬，非編磬也。言磬如此，則鐘可知也。荀卿言：「縣一鐘。」大戴禮言：「編縣一。」言特縣鐘磬如此，則編鐘、編磬亦可知。豈非金石以動之，常相待以爲用乎？由是觀之，鐘磬編縣各不過十二，古之制也。漢服虔以十二鐘當十二辰，更七律，一縣爲十九鐘。隋之牛弘論後周鐘磬之縣，長孫紹援國語、書、傳，七律七始之制合正，倍爲十四。梁武帝又加濁，倍三七爲二十一。後魏公孫崇又參縣之合正，倍爲二十四。至唐分大小二調，兼用十六、二十四枚之法，皆本二變、四清言之也。蔽於二變者，不過溺於國語、書、傳，蔽於四清者，不過溺於樂緯，皆非聖經之意也。惟聖朝李照、范鎮，廢四清用十二律之議，何其智識之明，而遠過於諸子乎？李照雖知去四清而不知去二變，猶不去四清也，將何以成和樂耶？真瞽論也。編鐘，宮縣用之。先儒設於甲丙庚壬之位，十二律各有正聲，説取黄鐘至夾鐘四律爲清聲，此牛弘據鄭康成及樂緯之説也。古者編鐘、編磬，登歌用之，以節歌句，故堂上擊黄鐘特鐘，而堂下編鐘應之，擊黄鐘特磬而堂下編磬應之，上下唱和之道也。

青鐘　赤鐘　黄鐘　白鐘　黑鐘

昔黄帝作五聲以正五鐘，一曰「青鐘大音」，二曰「赤鐘心聲」，三曰「黄鐘洫光」，四曰「景鐘昧其明」，五曰「黑鐘隱其帝」。五聲既調，然後作五行。淮南子謂：「孟秋之日，西館御女白色、白綵撞，白鐘是也。」宋徽宗崇寧三年作大晟樂，鑄景鐘者，黃鐘之所自出也。垂則爲鐘，仰則爲鼎，鼎之大，終於九斛，中聲所極，製煉玉屑入於銅齊，精純之至，音韻清越，其高九尺，拱以九龍。惟天子親郊乃用之。立於宮架之中，以爲君圍，於是命翰林學士承旨張康國爲之銘其文。曰：「天造我宋，於穆不已。四方來和，十有二紀。樂象厥成，維其時矣。迪惟有夏，度自禹起。我龍受之，天地一指。於論景鐘，中聲所止。有作於斯，無襲於彼。九九以生，律呂根柢。維此景鐘，非弇非侈，在宋之庭，屹然峙峙。天子萬年，既多受祉。維此景鐘，上帝命爾，其承伊何，以燕翼子。永言寶之。」宋樂之始，太中大夫劉昺編修樂書，金部有七，曰：「景鐘，景，大也。鐘，西方之聲，以象厥成惟功大者。其鐘大，世莫識，其議久矣。其聲則黃之正，而律呂由是生焉。平時弗考，風至則鳴。」紹興十三年，命給事中段拂等討論景鐘制度。按大晟樂書，皇帝有五鐘，一曰景鐘，景者，大也。黃鐘者，樂所自出，而景鐘又黃鐘之本。故爲樂之祖。惟天子郊祀上帝則用之，自齋宮詣壇則擊之，以召至陽之氣，既至聲闋，衆樂乃作。祀事既畢，升輦又擊之。蓋天者，羣物之祖，今以樂之祖感之，則天之百神可得而禮。音韻清越，拱以九龍，立於宮架之中，以爲君圍，環以四清聲鐘、磬、鎛鐘、特磬以爲臣圍，編鐘磬以爲民圍，內設寶鐘球玉，外爲龍簴鳳琴。景鐘之高九尺，其數九九，實高八尺一寸。垂則爲鐘，仰則爲鼎，鼎之大，終於九斛。退藏實八斛有一焉。內出皇祐大樂，中黍尺參以太常舊藏黃鐘律編。鐘高適九寸，正相脗合。遂遵用寰天製造。鐘成，左僕射秦檜爲之銘，其六曰：「皇宋紹興十六年，中興天子，好生大德，既定寰宇，乃作樂以暢天地之化，以和神人。維茲景鐘，首出衆樂，天子專用諸禋祀，謹拜稽首而獻銘。德純懿兮舜文繼，躋壽域兮孰內外，薦上帝兮偉茲器，聲氣應兮同久視，貽子孫兮彌萬世。」

陳氏樂書曰：「尚書太傳：天子左五鐘，右五鐘，出撞黃鐘，左五鐘皆應。然後少師奏登車告出也。撞蕤賓，右五鐘皆應，然後少師奏登堂就席告入也。」由是觀之，黃鐘所以奏肆夏也，蕤賓所以奏采齊也。出撞陽鐘而陰應之，是動而節之以止；入撞陰鐘而陽應之，是止而濟之以動。易序卦「物不可以終動，不可以終止」之意也。樂師言「行以肆夏，先於趨以采齊」，豈主出言之耶？禮記「趨以采齊，先於行以肆夏」，豈主入言之耶？大戴禮言「步中采齊，趨中肆夏」，誤矣。後世奏永至之樂，爲行步之節，豈効古采齊、肆夏之制歟？

金錞　錞于

周禮：　少師以金錞和鼓，其形象鐘，頂大腹揜，口弇以伏獸，爲鼻内縣子鈴銅舌。凡作樂，振而鳴之，與鼓相和。國語曰：「戰以錞于，儆其民也。」又黄池之會，吴王親鳴鐘鼓，錞于振鐸，則錞之和鼓以節聲樂和軍旅，其來尚矣。後世之制，或爲兩馬之形，或爲蛟龍之狀，引舞用焉，非周制也。

容齋洪氏隨筆曰：「周禮：　鼓人掌教六鼓、四金之音聲以節聲樂。四金者，錞、鐲、鐃、鐸也。以金錞和鼓。」鄭氏註云：「錞，錞于也。圓如碓，頭大上小下。樂作則鳴之，與鼓相和。」賈公彦疏云：「錞于之名，出於漢之大予樂官，南齊始興。」王鑑爲益州刺史，廣漢什邡民段祚以錞于獻，鑑古禮器也。高三尺六寸六分，圍二尺四寸，圓如甬筒，色黑如漆，甚薄，上有銅馬，以繩縣馬，令去地尺餘，灌之以水，又以器盛水於下，以芒莖當心跪注錞于，以手振芒則其聲如雷，清響良久乃絶，古所以節樂也。周斛斯徵精三禮，爲太常卿。自魏孝武西遷，雅樂廢闕。樂有錞于者，近代絶無此器。或有自蜀得之，皆莫之識。徵曰：「此錞于也。」衆弗之信，遂依干寶周禮注，以芒筒將之，其聲極振。乃取以合樂焉。宣和博古圖説云：「其制中虚椎首而殺其下。」王黼亦引段祚所獻爲證，云：「今樂府金錞就擊，於地灌水之制，不復考矣。」是時有虎龍錞一、山紋錞一、圜花錞一、縶馬錞一、魚錞一、魚錞二、鳳錞一、虎錞七。其最大者，重五十一斤，小者七斤。淳熙十四年，澧州慈利縣周赧王墓傍五里山推，蓋古墓也。其藏器物甚多，予甥余玠宰是邑，得一錞，高一尺三寸，上徑長九寸五分，闊八寸，下口長徑長五寸八分，闊五寸。虎紐高一寸二分，闊寸一分，並尾長五寸五分。重十三斤。紹熙三年，予仲子簽書峽州判官，於長陽縣又得其一，甚大，高二尺，上徑長一尺六分，闊一尺四寸二分，下口長徑九寸五分，闊八寸，虎紐高二寸五分，足闊三寸四分，並尾長一尺，重三十五斤，皆虎錞也。予家蓄古彝器百種，此遂爲之冠。小錞無缺損，扣之其聲清越，以長大者破處五寸許，聲不能渾全，然亦可考擊也。後復得一枚，與大者無小異。自峽來寘，諸篛籠中，取者不謹，斷其紐。匠以藥銲而柵之，遂兩兩相對，若三禮圖、景祐大樂圖所畫形制，皆非東坡志林「記始興王鑑」一節云：「記者能道其尺寸之詳，如此而拙於遺詞，使古器形制不可復得，其彷彿甚可恨也。」正爲此云。

金鐲　金鉦　丁寧

周禮：「鼓人以金鐲節鼓。」司馬職公司馬執鐲軍行鳴鐲詩曰：「鉦人伐鼓。」國語曰：「鼓丁寧。」春秋傳曰：「射汰輈而著丁寧。」說文曰：「鐲，鉦也。」韋昭曰：「丁寧，鉦也。」鄭康成曰：「鐲如小鐘，軍行鳴之，以爲鼓節。」蓋自其聲濁言之謂之「鐲」，自其儆人言之謂之「丁寧」，自其正人言之謂之「鉦」，其實一也。後世合宮縣用之，而有流蘇之節，非周制也。先儒謂「非雅樂之器」，是不稽四金以節聲樂之過也。近代有大銅疊，縣而擊之，亦此類。

大金鐃　小金鐃　小鉦

周禮：「鼓人以金鐃止鼓。」大司馬：「卒長執鐃。」以其聲譊譊然，故以「鐃」名之。說文曰：「鐃，小鉦也。」象鐘形。旁有二十四銑，飾以流蘇，柄中上下通。漢鼓吹曲有鐃歌，所以退舞也。豈亦周之遺制歟？蓋其小者，似鈴，有柄無舌，執而鳴之以止鼓。大者象鐘形薄，旁有二十四銑，宮縣用之，飾以流蘇，蓋應律聲而和樂。

金鐸

周禮：「鼓人以金鐸通鼓。兩司馬執鐸，三鼓摝鐸、振鐸。」樂記：「夾振之而駟伐盛，威於中國也。」司馬法曰：「鐸聲不過琅。」釋名曰：「鐸，度也。號令之限度也。」則鐸，大鐸也。舞者振之，警衆以爲節。是金鐸以金爲舌，所以振武事也。舞武事者執之。晉荀氏曰：「趙人牛鐸以諧樂，亦得古人之遺也。」掩止振之爲摝，摝者，止行息氣也。

陳氏樂書四金通論曰：「聖人作易，參天兩地而倚數，因三而三之，其數六。因兩而兩之，其數四。鼓，陽也，而六之，參天之數也。金，陰也，而四之，兩地之數也。六鼓、四金之音聲，以節聲樂，以和軍旅，以正田役。必掌以鼓人者，鼓爲樂之君故也。蓋六鼓之有四金，猶六律之有六呂，未有能偏廢者也。故錞之聲淳，鐲之聲濁，鐃之聲高，鐸之聲明。淳則陰與陽和，故可以和鼓倡而和之故也。濁則承陽而節之，故可以節鼓行而節之故也。高則陰勝於陽，而可以止鼓，退而止之故也。明則陰與陽通，而可以通鼓而通之故也。在易之艮位之終止也。位之終止則窮，故以漸進繼焉。既濟治之，終止也。治之終止則亂，故以未濟終焉。亦六鼓終於通鼓之意也。」大司馬言：「鐲鐃則鳴之而已。鐸則或振或摝，其用則先鐲而後鐃。」與此不同者，此言理之序，大司馬言用之序故也。然大司馬不言錞者，以大司馬方習戰陳之事，非倡和之時故也。釋名：「金、鼓，校號也，將帥號令之所在也。」左傳曰：「凡師有鐘鼓，曰『伐』。」呂氏春秋曰：「金鼓，所以一耳也；法令，所以一心也。」孫子曰：「夫金鼓，所以一人之耳目也。人既專一，則勇者不得獨進，怯者不得獨退，此一衆之法也。」由是觀之，金鼓之用於軍旅，則將軍之氣，一軍之形候也。況用之以節聲樂者乎？後世以角代金，非古制也。

木鐸

書曰：「遒人以木鐸徇于路。」記曰：「振木鐸于朝，天子之政也。」小宰正歲率治官之屬而觀治象，小司徒正歲率其屬而觀教象之法，皆徇以木鐸。小司寇正歲帥其屬而觀形象，令以木鐸。宮正司烜以之修火禁於國中鄉師。凡四時之召，以之徇於市。朝士掌國，五禁之法以之徇於朝。是木鐸以木爲舌，所以振文事也。故舞文事者執之，振文事一也。在帝王天子則行而爲政，在元聖素王則言而爲教。「天將以夫子爲木鐸」，豈非言而教之之事歟？

磬

周禮冬官：「磬氏爲磬，倨句一矩有半。」必先度一矩爲句，一矩爲股而求其弦。既而以一矩有半，觸其弦則磬之倨句也。磬之制有大小，此假矩以定倨句，非用其度耳。倨，音據。句，沈音鉤。註：「同矩，如字。先度待洛反。其博爲一，博，謂股博也，廣也。股爲二，鼓爲三，叁分其股博，去一以爲鼓博，叁分其股博，以其一爲之厚。鄭司農云：「股，磬之上大者；鼓，其下小者，所當擊者也。」玄謂：「股外面，鼓内面也。假令磬股廣四寸半者，股長九寸也，鼓廣三寸，長尺三寸半者，厚爲一寸也。已上則摩其旁，鄭司農云：「磬聲大上，則摩鑢其旁。『玄』謂『太上』，聲清也。薄而廣則濁，已上，時掌反。註：「同大，音泰，劉它賀反。下同鑢，音慮。」已下則摩其耑，大下，聲濁也，短而厚則清。耑，音端，劉父音穿，本或作端。宋明道制新樂，特磬十二，黄鐘、大吕，股長二尺，博一尺，鼓三尺。博六寸九分，寸之六弦三尺七寸五分。太蔟以下，股長尺八寸，博九寸，鼓二尺七寸，博六寸，弦三尺三寸七分，半其聲，各中本律。黄鐘厚二寸一分，大吕以下第加其厚，至應鐘厚三寸五分，詔以其圖送中書。議者以爲「磬氏爲磬，倨句一矩有半，博爲一，股爲二，鼓爲三，叁分其股博，去其一以爲鼓博；三分其鼓股，以其一爲之厚。」今磬無博厚，無長短。非也。元祐初，范鎮上樂議曰：「臣所造編磬，皆以周官磬氏爲法，若黃鐘，股之博四寸五分，股九寸，鼓一尺三寸五分。鼓之博三寸，而其厚一寸，其弦一尺三寸五分。十二磬各以其律之長而三分損益之，如此其率也。今之十二磬，長短厚薄皆不以律，而欲求其聲，不亦遠乎！鐘有齊也。磬石也，天成之物也。以其律爲之長短厚薄而其聲和，此出於自然，而聖人者能知之，取以爲法，後世其可不考正乎？考正而非是，則不爲法矣。特磬則四倍其法而爲之。國朝祀天地宗廟及大朝會，宮架内止設鎛鐘，惟後廟乃用特磬，非也。今已升祔後廟，特磬遂爲無用之樂。臣欲乞凡宮架内於鎛鐘後各加特磬，貴乎金石之聲，小大相應。」

陳氏樂書曰：古之爲磬，尚象以制器，豈貴夫石哉？尚聲以盡意而已。鐘圓中規，磬方中矩，則倨勾一矩有半，觸其弦也。其博爲一，股博，一律也。股爲二，後長，二律也。鼓爲三，前長，三律也。股非所擊也，長而狹。鄭司農云：「股磬之上大者，鼓其下小者，康成云『股外面鼓内面』，則擊者爲前而在内，不擊者爲後而在外，内者在下，外者在上，其大小長短雖殊，而其厚均也。黃鐘之磬，股鼓皆厚二寸，則餘磬可推矣。史傳論造磬者多矣，或謂黃帝使伶倫爲之，或謂堯使毋勾氏爲之，或謂叔爲之。以明堂位考之，叔之離磬則特縣之磬，然則非特縣之磬，未必非勾氏、伶倫所造也。」曲禮言「立則磬折垂佩」，考工記言「磬折以三五」，則磬取屈折之義也。先儒謂「磬之爲言勁也」，豈因屈折然邪？少華之山，其陰多磬，鳥危之山，其陽多磬，嵩山涇水出焉，其中多磬，則磬石所自，固雖不一，要之一適陰陽之和者。泗濵所貢，浮磬而已。蓋取其土少而水多，其聲和且潤也，然其製造之法，倨勾一矩有半，外之爲股，内之爲鼓，其博厚莫不有數，存於其間。已上則摩其旁而失之太清，已下則摩其耑而失之太濁，要之一適清濁之中，薄以廣且厚而已。有虞氏命夔典樂，擊石拊石，至於百獸率舞，庶尹允諧者，由此其本也。蓋八卦以乾爲君，八音以磬爲主，故磬之爲器，其音石，其卦乾，乾位西北而夭屈之，以爲無有曲折之形焉，所以立辨也。故有西有北，時有秋有冬，物有金有玉，分有貴有賤，位有上有下，而親疎長幼之理，皆辨於此矣。古人論磬，嘗謂：「有貴賤焉，有親疎焉，有長幼焉，三者行然後王道得，王道得然後萬物成，天下樂之。」故在廟朝聞之，君臣莫不和敬；在閨門聞之，父子莫不和親；在族黨聞之，長幼莫不和順。夫以一器之成而功化之敏如此，則磬之所尚，豈在夫石哉！ 存乎聲而已。 然擊石拊石，堂上之樂也；百獸率舞，堂下之治也。堂上之樂足以兼堂下之治，堂下之樂不足以兼堂上之治，故昔王阜爲重泉令擊磬而鸞舞，則夔之擊磬而獸舞，豈無是理哉？ 唐天寶中，廢泗濱而以華原石代之，卒致禄山之禍，元白賦詩以譏之，誠有意於去鄭存雅矣。 自時而後，有取華陽響石爲七縣焉，豈亦得泗濱浮磬之遺乎？ 徐景安謂：「浮磬擊五音，以七音言之，非也。」秦刻嶧山，以頌德曰「刻此樂石」，蓋嶧山近泗水故也。

玉磬 天球

陳氏樂書曰：「春秋之時，齊侯以玉磬賂晉師止兵，臧文仲以玉磬如齊告糴。」禮記郊特牲言「諸侯宮架而擊玉磬」，明堂位言「四代樂器，而拊搏玉磬」，則玉之於石類也，玉磬則出乎其類矣。 書言「天球在東序」，詩言「受小球大球」，蓋物之美者莫如玉，而球又玉之美出於自然者也。 先王樂天以保天下，因天球以爲磬，以其爲堂上首樂之器，其聲清澈有隆而無殺，衆聲所求而依之者也。 商頌曰「依我磬聲」，本諸此歟？ 呂氏春秋言：「堯命夔鳴球，以象上帝玉磬之音。」傳言：「金石有聲，不考不鳴。」禮言：「玉之清越，以長樂也。」由是觀之，鳴球之樂，雖出於所考，要之其聲清越以長，無異於羽屬鱗屬之鳴也。 梓人爲筍簴，取羽屬清揚而遠聞者以爲磬簴，故擊其所縣，而由是簴鳴取鱗屬以爲筍，且其匪色必似鳴矣。然則謂之「鳴球」，非若瀛州青石之磬，不擊而自鳴也？ 其鳴也因夔而已。 漢武帝建招仙靈閣於甘泉西，上有浮金輕玉之磬，非古制也，其武帝之侈心乎？ 晉賀循奏登歌之簴，采玉以造磬。 隋蘇夔妙達音律，造玉磬獻於齊。 唐制： 宗廟殿用玉磬，則玉磬堂上之樂，登歌用焉。 書言「搏拊琴瑟以詠」，而以鳴球爲先，義可見矣。 通禮義纂曰：「晉賀循修奏登歌之簴，采玉造小磬。 宗廟殿用玉，郊丘用石。」本云：「堂上樂以歌，故名『歌鐘磬』。」唐制設歌磬於壇上之西，歌鐘於東，近南北向，至匏竹立於壇下。國語曰「籧篨蒙璆」，漢樂章曰「軒朱璆磬」，蓋璆與球，同而字異，其實一也。 洽聞記曰：「隋文帝開皇十四年，於翟泉獲玉磬十四，垂之於庭，有二神人擊之，其聲絶妙。」國史纂異曰：「潤州得十二玉磬，以獻張率虔，叩其一，曰：『晉某歲所造』。 開元傳信記曰：「太真妃最善擊磬，搏拊之音，明皇令採藍田緑玉爲磬，尚方造簨簴流蘇之屬，皆金鈿珠翠珍怪之物雜飾之。又鑄二金獅子以爲趺，其他綵繪縟麗，製作精妙，一時無比也。」由是觀之，玉磬十二，古之制也。益之爲十四，後世倍七音之失也。至於飾以金珠珍怪趺，以金獅騰攫，其唐明皇之侈心乎？不爲有道之主所取也。

編磬　離磬　䅳

陳氏樂書曰：「磬之爲器，昔人謂之『樂石』。」立秋之音，夷則之氣也。蓋其用，編之則雜而小，離之則特而大。叔之離磬，則專簴之特磬，非十二聲之編磬也。古之爲鐘，以十有二聲爲之齊量，其爲磬，非有齊量也。因玉石自然以十有二律爲之數度而已。爾雅：「大磬謂之䅳，徒鼓磬謂之謇。」周官：「磬師掌教。擊磬擊編鐘。」言編鐘於磬師，則知有編磬矣。爾雅言：「大以見小。」磬師言鐘，以見磬大則特縣，小則編縣。儀禮：「䇲倚於頌磬西紘。」則所謂「紘」者，其編磬之繩歟？小胥：「凡縣鐘磬，半爲堵，全爲肆。」鄭康成釋之謂：「編縣之十六枚，同在一簴，謂之『堵』，鐘磬各一堵，謂之『肆』。」禮圖取其倍八音之數而因之，是不知鐘磬特八音之二者爾。謂之取其數，可乎？」典同：「凡爲樂器，以十有二律爲之數度，以十有二聲爲之齊量，則編鐘、編磬，不過十二爾，謂之十六，可乎？嘗讀漢書，成帝時於犍水濵得石磬十六，未必非成帝之前工師附益四清而爲之，非古制也。康成之説，得非因此而遂誤歟？古有大架二十四枚，同一簨簴，通十二律正倍之聲，亦庶乎古也。郭璞曰：「䅳，音器，以玉飾之。」宋朝元豐中，施用李照編鐘，阮逸編磬，仍下王樸樂二律以寫中和之聲，可謂近古矣。然補註四聲以足十六律，非先王之制也。

笙磬　頌磬　歌磬

陳氏樂書曰：「大射之儀，樂人宿縣於阼階東，笙磬西面，西階之西，頌磬東面。」蓋應笙之磬，謂之「笙磬」；應歌之磬，謂之「頌磬」。笙磬位乎阼階之東而面西，以笙出於東方震音，象萬物之生也。頌磬位乎西階之西而面東，以頌出於歌聲，而聲出於面，言之方也。鄉飲酒之禮：「笙入堂下，磬南北面立。」鄉射之禮：「笙入立於縣中，西面。」蓋笙磬在東而面西，頌磬在西而面東。笙入立於縣中之南而面北，故頌磬歌于西，是南鄉、北鄉以西方爲上，所以貴人聲也。笙磬吹於東，是以東方爲下，所以賤匏竹也。大射簉倚於頌磬西紘，頌磬在西而有紘，是編磬在西而以頌磬名之，特磬在東而以笙磬名之。周官：「眡瞭掌凡樂事，播鼗擊。」頌磬掌太師之縣，則頌磬，編磬也；笙磬，特磬也。縣則又兼編與特言之，然言笙磬繼之以鐘鎛，應笙之鐘鎛也。笙師共笙鐘之樂是已。言頌磬繼之以鐘鎛，應歌之鐘鎛也。左傳：「歌鐘二肆」是已，詩言「笙磬同音」，書言「笙鏞以間大鐘」，謂之鏞，則笙鏞特縣之鐘也。以笙鏞爲特縣之鐘，則笙磬爲特縣之磬，明矣。蓋笙震音，磬乾音，其音皆陽；鏞，兑音，其音則陰。是笙、磬異器而同音，笙鏞異音而同和，然則特磬、特鐘、編鐘、編磬，皆各堵而同肆，鎛則隨之矣。大夫則縣，天子倍之而爲宫，士去天子之三而爲特，諸侯倍士之二爲軒，名位不同，樂亦異數故也。唐之歌磬，編縣十六，同一簨簴，合二八之聲。郊祀設於堂上，宗廟設於堂上，皆次歌鐘之西，節登歌之句，非不合周之頌磬也。然不知編縣十六，同一簨簴。鄭康之説，非先王之制也。

寋

徒鼓鐘謂之「脩」，徒擊磬謂之「寋」。唐書：「先蠶降神，宫縣之樂不用鎛鐘，以十二大磬代之。」與房中之樂同設，非先王之制也。

絲

陳氏樂書曰：「絲飾物而成聲。」其卦則離，其方則南，其時則夏，其聲尚宫，其律蕤賓，其風景，其音哀，夏至之氣也。先王作樂弦之，以爲琴瑟之屬焉。蓋琴瑟之樂，君子所常御，其大小雖不同，而其聲應一也，故均列之堂上焉。」

樂書琴瑟上論曰：古者琴瑟之用，各其聲類，所宜雲和，陽地也。其琴瑟宜於圜丘，奏之空桑，陰地也。其琴瑟宜於方澤，奏之龍門，人功所鑿而成也。其琴瑟宜於宗廟，奏之顓帝，生處空桑，伊尹生於空桑，禹鑿龍門，皆以地名之。則雲和豈禹貢所謂「雲土」者歟？瞽矇掌鼓琴瑟，詩「鹿鳴鼓瑟鼓琴」，書曰「琴瑟以詠」，大傳亦曰「大琴練弦達越，大瑟朱弦達越」，爾雅曰「大琴謂之離，大瑟謂之灑」，由是觀之，琴則易良，瑟則静好，一於尚宫而已，未嘗不相須用也。明堂位曰：「大琴、大瑟、中琴、中瑟，四代之樂器也。古之人作樂，聲音相保而爲和，細大不踰而爲平，故用大琴必以大瑟配之，用中琴必以小瑟配之，然後大者不陵，細者不抑，五聲和矣。」鄉飲酒禮：「二人皆在左，何瑟後首挎越；燕禮小臣左，何瑟面執越。」樂記曰：「清廟之瑟，朱弦而疏越。」詩曰：「並坐鼓瑟。」「何不日鼓瑟。」傳言：「趙王爲秦鼓瑟」，皆不及琴者，以瑟見琴也。舜作五弦之琴，歌南風之詩，而不及瑟者，以琴見瑟也。後世有雅琴、雅瑟、頌琴、頌瑟，豈其聲合於雅頌邪？琴，一也。或謂伏犧作之，或謂神農作之，或謂帝俊使晏龍作之。瑟，一也。或謂朱襄氏使士達作之，或謂神農、晏龍作之，豈皆有所傳聞然邪？

琴瑟中論曰：古之論者，或謂朱襄氏使士達制爲五弦之瑟，鼓瞍又判之爲十五弦，舜益之爲二十三弦。或謂大帝使素女鼓五十弦瑟，帝悲不能禁，因破爲二十五弦。」郭璞釋大瑟謂之「灑」，又有二十七弦之説。以理考之，樂聲不過乎五，則五弦、十五弦，小瑟也；二十五弦，中瑟也；五十弦，大瑟也。彼謂二十三弦、二十七弦者，然三於五聲爲不足，七於五聲爲有餘，豈亦惑於二變、二少之説而遂誤邪？漢武之祠太乙后土，作二十五弦瑟，今大樂所用亦二十五弦，蓋得四代中瑟之制也。莊周曰：「夫或改調一弦，於五音無當也。鼓之二十五弦，皆動。」其信矣乎！聶宗義禮圖亦師用郭璞二十三弦之説，其常用者十九弦，誤矣。蓋其制：前其柱則清，後其柱則濁，有八尺一寸、廣一尺八寸者，有七尺二寸、廣尺八寸者，有五尺五寸者，豈三等之制不同歟？然詩曰：「椅桐梓漆，爰伐琴瑟。」易通：「冬日至，鼓黃鐘之瑟，用槐八尺一寸；夏日至，用桑五尺七寸。」是不知美檟槐桑之本其中實而不虛，不若桐之能發金石之聲也。昔仲尼不見孺悲，鼓瑟而拒之；趙王使人於楚，鼓瑟而遣之。其拒也，所以愧之，不屑之教也。其遺也，所以諭之，不言之戒也。宋朝太常瑟用二十五弦，其二均之聲，以清中相應，雙彈之第一弦，黃鐘清應。其按習也，令左右手互應，清正聲相和，亦依鐘律擊數合奏，其制可謂近古矣，誠本五音互應而去四清，先王之制也。二均，二節聲。於瑟聲十二清聲，十二極清。一弦象琴第一暉，大抵於瑟半身設柱子，右手彈中聲十二，左手彈清聲十二，其律並同。第一弦大呂中，第十四弦大呂清，第三弦太蔟清，第十五弦太蔟清，第四弦夾鐘中，第十六弦夾鐘清，第五弦姑洗中，第十七弦姑洗清，第六弦仲呂中，第十八弦仲呂清，第七弦蕤賓中，第十九弦蕤賓清，第八弦林鐘中，第二十弦林鐘清，第九弦夷則中，第二十一弦夷則清，第十弦南呂中，第二十二弦南呂清，第十一弦無射清，第二十三弦無射清，第十一弦應鐘中，第二十四弦應鐘清。臣嘗考之虞書，琴瑟以詠，則琴瑟之聲所以應歌者也。歌者在堂，則琴瑟亦宜施之堂上矣。竊觀聖朝郊廟之樂，琴瑟在堂，誠合古制。紹聖初，太樂丞葉防乞宮架之內復設琴瑟，豈先王之制哉？

琴瑟下論曰：琴之爲樂，所以詠而歌之也。故其別有暢有操，有引有吟，有弄有調。堯之「神人暢」，爲和樂而作也；舜之「思親操」，爲孝思而作也。襄陽、會稽之類，夏后氏之操也；訓佃之類，商人之操也；離憂之類，周人之操也。謂之「引」，若魯有關雎引，衛有思歸，引之類也。謂之「吟」，若箕子吟，夷齊吟之類也。謂之「弄」，若廣陵弄之類也。謂之調，若子晉調之類也。黃帝之「清角」，齊桓之「號鐘」，楚莊之「繞梁」，相如之「緑綺」，蔡邕之「焦尾」，以至「玉牀」「響泉」「韻磬」「清英」「怡神」之類，名號之別；吟木、沉散、抑抹、剔操、擽擘、倫齪、綽瓅之類，聲音之法也。暢則和暢，操則立操，引者引説其事，吟者詠其事，弄則弄習之，調則調理之，其爲聲之法十有三，先儒之説詳矣。由是觀之，琴之於天下，合雅之正樂，治世之和音也。得其粗者，足以感神明，故六馬仰秣者，伯牙也；鬼舞於夜者，賀韜也；得其妙者，幾與造化俱矣，故能易寒暑者，師襄也；召風雲者，師曠也。小足以感神明，大足以奪造化，然則琴之爲用，豈不至矣哉！宋中興樂至論曰：「八音之中，金、石、竹、匏、土、木，六者皆有一定之聲。革爲燥濕所薄，絲有弦柱緩急不齊，故二者其聲難定。鼓無當於五聲，此不復論。惟絲聲備五聲而其變無窮。五弦作於虞舜，七弦作於周文、武，此琴制之古者也，厥後增損不一。宋朝始制二弦，以象天地，謂之『兩儀琴』。每弦各六柱，又爲十二弦，以象十二律。其倍應之聲，靡不悉備。太宗因大樂雅，琴加爲九弦，按曲轉入大樂，十二律清濁，互相合應。大晟樂府嘗罷一、三、七、九，惟存五弦，謂其得五音之正，最優於諸琴也。今復俱用太常琴制，其長三尺六寸三百六十分，象周天之度也。姜夔樂議分琴爲三準，自一暉至四暉謂之「上準」，上準四寸半，以象黃鐘之子律；自四暉至七暉謂之「中準」，中準九寸，以象黃鐘之正律；自七暉至龍齦謂之「下準」，下準一尺八寸，以象黃鐘之倍律。三準各具十二律聲，按弦附木而取。然須轉弦，合木律所用之字，若不轉弦，則誤觸散聲，落別律矣。每一弦各具三十六聲，皆自然也。分五十七弦，琴各述轉，弦合調圖。五弦琴圖說曰：「琴爲古樂所用者，皆宮商角徵羽五音。故以五弦散聲配之。其二變之聲，惟用古清，商謂之側弄，不入雅樂。」七弦琴圖曰：「七弦散而扣之，則間一弦，於第十暉取應聲。假如宮調五弦十暉，應七弦散聲，四弦十暉應六弦散聲，二弦十暉應四弦散聲，大弦十暉應弦散聲，惟三弦獨退一暉，於十一暉應。五弦散聲，古今無知之者。竊謂黃鐘、大呂並用慢角調，故於大弦十一暉應三弦散聲；太蔟、夾鐘並用清商調，故於二弦十二暉應四弦散聲；姑洗、仲呂、蕤賓並用宮調，故於三弦十一暉應五弦散聲；林鐘、夷則並用慢宮調，故於四弦十一暉應六弦散聲；南呂、無射、應鐘並用蕤賓調，故於五弦十一暉應七弦散聲。以律長短配弦大小，各有其序。」九弦琴圖說曰：「弦有七有九，實即五弦。七弦倍其二，九弦倍其四。所用者五音，亦不以二變爲散聲也。或因以七弦變五音二變，以餘兩弦爲倍，若七弦分倍七音，則是今之十四弦也。」聲律訣云：「琴瑟齪四者，律法上下相生也。若加二變，則於律法不諧矣。」或曰：「如此則琴無二變之聲乎？」曰：「附木取之，二變之聲固在也。」合五、七、九弦，琴總述取應聲法，分十二律、十二均，每聲取弦暉之應，皆以次列。

朱子嘗與學者共講琴法。其定律之法十二律，並用太史公九分七法爲準，損益相生，分十二律，及五聲位置各定。按古人以吹管聲傳於琴上，於吹起黄鐘，則以琴之黄鐘聲合之。聲無差，然後以次徧合諸聲，則五聲皆正。唐人紀琴先以管色合字定宫弦，乃以宫弦下生徵，徵上生商，上下相生，終於少商。下生者隔二弦，上生者隔一弦，取之凡絲聲皆當。如此今人苟簡不，復以定聲，其高下出於於臨時，非古法也。調弦之法：散聲隔四而二聲，中暉，亦如之而得四聲八暉，隔三而得六聲九暉，按上者隔二而得四聲，按下有隔一而得三聲十暉；按上者隔一而得五聲，按下者隔一而得四聲，每疑七弦隔一調之六弦，皆應於第十暉，而第三弦獨於第十一暉調之乃應。及思而得之七弦散聲，爲五聲之正。而大弦十二律之位，又衆弦散聲之所取正也。故逐弦之五聲，皆自東而西，相爲次第。其六弦會於十暉，則一與三者，角與散角應也。二與四者，徵與散徵應也。四與六者，宫與散少宫應也。五與七者，商與散少商應也。其第三、第五弦會於十一暉，則羽與散羽應也，義各有當，初不相須，故不同會於一暉也。旋宫清調之法：旋宫古有隨月用律之説，今乃謂：「不必轉軫促弦，但依旋宫之法，而抑按之恐難。」如此泛論，當每宫指定，各以何聲取何弦，何唱各以何弦取何律爲均？乃見詳實。又以禮運正義推之，則每律各爲一宫，每宫各有五調，而其每調用律取聲亦各有法，此爲琴之綱領，而説者罕，乃缺典也。當爲一圖，以宫統調，以調統聲，令賓主次第，各有條理。乃先作三圖，一各具琴之形體，暉弦尺寸，散聲之位；二附按聲聲律之位；三附泛聲律之位。列於宫調圖前，則覽者曉然，可爲萬世法矣。

大琴　中琴　小琴

陳氏樂書曰：「八音以絲爲君，絲以琴爲君，而琴又以中暉爲君。是故君子常御不離乎前，非若鐘鼓陳於堂下、列於縣簴也。以其大小得中而聲音和，大聲不喧譁而流慢，小聲不湮滅而不聞，固足以感人善心，禁人邪意，一要宿中和之域而已。」夫作五弦之琴，以歌南風，以合五音之調，實始於舜。蓋「南風」，生養之氣也。琴，夏至之音也。舜以生養之德播夏至之音，始也，其親底豫而天下化；　終也，其親底豫而天下之爲父子者定。然則所謂「琴音調而天下治，無若乎五音者」，豈不在茲乎！　蓋五弦之琴，小琴之制也；　而倍之而爲十弦，中琴之制也；　四倍之而爲二十弦，大琴之制也。明堂位曰：「大琴、中琴，四代之樂也。」爾雅：「大琴謂之『離』。」以四代推二琴之制也，始於有虞，明矣。

次大琴

古者大琴二十弦，次者十五弦。其弦雖多少不同，要之本於五聲，一也。

雅琴

陳氏樂書曰：「西漢趙定善鼓雅琴爲散操；　東漢劉琨亦能彈雅琴，知清角之操。」則雅琴之制，自漢始也。宋朝太宗皇帝因太樂雅琴，更加二弦。召錢堯卿按譜以君臣文武禮樂正民心，九弦按曲轉入太樂十二律清濁互相合應御制，詔樂集中有正聲翻譯字譜，又令鈞容班部頭任守澄，並教坊正部頭花日新、何元善等，註入唐來燕樂半字譜，凡一聲先以九弦琴對太樂字，並唐來半字譜，並有清聲。今九弦譜内有大定樂、日重輪、月重明三曲，並御制大樂乾安曲。景祐，詔樂集中太平樂一曲，譜法互同，他皆倣此，可謂善應時而造者也。誠增一弦去四清聲，合古琴之制，善莫大焉。仲呂大定樂一百三十字，南呂角日重輪一百四十一字，月重明一百一十一字。無射宮乾安曲四十八字，太宗因前代七弦加二弦曰「清角」，清徵爲九弦。一弦黄鐘，二弦太呂，三弦太蔟，四弦夾鐘，五弦姑洗，六弦仲呂，七弦蕤賓，八弦林鐘，按上爲夷則九弦南呂，按上爲無射應鐘。令隨編鐘按習，每一擊一彈，各依節奏焉。

十二弦琴

宋朝嘗爲十二弦琴，應有十二律。倍應之聲，靡不悉備。蓋亦不失先王制作之實也。

兩儀琴

宋朝初，制兩儀琴。有二弦，各六柱，合爲十二。其聲洪迅而莊重，亦一時之制也。

七弦琴

陳氏樂書曰：「古者造琴之法，削以嶧陽之桐，成以檿桑之絲，徽以麗水之金，軫以崑山之玉。」雖成器在人，而音含太古矣。蓋其制長三尺六寸六分，象朞之日也；廣六寸，象六合也；弦有五，象五行也；腰廣四寸，象四時也；前廣後狹，象尊卑也；上圓下方，象天地也；暉十有三，象十二律也，餘一以象閏也。其形象鳳，而朱鳥，南方之禽，樂之主也。五分其身，以三爲上，二爲下，參天兩地之義也。司馬遷曰：「其長八尺一寸，正度也。」由是觀之，則三尺六寸六分，中琴之度也；八尺一寸，大琴之度也；或以七尺二寸言之，或以四尺五寸言之，以爲大琴則不足，以爲中琴則有餘，要之皆不若六八之數爲不失中聲也。至於弦數，先儒謂：「伏羲、蔡邕以九弦，登一、郭璞以二十七，頌琴以十二。」揚雄謂「陶唐氏加二弦以會君臣之恩」，桓譚以爲文王加少宮、少商二弦，釋知匠以爲文王武王各加一，以爲文弦，是爲七弦。蓋聲不過五，小者五弦，法五行之數也；中者十弦，大者二十弦，法十日之數也。一弦則聲或不備，九弦則聲或太多，至於全之爲二十七，半之爲十三，皆出於七弦，倍差溺於二變、二少，以應七始之數也。爲是説者，蓋始於夏書而曼衍於左氏、國語，是不知夏書之在治忽，有五聲而無七始，豈爲左氏者，求其説不得，而遂傅會之邪？故七弦之琴，存之則有害，古制削之則可也。宋朝太常琴制：其長三尺六寸三百六十分，象周天之度；弦有三節聲，自焦尾至中暉爲濁聲，自中暉至第四暉爲中聲，上至第一暉爲清聲。故樂工指法，按中暉第一弦黄鐘，按上爲大呂。二弦太蔟，按上爲夾鐘。第三弦姑洗，按上爲仲呂。第四弦蕤賓，單彈之。第五弦爲林鐘，按上爲夷則。第六弦爲南呂，按上爲無射。第七弦爲應鐘。按上爲黄鐘清。凡此各隨鐘律，彈之莫不合中呂之商，中太平之曲，非無制也。誠損二弦、去四清，合先王中琴之制，則古樂之發，不過是矣。唐李沖操琴，通中呂、黄鐘、無射三宫之説，蓋未究其本矣。先儒之論，有宫聲，又有變宫聲，已失尊君之道，而琴又有少宫、少商之弦，豈古人祝壽之意哉？其害理甚矣。

大瑟　中瑟　小瑟　次小瑟

世本云：「庖犧氏作五十弦，黄帝使素女鼓瑟，哀不自勝，乃破爲二十五弦，具二均聲。」爾雅：「大瑟謂之『灑』。」禮圖舊云：「雅瑟長八尺一寸，廣一尺八寸，二十三弦，其常者十九弦。頌瑟長七尺二寸，廣一尺八寸，二十五弦，盡用之。」易通卦驗曰：「人君冬至日使八能之士鼓黄鐘之瑟，瑟用槐木，長八尺一寸；夏至日瑟用桑木，長五尺七寸。槐取氣上也，桑取氣下也。

容齋洪氏隨筆曰：「李商隱詩云『錦瑟無端五十弦』，説者以爲『錦瑟』者，令狐丞相侍兒小名。」此篇皆寓言，而不知五十弦所起。劉昭釋名：「箜篌，云師延所作靡靡之樂。蓋空國之侯所作也。」段安節樂府録云：「箜篌，乃鄭、衛之音。以其亡國之聲，故號『空國之侯』。亦曰『坎侯』。」吴兢解題云：「漢武依琴造坎侯，言『坎坎應節』。後訛爲『箜篌』。」予按史記封禪書云：「漢公孫卿爲武帝言，太常使素女鼓五十弦，瑟悲，帝禁不止，故破其瑟，爲二十五弦。於是武帝益召歌皃，作二十五弦及箜篌。」應劭曰：「帝令樂人侯調始造此器。前漢郊祀志備書此事，言箜篌瑟自此起。」顏師古不引劭所註，然則二樂本始，曉然可考。雖劉、吳博洽，亦不深究，且「空」元非國名，其説尤穿鑿也。初學記、太平御覽編載樂事，亦遺而不書，莊子言「魯之調，瑟二十五弦皆動」，蓋此云。續漢書云「靈帝胡服作箜篌」，亦非也。

姜夔定瑟之制，桐爲背，梓爲腹，長九尺九寸，首尾各九寸，隱間八尺一寸，廣尺有八寸。岳崇寸有八分，中施九梁，皆象黄鐘之數。梁下相連，使其聲沖融。首尾之下爲兩穴，其聲條達。是傳所謂大琴達越也。四隅刻雲，以縁其武象，其出於雲，漆其壁與首尾腹，取椅桐梓漆之。全設二十五弦，弦一柱崇二寸七分，别以五色，五五相次，蒼爲上，朱次之，黄次之，素與黔又次之。使肄習者便於擇弦。弦八十一絲而朱之，是謂朱弦。其尺則用漢尺。凡瑟，弦具五聲，五聲爲均，凡五均。其二變之聲，則柱後折角、羽而取之。五均，凡三十五聲，十二律。六十均，四百二十聲，瑟之能事畢矣。

頌瑟

陳氏樂書曰：「瑟者，閉也。所以懲忿窒慾，正人之德也。故前其柱則清，卻其柱則濁。」按三禮圖：「頌瑟七尺二寸，廣尺八寸，二十五弦並用也。」其合古制歟？尸子曰：「夫瑟二十五弦，其僕人鼓之，則爲笑賢者。」以其義鼓之，欲樂則樂，欲悲則悲，雖有暴，亦不爲之變。誠有味其言也！

琴操

陳氏樂書曰：「自三代之治既往，而樂經亡矣。樂經亡，則禮素而詩虚，是一經缺而三經不完也。」今夫琴者，君子常御之樂，蓋所以樂而適情，非爲憂憤而作也。苟遇乎物可詠者，詠之可傷者，傷之大爲典誥，小爲雅頌，而諷刺勸戒靡不具焉。其利於教也，大矣！古之明王君子，多親通焉。故堯有神人暢，舜有思親操，襄陵始禹，訓佃始湯，以至文王拘幽，周公越常，成王儀鳳，老聃、列仙、伯牙之水仙、懷陵，孔子之將歸、猗蘭，曾子歸耕、殘形之類，大抵因時事而作，豈爲憂憤邪？後世論之者，過也。降自唐、虞，迄于晉、宋，善琴者八十餘人，周、秦以前，其聲傷質，漢、魏而下，其音淺薄，故漢末太師五曲，魏初中散四弄，其間聲含清惻，文質殊流。吳弄清潤，若長江緩流，有國士之風；蜀聲峻急，若躄浪奔濤，有少年壯氣。凡若此類，不可勝數。然世罕知音，反以箏勢入琴，譜録雖存，其亡益乎！

步

爾雅曰：「徒鼓琴謂之步。」蓋鼓琴而無章曲，則徒鼓而已。猶之捨車而徒也。

苑洛志樂卷九

苑洛志樂　卷十

明韓邦奇撰

竹

樂考：陳氏樂書曰：「竹之爲物，其節直而有制，其心虛而能通，而利制之音所由出也。其卦則震，其方則東，其時則春，其聲尚議，其律姑洗，其風明庶，其音濫，春分之氣也。先王作樂，竅之以爲簫管之屬焉。」

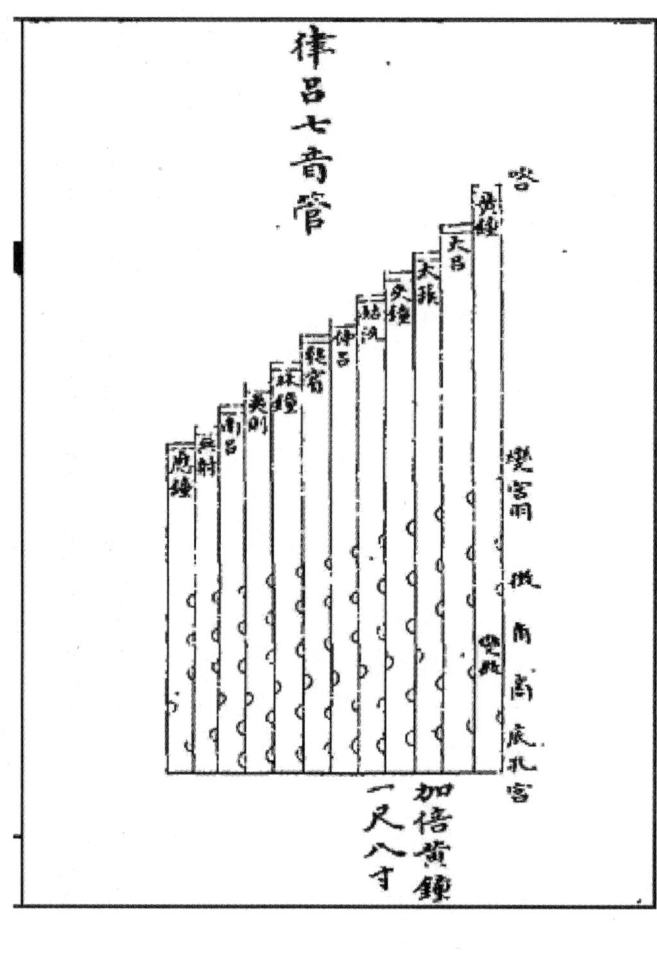

此虞廷簫管也。十二管具八十四聲，後世不究管爲竹器之總名，以爲別有十二管。

吹管之法：　閉五孔開第一孔，則宫音出焉，今謂之合是矣；　閉四孔開第二孔，則商音出焉，今謂之四是矣；　閉三開三，則角音出焉，今謂之一是矣；　閉三開四，則徵音出焉，今謂之尺是矣；　閉上一開下五，則羽音出焉，今謂之工是矣；　閉下五孔獨開上一孔，則變宫之音出焉，今謂之六是矣；　前孔皆閉放後一孔，變徵之音出焉，今謂之上是矣。

管之七孔，惟變徵一孔在後。蓋變徵稍下於徵位無多，不可一並爲孔，故置之後，既不失變徵之位，又無礙於徵，若變宮，則彼自有其地也。

書稱：「下管鼗鼓」，詩稱：「嘒嘒管聲」，古今言樂，皆稱「登歌下管」。夫竹，音莫重於簫，乃獨言管而不及簫者，則管蓋竹音之總稱。後儒乃別列管十二，或未深考也。

周禮曰：「吹籥、簫、篪、笛，管。」「管」字，總承上四者言也。

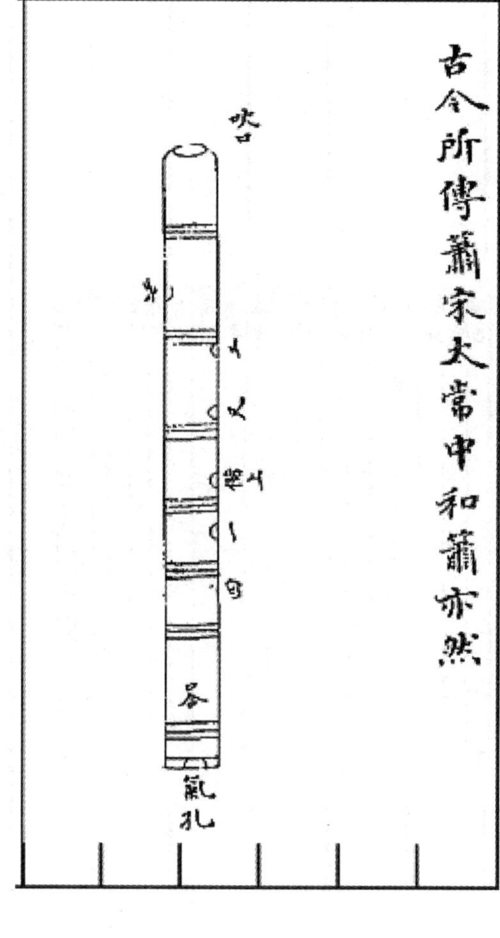

古人之制，二十四管皆如黃鐘。倍長其二十四聲之長短，則以蠟其下、空其上，如十二正聲、十二清聲之長短，必如時

制，截其下爲簡便，但恐聲音或不協耳。爲圖於後。

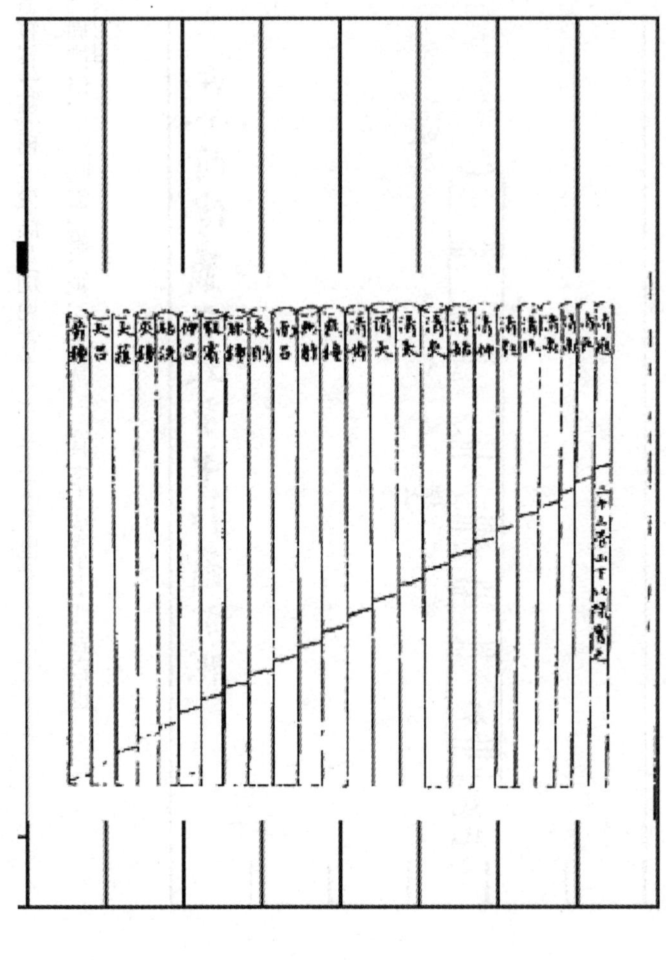

樂器惟韶簫乃十二律之本形，舜所制者，長短並列，有似鳳翼，故曰「鳳簫」。每一管具七聲，十四管則八十四聲。六十調已備，十二清聲暗十二中聲之內。十二人各執一管，以長短爲序，並立各奏一均。如黃鐘至蕤賓，並歸宮八聲，一均自備於黃鐘之管，餘律皆然。漢儒不知，乃聯之一處。後世求其聲而不得，乃爲二十四管，一管止具一聲，如此則吹者奏一管即復就三管，音亦不接。樂器中獨此最清雅含蓄，其底有孔，他皆不録。若兼音者則一管即具十二律、八十四聲，此蓋後世止以一管兼百同，而用以爲簡便，非雅樂也。若兼音止一管便可盡六十調，樂器惟簫備十二管，故舜以簫韶名樂。簫與笙最相合，今西湖有笙簫子弟，並奏如出一聲。

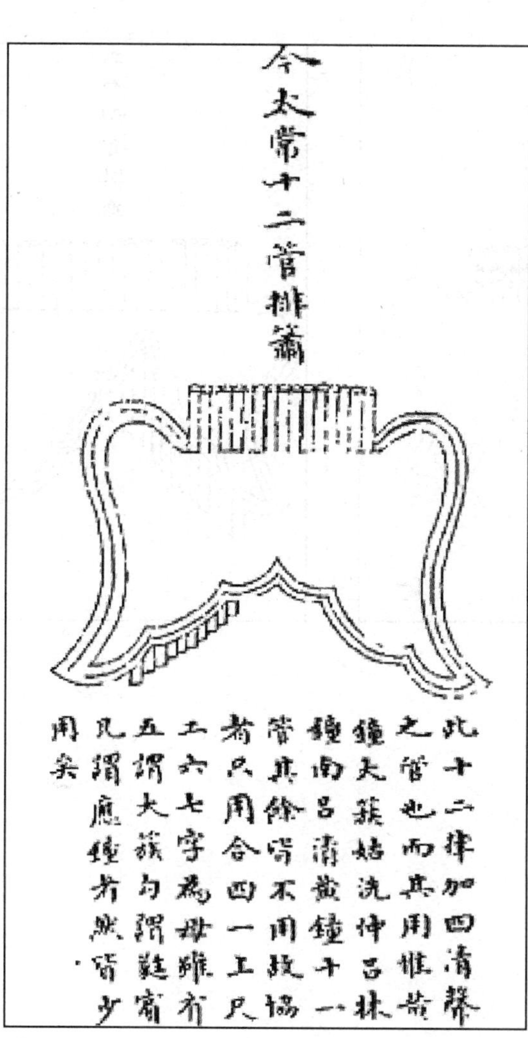

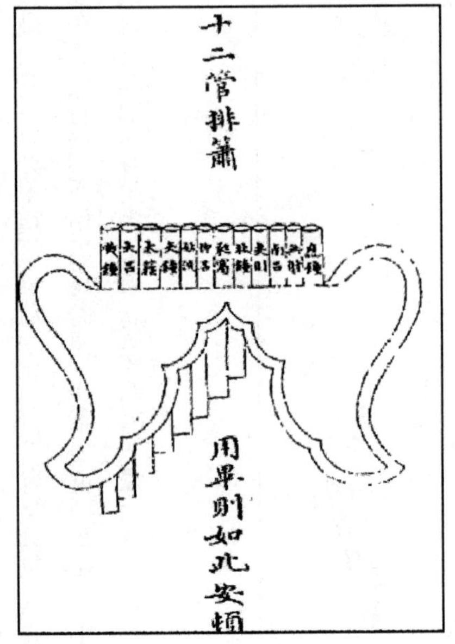
十二管排簫
黃鍾
大呂
太簇
夾鍾
姑洗
仲呂
蕤賓
林鍾
夷則
南呂
無射
應鍾
用畢則如此安頓

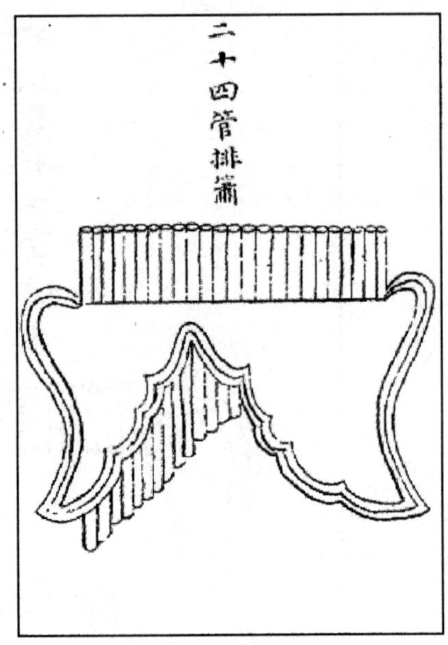
二十四管排簫

世本曰：「舜所造，其形參差，象鳳翼。」郭璞云：「尺四寸者，二十四管，無底而善應，故謂之『筲』。尺二寸者，十二管，有底而交鳴，故謂之『筊』。蓋應十二律正倍之聲也。」

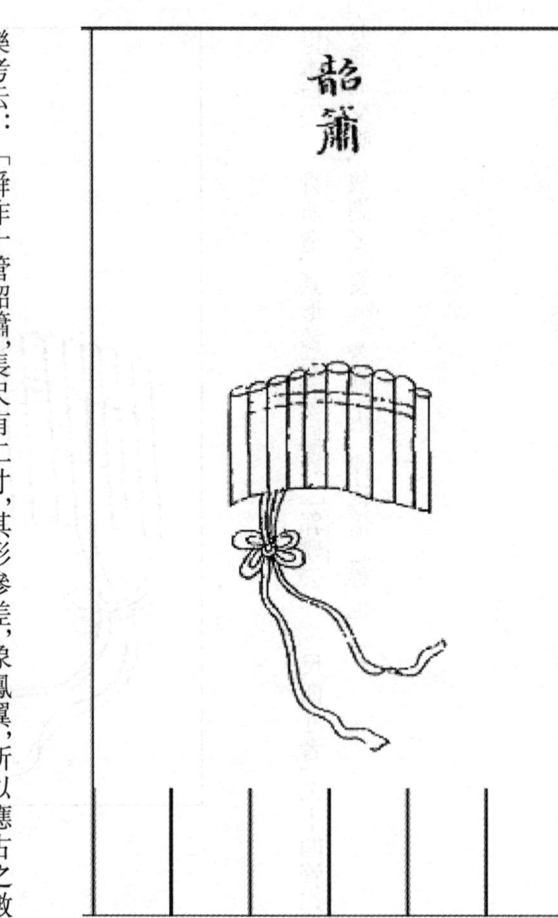

樂考云：「舜作十管韶簫，長尺有二寸，其形參差，象鳳翼，所以應古之數，聲之所由生也。」風俗通之論，疑有所本矣。或以三尺言之。

簫，堂上堂下皆設，衆樂之祖也。故別言之。

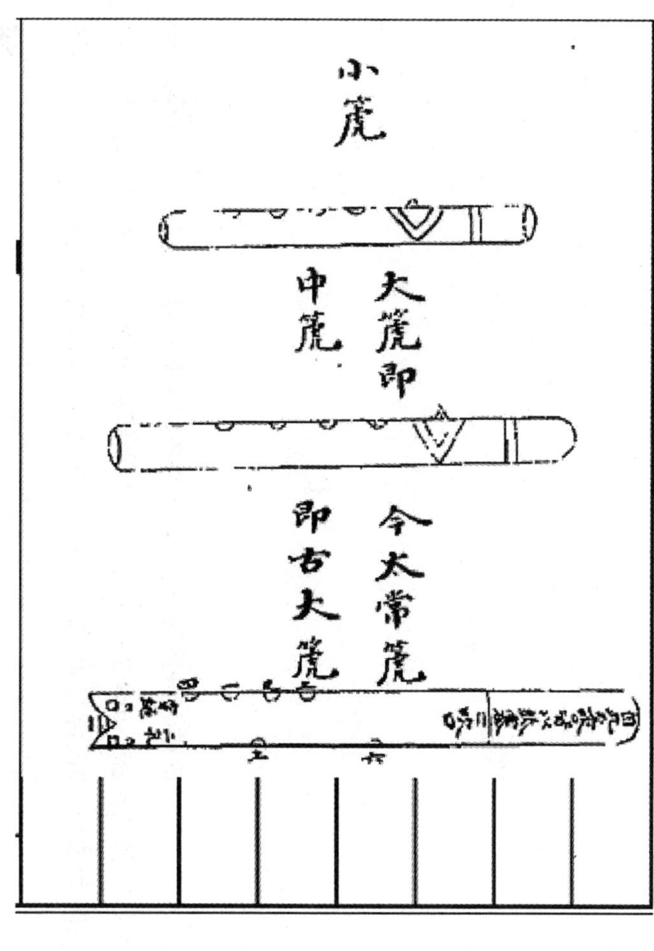

大篪尺有四，中篪尺有三，小篪尺有二。圍三寸，上一孔出寸三分，曰「翹」，吹口也。上空以紙塞之；下節外一孔，前四後二，共七，有兼音。正吹爲大呂，仰唇爲夾鐘，餘仿此。二距：距上二孔穿繩。

先儒曰：「一孔兼三音，吹之之法，全在口唇之俯仰，吹氣之緩急。唇仰則清一律，唇俯則濁一律，仰而急者則爲本律之半聲。如第一孔，太蔟也，俯則兼大呂，仰則兼夾鐘，仰而急則爲太蔟之半聲。二孔，姑洗也，仰則兼仲呂，仰而急則爲姑洗之半聲。三孔，林鐘也，仰則兼夷則，仰而急則爲林鐘之半聲。四孔，南呂也，仰則兼無射，仰而急則爲南呂之半聲。五孔，應鐘也，仰則兼乎黄鐘之半聲。故用今之籥篪笛管，欲全乎律呂者，其妙處在兼音也。然吹之甚難，非精熟者不能。篪吹孔如酸棗。

匏

陳氏樂書曰：「匏之爲物，其性輕而浮，其中虚而通，笙則匏之母，象植物之生焉。其卦則艮，其方東北之維，其時春冬之交，其聲尚議，其律大呂、太蔟，其風融，其音啾，立春之氣也。先王作樂，以之爲笙竽之屬焉。」記曰：「歌者在上，匏竹在下。」國語曰：「匏，竹製。蓋匏竹相合而成聲，得清濁之適故也。」

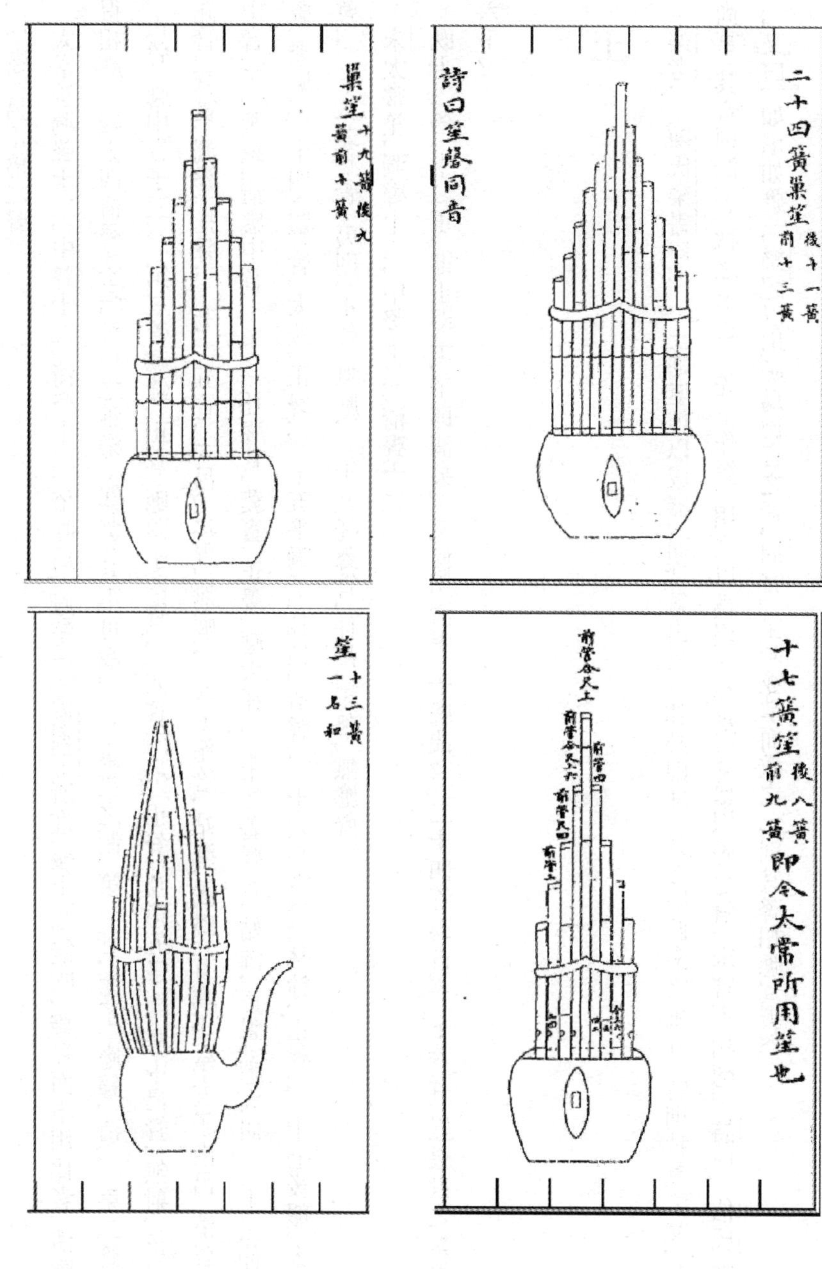
二十四簧巢笙
後十一簧
前十三簧
詩曰笙磬同音
巢笙
十九簧
後九簧
前十簧
十七簧笙
後八簧
前九簧
即今太常所用笙也
前管合尺上
前管合尺六
前管四
前管尺四
前管上
笙
十三簧
一名和

周禮春官大司樂：「笙師掌教歙竽笙。歙，音吹。」古者造笙，以曲沃之匏、汝陽之篠列管匏中，而施簧管端，合二十四聲，以應律吕正倍之聲。

太常笙濁聲十二，中聲十二，清聲十二，俗呼爲「鳳笙」。孟蜀王所進，樂工不能吹，雖存而不用比者，清濁正三倍聲，皆得相應。誠去四清聲吹之，雖用之雅樂，亦惡在其不可哉！今巢笙之制，第一管，頭子，應鐘，清；第二管，二中音，黄鐘，正聲，應中音子三；第三管應鐘，正聲，應頭子四管；四管南吕，正聲，應第五子；五中吕管，無射，正聲無應；六大託管，蕤賓，濁聲，托聲；七十五管，大吕，正聲，無應；八大韻管，姑洗，濁聲，有應；第五子南吕，清聲應第四管；十中音，子，黄鐘，清應中音；十一托聲管，蕤賓，正聲，應大托；十二著聲管，姑洗，正聲，應大韻；十三仲吕管，夾鐘，正聲，無應；十四高聲管，太蔟，正聲；十五平調子，林鐘，清聲；十六平調管，林鐘，正聲；十七後韻，太蔟，濁聲，應商聲；十八義聲管，夷則，正聲，無應；十九托聲管，仲吕，正聲，無應聲。

宋太常笙，濁聲十二，中聲十二，清聲十二。

既十二倍、十二正，則正即子，子即清矣。又何用清聲、子聲哉？二十四管爲古，三十六者，豈後世之繁聲多，必用三十六乎？

土

樂考：陳氏樂書曰：「土則埏埴以成器，而沖氣出焉。其卦則坤，其方則西南之維，其時則秋夏之交，其風則涼，其聲尚宫，其音則濁，立秋之氣也。先王作樂，用之以爲塤之屬焉。蓋塤、篪之氣，未嘗不相應。詩曰「伯氏吹塤，仲氏吹篪」，又曰「如塤如篪」，樂記以塤篪爲德音之音，周官「笙師並掌而教之」，則其聲相應，信矣。

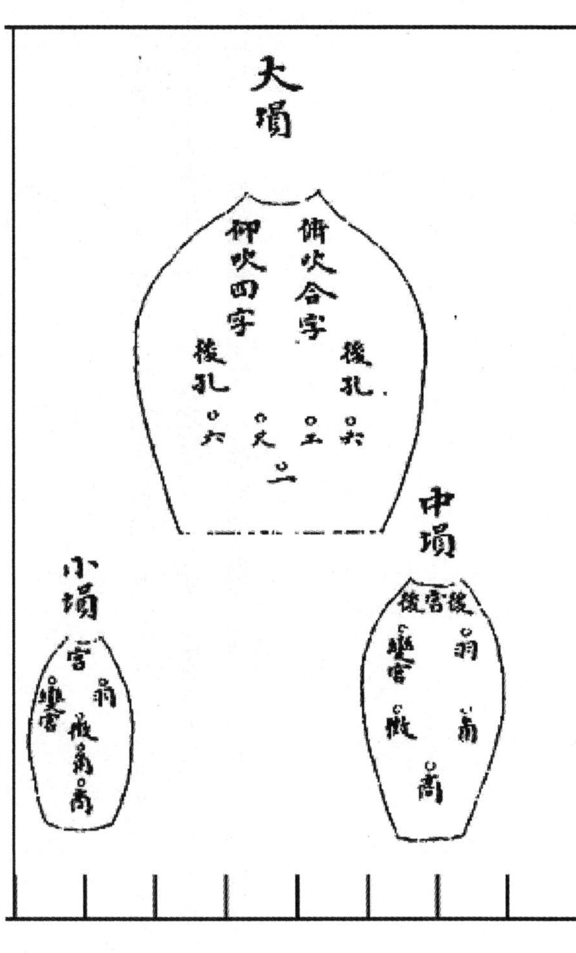

塤篪

書稱：「八音克諧。」則八音相合，無乖戾而不和者。古今乃獨稱塤篪至比之爲兄弟者，何也？蓋七音各自爲五聲，如玉磬、宮磬，鳴而徵磬和，獨塤篪則二器共爲一事，如塤爲宮而篪之徵和，塤爲商而篪之羽和，故曰「伯氏吹塤，仲氏吹篪」，伯，宮也，仲，徵也。世傳塤有大、中、小，篪亦有大、中、小，共爲六，知有其器而不知其用，但云：「器有小大不同，隨所造而異，爲一器也，惟用其一耳。」蓋大塤管黄鐘、太蔟，大篪管大呂、夾鐘，中塤管姑洗、蕤賓，中篪管仲呂、林鐘，小塤管夷則、無射，小篪管南呂、應鐘，共爲十二調，此漢、唐以來，樂家未之及者，但歎其聲之難取耳。予嘗見一舉業文字有云「塤唱而篪和，金春而玉應」，此語必有所本。今太常塤乃古人塤也，今太常止用黄鐘一調，故不用中塤、小塤，周官之於塤，教於小師，播於瞽矇，吹於笙師，平底六孔，水之教也；中虚上鋭，如秤錘然，火之形也；塤六孔，上一，前三，後二，古有雅塤如鴈子，頌塤如雞子，前下一穴爲太蔟，上二穴，右爲姑洗，啟下一穴，爲仲呂，左雙爲林鐘，後二穴，一啟爲南呂，雙啟爲應鐘，合聲爲黄鐘。

革

陳氏樂書曰：「革去故以爲器，而羣音首焉。其卦則坎，其方則北，其時則冬，其風廣莫，其律黄鐘，其聲一，其音讙，冬至之器也。先王作樂，用之以爲鼓之屬焉。蓋鼗所以兆奏鼓者也，二者以同聲相應，故祀天神以雷鼓雷鼗，祭地祇以靈鼓靈鼗，享人鬼以路鼓路鼗，樂記亦以鼗鼓合而爲德音，周官少師亦以鞉鼓並而鼓之也。

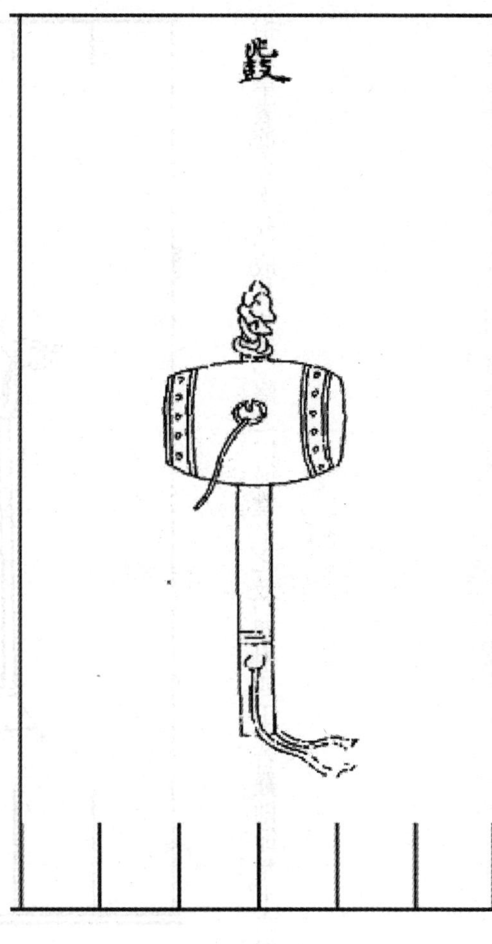

鼗兩旁有耳，持其柄而搖之，則旁耳自擊節堂下之鼓。四鼗四工，若拊則節堂上之樂者也。節鼓聲三搖之節，衆樂每二字畢搖之。

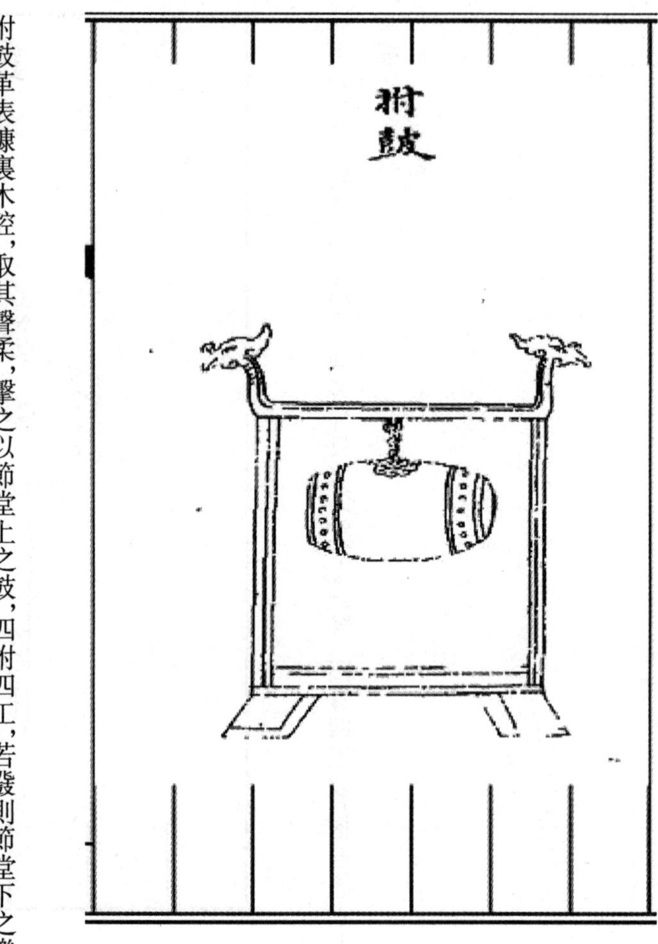

拊鼓革表糠裏木腔，取其聲柔，擊之以節堂上之鼓，四拊四工，若錣則節堂下之樂者也。

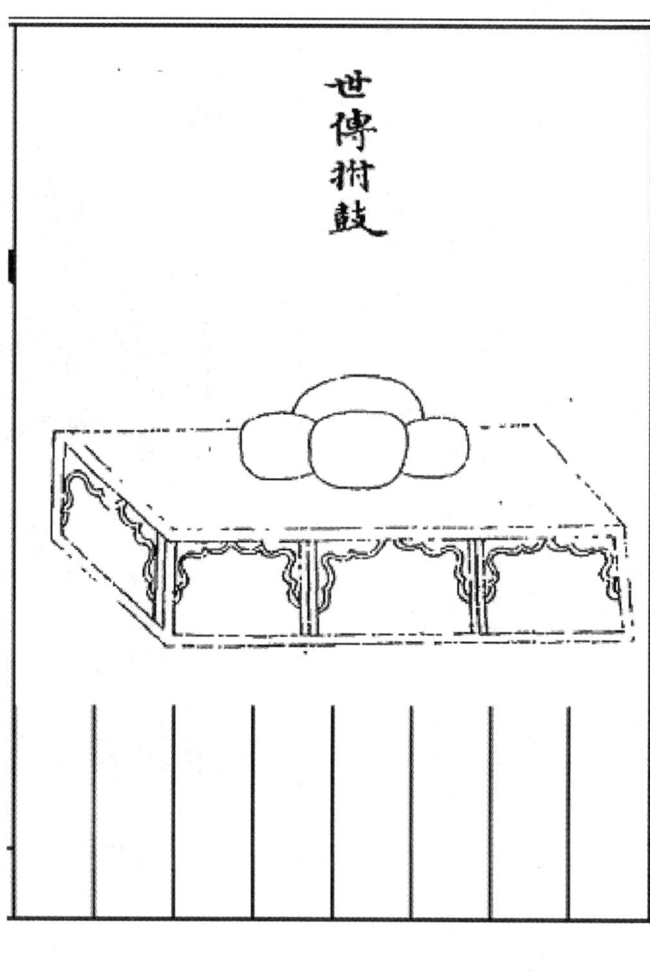

節鼓聲三擊之節，衆樂每二字畢，二擊之。凡樂，二字爲一節，蓋宫倡而徵應，商倡而羽應，故二字爲一節也。孟子所謂「金聲玉振」，古所謂「金舂玉應」是也。

陳氏樂書曰：「拊之爲器，韋表糠裏，狀則類鼓，聲則和柔，倡而不和，非徒鏗鏘而已。」書傳謂「以韋爲鼓」，白虎通謂「革而糠」是也。

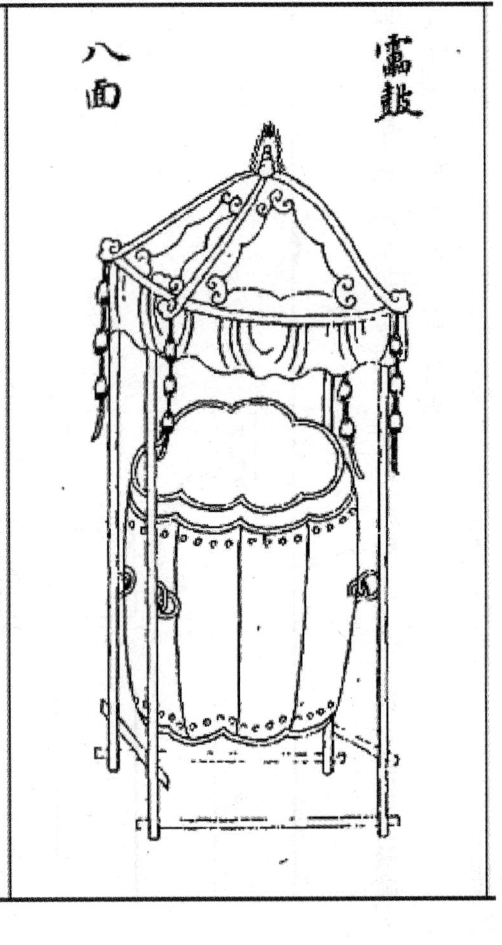

或曰：「八面者鼓，八面也。」面猶个。

一腔八面，面口一尺八寸七分五釐，環連如梅花狀，一架於四楹，楹一鐵勾，以勾鼓環。鼓腔中施環以受楹，勾楹上施蓋金浮圖，以紅紵織，以金花爲飾，蓋四角，以龍首口啣五綵流蘇。用八工持桴擊，每宮三擊，此惟降神之樂用之。古謂「楹鼓楹」，乃屋柱也，後世不知，乃以柱貫鼓心，穿革擊之，聲不揚，乃爲散鼓以助之，非也。楹以承屋，有獨立者乎？始衆音則擊鼓。

鼗鼓每柄二面，四柄八面，兩旁有耳，搖其柄則旁耳自擊。用四工，徑一尺。衆音終則搖鼗。

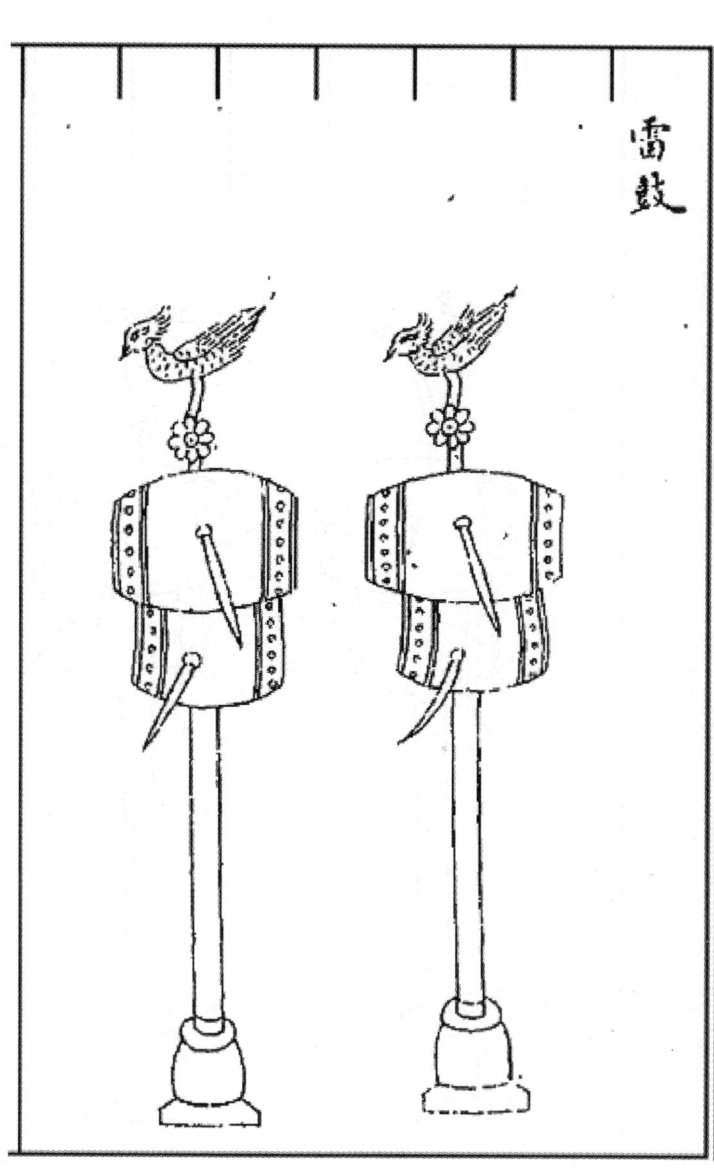

鼓腔朱紅漆，蟠以金龍，紋面用馬革，錠以金釘，楹亦朱紅。上下亦蟠以金龍，楹下承以伏獸，紋如本形。

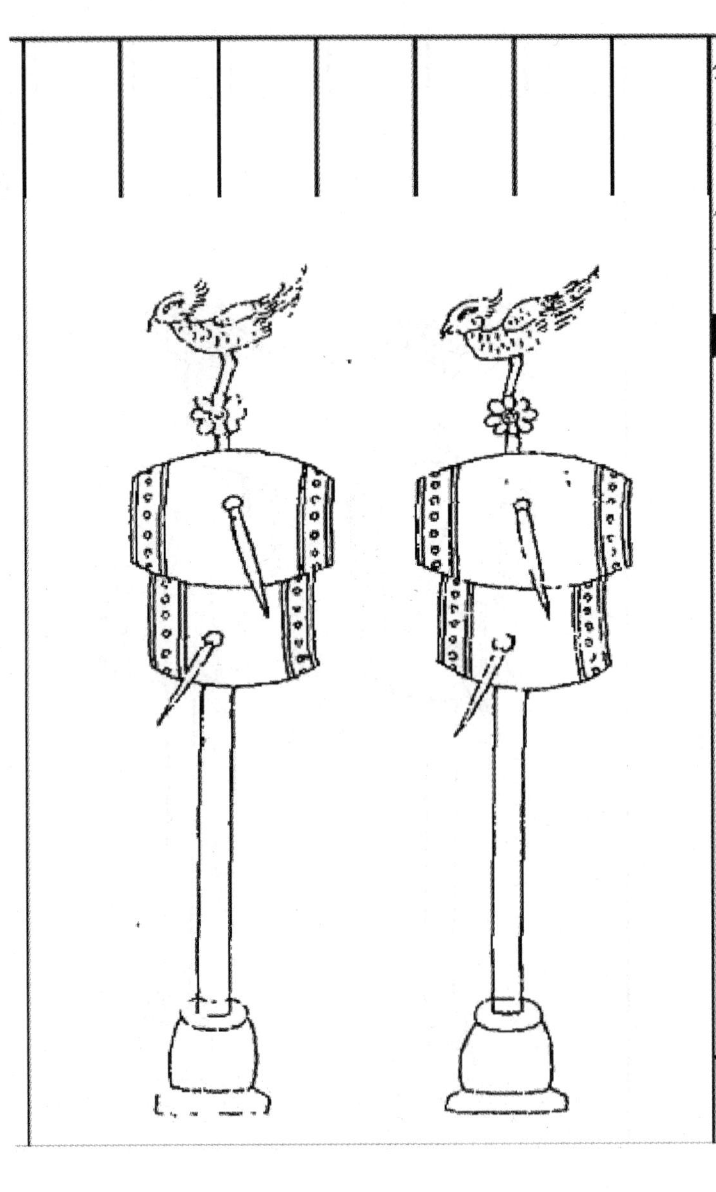

周禮：「雷鼓雷鼗，降天神之樂。」鄭玄云：「八面。」明堂位曰：「夏后氏之鼓足。」蓋少昊冒革以爲鼓，夏后加四足焉。

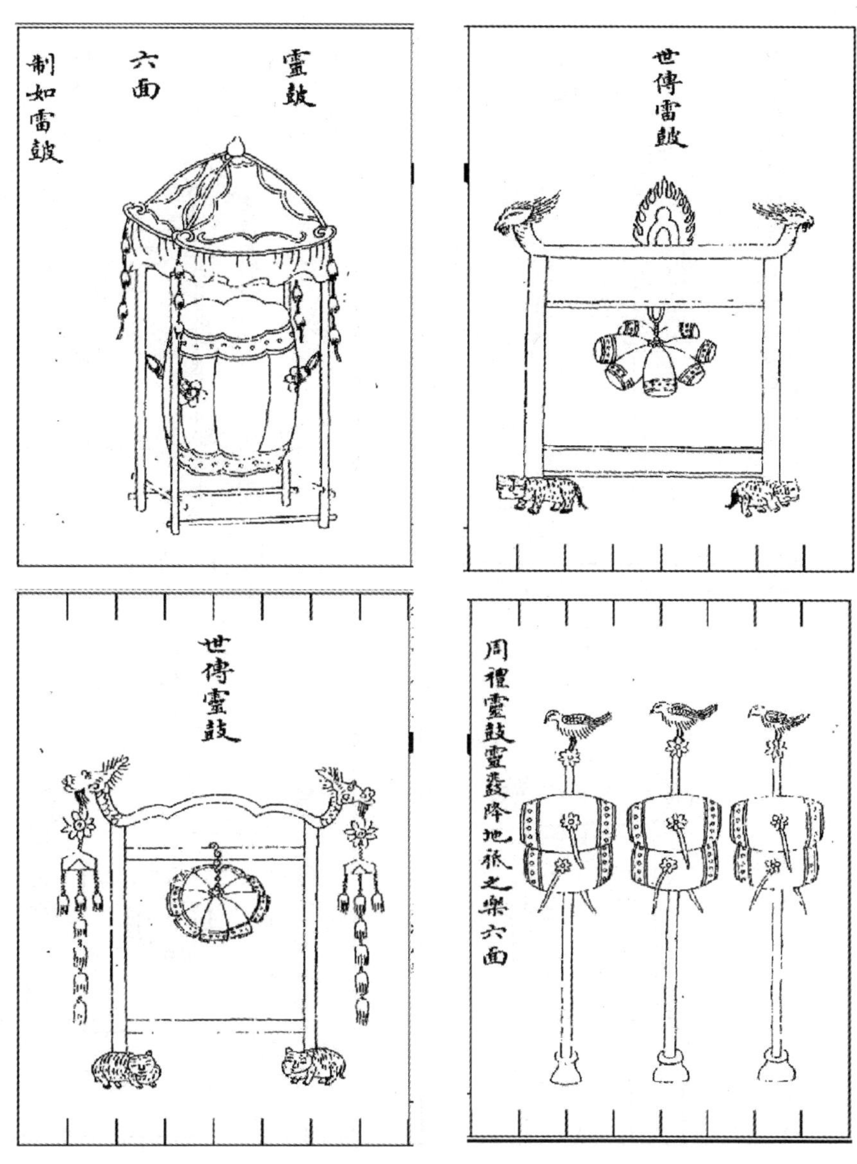
靈鼓
六面
制如雷鼓
世傳雷鼓
世傳靈鼓
周禮靈鼓靈鼗降地祇之樂六面

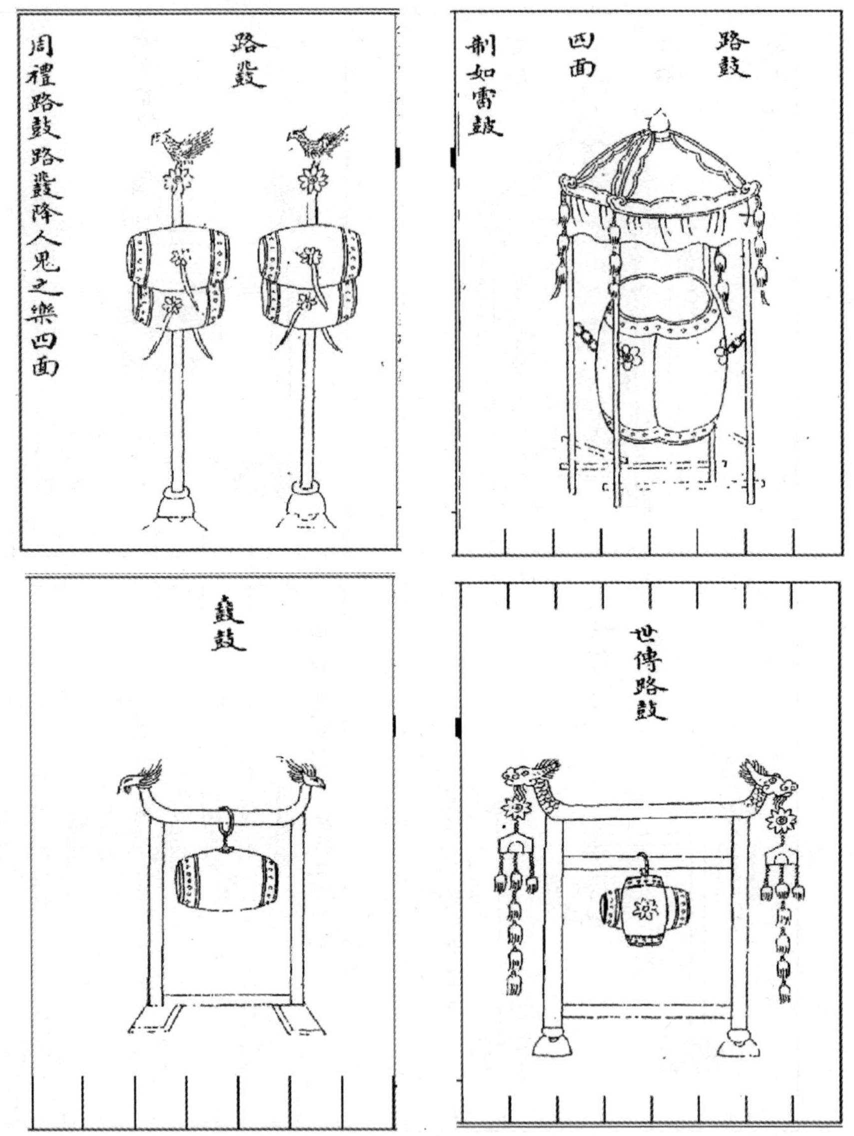
路鼓
四面
制如雷鼓
路鼗
周禮路鼓路鼗降人鬼之樂四面
世傳路鼓
鼗鼓

鼖鼓與鏞鐘應者，詩曰「鼖鼓維鏞」，書曰「鼖鼓在西序」，又曰「下管鼗鼓，長八尺，面四尺，中圍加三之一」。鼓之制，始於伊耆氏、少昊氏，夏后氏加四足，謂之足鼓，今之大鼓有架者是也。四楹高出，鼓上覆以蓋縵，四角施流蘇，後世以柱，柱首承以雲。掌鼓橫其上柱，下承以座，乃一足鼓也。商人謂之「楹鼓」即足鼓也。屋一間而四楹，後世不知以柱貫鼓爲楹，鼓不鳴而助以散鼓，非也。或者一足之鼓，誤之也。周人懸而擊之，謂之「懸鼓」，三鼓，皆「鼖鼓」也。

建鼓即鼖鼓，所謂足鼓、楹鼓、懸鼓，皆是也。後世或以建鼓爲又一鼓者，誤矣。

西北隅之鼓，合應鐘、黃鐘、大呂之聲；東南隅之鼓，合太蔟、夾鐘、姑洗之聲；東南隅之鼓，合蕤賓、林鐘之聲。西南隅之鼓，合夷則、南呂、無射之聲。依月均而考擊之，於義或然，議者非之，疎矣。且三代所尚之色，夏后氏以黑，商人以白，周人以赤，則鼓之色稱之亦可知矣。

建鼓植於四隅，皆有左鞞右應。乾隅左鞞，應鐘，亥之位也；中鼓黃鐘，子之位也；右應大呂，丑之位也；艮隅左鞞，太蔟，寅之位也；中鼓夾鐘，卯之位也；右應姑洗，辰之位也；巽隅右應仲呂，巳之位也；中鼓蕤賓，午之位也；左鞞林鐘，未之位也；坤隅右應夷則，申之位也；中鼓南呂，酉之位也；左鞞無射，戌之位也，宜隨月建依律呂之均擊之。

木

陳氏樂書：「曰木者，所以合止樂之器。其卦則巽，其方東南之維，其時春夏之交，其風清明，其律夾鐘，其聲一，其音直，立夏之氣也。先王作樂，斲之以爲敔柷之屬焉。」樂記曰：「作爲椌楬，德音之音。」柷敔以椌楬爲用，椌楬以柷敔爲體，二者之聲一合一止，未嘗不相待也。

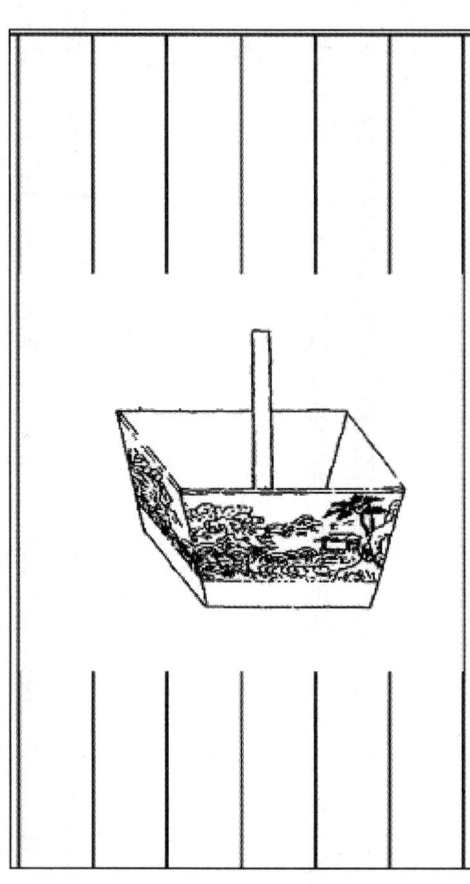

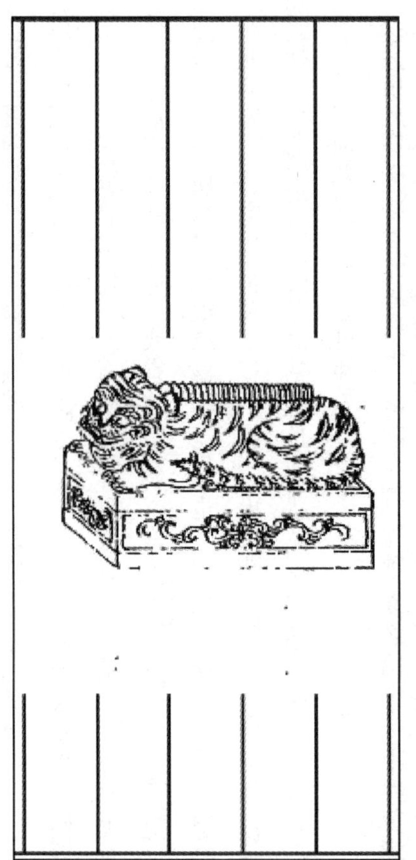

柷如漆桶，方二尺四寸，深一尺八寸，中有椎柄連底，旁開孔，內手於中擊之以舉樂。敔狀如伏虎，背上有二十七龃龉，碎竹以擊其首，而逆戛之以止樂。柷之中，東方圖以青隱而爲青龍，南方圖以赤隱而爲丹鳳，西方圖以白隱而爲騶虞，北方圖以黑隱而爲靈龜，中央圖以黄隱而爲神螾。

中有椎柄連底，撞之令左右擊。

櫟之長尺曰「籈」，唐制用竹，以二尺四寸，析爲十二莖，樂將終，先擊其首，次三戛龃龉而止。

竹

陳氏樂書曰：「上古聖人，本陰陽，别風聲，審清濁，鑄金作鐘，主十二月之聲，效升降之氣，立和適之音。然鐘難分别，又截竹爲管，謂之『律』者，聲之清濁率法，以長短爲制故也。黄帝以聽爲之，遠取諸物也；夏禹以聲爲之，近取諸身也。」又曰：「先王之制管，所以道達陰陽之聲。然陽奇而孤，陰隅而羣，陽大而寡，陰小而衆，陽顯而明，陰幽而晦，孤竹之管與圜鐘之宫合，以之降天神，取其奇而孤也；絲竹之管與函鐘之宫合，以之出地示，取其小而衆也；陰竹之管與黄鐘之宫合，以之禮人鬼，取其幽而晦也。」易曰：「方以類聚，物以羣分。」於斯見矣。又曰：「樂以木爲末，竹爲本。」古者以候氣律管截而吹之，濁倍其聲，爲堂下之樂。頭管所以和衆樂之聲，以其探本故也。律吕之音十二，樂器之音惟六，各倍其六，則亦有十二矣。如太蔟可以兼大吕，姑洗可以兼夾鐘，亦可以兼仲吕；林鐘可以兼蕤賓，南吕可以兼夷則，應鐘可以兼無射。陽方律兼吕，陰方吕兼律，蓋取其分數之相近，自然有可兼之音。以笛篪論之，第一孔爲黄鐘宫，第二孔爲太蔟商，第三孔爲姑洗角，第四孔爲林鐘徵，第五孔爲南吕羽，第六孔爲應鐘變宫。其兼音之法，全在吹氣之緩急，口脣之俯仰，吹正脣正則得本音，吹緩脣俯則兼濁，吹急脣仰則兼清，善吹者一孔取三音，善聽者一孔知三音。知一孔取三音之理，則用今之樂器，可以具律呂之全聲，惟在習之精通乃有得焉。

周官：「笙師掌教，吹籥、簫、篪、笛、管。」五者皆出於笙師，所教無非竹音之雅樂也。

樂考曰：「今太常笛從下，而上二穴太蔟，半竅爲大呂；　次上一穴爲姑洗，半竅爲夾鐘；　次上一穴爲仲呂；　次上一穴爲林鐘，半穴爲蕤賓；　次上一穴爲南呂，半竅爲夷則，變聲爲應鐘。」謂用黃鐘清與仲呂雙發爲變聲，半竅爲無射，後一穴爲黃鐘清，中管起應，爲首爲宮，次上穴大呂爲商，又次上穴夾鐘爲角，又次上穴仲呂爲變徵，又次上穴蕤賓爲正徵，又次上穴夷則爲羽，變宮爲無射，謂後穴與第三穴雙發是也。如此即不用半竅，謂之十二律，用兩笛成曲也。今按習所且以太常半竅法起間聲，亦叶律施用。風俗通曰：「笛，滌也。所以滌邪穢，納之雅正也。長尺四寸，七孔。」樂書曰：「笛之滌也，可以滌蕩邪氣，出揚正聲，七孔下調，漢部用之。」蓋古之造笛，剪雲夢之霜筠，法龍吟之異韻，所以滌蕩邪氣，出揚正聲者也。其制可謂詳矣。昔人有吹笛而歌曰「閑夜寂以清，長笛亮且鳴」，則長笛六孔，且黃鐘一均，如尺八而長。晉桓子野之所善，馬融之所頌，伏滔之所賦，王子猷之所聞，相如之所善，蔡邕之所制也。魏明帝時，令和永受笛聲以作律。歌聲濁者用長笛，長律；　歌聲清者用短笛，短律。古歌詞曰「長笛續短笛」，晉劉和善吹，裁音十二以應律。劉和之東箱長笛四尺二寸。今樂府所用短笛，尺其咫，此笛長短之辨也。樂考曰：「笛之爲樂，所以滌蕩邪心，歸之雅正者也。」後世雅笛之制，非竅而爲五，以合五聲。必竅而爲六，以叶六律。傳、緯有六孔之説，豈雅笛與古者論笛之良不過衡陽之幹也？故師曠得其雄，宋意得其嶋焉。蓋無異於伶倫斷嶰谷雌雄之竹，以爲律呂也。由是觀之，舜之簫韶九成，鳳凰至於來儀，庸詎知非其雌雄之竹耶？手笛六孔，如雅笛而小。和峴論大樂：「小笛之制如雅笛而小，其長九寸，與黃鐘律管等矣。其孔有六，與羌笛同矣。」昔宗同善吹，以爲新引。唐雲朝霞善吹，以爲新聲。孫處善吹而作犯調，李牟善奏而風至，皆一時妙手也。

竪笛

竪笛之制，六孔。具黄鐘一宫，聲應十二律之調，升之雅樂可也。後世宫縣用之，不亦可乎？晉時，黄鐘笛三尺八寸，奚縱又減三尺六寸五分，豈非於此歟？

十二箱笛

陳氏樂書曰：「十二箱笛之制，其長短之度，增損有所不同，故晉荀勖作律笛十二，以正雅樂。黄鐘箱笛三尺八寸，元嘉中，鍾宗之減爲三尺四寸二分，奚縱又減五分，爲三尺三寸七分，縱又減一寸一分，爲三尺二寸六分。姑洗箱笛三尺五寸，宗之減爲二尺九寸七分，縱又減五分，爲二尺九寸二分。蕤賓箱笛二尺九寸，宗之減爲二尺六寸，縱又減二分，爲二尺五寸八分。自餘律笛，無所損益，一仍蔡邕之制而已。至梁武帝，又制十二笛，寫四通聲，飲古鐘玉律，并周世古鐘焉。故黄鐘笛三尺八寸，大吕三尺六寸，太蔟三尺四寸，夾鐘三尺二寸，姑洗三尺一寸，中吕二尺九寸，蕤賓二尺八寸，林鐘三尺二寸，夷則一尺六寸，南吕三尺五寸，無射二尺四寸，應鐘二尺三寸。然黄鐘之元九，合天地之氣，故其笛十有八調，上生者悉倍其音，下生者傳差一調半。上生悉五指應飲，下生者悉三指應飲。下生中吕，雖云不復生，至於數窮復本，又得上生黄鐘，天地自然之數也。黄鐘十八調，下生林鐘七調，黄鐘笛三指聲應林鐘笛飲聲。林鐘十調，上生太蔟十四調，林鐘笛五指聲應太蔟笛飲聲。太蔟十四調，下生南吕五調半，太蔟笛三指聲，應南吕笛飲聲。南吕五調半，上生姑洗十一調，南吕笛五指聲，應姑洗笛飲聲。姑洗十一調，下生應鐘四調，姑洗三指聲，應應鐘笛飲聲。應鐘四調，上生蕤賓八調，應鐘笛五指聲，應蕤賓笛飲聲。蕤賓八調，上生大吕十六調，蕤賓笛五指聲，應大吕笛飲聲。大吕十六調，下生夷則六調，大吕笛三指聲，應夷則笛飲聲。夷則六調，上生夾鐘十二調，夷則笛五指聲，應夾鐘笛飲聲。夾鐘十二調，下生無射四調半，夾鐘笛三指聲，應無射笛飲聲。無射四調半，上生中呂九調，無射五指聲，應中呂笛飲聲。雖當時號爲雅樂，考之先王之制，其不及遠矣。

通曲

世本云：「篪，暴辛公所造。」爾雅曰：「大篪謂之『沂篪』，以竹爲之，長尺四寸，圍三寸，一孔，上出寸三分，名曰『翹横』，吹之。小者尺二寸。」蔡邕月令章句：「篪，竹也，六孔，有距，横吹之。詩云：『仲氏吹篪。』」陳氏樂書曰：「篪之爲器，有底之笛也。暴辛公善之，非其所作者也。大者尺有四寸，陰數也。其圍三寸，陽數也。小者尺有二寸，其則全於陰數，要皆有翹以通氣，一孔達寸有二分而横吹之，或容覆，或潛伏。篪爲不齊者也。」爾雅：「大塤謂之嘂。」，嘂則六孔，交鳴而喧嘩；沂則一孔，而其聲清辨，或曰「篪之爲言啼也」，或曰「沂之爲言悲也」，豈其聲自空而出，若嬰兒之悲啼然耶？周官「笙師教吹塤篪」，詩曰「伯氏吹塤，仲氏吹篪」，又曰「天之牖民，如塤如篪」，是塤篪異器而同樂，伯仲異體而同氣，故詩人取以況焉。世本以篪爲管，沈約非之，當矣。先儒言「篪有六孔、七孔、八孔、十孔」之説，以中聲論之：六孔，六律之正聲也；八孔，八音之正聲也；十孔，五聲正倍之聲也。蓋其大小異制然耶？篪吹孔如酸棗，宋朝篪六孔而横吹，下一穴在底節外，次四穴在前，一穴在後。又一法節外一爲太蔟，半穴爲大呂，次上一穴爲姑洗，半穴爲夾鐘，又次上一穴爲蕤賓，半竅爲仲呂，又次上一穴爲林鐘，又次上一穴爲南呂，半竅爲夷則，七竅全開爲應鐘，半竅爲無射。黄鐘、大呂、太蔟、夾鐘，哨吹各有清聲。劉熙釋名曰：「篪，啼也。聲自孔出，如嬰兒啼聲也。」廣雅曰：「篪以竹爲之，長尺四寸，有六孔。前一，後四。頭一月令，仲夏之月，調篪，善調之，使和故也。」洞冥記所謂「吹霜條之篪」，亦豈過是？東觀漢記：「明帝幸南陽舊宅，作雅樂，奏鹿鳴，用塤篪和之，以娛嘉賓。」信乎！一時之和樂！陳氏樂書曰：「禮言『吹篪掌之笙師』，詩言『吹篪主之仲氏』，則篪亦笙類，而仲氏以況中聲。」中焉，先王之雅樂也，故後世推善吹者，前有伍子胥，後有朝雲而已。洛陽伽藍記述：「後魏河間王琛有朝雲者，善吹篪，能爲團扇歌壠工聲。及琛爲秦州刺史，屢討叛羌。不勝，因令朝雲吹之。羌人聞者，皆感泣而降。」故秦語曰：「快馬健兒，不如老嫗吹篪。」信乎！樂之感人如此，苟以之移風易俗，天下胡爲而不寧哉！古史考曰：「古有篪，尚矣！蘇成公善篪，而記者因以爲作，誤也。或謂暴辛公所造，亦無據矣。舊制以篪爲管，是不知篪春分之音，而管十二月之音也。容覆，巾也，長孔在巾外。潛伏。短孔在巾底。

匏

周官：「笙師掌教吹籥、簫、篪、笛、管。」五者皆出於笙師所教，無非竹音之雅樂也。今太常之所謂「單簫」，即古之籥也；所謂「排簫」，即古之管簫、筊簫也；笛即横笛也；管即律呂管也。郭璞謂：「大者長尺四寸二十四，管無底而善應，故謂之『管』；小者尺二寸十二，管有底而交鳴，故謂之『筊』。蓋應十二律正倍之聲也。」蓋簫者，陰氣之管，坤以二四爲六而地數至十而止，故大者二十四管，小者十二管，取陰氣自然之數。其吹之之法，惟排簫易吹，一管一音，無事假借。而籥篪笛管皆一孔兼三音，其吹之極難分曉，全在口唇之俯仰，吹氣之緩急。唇仰則清一律，唇俯則濁一律，仰而急者則爲本律之半聲。如第一孔，太蔟也；俯則兼大呂，仰則兼夾鐘，仰而急則爲太蔟之半聲；二孔，姑洗也，仰則兼仲呂，仰而急則爲姑洗之半聲；三孔，林鐘也，仰則兼夷則，仰而急則爲林鐘之半聲；四孔，南呂也，仰則兼無射，仰而急則爲南呂之半聲；五孔，應鐘也，仰則兼乎黄鐘之半聲。故用今之籥篪笛管，欲全乎律呂者，其妙處在兼音也，然吹之甚難，非精熟者不能。凡孔止六，蓋徵可以兼變徵。

爾雅曰：「笙十九簧曰『巢』，十三簧曰『和』。」漢章帝時，零陵文學奚景於舜祠得笙，白玉管，後代易之以竹耳。釋名曰：「笙，生也。象物貫地而生竹，母曰『匏』，以匏爲之，故曰『匏』。」陳氏樂書曰：「萬物盈乎天地間，入乎坎則革而趨新，故其音革而爲鼓，成乎艮則始作而施生，故其音匏而爲笙。」古者造笙以曲沃之匏，汝陽之篠，列管匏中而施簧管端，則美在其中。鐘而爲宫，蓋所以道達沖氣，律中太蔟，立春之音也，故有長短之制焉，有六合之和焉，故五經析疑曰：「笙者，法萬物始生，道達陰陽之氣。故有長短。黄鐘爲始，法象鳳凰，蓋笙爲樂器，其形鳳翼，其聲鳳鳴，其長四尺。大者十九簧，謂之『巢』，以衆管在匏，有鳳巢之象也。小者十三管，謂之『和』，以大者倡則小者和也。儀禮有之。」三笙一和而成聲是也。大射儀樂人宿縣於阼階東，笙磬西面，其南笙鐘。蓋笙，艮音也，於方爲陽；鐘，兑音也，於方爲陰。周官：「笙師掌教吹笙，共其鐘笙之樂，以教祴夏。」書曰：「笙鏞以間，是鼓應笙之鐘，而笙亦應之也。眂瞭掌笙磬。」詩曰：「笙磬同音。」則磬，乾音也，與笙同爲陽聲，是擊應笙之磬，而笙亦應之也。笙、磬則異器而同音，笙、鐘則異音而同樂。儀禮有「衆笙之名，而簜在建鼓之間」，蓋衆笙所以備和，奏洽百禮，豈特應鐘、磬而已哉？鹿鳴所謂「鼓瑟吹笙，吹笙鼓簧」，應琴瑟之笙也，賓之初筵曰「籥舞笙鼓」，應鼓之笙也。檀弓「孔子十日而成笙歌」，儀禮「歌魚麗笙，由庚笙之類」，應歌之笙，然則笙之爲用，豈不備哉？此帝舜用之，所以鳳儀；子晉吹之，所以鳳鳴也。記曰「女媧之笙簧」，世本曰「隨作笙簧」，庸詎知隨非女媧之臣乎？黄帝制律以伶倫，造鐘以營援，則女媧作笙竽以隨，不足疑矣！宋朝李照作巢笙，合二十四聲以應律吕正倍之聲，作和笙、應笙、竽，合清濁之聲，又自製大笙上之太樂，亦可謂之復古制矣。

和笙　鳳笙

陳氏樂書曰：「傳曰：『大笙音聲衆而高也，小者音相和也。』斯不然笙大小之辨乎？」説文曰：「笙，正月之音，十三簧，象鳳身。蓋其簧十二，以應十二律也，其一以象閏也。」宋朝登歌用和笙，取其大者唱則小者和，非阮逸所謂「其聲清和」也？用十三簧，非阮逸所謂「十九簧」也？巢、和若均用十九簧，何以辨大小之器哉？阮逸謂「竽笙起第四管爲黄鐘，巢笙起中音管爲黄鐘，和簧起平調爲黄鐘，各十九簧，皆有四清聲、三濁聲、十二正聲。」以編鐘四清聲參驗，則和聲平調，子是黃鐘清也。竽笙第五子是太蔟清也，中呂管是大呂清也，中音子是夾鐘清也。既已謂之竽矣，謂之笙矣，安得合而一之爲竽笙耶？儀禮所謂三笙一和者，不過四人相爲倡和爾，孰謂竽和類耶？（闕大竽、小竽，竽亦笙也。今之笙竽，以木代匏，而漆殊愈於匏。荊梁之南，尚仍古制。陳氏樂書曰：「昔女媧氏使隨裁匏竹以爲竽，其形參差以象鳥翼，火類也。火數二，其成數則七焉。冬至吹黃鐘之律而間音以竽，冬則水王而竽以之，則水器也。水數一，其成數以六焉。因六而六之，則三十六者，竽之簧數也。因七而六之，則四十二寸者，竽之長數也。」月令「仲夏調笙竽」，淮南子謂「孟夏吹笙竽」，蓋不知此周官笙師掌教吹竽笙，則竽亦笙類也。以笙師教之，雖異器同音，皆立春之氣也。樂記曰：「聖人作爲鞉鼓椌楬塤篪，然後爲之鐘磬竽瑟以和之。」是樂之倡始者，在鞉鼓椌楬塤篪，其所謂鐘磬竽瑟也，特其和終者而已。韓非子曰：「竽者，五聲之長。竽先則鐘瑟皆隨，竽倡則諸音皆和，豈聖人製作之意哉？」說文曰：「竽管三十六簧，象笙。以竽宮管在中故也。」後世所存，多二十三管，具二均聲焉。

簧

樂書曰：「月令：『中央土律。』中，黃鐘之宮，則樂之有簧。」以宮管在中也，莫非簧也。有笙之簧，有非笙中之簧。鹿鳴曰「吹笙鼓簧」，莊子言：「簧鼓」，笙中之簧也。君子陽陽左執簧巧言，曰「巧言如簧」，非笙中之簧也。傳稱「王遙有五舌竹簧」，今民間有鐵葉之簧，豈非簧之變體歟？

十七管竽

宋朝大樂諸工以竽巢和併爲一器，率取胡部十七管笙爲之。所異者，特以宮管移之左右而不中。爾雖名爲雅樂，胡音也。或二十三管,或十九管,二十三管則兼乎四清二變,十九管則兼乎十二律七音,要皆非古制也。李照雖更製大竽,然不能革舊器而兼用之,亦未爲深知樂也。

三禮圖有雅簧,上下各六,聲韻諧律,亦一時之制也。樂考曰「近代竽笙十九管」,蓋後人象竽倍聲因以名之,然竽笙異器而同和,故周官竽與笙均掌之以笙師焉。既謂之竽矣,安得又謂之笙乎? 古人之制,必不然矣。世人或謂「大笙謂之簧」,是不知笙中有簧,而簧非笙也。

土

「以塤爲德音」見於禮,「如塤如篪」見於詩,則塤之爲器,立秋之音也。平底,六孔,水之數也。中虚上鋭,如秤錘然,火之形也。塤以水火相合而後成器,亦以水火相和而後成聲,故大者聲合黄鐘、大吕,小者聲合太蔟、夾鐘,要在中聲之和而已。風俗通謂:「圍五寸半,長一寸半,有四孔,其通,凡六空也。」蓋取諸此。爾雅:「大塤謂之嘂。」以其六孔交鳴,而喧嘩故也。譙周曰「幽王之時,暴辛公善塤」,世本曰「暴公作塤」,蓋塤之作,其來尚矣。謂暴公善塤可也,謂之作塤,臣未敢信矣。塤又作壎者,金方而土圓,水平而火鋭,一從熏火也。其色爲黑則水而已,從圓則土之形圓故也。或謂:「塤,青之氣。陽氣始起,萬物暄動,據水土,而萌始於十一月,成於立春,象萬物萌出於土中,是主土,王四季。」所言非主正位六月而言,亦一説也。塤六孔,上一,前三,後二。王子年拾遺記曰:「春皇,庖羲氏灼土爲塤,禮樂於是興矣。」古有雅塤如鴈子,頌塤如雞子,其聲高濁,合乎雅頌故也。今太常舊器無頌塤,至皇祐中,聖制頌塤,調習聲韻,並合鐘律。頌塤、雅塤,對而吹之,尤協律清和,可謂善矣。誠去二變而合六律,庶乎先王之樂也。

革

其用則先歌。周禮所謂「登歌令奏」，擊拊是也。荀卿曰「架一鐘而尚拊」，大戴禮曰「架一磬而尚拊」，則拊設於一鐘一磬之東，其衆器之父歟？荀卿曰：「鼓，其樂之君邪？然鼓無當於五聲，五聲弗得不和，其衆聲之君歟？」樂記曰：「會守拊鼓，堂上之樂衆矣。所待以作者在拊，堂下之樂衆矣。」所待以作者在鼓，蓋堂上則門內之治，以拊爲之父，堂下則門外之治，以鼓爲之君。

陳氏樂書曰：「明堂位曰：『殷楹鼓。』以周官考之，太僕建路鼓於大寢之門外，儀禮大射建鼓在阼階西南鼓，則其所建楹也。」是楹爲一楹而四稜也，貫鼓於端，猶四植之桓圭也。莊子曰「負建鼓」，建鼓可負，則以楹貫而置之矣。商頌曰「置我鼗鼓」是也。魏晉以後，復商制而植之，亦謂之建鼓。隋唐又棲翔鷺於其上，國朝因之。其制高六尺六寸，中植以柱，設重斗方蓋，蒙以珠網，張以絳紫繡羅，四角有六龍竿，皆御流蘇，辟璜以五綵羽，爲飾竿首，亦爲翔鷺。旁又挾鼙應二小鼓，而左右然。詩言「應田縣鼓」，則周制應田在縣鼓之側，不在建鼓旁矣。

陳氏樂書曰：「又曰禮。曰懸鼓在西，應鼓在東。」詩曰「應𣙜縣鼓」，則縣鼓周人所造之器，始作樂而合乎祖者也。以應鼓爲和終之樂，則縣鼓其倡始之鼓歟？蓋宮縣設之四隅，軒縣設之三隅，判縣設之東西。

宋仁宗明道時，改制大樂。直史館宋祁上言：「縣設建鼓，初不考擊，又無三鼗，且舊用諸鼓，率多陋敝。」於是勅元等詳求典故，而言曰：「建鼓四，今皆具而不擊，別設四散鼓，於縣間擊之，以代建鼓。」乾德四年，秘書監尹拙上言：「散鼓不詳所置之由，且於古無文，去之便。時雖奏可，而散鼓於今仍在，又雷鼓靈鼓，雖擊之皆不成聲，故常賴散鼓，以爲樂節，而雷鼗靈鼗路鼗，闕而未製。今既修正雅樂，謂宜申飭大匠改作諸鼓，使擊考有聲。及創爲三鼗，如古之制。使先播之，以通三鼓，罷四散鼓。」如乾德詔書奏可，時有上言，以爲雷八面，前世用以迎神，不載考擊之法，而太樂所製，以柱貫中，故擊之無聲，更令改造。山趺上出雲以承鼓，刻龍以飾柱，面各一工擊鼓，一工左執鼓以先引。凡圜丘降神，六變初，八面皆三擊椎，而左旋三步，則止三者，取陽數也。又載擊以爲節，率以此法，至六成，靈鼓、路鼓亦如之。

元豐三年，詔議樂。禮部侍郎范鎮上言：「太常無靁鼓、靈鼓、路鼓，而以散鼓代之。開元中，有以畫獻者，一鼓而八面、六面、四面，明皇用之。國朝郊廟，或考或不考，宮架中惟以散鼓代之，不應經義，安得爲樂哉？」不報。樂書曰：『雷，天聲也。靈，地德也。路，人道也。天神之樂六變，而雷鼓雷鼗六面；地示之樂八變，而靈鼓靈鼗八面；人貴之樂九變，而路鼓路鼗四面者，金之爲物能化不能變，鬼亦如之。金非土不生，以土之五加金之四，此其樂所以九變歟？』

景祐中，太宗詔太常：「凡祀天神、祭地祇、享宗廟，宮架，每奏降神四曲、送神一曲。先播鼗吹鳴柷，次擊散鼓。凡三擊而樂作，散鼓隨樂，每間一字，二擊之以爲樂節。凡樂終，即播鼗戛敔。散鼓相間，三擊而止。」然以散鼓代雷靈路用之，至於升降等樂，復不用鼗鼓，臣恐未合先王雅樂也。且舊制三鼓，皆以木交午相貫，以兩端爲面，故不能聲。又竿首爲木鳳焉，聖朝詔爲雷鼓八角，冒革爲一面，承以槃軑，轉以金樞，髹朱繪雲冠，柱以升龍，作靁車之象。靈鼓、六路鼓，四飾亦如之。其所異者，竿首作翔鷺，趺作猛獸而已。其爲建鼓一也。隋制「路作鷺」，豈以竿首有翔鷺而遂誤之邪？臣嘗論古者立鼗鼓之制，祭祀則先播鼗以兆奏三鼓，饗燕則先擊朔鼙以兆奏建鼓，蓋未嘗並用也。後世祀天神、祭地祇、享人鬼，並設建鼓，鞞應於四隅，又設雷鼓、靈鼓於架內道之左右，晉鼓於架內道之中間，非先王異祭享、別同異之意也。

陳氏樂書曰：「鼓以節之，鼗以兆之，作樂之道也。」兆於北方則冬，所以兆生物也。八音兆於革音，則鼗所以奏鼓也。月令「修鼗鞞」，世紀「帝嚳命垂作鼗鞞」，釋名曰：「鞞，裨也。裨助鼓節也。」蓋大者謂之「鞞」，爾雅謂之麻，以其音概而長也。小者謂之「鼗」，爾雅謂之「料」，以其音清而不亂也。蓋鼓則擊而不播，鼗則播而不擊，雷鼓、雷鼗六面，而工十有二，以二人各直一面，左播鼗、右擊鼓故也。靈鼓、靈鼗八面，而工十有六，路鼓、路鼗四面，而工八人，亦若是歟？商頌言「置我鼗鼓」，則鼗與鼓同植，非有播擊之異，與周制差殊矣。鬻子曰：「禹之治天下也，縣五聲以聽曰，語寡人以獄訟者，揮鼗。」呂氏春秋曰：「武王有誡謹之鼗。」由是觀之，欲誡者必播鼗鼓矣。蓋鼗，兆奏鼓者也。作堂下之樂，必先鼗鼓者，豈非樂記所謂先鼓以警誡之意歟？漢以大鼗施於大儺，亦一時制也，後世無聞焉。

樂書曰：「鼓之小者謂之『應』，大者謂之『鼗』」。「朔鼓𪔠鼓」，周官：「小師凡小樂，事鼓𪔠。」儀禮大射：「一建鼓在其南，𪔠鼓、朔鞞在北有瞽。」詩曰「應田縣鼓」，先儒以田爲𪔠，則朔鼙皆小鼓也。以其引鼓，故曰「𪔠」，以其始鼓，故曰「朔」。後世樂府有左鼙右應之鼓，設而不擊，用四散鼓在縣四隅，掌以爲節，不合儀禮之制，革正之可也。𪔠亦在縣，亦名鼙。

應鼓

陳氏樂書曰：「禮器曰：『縣鼓在西，應鼓在東。』」詩曰「應田縣鼓」，爾雅曰「小鼓謂之應」，蓋堂下之樂，以管爲本器之尤小者也，應之爲鼓鼙之尤小者也。周官：「小師大祭祀，下管擊應鼓，徹歌。大享亦如之。」是作樂及其小者，乃所以爲備也。大師大祭祀，擊拊鼓𪔠，亦此意歟？今夫祀天神以雷鼓、雷鼗，祭地祇以靈鼓、靈鼗，享人鬼以路鼓、路鼗，而又擊應鼓𪔠者，當堂上擊拊之時，則堂下擊應鼓𪔠以應之，然後播鼗而鼓矣。應施於擊拊，又施於歌徹，其樂之終始歟？

木　柷敔

不知誰所造。樂記曰：「聖人作爲椌楬。」

宋仁宗明道時，禮官言：「柷，舊以方畫木，爲之外圖，以時卉則可矣。而中設一色，非稱也。」先儒之説曰：「有柄，連底挏之。」鄭康成以爲投椎，其中撞之。今當創法垂久用，明製作之意，有所本焉。

陳氏樂書曰：「周官：『小師掌教，播鼗柷敔，周頌有瞽。』」亦曰：「鼗磬柷敔，蓋堂下樂器。以竹爲本，以木爲末。」則管籥本也，柷敔末也。柷之爲器，方二尺四寸，深一尺八寸，中有椎柄連撞之，令左右擊也。陰始於二四，終於八十，陰數四八而以陽一主之，所以作樂則於衆樂先之而已，非能成之也，有兄之道焉，此柷所以居宮縣之東，象春物之成始也。敔之爲器，狀類伏虎，西方之陰物也。背有二十七齟齬，三九之數也。櫟之長尺曰「籈」，十之數也，陽成三變於九，而以陰十勝之，所以止樂則能以反爲用，特不至於流而失己，亦有足禁過者焉。此敔所以居宮縣之西，象秋物之成終也。書曰『戛擊』，禮曰『楷擊』，樂記曰『聖人作爲椌楬』，荀卿曰『鼗柷拊椌楬似萬物』，蓋柷敔以椌楬爲體，椌楬以戛、楷擊爲用也。爾雅曰：『所以鼓敔謂之止，所以鼓柷謂之籈。』則柷以合樂而作之，必鼓之，欲其止者，戒之於蚤也。敔以節樂而止之，必鼓之，欲其籈者，潔之於後也。然樂之出虛，故其作樂虛。椌必用空，琴必用桐，拊必用糠，皆以虛爲本也，及其止則歸於實焉。此敔所以爲伏虎形歟？然樂之張陳戛擊必於堂上，柷敔必於堂下，何耶？曰：『柷敔，器也。戛擊，所以作器也。』器則卑而在下，作器者尊而在上，是作樂也在下，所以作之者在上。在上，命物者也。在下，受命者也。豈非貴賤之等然邪？今夫堂上之樂，象廟朝之治，堂下之樂，象萬物之治。荀卿以『拊柷椌楬爲似萬物』，則是以堂上之拊亦似之，誤矣。柷、敔、椌、楬，皆一物而異名。荀卿以柷敔離而二之，亦誤矣。桓譚新論謂『椌楬不如流鄭之樂』，真有意哉？宋朝太樂：柷爲方色以圖瑞物，東龍西虎，南鳳北龜，而底爲神螾。敔因唐制，用竹。以二尺四寸，析爲十二莖。樂將終，先擊其首，次三戛齟齬而止。與柷四面畫山卉用木櫟齟齬者異矣。雖曰因時制宜，要之非有意義，孰若復古制之爲愈哉？先儒以柷爲立夏之音，又謂：『乾主立冬，陰陽終始，故聖人承天以制柷。』敔一何踈邪？晉宋故事：『四箱各有柷敔，同時戛作。』亦非古人之制也，隋牛弘罷之，不亦宜乎？」

通論樂考曰：「律呂之音十二，樂器之音惟六，各倍其六則亦有十二矣。如太蔟可以兼大呂，姑洗可以兼夾鐘，亦可以兼仲呂，林鐘可以兼蕤賓，南呂可以兼夷則，應鐘可以兼無射。陽方律兼呂，陰方呂兼律，蓋取其分數之相近，自然有可兼之音。以簫笛篪論之，第一孔爲黃鐘宮，第二孔爲太蔟商，第三孔爲姑洗角，第四孔爲林鐘徵，第五孔爲南呂羽，第六孔爲應鐘變宮，故其次之也。閉五孔開第一孔，則宮音出焉，今謂之合是矣；閉四孔開第二孔，則商音出焉，今謂之四是矣；閉三開三則角音出焉，今謂之一是矣；閉二開四，則徵音出焉，今謂之尺是矣；閉上一開下五，則羽音出焉，今謂之工是矣；閉下五孔獨開上一孔，則變宮之音出焉，今謂之六是矣。六本應鐘之音，今作清，黄鐘用之，蓋黄鐘半律四寸五分，應鐘今律四寸六分有零，亦以分數相近之易兼也。其兼音之法，全在吹氣之緩急，口唇之俯仰。吹正唇正則得本音，吹緩唇俯則兼濁，吹急唇仰則兼清。善吹者一孔取三音，善聽者一孔知三音，知一孔取三音之理，則用今之樂器，可以具律呂之全聲，惟在習之精通，乃有得焉。其於塤也，五孔皆閉，自上吹之爲黄鐘宮，少仰則兼乎大呂也；開前中孔爲太蔟商，少仰則兼乎夾鐘也；並左孔爲姑洗角，少仰則兼乎仲呂也；並右孔爲林鐘徵，少俯則兼乎蕤賓也；並後左則爲南呂羽，少俯則兼乎夷則也；並後右則爲應鐘變宮，少俯則兼乎無射也。其於琴也，對中暉彈之，按第一弦黄鐘，上二寸則大呂；按第二弦太蔟，上二寸則夾鐘；按第三弦姑洗，上寸半則仲呂，用濁兼清則進上近岳；按第四弦林鐘，下二寸則蕤賓；按第五弦南呂，下半寸則夷則；按第六弦應鐘，下一寸則無射，用清兼濁則退下近焦。其於瑟也，於二十五弦取中一弦，爲君不動，以前十二弦爲律呂正聲，以後十二弦爲律呂清聲，彈之之法，合正與清而音成焉。黄鐘成於前後之一，大呂成於前後之二，太蔟成於前後之三，夾鐘成於前後之四，姑洗成於前後之五，仲呂成於前後之六，蕤賓成於前後之七，林鐘成於前後之八，夷則成於前後之九，南呂成於前後之十，無射成於前後之十一，應鐘成於前後之十二。琴之取音也，以暉瑟之定音也，以馬近岳以漸清焉，近焦以漸濁焉。其和之之法也，琴弦急則音在暉下，琴弦緩則音在暉上，瑟弦急則安馬必近於焦，瑟弦緩則安馬必近於岳。其於笙也，管首入匏，有内孔，以銅蠟點處爲簧。簧之大者其聲濁，小者其聲清，清濁多寡，由簧之大小，亦取於管之短長。凡簧各有外孔，以手按其外孔，則内簧之聲鳴焉。吹簫笛之法，開其孔則鳴。吹笙之法，按其孔則鳴。故曰「吹笙鼓簧」，按者，鼓也，如鼓由擊，然後有聲。蓋簫笛之聲由外發，笙簧之聲由内轉，今笙十七管，按第十二、第十四之管孔而成黄鐘宮聲，按第四第八、第十一之管孔而成太蔟商聲，按第三、第十之管孔而成姑洗角聲，按第十五、第四、第十二、第八之管孔而成林鐘徵聲，按第七、第三、第十一之管孔而成南呂羽聲，按第十四、第十三之管孔而成黄鐘清聲，按第二、第十三之管孔而成仲呂聲。大抵兼數管而成一律之音者，一清一濁也，濁者全律，清者半律。如合音有大合小合，第十四管爲大合，第十二管爲小合。四音爲大四、小四，第四管爲大四，第八管爲小四，第十一管爲小清四。一音有大一、小一，第三管爲大一，第十管爲小一。尺音有大尺、小尺，第十五管爲大尺，第十二管爲清尺。又借大四、小四二管湊之共成尺音、工音，有大工、小工，第七管爲大工管，一管清工。又借大一湊之，共成工音六。音有大六、小六，第十四管爲大六，第十管爲小六。上音有大上、小上，第二管爲大上，第十三管爲小上。其餘大呂、夾鐘、蕤賓、夷則、無射、應鐘，則未用焉。由此推之，若製大笙二十四管，每二管共成一音，則六律、六呂之全聲、半聲備焉。一清一濁，一東一西，相對匹配而成音。其製甚簡，其吹亦易，孰謂古笙之難製，而半聲之難備於笙也哉？今太常譜亦然。

苑洛志樂卷十

苑洛志樂　卷十一

明韓邦奇撰

舞象之釋，古今儒者之説，或近於高遠荒唐，或似乎卑淺鄙俗，故不敢筆之於策，惟各著其象於左。

圜丘

玄衣黄緣，背負五星彩雲，武星冠文，三山冠武，左執干，右執戚，文左執籥，右執翟，武舞未開舞時，戚内干外，文舞未開舞時，籥内翟外。十二辰之向，非至其處，立猶在本位，但向其辰耳。武四佾在東，文四佾在西，荔枝帶雲頭履。

降神

黄鐘外調，七聲回宫。

黄鐘爲宫。

黃
太
林
南
姑
蕤
應
回宫
無
黃
仲
林
太
姑
南
回宫

南
應
姑
回宮

羽調
夾
仲
無
黄

林
南
大
回宮

宫調
黄
太
林
南

姑
蕤
應
回宮

商調
無
黄
仲
林

太
姑
南
回宮

角調
夷
無
夾
仲

黄
太
林
回宮

南
應
姑
回宮

徵調
仲
林
黃
太

林
南
太
回宮

羽調
夾
仲
無
黃

初獻武
姑
應
應
蕤

蕤
大
大
夷

夷
夾
夾
無

無
仲
仲
黃

太
南
南
姑

黄
林
林
太

蕤
大
大
夷

初献文
姑
應
應
蕤

無
仲
仲
黄

夷
夾
夾
無

太
南
南
姑

黄
林
林
太

亞獻武
仲
無
無
夾

夾
夷
夷
大

大
蕤
蕤
應

應
姑
姑
南

林
黄
黄
仲

南
太
太
林

夾
夾
夷
大

亞獻文
仲
無
無
夾

應
姑
姑
南

大
蕤
蕤
應

林
黃
黃
仲

南
太
太
林

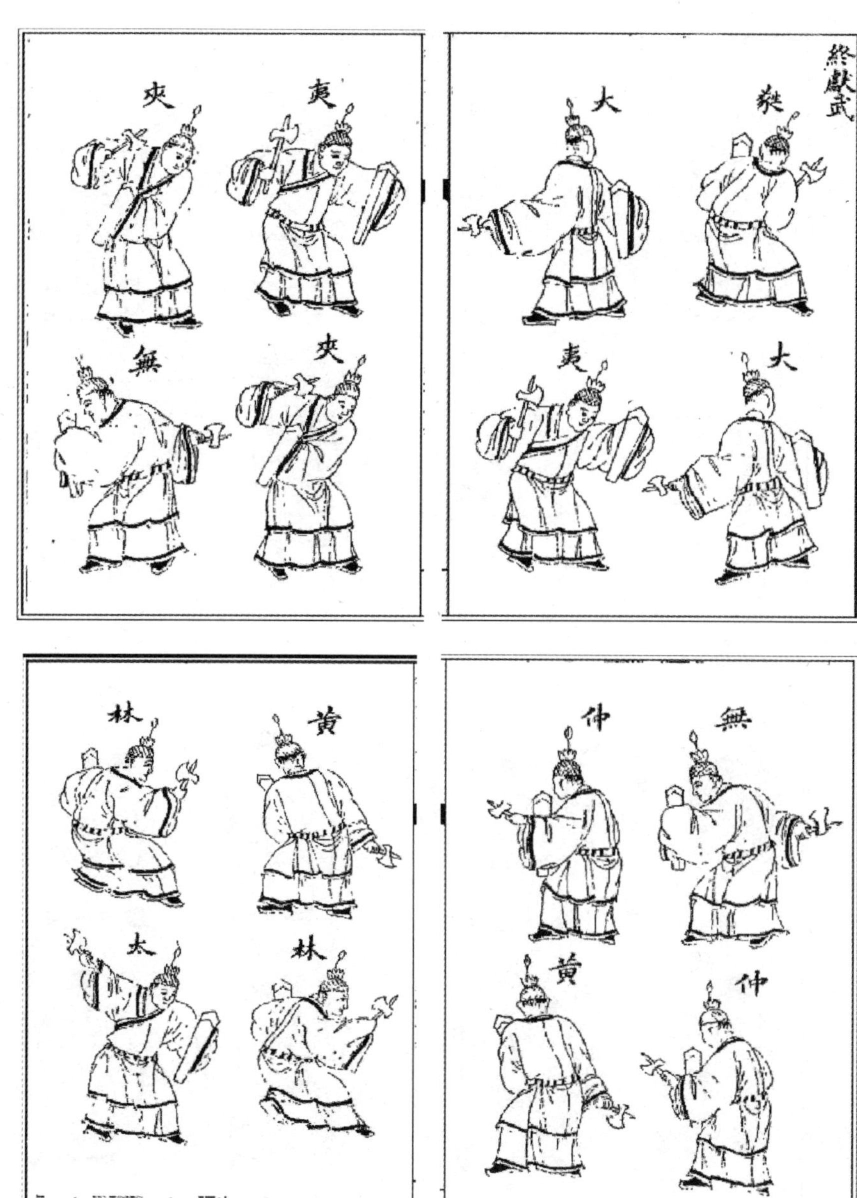
終獻武
蕤
大
大
夷
夷
夾
夾
無
無
仲
仲
黃
黃
林
林
太

姑
應
應
蕤

太
南
南
姑

夷
夾
夾
無

終獻文
蕤
大
大
夷

黄
林
林
太

無
仲
仲
黄

姑
應
應
蕤

太
南
南
姑

望燎武
應
姑
姑
南

南
太
太
林

林
黃
黃
仲

仲
無
無
夾

大
甤
甤
應

夾
夷
夷
大

南
太
太
林

望燎文
應
姑
姑
南

仲
無
無
夾

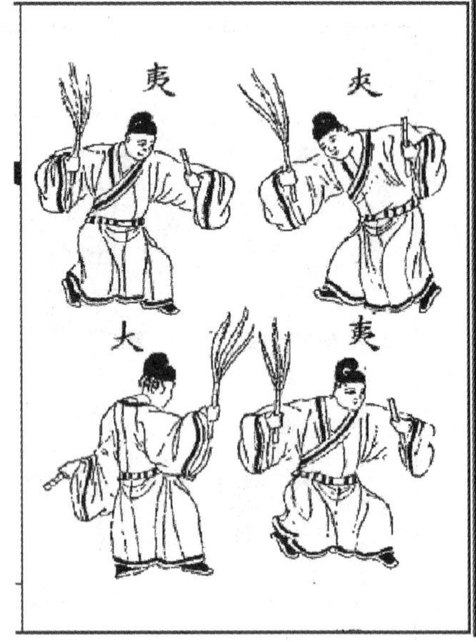

苑洛志樂　卷十二

明韓邦奇撰

方澤

黄衣玄緣，背負五嶽，海波文。餘見圜丘。

舞盡聲不盡則清奏。

凡進退，不拘舞數多少，進止一步，退止一步，如黄進則林退，太進則南退。

舞不必屑屑於是圖，各擬其祖宗之象，爲俯仰屈伸舞蹈可也。

降神

與圜丘同。補註降神當用蕤賓一大調。

祭尊以簡爲誠，故天簡於地，地簡於廟。

初獻武
姑
洗
應
大

夷
無
夾
仲

黄
太
林
南

姑
洗
應
大

黄
太
林
南

夷
無
夾
仲

初獻文
姑
蕤
應
大

姑
蕤
應
大

太
黃
南
林

無
夷
仲
夾

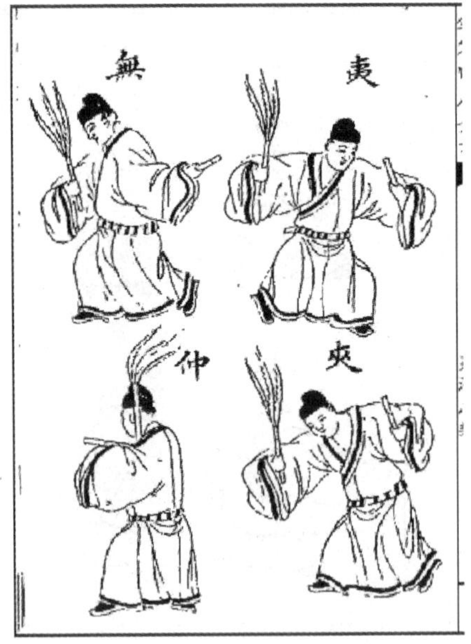
無
夷
仲
夾

蕤
姑
大
應

姑
蕤
應
大

黄
太
林
南

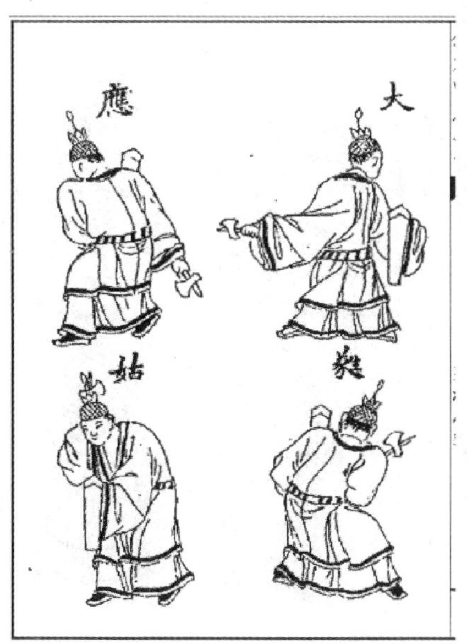
大
應
蕤
姑

亞獻武
仲
夾
無
夷

南
林
太
黃
仲
夾
無
夷
大
應
蕤
姑
南
林
太
黃

亞獻文
仲
夾
無
夷
仲
夾
無
夷
南
林
太
黄
大
應
甤
姑

仲
夾
無
夷

大
應
蕤
姑

南
林
太
黄

仲
夾
無
夷

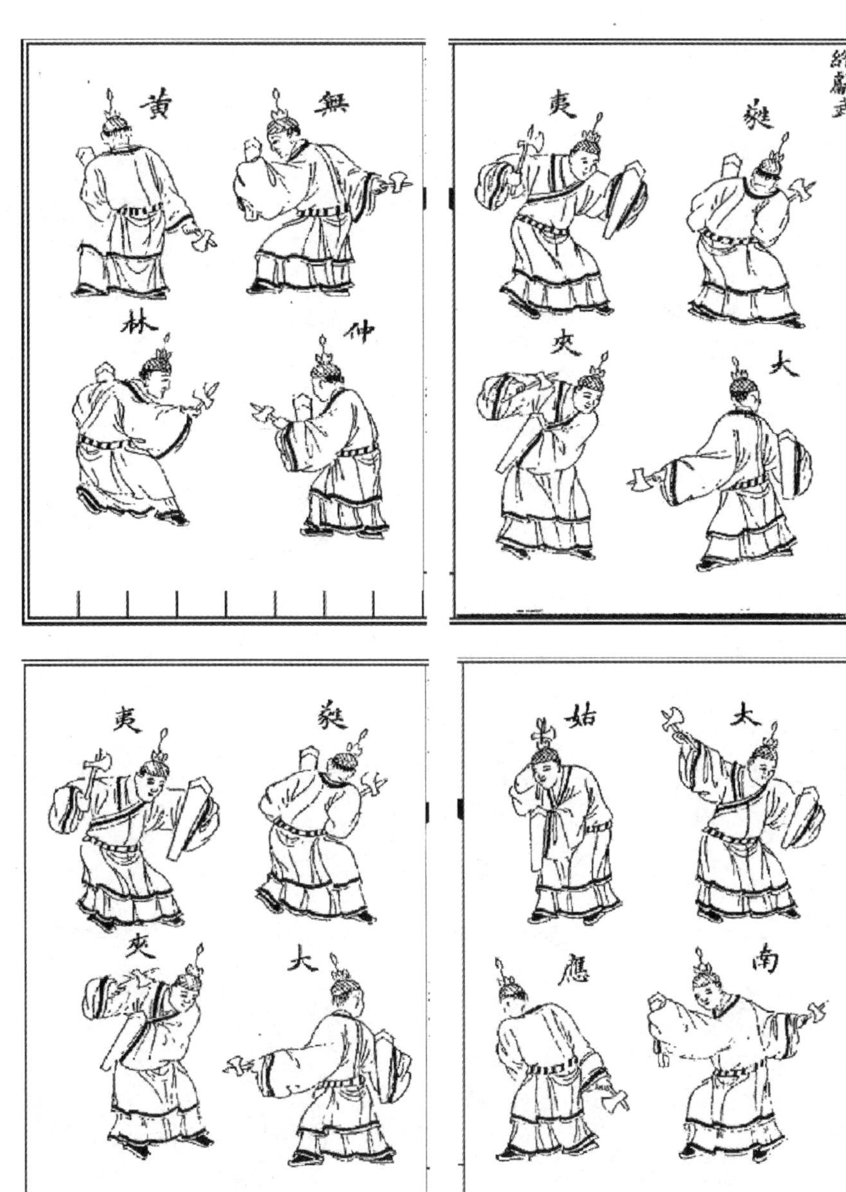
終獻武
蕤
夷
無
黃
大
夾
仲
林
蕤
夷
太
姑
大
夾
南
應

太
姑
南
應

無
黄
仲
林

終獻文
蕤
夷
大
夾

蕤
夷
大
夾

大
姑
南
應

無
黃
仲
林

無
黃
仲
林

夷
大
夾

夷
大
夾

太
姑
南
應

林
仲
黄
無

望瘞武
應
南
姑
太

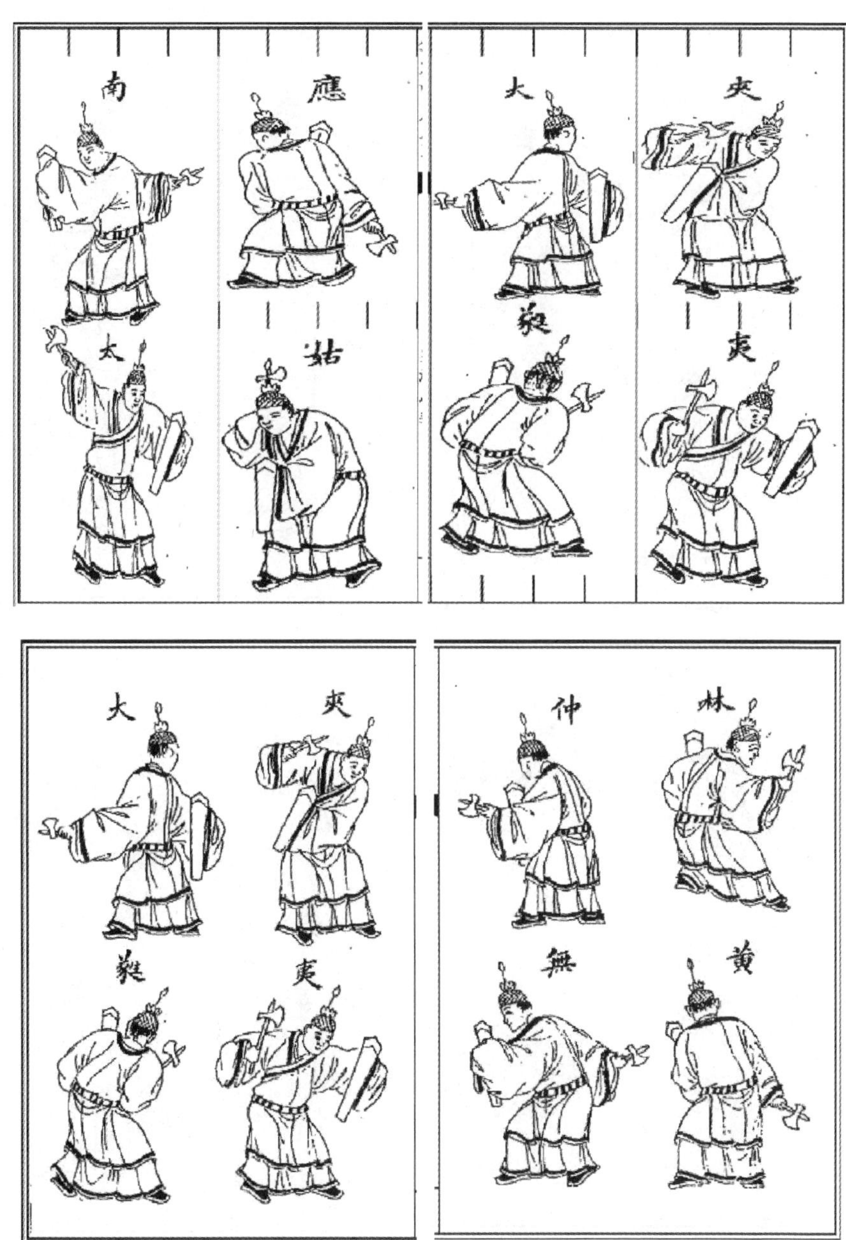

南
應
太
姑
大
夾
蕤
夷
大
夾
蕤
夷
仲
林
無
黃

望瘞文
應
南
姑
太

應
南
姑
太

夾
大
夷
蕤

林
仲
黄
無

苑洛志樂卷十二

苑洛志樂　卷十三

明韓邦奇撰

廟享

春夏玄衣，秋冬黄衣，餘同圜丘。

祖宗之樂，决不可奏於子孫之廟，豈可以子孫坐於上而呈祖宗之形容哉？子孫有功德者，宜别爲樂。子孫之樂則可奏之祖宗之前，以慰悦祖宗之心。舞容不必拘拘於古，各象其成功可也。

舞一音而兩奏，再振其容，甚雅觀。

文武異容，則文八佾，武八佾。初獻武，亞獻文，更出可也。

降神

同圜丘。

初獻
姑
蕤
應
大

夷
無
夾
仲

黃
太
林
南

姑
蕤
應
大

黄
太
林
南

夷
無
夾
仲

夷
無
夾
仲

姑
蕤
應
大

蕤
姑
大
應

太
黄
南
林

太
黄
南
林

無
夷
仲
夾

夷
無
夾
仲

初獻
姑
蕤
應
大

姑
蕤
應
大

黄
太
林
南

黄
林
太
南
夷
夾
無
仲
夷
夾
無
仲
姑
應
蕤
大

黄
太
林
南
姑
蕤
應
大
夷
無
夾
仲
黄
太
林
南

亞獻
南
林
太
黃
仲
夾
無
夷
大
應
蕤
姑
南
林
太
黃

應
大
姑
蕤

夾
仲
夷
無

夾
仲
夷
無

林
南
黄
大

南
林
太
黃

大
應
蕤
姑

大
應
蕤
姑

仲
夾
無
夷

仲
夾
無
夷

亞獻
南
林
太
黄

南
林
太
黄

大
應
蕤
姑

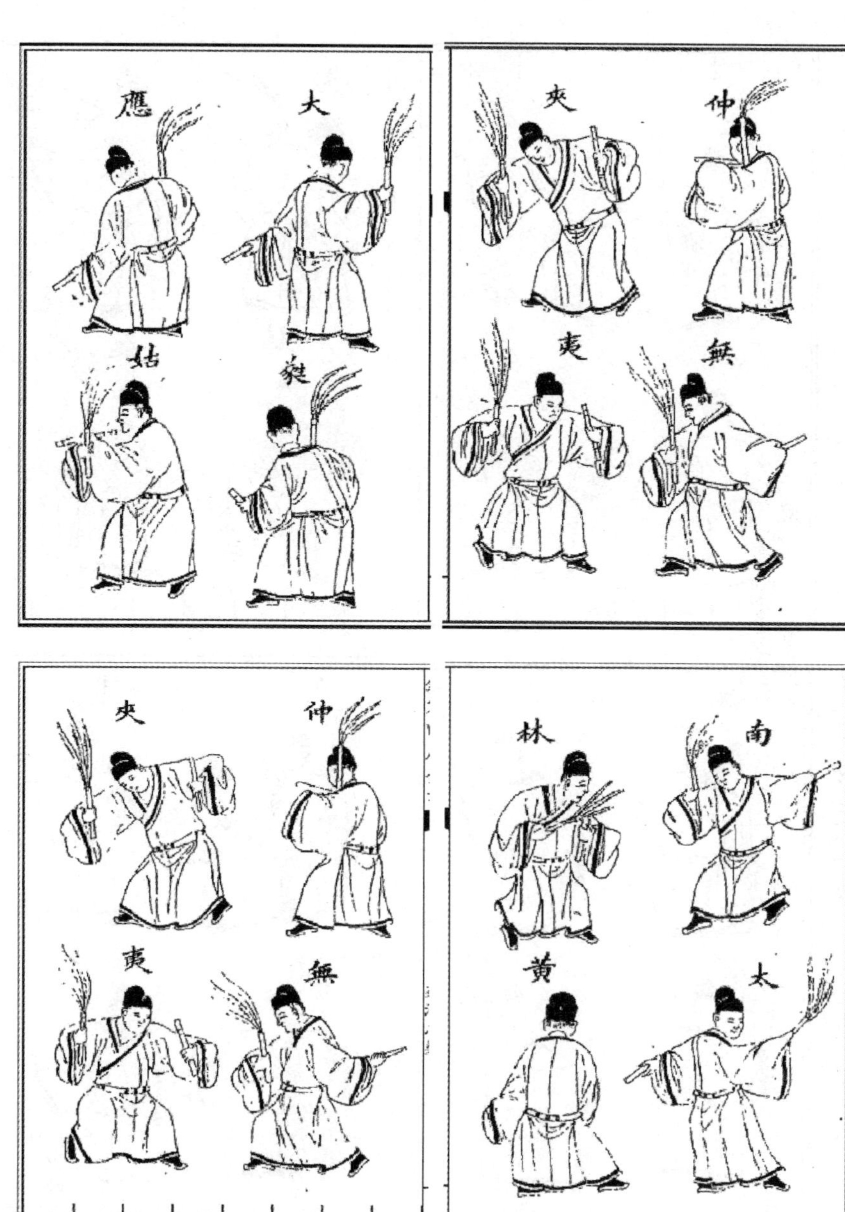
大
應
蕤
姑
仲
夾
無
夷
仲
夾
無
夷
南
林
太
黃

林
南
黄
太
應
大
姑
蕤
應
大
姑
蕤
夾
仲
夷
無

終獻
蕤
夷
大
夾
無
黄
仲
林
太
姑
南
應
蕤
夷
大
夾

姑
太
應
南
黄
無
林
仲
黄
無
林
仲
夷
蕤
夾
大

終獻
蕤
夷
大
夾
無
黄
仲
林
太
姑
南
應
蕤
夷
大
夾

姑
太
應
南
黄
無
林
仲
黄
無
林
仲
夷
蕤
夾
大

蕤
夷
大
夾
太
姑
南
應
太
姑
南
應
無
黄
仲
林

終獻
蕤
夷
大
夾
無
黃
仲
林
太
姑
南
應
蕤
夷
大
夾

姑
太
應
南
黄
無
林
仲
黄
無
林
仲
夷
蕤
夾
大

夷
蕤
夾
大
姑
太
應
南
姑
太
應
南
黄
無
林
仲

夾
大
夷
蕤
應
南
姑
太
林
仲
黄
無
夾
大
夷
蕤

林
仲
黃
無
應
南
姑
太
應
南
姑
太
夾
大
夷
蕤

大
夾
蕤
夷
仲
林
無
黄
仲
林
無
黄
南
應
太
姑

應
南
姑
太

焚帛
夾
大
夷
蕤

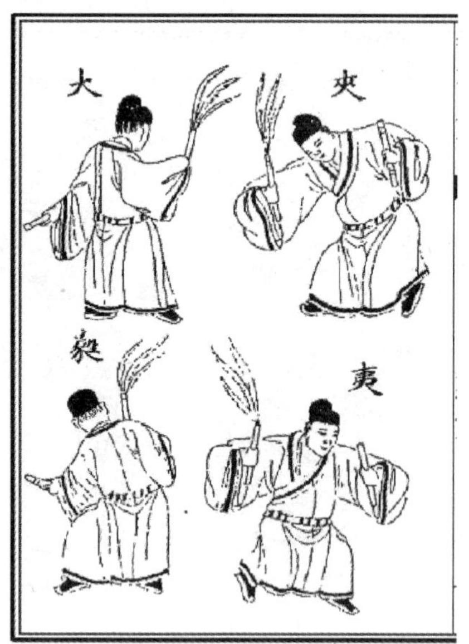
夾
大
夷
蕤

林
仲
黃
無

仲
林
南
應
無
黄
太
姑
南
應
太
姑
太
夾
蕤
夷

大
夾
甤
夷

仲
林
無
黄

仲
林
無
黄

南
應
太
姑

苑洛志樂　卷十四

明韓邦奇撰

應
南
姑
太
林
仲
黄
無
夾
大
夷
蕤
應
南
姑
太

大
夾
蕤
夷
仲
林
無
黃
仲
林
無
黃
南
應
太
姑

應
南
姑
太

夾
大
夷
蕤

夾
大
夷
蕤

林
仲
黃
無

應
南
姑
太
林
仲
黄
無

左旋

丑大應㽔八舞
子黃倡林一舞
亥應應姑六舞
寅太倡南三舞
戌無倡仲十一舞
卯夾應夷十舞
起黃鐘
酉南應太四舞
辰姑倡應五舞
申夷倡夾九舞
巳仲應無十二舞
午㽔倡大七舞
未林應黃二舞

左旋

丑大倡夷一舞
子黃應仲六舞
亥應倡㽔十一舞
寅太應林八舞
戌無應夾四舞
卯夾倡無三舞
起大呂
酉南倡姑九舞
辰姑應南十舞
申夷應大二舞
巳仲倡黃五舞
午㽔應應十二舞
未林倡太七舞

右旋

丑大應夷六舞
子黃倡仲一舞
亥應應㽔八舞
寅太倡林十一舞
戌無倡夾三舞
卯夾應無四舞
起黃鐘
酉南應姑十舞
辰姑倡南九舞
申夷倡大五舞
巳仲應黃二舞
午㽔倡應七舞
未林應太十二舞

右旋

丑大倡㽔一舞
子黃應林八舞
亥應倡姑三舞
寅太應姑六舞
戌無應仲十舞
卯夾倡夷十舞
起大呂
酉南倡太五舞
辰姑應應四舞
申夷應夾十二舞
巳仲倡無九舞
午㽔應太一舞
未林倡黃七舞

苑洛志樂　卷十五

明韓邦奇撰

瑟譜

黄鐘宫聲去，太蔟商聲一寸去，接聲大吕六分三釐去，林鐘應聲三寸。瑟黄鐘折馬後即大吕，不必下一弦也。一弦當二聲，則二十五弦足矣。

五聲起調，俱於宫聲起。如用羽聲起，上虚三聲，亦必自宫而推起，至羽弦安其聲。

邊行一二三四等數弦。律之序，下一二三四等數入奏。序周樂，若順行，瑟必用五十弦，姑洗以上通不用。鐘磬須用三十六筐，亦須三十六管，如古蜀筐。凡古樂器，多寡不一，皆有由也。

變徵在瑟，倡聲則折角，回宫仍在徵。古樂器，必用三十六，其聲始盡。後世止用黄鐘五聲，往來成曲，非不盈耳。如十二律之變，何止三弦？子止用三弦，其簡至矣。蓋漢、唐以下，樂皆興於在官，但得盈耳，了事足矣。間有一二在野居下之人，又不能自達宫商起者，回宫在調外，徵角羽起者，回宫再調内。順者宫起全，逆者宫起半。

周樂既用羽之羽，便當用起調。首律之聲爲宫，若用次律起宫，聲則固，次律爲調也，乃宫之羽，非羽之羽也。如應鐘爲調，其羽爲夷則；用半夷則，羽之羽爲仲吕。用半之半，至大吕則無聲可用，以此知世傳周樂非古也。

起聲不一者，示變也。惟取其和而已。孫子曰：「五聲之變，至不可窮也。」臨用則必取其一以諧，八音不可雜用。正聲既正，而應聲惟取其和而已，難以拘其位也。如黄鐘在一弦，而林鐘之應在十三弦也。蓋林鐘之位，本在八弦，全半倡應，則用全律位。

瑟弦與琴弦不同。琴弦一定而不可移，商弦不可作徵弦，瑟之商弦作徵弦，可也，作宫弦，亦可也，惟視馬之遠近，折馬後則下一聲。

凡起聲，首律半，次律全，還以次律，本弦起聲。

周樂起羽，故宫聲不及，若大吕則黄鐘。調中七聲畢，則用大吕之正。

小瑟折絃

絃	字	律		律	聲		字	律		律	聲	字	律		律	聲	
一	合	黃（一全）	折馬後	大（一全）	宮												
二	四	太（三全）	折馬後	夾（三全）	商	右											
三	一	姑（五全）	折馬後	仲（五全）	角	十											
四	上	蕤（七全）	折馬後	林（七全）	變徵	二	四	林（二全）	折馬後	夷（二全）	商	合	蕤（七全）	折馬後	林（七全）	宮	
五	尺	夷（九全）	折馬後	南（九全）	上徵	律	一	南（四全）	折馬後	無（四全）	角	四	夷（九全）	折馬後	南（九全）	商	右
六	工	無（一全十）	折馬後	應（一全十）	上羽	長	上	應（六全）	折馬後	黃（六半）	變徵	一	無（一全十）	折馬後	應（一全十）	角	晏
七	尺	林（二全）	折馬後	夷（二全）	徵	調											享
八	工	南（四全）	折馬後	無（四全）	羽												起
九	六	應（六全）	折馬後	黃（六半）	變宮												徵
																	調
十	合	大（八半）	折馬後	太（八半）	中宮		尺	黃（一半）	折馬後	大（一半）		尺	大（八半）	折馬後	太（八半）	徵	
十一	四	夾（十半）	折馬後	姑（十半）	中商		工	太（三半）	折馬後	夾（三半）		工	夾（十半）	折馬後	姑（十半）	中羽	
十二	一	仲（二半十）	折馬後	蕤（二半十）	中角		六	姑（五半）	折馬後	仲（五半）		六	仲（二半十）	折馬後	蕤（二半十）	變宮	
十三																	
十四																	
十五																	
十六																	

小瑟之制，十三絃首絃不用，以隔六取應聲，各體具足，無少無多，亦自然也。此譜止十二，而不用之一絃在外。

中瑟折絃

大瑟首尾二絃不用，中瑟中絃不用，小瑟首絃不用，蓋聲之所不及也。今中瑟絃兼二律，則中絃皆用也。應聲必隔八，天然之妙也，且易彈，後皆依舊法。知音君子擇焉。

	黃		無		宴							
一	鐘	黃一全	射		享							
二	長	太三全	長		黃				無			
三	調	姑五全	調		鐘				射			
四	折	蕤七全	折		調				調			
五	馬	夷九全	馬		兼				兼			
六	後	無一全十	後	無一全	大				應			
七	大		應	黃三半	呂				鐘			
八	呂	林二全	鐘	太五半		南二全	折馬後	無二全				
九		南四全		姑七半		應四全	折馬後	黃四半				
十		應六全		蕤九半		大六半	折馬後	太六半				
十一		大八半		夷一半十		夾八半	折馬後	姑八半				
十二		夾十半				仲十半	折馬後	蕤十半				
十三		仲二半十		仲二半		林二半十	折馬後	夷二半十	四	林二半	折馬後	夷二半
十四				林四半					一	南四半	折馬後	無四半
十五				南六半		太一半	折馬後	夾一半	上	應八半	折馬後	黃六半半

十六	應（半八）	姑（半三）折馬後仲（半三）	四	大（半之半八）折馬後太（半半八）
十七	大（半之半十）	蕤（半五）折馬後林（半五）	一	夾（半半十）折馬後姑（半之半十）
十八	夾（半之半十一）	夷（半七）折馬後南（半七）	上	仲（半半十二收宮）折馬後蕤（半半十二收宮）
		無（半九）折馬後應（半九）		
十九		黃（半之半十一）折馬後大（半之半十一）	尺	黃（半半一）折馬後大（半半一）
二十			工	太（半之半三）折馬後夾（半之半三）
二十一			六	姑（半之半五）折馬後仲（半半五）
二十二			尺	蕤（半之半七）折馬後林（半之半七）
			工	夷（半之半七）折馬後南（半半九）
二十四			六	無（半半十一）折馬後應（半半十一）
二十五				

雲門

																	一奏		一
															二奏		大 七全	合	二
													三奏		太 七全	四	太 二全	四	三
											四奏		夾 七全	四	夾 二全	四	夾 九全	四	四
									五奏		姑 七全	一	姑 二全	一	姑 九全	一	姑 四全	一	五
							六奏		仲 七全	一	仲 二全	一	仲 九全	一	仲 四全	一	仲 一全十	一	六
					七奏		蕤 七全	上	蕤 二全	上	蕤 九全	上	蕤 四全	上	蕤 一全十	上	蕤 六全	上	七
				八奏	林 七全	尺	林 二全	尺	林 九全	尺	林 四全	尺	林 一全十	尺	林 六全	尺			八
				夷 七全	夷 二全	尺	夷 九全	尺	夷 四全	尺	夷 一全十	尺	夷 六全	尺					九
				九奏															
			十奏	南 七全	南 二全		南 九全	工	南 四全	工	南 一全十	工	南 六全	工					十
		十一奏	無 七全	無 二全	無 九全		無 四全	工	無 一全十	工	無 六全	工							十一
	十二奏	應 七全	應 二全	應 九全	應 四全		應 一全十	六	應 六全	六									十二
下徵	黃 七半	黃 二半	黃 九半	黃 四半	黃 一半十		黃 六半	六											十三
少商	大 二半	大 九半	大 四半	大 一半十	大 六半												夷 八全	尺	十四
中羽	太 九半	太 四半	太 一半十	太 六半											南 八全	工	林 一全	尺	十五
清角	夾 四半	夾 一半十	夾 六半										無 八全	工	夷 一全	尺	無 十全	工	十六

變宮	姑(十二半) 姑(六半) 應(八全) 六 南(一全) 工 應(十全) 六 南(三全) 工	十七
變徵	仲(六半) 黃(八半) 六 無(一全) 工 黃(十全) 六 無(三全) 工 黃(十二半) 六	十八
中宮	大(八半) 合 應(一全) 六 大(十半) 合 應(三全) 六 大(十二半) 合 應(五全) 六	十九
	太(八半) 四 黃(一半) 六 太(十半) 四 黃(三半) 六 太(十二半) 四 黃(五半) 六	二十
	夾(八半) 大(一半) 合 夾(十半) 四 大(三半) 合 夾(十二半) 四 大(五半) 合	二十一
	姑(八半) 太(一半) 姑(十半) 一 太(三半) 四 姑(十二半) 一 太(五半) 四	二十二
	仲(八半) 夾(一半) 仲(十半) 夾(三半) 四 仲(十二半) 一 夾(五半) 四	二十三
	蕤(八半) 姑(一半) 蕤(十半) 姑(三半) 蕤(十二半) 上 姑(五半) 一	二十四
	林(八半) 仲(一半) 林(十半) 仲(三半) 林(十二半) 仲(五半) 一	二十五
	蕤(一半) 夷(十半) 蕤(三半) 夷(十二半) 蕤(五半)	二十六
	南(十半) 林(三半) 南(十二半) 林(五半)	二十七
	夷(三半) 無(十二半) 夷(五半)	二十八
	應(十二半) 南(五半)	二十九
	無(五半)	三十
		三十一

咸池

一													
二		一奏											
三	合	太 五全	二奏										
四			夾 五全	三奏									
五	四	姑 七全		姑 五全	四奏								
六		仲 二全	仲 七全		仲 五全	五奏							
七		蕤 九全	蕤 二全	蕤 七全		蕤 五全	六奏						
八	变徵	林 四全	林 九全	林 二全	林 七全		林 五全	七奏					
九			夷 四全	夷 九全	夷 二全	夷 七全		夷 五全					
									八奏				
十				南 四全	南 九全	南 二全	南 七全		南 五全	九奏			
十一					無 四全	無 九全	無 一全	無 七全		無 五全	十奏		
十二						應 四全	應 九全	應 二全	應 七全		應 五全	十一奏	
十三							黃 四半	黃 九半	黃 二半	黃 七半		黃 五半	十二奏
十四								大 四半	大 九半	大 二半	大 七半		大 五全
十五	尺	南 六全							太 四半	太 九半	太 二半	太 十半	
十六			無 六全							夾 四半	夾 九半	夾 二半	夾 七全

十七	宮	應(八全)		應(六全)						姑(四半)	姑(九半)	姑(二半)	
十八	工	無(一全)	黃(八半)		黃(六半)						仲(四半)	仲(九全)	
十九	六	大(十半)	應(一全)	大(八半)		大(六半)						蕤	
二十	變宮	黃(三半)	太(十半)	黃(一半)	太(八半)		太(六半)						
二十一			大(三半)	夾(十半)	大(一半)	夾(八半)		夾(六半)					
二十二				太(三半)	姑(十半)	太(一半)	姑(八半)		姑(六半)				
二十三					夾(三半)	仲(十半)	夾(一半)	仲(八半)		仲(六半)			
二十四						姑(三半)	蕤(十半)	姑(一半)	蕤(八半)		蕤(六半)		
二十五							仲(三半)	林(十半)	仲(一半)	林(八半)		林(六半)	
二十六								蕤(三半)	夷(十半)	蕤(一半)	夷(八半)		夷(六半)
二十七									林(三半)	南(十半)	林(一半)	南(八半)	
二十八										夷(三半)	無(十半)	夷(一半)	無(八全)
二十九											南(三半)	應(十半)	南(一全)
三十												無(三半)	黃(十半)
三十一													應(三全)

大章

一	黃一全														
二			大一全												
三	太三全				太一全										
四			夾三全				夾一全								
五	姑五全				姑三全				姑一全						
六			仲五全				仲三全				仲一全				
七	蕤七全				蕤五全				蕤三全			蕤一全			
八			林七全				林五全				林三全		林一全		
九	夷九全				夷七全				夷五全			夷三全		夷一全	
十					南九全		南七全		南五全		南三全		南一全		
十一				無十一全		無九全		無七全		無五全		無三全		無一全	
十二					應十一全		應九全		應七全		應五全		應三全		應一全
十三				林二全		黃十一半		黃九半		黃七半		黃五半		黃三半	
十四					夷二全		大十一半		大九半		大七半		大五半		大三半
十五				南四全		南二全		太十一半		太九半		太七半		太五半	

夾五半	夾七半	夾九半	夾一半十	無二全	無四全	十六
姑七半	姑九半	姑一半十	應二全	應四全	應六全	十七
仲七半	仲九半	仲一半十	黃二半	黃四半	黃六半	十八
蕤九半	蕤一半十	大二半	大四半	大六半	大八半	十九
林九半	林一半十	太二半	太四半	太六半	太八半	二十
夷一半十	夾二半	夾四半	夾六半	夾八半	夾十半	二十一
南一半十	姑二半	姑四半	姑六半	姑八半	姑十半	二十二
仲二半	仲四半	仲六半	仲八半	仲十半	仲二半十	二十三
蕤二半	蕤四半	蕤六半	蕤八半	蕤十半	蕤二半十	二十四
林四半	林六半	林八半	林十半	林二半十		二十五
夷四半	夷六半	夷八半	夷十半	夷二半十		二十六
南六半	南八半	南十半	南二半十			二十七
無六半	無八半	無十半	無一半十			二十八
應八半	應十半	應二半十				二十九

三十	黄半十二	黄半十	黄半半八
三十一	大半半十二	大半半十	
三十二	太半半十二	太半半十	
三十三	夾半半十二		
三十四	姑半半十一		

大韶

	1	2	3	4	5	6	7	8	9
	一奏								
一	黃一全	**二奏**							
二		大一全	**三奏**						
三	太三全		太一全	**四奏**					
四		夾三全		夾一全	**五奏**				
五	姑五全		姑三全		姑一全	**六奏**			
六		仲五全		仲三全		仲一全	**七奏**		
七	蕤七全		蕤五全		蕤三全		蕤一全	**八奏**	
八		林七全		林五全		林三全		林一全	**九奏**
九			夷七全		夷五全		夷三全		夷一全
十			南七全		南五全		南三全		
十一				南七全		無五全		無三全	
十二					應七全		應五全		
十三	林二全					黃七半		黃五半	
十四		夷二全					大七半		

十五	南（四全）	南（二全）	太（七半）
十六	無（四全）	無（二全）	
十七	應（六全）	應（四全）	應（二全）
十八	黃（六半）	黃（四半）	黃（二半）
十九	大（六半）	大（四半）	大（二半）
二十	太（六半）	太（四半）	太（二半）
二十一	夾（六半）	夾（四半）	夾（二半）
二十二	姑（六半）	姑（四半）	
二十三	仲（六半）	仲（四半）	
二十四	蕤（六半）		
二十五	林（六半）		
二十六			
二十七			

大夏

一												
二				六奏								
三				大(一全)	七奏							
四					夾(一全)	八奏						
五				姑(二全)		姑(一全)	九奏					
六					仲(二全)		仲(一全)	十奏				
七				蕤(五全)		蕤(三全)		蕤(一全)	十一奏			
八					林(五全)		林(三全)		林(一全)	十二奏		
九				夷(七全)		夷(五全)		夷(三全)		夷(一全)		
	一奏											
十	南(一全)	二奏					南(七全)		南(五全)		南(三全)	
十一		無(一全)	三奏			無(九全)		無(七全)		無(五全)		無(三全)
十二	應(三全)		應(十半)	四奏			應(九全)		應(七全)		應(五全)	
十三		黃(三半)		黃(一半)	五奏	黃(一半十)		黃(九半)		黃(七半)		黃(五半)
十四	大(五半)		大(三半)		大(一半)		大(一半十)		大(九半)		大(七半)	
十五		太(五半)		太(三半)		南(二全)		太(一半十)		太(九半)		太(七半)

十六	夾七半		夾五半		夾三半		無二全		夾一半十		夾九半	
十七		姑七半		姑五半		應四全		應二全		姑一全十		姑九半
十八	仲九半		仲七半		仲五半		黃四半		黃二半		仲一半十	
十九		蕤九半		蕤七半		大六半		大四半	大四半	大二半		蕤一半十
二十	林一半十		林九半		林七半		太六半				太二半	
二十一		夷一半十		夷九半		夾八半		夾六半	姑六半	夾四半		夾二半
二十二	姑二半		南一半十		南九半		姑八半				姑四半	
二十三		仲二半		無二半		仲十半		仲八半	蕤八半	仲六半		仲四半
二十四	蕤四半		蕤二半		應一半十		蕤十半				蕤六半	
二十五		林四半		林二半				林十半	夷十半	林八半		林六半
二十六	夷六半		夷四半		夷二半						夷八半	
二十七		南六半		南四半						南十半		南八半
二十八	無八半		無六半		無四半			無十半				
二十九		應八半		應六半			應十半					

序			
三十	黃半之半十	黃半之半八	黃半之半六
三十一	大半之半十	大半之半八	
三十二	太半之半十	太半之半八	
三十三	夾半之半十		
三十四	姑半之半十		
三十五			
三十六			

大濩

一		二奏								
二		大五全	三奏							
三			太五全	四奏						
四		夾七全		夾五全	五奏					
五		姑二全	姑七全		姑五全	六奏				
六		仲九全	仲二全	仲七全		仲五全	七奏			
七		蕤四全	蕤九全	蕤二全	蕤七全		蕤五全	八奏		
八		林四全	林九全	林二全	林七全		林五全	九奏		
九			夷四全	夷九全	夷二全	夷七全		夷五全		
								十奏		
十			南四全	南九全	南二全	南十全		南五全	十一奏	
十一				無四全	無九全	無二全	無七全		無五全	十二奏
十二	一奏				應四全	應九全	應二全	應七全		應五全
十三	黃五半					黃四半	黃九半	黃二半	黃七半	
十四		夷六全					大四半	大九半	大二半	大七半
十五	太七半		南六全					太四半	太九半	太二半

十六	夾二半	無八全		無六全						夾四半	夾九半	
十七	姑九半	南一全	應八全		應六全						姑四半	
十八	仲四半	黃十半	無一全	黃八半		黃六半						
十九		應三全	大十半	應一全	大八半		大六半					
二十			黃三半	太十半	黃一半	太八半		太六半				
二十一				太三半	夾十半	大一半	大八半		夾六半			
二十二					太三半	姑十半	太一半	姑八半		姑六半		
二十三						夾三半	仲十半	夾一半	仲八半		仲六半	
二十四							姑三半	蕤十半	姑一半	蕤八半		蕤六半
二十五	林六半							仲三半	林十半	仲一半	林八半	
二十六									蕤三半	夷十半	蕤一半	夷八半
二十七	南八半									林三半	南十半	林一半
二十八	夷一半									夷三半	無十半	
二十九	應十半										南三半	
三十	無三半											

周大武　方澤　圜丘

	右段	左段
	八一奏奏	十一奏
一	黃(十變全)	黃(四變全) 六奏
二	大(十全) 十三奏奏	大(五全) 大(四全十) 一奏
三	太(十全)	太(二全十) 太(五全) 太(四全十) 八奏
四	夾(十全)	夾(七全) 夾(二全十) 夾(五全) 夾(四全十) 三奏
五	姑(二全)	姑(二全) 姑(七全) 姑(二全十) 姑(五全) 姑(四全十) 十奏
六	仲(二全)	仲(九全) 仲(二全) 仲(七全) 仲(二全十) 仲(五全) 五奏 仲(四全十)
七	蕤(四全) 蕤(二全)	蕤(四全) 蕤(九全) 蕤(二全) 蕤(七全) 蕤(二全十) 十二奏 蕤(四全十) 蕤(五全)
八	林(四全) 林(二全) 五奏	林(四全) 林(九全) 林(二全) 林(七全) 林(四全十) 林(五全) 林(二全十) 七奏
九	夷(六全) 夷(四全) 夷(二全)	夷(一全十) 夷(四全) 夷(九全) 夷(二全) 夷(五全) 夷(二全十) 夷(七全) 夷(四全十)
		二奏
十	南(六全) 南(四全) 二七奏奏	南(四全) 南(九全) 南(二全十) 南(七全) 南(二全) 南(五全) 南(四全十) 九奏
十一	無(八全) 無(六全) 無(四全) 無(二全)	無(四全) 無(七全) 無(二全) 無(九全) 無(二全十) 無(五全) 無(四全十) 四奏
十二	應(八全) 應(六全) 應(二全) 四九奏奏	應(二全) 應(九全) 應(四全) 應(七全) 應(二全十) 應(五全) 應(四全十) 右
十三	仲(九全) 黃(八變半) 黃(六變半) 黃(四變半) 黃(二變半) 右	林(二全十) 黃(九半) 黃(四半) 黃(二半) 黃(七半) 黃(二半十) 黃(五半) 方
十四	蕤(九全) 大(八半) 大(四半) 大(二半) 圜	夷(六全) 大(四半) 大(九半) 大(二半) 大(七半) 大(二半十) 澤

		太 七半	太 二半	大 九半	太 四半				林 一全十	南 六全	南 三全十	**丘**	**六奏**	太 四半	太 六半	太 八半	林 九全		十五
		夾 二半	夾 九半	夾 四半				無 三全十	無 八全	夷 三全十	無 六全		夾 二半	夾 四半	夾 六半		夷 九全		十六
		姑 九半	姑 四半				應 三全十	應 六全	南 一全	應 八全	南 一全十			姑 六半	姑 八半	姑 十全		南 一全	十七
		仲 四半			黄 三半十		黄 六半	無 一全十	黄 九半	無 一全	黄 八半		仲 四半	仲 六半	仲 八半			無 一全	十八
				大 六半	大 三半十		應 一全十	大 八半	應 三全	大 十半	應 一全			蕤 八半	蕤 十全		應 一全	應 三全	十九
				黄 一半十	太 六半	太 三半十	太 八半	黄 一半		黄 三半	太 十半		林 六半	林 八半	林 十全		黄 一變半	黄 三變半	二十
			夾 三半十	夾 八半	大 一半十	夾 六半	大 一半	夾 十半			大 三半			夷 十全		大 一半	大 三半	大 五全	二十一
		姑 三半十	姑 六半	太 一半	姑 八半	太 一半十	姑 十半	太 三半					南 八半	南 十全			太 三半	太 五全	二十二
	仲 三半十	仲 六半	夾 一半十	仲 十半	夾 一半	仲 八半	夾 三半								夾 一半	夾 三半	夾 五全	夾 七全	二十三
蕤 三半十	蕤 六半	姑 一半十	蕤 八半	姑 三半	蕤 十半	姑 一半							應 十全		姑 一半		姑 五全	姑 七全	二十四
林 六半	仲 一半十	林 八半	仲 一半		仲 三半	林 十半								仲 一半	仲 三半	仲 五全	仲 七全		二十五
蕤 一半十	夷 八半	蕤 一半	夷 十半			蕤 三半								蕤 一半	蕤 三半		蕤 七全		二十六
南 八半	林 一半	南 十半	林 三半											林 三半	林 五全	林 七全			二十七
	夷 一半	無 十半	夷 三半										夷 一半	夷 三半	夷 五全				
	應 一半	南 三半												南 五全	南 七全	南 九全			二十八

二十九	無七全	無五全	無三半	無三半
三十	應九全	應七全		
三十一	黃五變半	黃七變半	黃五變半	
三十二		大九半		
三十三		太九半	太七半	
三十四				
三十五				
三十六			姑九半	

廟享

	奏												
一	黃一變全							八奏					
二			三奏					大四全十					
三			太十全					太五全	十奏				
四								夾二全十	夾四全十		十三奏		
五	姑二全							姑七全	姑五全	十二奏	姑二全	右	
六								仲二全	仲二全十	仲四全十		廟	
七	蕤四全	二奏	蕤二全					蕤九全	蕤七全	蕤五全	蕤四全	享	
八		林四全十			五奏			林四全	林二全	林二全十			
九	夷六全	夷五全	夷四全		夷二全			夷一全十	夷九全	夷七全	夷六全		
				四奏									
十		南二全十		南四全十			七奏			南四全		南二全	
十一	無八全	無七全	無六全	無五全	無四全		無二全					無九全	無八全
十二		應二全		應二全十		應四全十			九奏			應四全	
十三	仲九全	黃九半	黃八半	黃七半	黃六半	黃五半	黃四半		黃二半				黃十變全
十四		大四半		大二半		大二半十					十一奏		

十五			林九全	太九半	太八半	太七半	太六半	南六全	太四半		太二半		
十六				夾四半		夾二半		夷二全十		無三全十			
十七	南一全				姑十半	姑九半	姑八半	應八全	姑六半	應六全	姑四半		南一全
十八						仲四半		無一全		無一全十		黃三半十	
十九	應三全		應一全				蕤十全	大十半	蕤八半	大八半	蕤六半	太六半	應三全
二十		太三半十						黃三半		黃二半		黃一半十	
二十一	太五全	夾六半	大三半		大一半				夷十半	夾十半	夷八半	夾八半	大五全
二十二		太一半十		姑三半十						太三半		太一半	
二十三	夾七全	仲八半	夾五半	仲六半	夾三半		夾一半				無十全	仲十半	夾七全
二十四		姑一半		姑一半十		蕤三半十						姑三半	
二十五		林十半	仲七半	林八半	仲五全	林六半	仲三半		仲一半				仲九全
二十六		蕤三半		蕤一半		蕤一半十							
二十七				南十半	林七全	南八半	林五半		林三半		林一半		
二十八				夷三半		夷一半							

二十九	南九全	應十半	南七半	南五全	南三半
三十		無三半			
三十一			應九全	應七全	應五全
三十二					
三十三				大九半	大七半
三十四					
三十五					夾九半
三十六					

苑洛志樂卷十五

苑洛志樂　卷十六

明韓邦奇撰

圜丘

一	黃(一全) 回宮
二	
三	太(三全) 右黃
四	鐘一 夾(一全) 回宮 再作
五	姑(五全) 變
六	仲(三全) 右夾
七	蕤(七全) 仲(一全) 回宮 再作 鐘二
八	林(五全) 變
九	夷(一全) 回宮 再作 林(三全) 右仲
	呂二
十	右夷 變 南(七全)
十一	無(一全) 回宮 再作 無(三全) 則二 南(五全)
十二	變
十三	林(三全) 黃(三半) 右無 黃(五半) 無(七全)
十四	射二
十五	南(四全) 太(五半) 變 太(七半)

十六							無二全	
十七	應六全	姑七半						
十八							黃四半	
十九					黃二半			
二十								太六半
二十一				夾二半		太四半		
二十二								
二十三			仲二半	仲四半		姑六半		
二十四								
二十五			林四半	林六半				
二十六								
二十七			南六半					

圜丘

	一	二	三	四	五	六	七	八	九		十	十一	十二	十三	十四
黃鐘調	回宮 黃 一全	折馬後 太 二全	太 三全	折馬後 姑 四全	姑 五全	折馬後 蕤 六全	蕤 七全	折馬後 夷 八全	夷 九全		折馬後 無 十全	折馬後 無 一全十	折馬後 黃 二半十	回宮 林 一全	折馬後 林 二全
大呂調		本絃不折 大 二全十	折馬後 夾 十全	夾 一全十	折馬後 仲 八全	仲 九全	折馬後 林 六全	林 七全	折馬後 南 四全		南 五全	折馬後 應 二全	應 三全	折馬後 夷 二全十	回宮 大 一半
太蔟調			回宮 太 一全	折馬後 姑 二全	姑 三全	折馬後 蕤 四全	蕤 五全	折馬後 夷 六全	夷 七全		折馬後 無 八全	無 九全	折馬後 黃 十半	黃 一半十	折馬後 太 二半十
夾鐘調			折馬後 夾 二全十		折馬後 仲 十全	仲 一全十	折馬後 林 八全	林 九全	折馬後 南 六全		南 七全	折馬後 應 四全	應 五全	折馬後 大 二半	大 三半
姑洗調					姑 一全	折馬後 蕤 二全	蕤 三全	折馬後 夷 四全	夷 五全		折馬後 無 六全	無 七全	折馬後 黃 八半	黃 九半	折馬後 太 十半
仲呂調					仲 三全		折馬後 林 十全	林 一全十	折馬後 南 八全		南 九全	折馬後 應 六全	應 七全	折馬後 大 四半	大 五半

十五	南三全	無十全 折馬後	南一全 回宮	無二全十 折馬後	太一半十	夾二半 折馬後
十六	南四全 折馬後	夾一全十	南二全 折馬後	夾一半	姑二半十 折馬後	夾三半
十七	應五全	黄八半 折馬後	應三全	黄十半 折馬後		黄二半十
十八	應六全 折馬後	無九全	應四全 折馬後	無一全十	大四半 折馬後	仲一半 回宮
十九	大七半	太六半 折馬後	大五半	太八半 折馬後	大三半	太十全 折馬後
二十	大八半 折馬後	黄七半	大六半 折馬後	黄九半	夾六半 折馬後	黄一半十
二十一	夾九半	姑四半 折馬後	夾七半	姑六半 折馬後	夾五半	姑八半 折馬後
二十二	夾十半 折馬後	太五半	夾八半 折馬後	大七半	仲八半 折馬後	太九半
二十三	仲一半十	蕤二半 折馬後	仲九半	蕤四半 折馬後	仲七半	蕤六半 折馬後
二十四	仲一半十 折馬後	姑三半	仲十半 折馬後	姑五半	林十半 折馬後	姑七半
二十五			林一半十	夷二半 折馬後	林九半	夷四半 折馬後
二十六		蕤一半 回宮	林二半十 折馬後	蕤三半	南二半十 折馬後	蕤五半
二十七					南一半十	無二半 折馬後
二十八				夷一半 折馬後		夷三半 折馬後

二十九	
三十	無一半 回宫
三十一	
三十二	
三十三	
三十四	
三十五	
三十六	

圜丘

	蕤賓調	林鐘調	夷則調	南呂調	無射調	應鐘調
一						
二						
三						
四						
五						
六						
七	蕤一全					
八	折馬後 夷二全	本絃不折 林二全十				
九	夷二全	折馬後 南十全	夷一全			
十	折馬後 無四全	南一全十	折馬後 無二全	本絃不折 南二半十		
十一	無五全	折馬後 應八全	無三全	折馬後 應十全	無一全	
十二	折馬後 黃六半	應九全	折馬後 黃四半	應一全十	折馬後 黃二半	本絃不折 應二全十
十三	黃十半	折馬後 大六半	黃五半	折馬後 大八半	黃三半	折馬後 大十半
十四	折馬後 太八半	大七半	折馬後 太六半	大九半	折馬後 太四半	大一半十

絃	一	二	三	四	五	六
十五	太 九半	折馬後 夾 四半	太 七半	折馬後 夾 六半	太 五半	折馬後 夾 八半
十六	折馬後 姑 十半	夾 五半	折馬後 姑 八半	夾 七半	折馬後 姑 六半	夾 九半
十七	姑 十一半	折馬後 仲 二半	姑 九半	折馬後 仲 四半	姑 七半	折馬後 仲 六半
十八	蕤 十二半	仲 三半	折馬後 蕤 十半	仲 五半	折馬後 蕤 八半	仲 七半
十九	大 一半	折馬後 太 十二半	蕤 十半	折馬後 林 二半	蕤 九半	折馬後 林 四半
二十	折馬後 大 二半	林 一半	折馬後 夷 十二半	林 三半	折馬後 夷 十半	林 五半
二十一	夾 三半	折馬後 姑 十半	夾 一半	折馬後 姑 十二半	夷 十一半	折馬後 南 二半
二十二	折馬後 夾 四半	太 十一半	折馬後 夾 二半	南 一半	本絃不折 無 十二半	南 三半
二十三	仲 五半	折馬後 蕤 八半	仲 三半	折馬後 蕤 十半	仲 一半	本絃不折 蕤 十二半
二十四	折馬後 仲 六半	姑 九半	折馬後 仲 四半	姑 十一半	折馬後 仲 二半	應 一半
二十五	林 七半	折馬後 夷 六半	林 五半	折馬後 夷 八半	林 三半	折馬後 夷 十半
二十六	折馬後 林 八半	蕤 七半	折馬後 林 六半	蕤 九半	折馬後 林 四半	蕤 十一半
二十七	南 九半	折馬後 無 四半	南 七半	折馬後 無 六半	南 五半	折馬後 無 八半
二十八	折馬後 南 十半	夷 五半	折馬後 南 八半	夷 七半	折馬後 南 六半	夷 九半

二十九	應一半十折馬後	黃二一半之折馬後	應九半折馬後	黃四半折馬後	應七半折馬後	黃六半半折馬後
三十	應二半	無三半	應十半	無五半	應八半折馬後	無十半
三十一			大十半半	太二半折馬後	大九半半	太四半半折馬後
三十二		黃一半半	大十二半半折馬後	黃三半半	大十半半折馬後	黃五半半
三十三					夾十一半半	姑二半折馬後
三十四				太一半半	夾十二半半本弦不折	太三半半
三十六						姑一半半

方澤

一								
二							應一全 回宮	右
三					太一全 回宮	右		應鐘
四						太蔟	大三半	一變
五			姑一全 回宮	右	姑三全	一變		
六				姑洗			夾五半	
七	蕤一全 回宮再作	右	蕤三全	一變	蕤五全			
八		蕤賓					仲七半	
九	夷三全	二變	夷五全		夷七全			
十							南一全 回宮	右
十一	無五全		無七全					南呂
十二							應三全	一變
十三	黃七半							
十四						蕤二半	大五半	

十五			南二全		
十六				夷四半	夾七半
十七			應四全		
十八				無六半	
十九	大三半		大六半		
二十					
二十一	夾四半				姑二半
二十二					
二十三	仲六半				蕤四半
二十四					
二十五					夷六半
二十六		應二全			
二十七					
		大四半			

夾 六半

方澤

黃 十變 二全 二 一	黃 十變 二全															黃 一變 全	黃 一變 全	黃 一全	一
																			二
太 十全 一二	太 十全									太 一全	太 一全	太 一全				太 三全	太 三全	太 三全	三
																			四
姑 九全 十	姑 八全	姑 十全 五二	姑 三全 十	姑 一全	姑 一全	姑 一全	姑 一全			姑 三全	姑 三全	姑 三全				姑 五半	姑 五全	姑 五全	五
																			六
蕤 七全 十	蕤 六全	蕤 十全 七二	蕤 五全 十	蕤 三全	蕤 三全	蕤 三全	蕤 三全			蕤 五全	蕤 五全	蕤 五全					蕤 七全	蕤 七全	七
																			八
夷 十全 八二	夷 五全 十	夷 四全	夷 十全 九二	夷 七全 十	夷 五全	夷 五全	夷 五全	夷 五全		夷 十全	夷 七全	夷 十全 四二	夷 二全 十				夷 九全	夷 九全	九
																			十
無 十全 五二	無 四全 十	無 二全		無 九全 十	無 七全		無 七全	無 七全	無 十全 四二	無 二全 十		無 九全	無 九全	無 十全 二二	無 十全		無 一全 十	無 一全 十	十一
																			十二
	林 十全 四二	林 一全 十		黃 十變 一半 二	黃 九變 半		黃 九變 半	黃 九變 半	黃 十變 二二	黃 十變 二二		黃 十變 一半	黃 十變 一半	黃 十半 二	黃 八半	林 二全	林 二全	林 二全	十三
																			十四
	南 十全 二二	南 九全	太 十半 三二	太 一半 十		太 一半 十	太 一半 十	太 十半 二	太 八半	南 二全	南 二全	南 二全	太 八半 十	太 六半	南 四全	南 四全	南 四全	南 四全	十五

十六																					
十七	應全六	應全六		姑半四	姑半十六	姑半二十八	應全四	應全四	應全四	姑半六	姑半八	應全二	應全二	應全二	應全二	應全十四	應全十六	應全十	應全二十一		
十八																					
十九	太半八	大半八	蕤半二	蕤半十四	蕤半二十六	大半六	大半六	蕤半四	蕤半十六	蕤半二十八	大半四	大半四	大半四	大半四	大半十六	大半二十八	大半五	大半十八	大半二十九		
二十																					
二十一	夾半十	夾半十	夾半十一	夾半二十二		夾半八	夾半八	夷半二	夷半十四	夷半二十六	夾半六	夾半六		夾半六	夾半十八		夾半三	夾半十六	夾半二十七		
二十二																					
二十三	仲半十二	仲半十二		仲半九	仲半二十一		仲半十	仲半十		仲半十一	仲半二十三		仲半八	仲半八		仲半八	仲半二十		仲半二	仲半十三	仲半二十六
二十四																					
二十五				林半七	林半十九		林半二十二	林半十二		林半九	林半二十一		林半十	林半十		林半十	林半二十一				
二十六																					
二十七				南半五	南半十七	南半二十九				南半七	南半十九		南半十二	南半十二		南半十二	南半二十四				
二十八																					
二十九	應半三折	應半三折	應半三折	應半三	應半十五	應半二十七			應半五	應半十七	應半二十九										

三十	
三十一	大（半半一） 大（半半一） 大（半半一） 大（半半三十） 大（半半二十五） 大（半半三） 大（半半五十） 大（半半七十）
三十二	
三十三	夾（半半一） 夾（半半三十） 夾（半半五十）
三十四	
三十五	
三十六	

方澤

一	
二	
三	太（全十二） 太（全二十二）
四	
五	姑（全十） 姑（全二十一） 姑（全十二） 姑（全二十二）
六	
七	蕤（全一） 蕤（全十三） 蕤（全十五） 蕤（全十七） 蕤（全十九） 蕤（全十） 蕤（全二十二） 蕤（全十二） 蕤（全二十三）
八	
九	夷（全三） 夷（全十五） 夷（全二十七） 夷（全六） 夷（全十七） 夷（全二十九） 夷（全一） 夷（全十三） 夷（全二十五） 夷（全八） 夷（全十九） 夷（半十） 夷（半二十一）
十	
十一	無（全五） 無（全十七） 無（全二十九） 無（全四） 無（全十五） 無（全二十七） 無（全三） 無（全十五） 無（全二十七） 無（全六） 無（全十七） 無（全二十九） 無（全一） 無（全十三） 無（全二十五） 無（全八） 無（全十九）
十二	
十三	黃（變半十七） 黃（變半十九） 黃（變半二） 黃（變半十三） 黃（變半二十五） 黃（變半五） 黃（變半十七） 黃（變半二十九） 黃（變半十四） 黃（變半十五） 黃（變半二十七） 黃（變半三） 黃（變半十五） 黃（變半二十七） 黃（變半六） 黃（變半十七） 黃（變半二十九）
十四	
十五	太（半九） 太（半二十一） 南（全十一） 南（全二十四） 太（半七） 太（半十九） 太（半二） 太（半十三） 太（半二十三） 太（半五） 太（半十七） 太（半十九） 太（半四） 太（半十五） 太（半二十七）

十六																		
十七	姑 一半十	姑 十半三二		應 九全	應 十全二二		姑 九半	姑 十半一二		應 一全十	應 十全四二		姑 七半	姑 九半十		姑 二半	姑 三半十	姑 十半五二
十八																		
十九	大 二半	大 四半十	大 十半六二	大 七半	大 十半二		蕤 一半十	蕤 十半五二		大 九半	大 十半三二		蕤 九半	蕤 十半一二		大 一半十	大 十半四二	
二十																		
二十一	夾 四半	夾 六半十	夾 十半八二	夾 五半	夾 八半十		夾 二半	夾 四半十	夾 十半六二	夾 七半	夾 十半二		夷 一全十	夷 十全二二		夾 九半	夾 十半二二	
二十二																		
二十三	仲 六半	仲 八半十		仲 三半	仲 六半十	仲 十半八二	仲 四半	仲 六半十	仲 十半八二	仲 五半	仲 八半十		仲 二半	仲 四半十	仲 十半六二	仲 四半	仲 十半二	
二十四																		
二十五	林 八半	林 十半二		林 一半	林 四半十	林 十半六二	林 六半	林 八半十		林 二半	林 六半十	林 十半八二	林 四半	林 六半十	林 十半八二	林 五半	林 八半十	
二十六																		
二十七	南 十半	南 十半二二					南 八半	南 十半二		南 一半	南 四半十	南 十半六二	南 六半	南 八半十		南 三半	南 六半十	南 十半八二
二十八																		
二十九	應 二全十	應 十全四二				應 十半	應 十半二二					應 八半	應 十半二		應 一半	應 四半十	應 十半六二	
三十																		

三十一	大（半十二） 大（半二十四） 大（半半十） 大（半半二十二）
三十二	
三十三	夾（半半十二） 夾（半半二十四）
三十四	
三十五	
三十六	

廟享

序	譜
一	黃一變全　回宮再作　右
二	黃鐘
三	太一全　回宮　右　太三全　二變
四	太蔟
五	姑三全　一變　姑五全
六	仲一全　回宮再作　右
七	蕤五全　蕤七全　仲呂
八	林一全　回宮再作　右　林三全　一變
九	夷七全　林鐘
	二變
十	南三全　南五全
十一	無一全　回宮再作　右
十二	無射　應五全　應七全
十三	林二全　黃三變半　二變
十四	大七半
十五	南二全　南四全　太五半

十六					
十七	應四全	應六全	姑七半		
十八					黃二變半
十九	大六半				
二十				太二半	太四半
二十一					
二十二					
二十三			仲二半	姑四半	姑六半
二十四					
二十五			林四半	蕤六半	
二十六					
二十七			南六半		
二十八					
二十九					

廟享

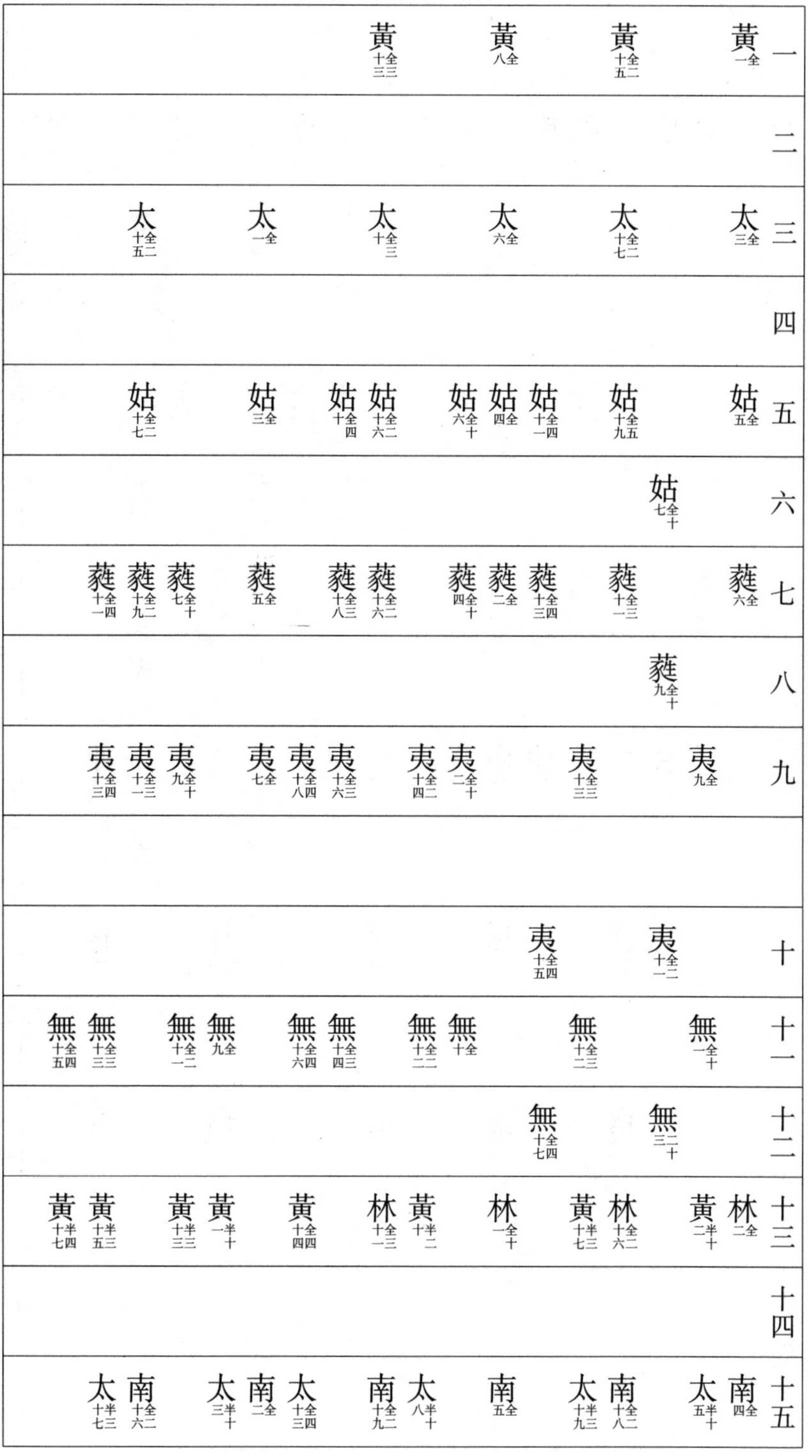

一	黃 全一			黃 全二十五			黃 全八			黃 全三十三								
二																		
三	太 全三			太 全二十七			太 全六			太 全三十			太 全一			太 全二十五		
四																		
五	姑 全五			姑 全五十九		姑 全四十一	姑 全四	姑 全十六		姑 全二十六	姑 全四十		姑 全三			姑 全二十七		
六			姑 全十七															
七	蕤 全六			蕤 全三十一		蕤 全四十三	蕤 全二	蕤 全十四		蕤 全二十六	蕤 全三十八		蕤 全五		蕤 全十七	蕤 全二十九	蕤 全四十一	
八			蕤 全十九															
九		夷 全九			夷 全三十三			夷 全十二	夷 全二十四		夷 全三十六	夷 全四十八	夷 全七		夷 全十九	夷 全三十一	夷 全四十三	
十			夷 全二十一			夷 全四十五												
十一		無 全十一			無 全三十二			無 全十	無 全二十二		無 全三十四	無 全四十六		無 全九	無 全二十一		無 全三十三	無 全四十五
十二			無 二十三			無 全四十七												
十三	林 全二	黃 半十二		林 全二十六	黃 半三十七		林 全十一		黃 半二十	林 全三十一		黃 全四十四		黃 半十一	黃 半三十三		黃 半三十五	黃 半四十七
十四																		
十五	南 全四	太 半十五		南 全二十八	太 半三十九		南 全五		太 半十八	南 全二十九		太 全四十三	南 全二	太 半十三		南 全二十六	太 半三十七	

序	律
十六	
十七	應全六 應全三十 應全三 應全十五 應全二十七 應全二十九 應全四 姑半十五 應全二十八 姑半三十九
十八	應全十八 應全四十二
十九	大半八 大半三十二 大半一 大半十三 大半六 大半十八 大半三十 大半四十二
二十	大半二十 大半四十四
二十一	夾半十 夾半三十四 夾半十一 夾半二十三 夾半八 夾半二十 夾半三十二 夾半四十四
二十二	夾半二十二 夾半四十六
二十三	仲半十二 仲半三十六 仲半九 仲半二十一 仲半十 仲半二十二 仲半三十四 仲半四十六
二十四	仲半二十四 仲半四十八
二十五	林半十四 林半三十八 林半十九 林半十二 林半二十四 林半三十六 林半四十八
二十六	
二十七	南半十六 南半四十 南半十七 南半十四 南半三十八
二十八	
二十九	應半十六 應半四十

廟享

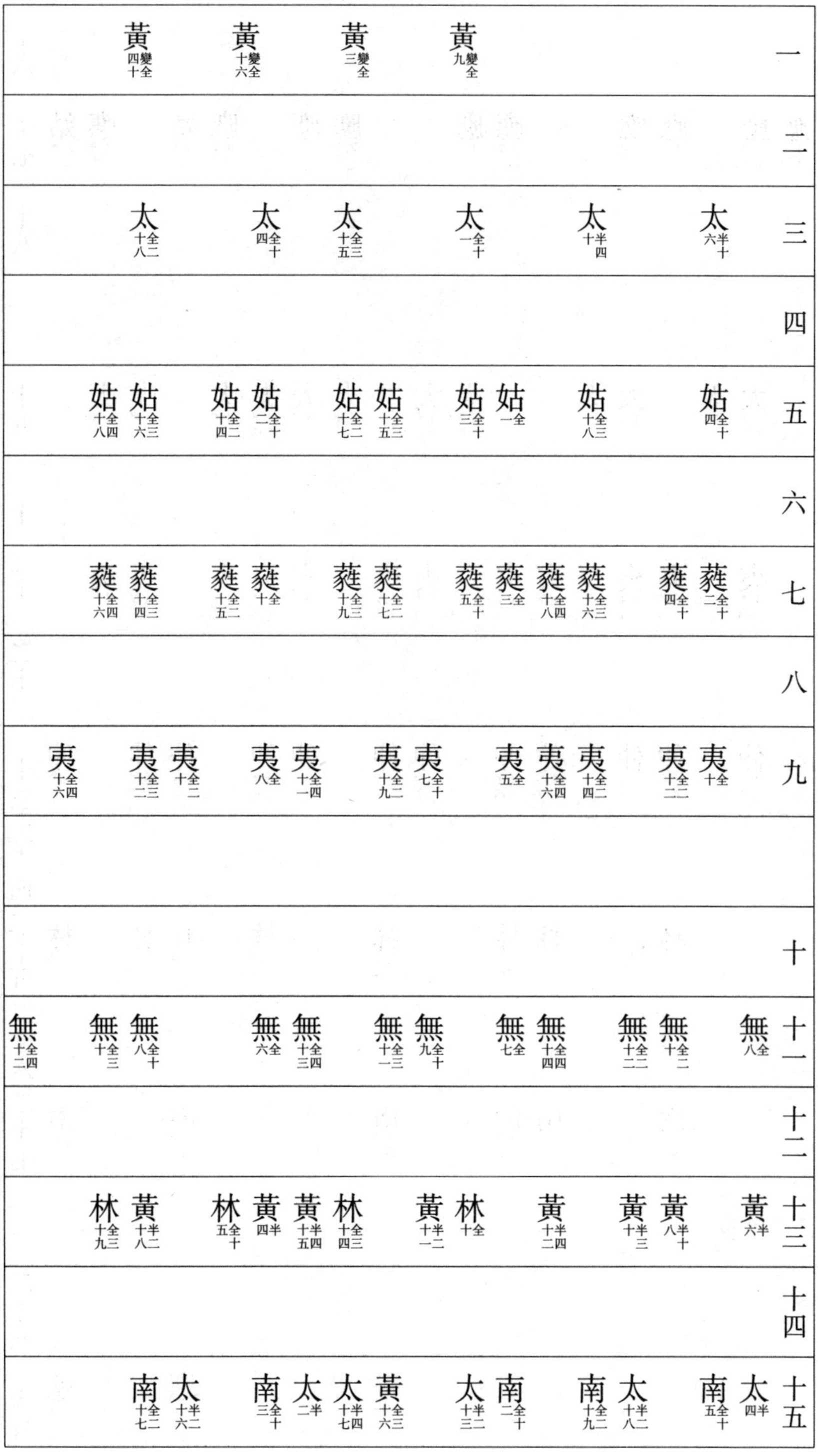

一　黃(變全九)　黃(變全三)　黃(變全十六)　黃(變全四十)

二

三　太(半十六)　太(半四十)　太(全十一)　太(全三十五)　太(全十四)　太(全二十八)

四

五　姑(全十四)　姑(全三十八)　姑(全一)　姑(全十三)　姑(全三十五)　姑(全二十七)　姑(全十二)　姑(全二十四)　姑(全三十六)　姑(全四十八)

六

七　蕤(全十二)　蕤(全十四)　蕤(全三十六)　蕤(全四十八)　蕤(全三)　蕤(全十五)　蕤(全二十七)　蕤(全三十九)　蕤(全十)　蕤(全二十五)　蕤(全三十四)　蕤(全四十六)

八

九　夷(全十)　夷(全二十二)　夷(全二十四)　夷(全四十六)　夷(全五)　夷(全十七)　夷(全二十九)　夷(全四十一)　夷(全八)　夷(全二十)　夷(全三十二)　夷(全四十六)

十

十一　無(全八)　無(全二十)　無(全二十二)　無(全四十四)　無(全七)　無(全十九)　無(全三十一)　無(全四十三)　無(全六)　無(全十八)　無(全三十)　無(全四十二)

十二

十三　黃(半六)　黃(半十八)　黃(半三十)　黃(半四十二)　林(全十)　黃(半二十一)　林(全三十四)　黃(半四十五)　黃(半四)　林(全十五)　黃(半二十八)　林(全三十九)

十四

十五　太(半四)　南(全十五)　太(半二十八)　南(全二十九)　南(全十二)　太(半二十三)　黃(全三十六)　太(半四十七)　太(半二)　南(全十三)　太(半二十六)　南(全二十七)

十六	
十七	姑半二 應全三十 姑半二十六 應全三十七 應全二 應全四十 應全二十六 應全三十八 應全一十 應全二十三 應全二十五 應全四十七
十八	
十九	大半一十 大半二十三 大半二十五 大半四十七 大半四 大半六十 大半二十八 大半十四 大半九 大半二十一 大半三十三 大半四十五
二十	
二十一	夾半九 夾半二十一 夾半三十三 夾半四十五 夾半六 夾半八十 夾半十三 夾半四十二 夾半七 夾半九十 夾半三十一 夾半四十三
二十二	
二十三	仲半七 仲半九十 仲半二十一 仲半四十三 仲半八 仲半十二 仲半十三 仲半四十四 仲半五 仲半七十 仲半二十九 仲半四十一
二十四	
二十五	林半五 林半七十 林半二十九 林半四十一 林半二十二 林半四十六 林半三 林半二十七
二十六	
二十七	南半三 南半二十七 南半二十四 南半四十八 南半一 南半二十五
二十八	
二十九	應半一 應半三十五

廟享

一												黃 十變 七全 折			黃 四變 十全 一折			
二																		
三		太 九全		太 十全 二三			太 十全 四二		太 十全 八四			太 十全 九折			太 十全 二折 四			
四																		
五		姑 一全 十		姑 十全 五三			姑 十全 二二		姑 十全 六四		姑 九全	姑 十全 一折 二		姑 十全 三三	姑 十全 五折 四			
六																		
七	蕤 一全	蕤 三全 十	蕤 十全 五二	蕤 十全 二三	蕤 八全		蕤 十全 二	蕤 十全 二三	蕤 十全 四四		蕤 一全 十	蕤 十全 三折 二		蕤 十全 五三	蕤 十全 七折 四			
八																		
九	夷 三全	夷 五全 十	夷 十全 七二	夷 十全 一三	夷 六全		夷 八全 十	夷 十全 三	夷 十全 二四	夷 一全	夷 三全 十		夷 十全 三二	夷 七全 十				
十																		
十一	無 五全		無 七全 十	無 十全 九二		無 十全 一四	無 四全	無 六全 十		無 十全 八二	無 四全 十		無 三全	無 五全 十		無 十全 七二	無 十全 九二	
十二																		
十三	黃 七半		黃 九半 十	黃 十半 三二		黃 十半 三四	黃 二半	黃 四半 十		黃 十半 六二	黃 十半 八三		黃 五半		林 十全 八折	黃 十半 九二		林 十全 二折 四
十四																		
十五		南 十全	太 十半 一二		南 十全 四三	太 十半 五四		太 二半 十	南 十全 一二		太 十半 六三	南 十全 七四	太 七半		南 二全 十折	太		南 十全 四折 四

十六

十七 應（全十二） 姑（半二十三） 應（全三十六） 姑（半四十七） 姑（半十） 應（全二十一） 姑（半三十四） 應（全四十五） 應（全十） 應（全折二十二） 應（全三十四） 應（全折四十六）

十八

十九 大（半二） 大（半十四） 大（半二十六） 大（半三十八） 大（半七） 大（半十九） 大（半三十一） 大（半四十三） 大（半十二） 大（半折二十四） 大（半三十六） 大（半折四十八）

二十

二十一 夾（半四） 夾（半十六） 夾（半二十八） 夾（半四十） 夾（半五） 夾（半十七） 夾（半二十九） 夾（半四十一） 夾（半二） 夾（半十四） 夾（半二十六） 夾（半三十八）

二十二

二十三 仲（半六） 仲（半十八） 仲（半三十） 仲（半四十二） 仲（半三） 仲（半十五） 仲（半二十七） 仲（半三十九） 仲（半四） 仲（半十六） 仲（半二十八） 仲（半四十）

二十四

二十五 林（半八） 林（半二十） 林（半三十二） 林（半四十四） 林（半一） 林（半十三） 林（半二十五） 林（半三十七） 林（半六） 林（半三十）

二十六

二十七 南（半二十二） 南（半四十六） 南（半十一） 南（半三十五） 南（半八） 南（半三十二）

二十八

二十九 應（半二十四） 應（半四十八） 應（半九） 應（半三十三）

廟享

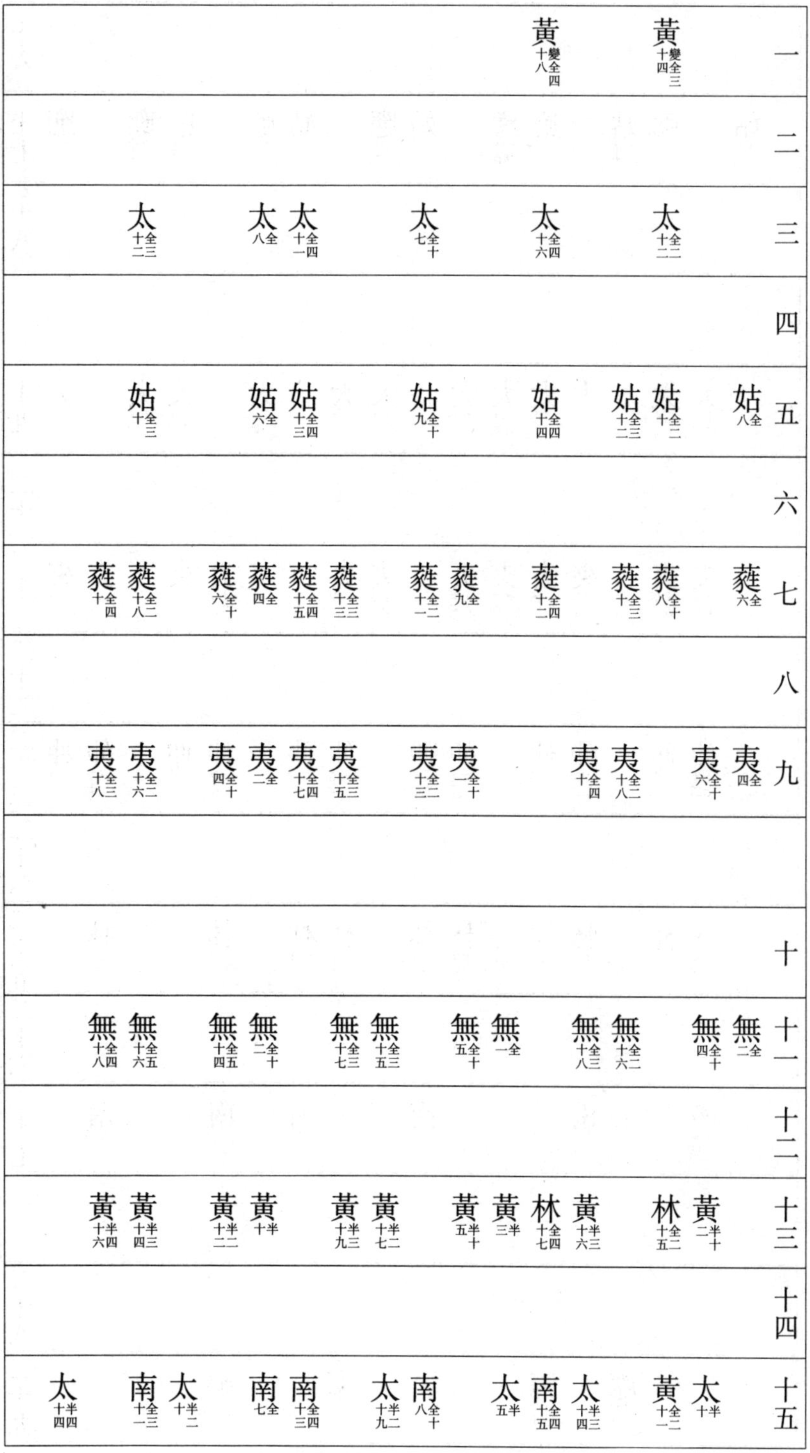

一			黃變全三十四			黃變全四十八												
二																		
三			太全二十二			太全四十六			太全十七			太全四十一	太全八			太全三十二		
四																		
五	姑全八		姑全二十	姑全三十二		姑全四十四			姑全十九			姑全四十三	姑全六			姑全三十		
六																		
七	蕤全六		蕤全十八	蕤全三十		蕤全四十二		蕤全九	蕤全二十一		蕤全三十三	蕤全四十五	蕤全四	蕤全十六		蕤全二十八	蕤全四十	
八																		
九	夷全四	夷全十六		夷全二十八	夷全四十			夷全十一	夷全二十三		夷全三十五	夷全四十七	夷全二	夷全十四		夷全二十六	夷全三十八	
十																		
十一	無全二	無全十四		無全二十六	無全三十八		無全一	無全十五		無全三十五	無全三十七		無全十二	無全五十四		無全五十六	無全四十八	
十二																		
十三		黃半十二	林全二十五		黃半三十六	林全四十七	黃半三	黃半十五		黃半二十七	黃半三十九		黃半十	黃半二十二		黃半三十四	黃半四十六	
十四																		
十五		太半十	黃全二十一		太半三十四	南全四十五	太半五		南全十八	太半二十九		南全四十三	南全七		太半十二	南全三十一		太半四十四

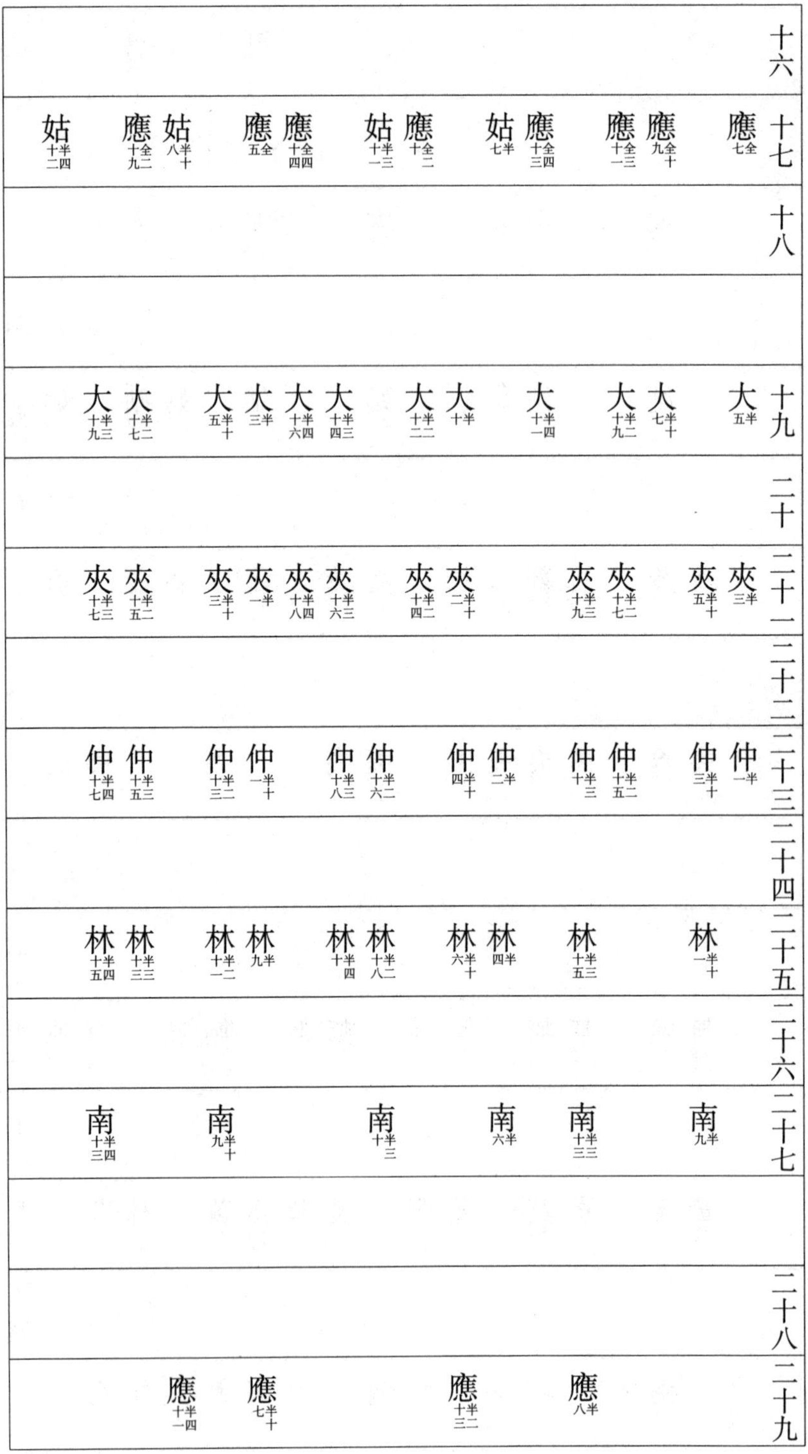

十六	
十七	應全七 應全十九 應全三十一 應全四十三 姑半七 應全二十 姑半三十一 應全四十四 應全五 姑半十八 應全二十九 姑半四十二
十八	
十九	大半五 大半十七 大半二十九 大半四十一 大半十 大半二十二 大半三十四 大半四十六 大半三 大半十五 大半二十七 大半三十九
二十	
二十一	夾半三 夾半十五 夾半二十七 夾半三十九 夾半十二 夾半二十四 夾半三十六 夾半四十八 夾半一 夾半十三 夾半二十五 夾半三十七
二十二	
二十三	仲半一 仲半十三 仲半二十五 仲半三十 仲半二 仲半十四 仲半二十六 仲半三十八 仲半十一 仲半二十三 仲半三十五 仲半四十七
二十四	
二十五	林半十一 林半三十五 林半四 林半十六 林半二十八 林半十四 林半九 林半二十一 林半三十三 林半四十五
二十六	
二十七	南半九 南半三十三 南半六 南半三十 南半十九 南半四十三
二十八	
二十九	應半八 應半二十三 應半十七 應半四十一

苑洛志樂　卷十七

明韓邦奇撰

慶賀

			無			夷			蕤			姑		太			黃	一
元			射			則			賓			洗		蔟			鐘	二
和			調			調			調			調		調	太 十全三二		調	三
回							夾 二全								夾 十全三二			四
陽			應				姑 二全	林			仲		姑 十全三二	夾	姑 十全一二		大	五
之			鐘	仲 二全			仲 四全	鐘			呂		仲 十全三二	鐘	仲 十全一二		呂	六
曲			調	蕤 二全			蕤 四全	調		蕤 十全三二	調		蕤 十全一二	調	蕤 九全十		調	七
前	林 二全			林 四全			林 六全			林 十全三三			林 十全一二		林 九全十			八
六	夷 二全			夷 四全		夷 十全三二	夷 六全			夷 十全一二			夷 九全十		夷 七全十			九
調																		
起			南 四全			南 六全	南 十全三二	南 八全	南 十全一三			南 九全十			南 七全十	南 二全		十
調			無 四全		無 十全三二	無 六全	無 十全一二	無 八全	無 九全十			無 七全十			無 五全十	無 二全		十一
後			應 六全		應 十全二二	應 八全	應 十全一二	應 十全	應 九全十			應 七全十	應 二全		應 五全十	應 四全		十二
六		黃 十半三二	黃 六半		黃 十半一二	黃 八半	黃 九半十	黃 十半	黃 七半十			黃 十變五半	黃 二半		黃 十變三半	黃 四變		十三
調		大 十半三二	大 八半		大 十半一二	大 十半	大 九半十	大 二半十	大 七半十	大 二半		大 五半十	大 四半		大 五半十	大 六半		十四
起		太 十半一二	太 八半		太 九半十	太 十半	太 七半十	太 二半十	太 五半十	太 二半		太 三半十	太 四半		林 十全四二	太 六半		十五

十六		夾(八半)	夷(四二/十)		夾(六半)	夾(三半/十)		夾(四半)	夾(五半/十)	夷(一全)	夾(七半/十)	夾(二半/十)	夾(九半/十)		夾(十半)	夾(十半/一二)			宮
十七		姑(八半)	南(十全/二三)		姑(六半)	南(十全/四三)		姑(四半)	姑(三半/十)	南(一全)	姑(五半/十)	姑(二半/十)	姑(七半/十)		姑(十半)	姑(九半/十)			
十八		仲(十半)	無(一二/十)		仲(八半)	無(十全/四二)		仲(六半)	仲(三半/十)	無(三全)	仲(五半/十)	無(一全)	仲(七半/十)		仲(二半/十)	仲(九半/十)			
十九		蕤(十半)	應(十全/二)		蕤(八半)	應(十全/三二)		蕤(六半)	應(十全/四三)		應(三全)	蕤(三半/十)		應(一全)	蕤(五半/十)		蕤(二半/十)	蕤(七半/十)	
二十		林(二半/十)	黃(二/十)		林(十半)	黃(十半/二二)		林(八半)	黃(十半/四二)		黃(五半)	林(三半/十)		黃(三半)	林(五半/十)		黃(一半)	林(七半/十)	
二十一		夷(一半/十)	大(八半/十)		夷(十半)	大(十半/二)		夷(八半)	大(十半/二二)		大(五半)	大(十半/四二)		大(三半)	夷(三半/十)		大(一半)	夷(五半/十)	
二十二	黃	太(一半)	太(十/八)		南(二半/十)	大(十半/二)		南(十半)	太(十半/二二)		太(七半)	太(十半/四二)		太(五半)	南(三半/十)		太(三半)	南(五半/十)	
二十三	太	夾(一半)	夾(六半/十)		無(二半/十)	夾(八半/十)		無(十半)	夾(十半/二)		夾(七半)	夾(十半/二二)		夾(五半)	夾(十半/四二)		夾(三半)	無(三半/十)	
二十四		姑(三半)	姑(十/六)	太	姑(一半)	姑(八半/十)		應(二半/十)	姑(十半/二)		姑(九半)	姑(十半/二二)		姑(七半)	姑(十半/四二)		姑(五半)	應(三半/十)	
二十五		仲(三半)	仲(四半/十)		仲(一半)	仲(六半/十)		黃(十半/二之/半)	仲(八半/十)		仲(九半)	仲(十半/二)		仲(七半)	仲(十半/二二)		仲(五半)	仲(十半/四二)	
二十六		蕤(五半)	蕤(十/四)		蕤(三半)	蕤(六半/十)		蕤(一半)	蕤(八半/十)		蕤(一半/十)	蕤(十半/二)		蕤(九半)	蕤(十半/二二)		蕤(七半)	蕤(十半/四二)	
二十七		林(五半)			林(三半)	林(四半/十)		林(一半)	林(六半/十)		林(一半/十)	林(八半/十)		林(九半)	林(十半/二)		林(七半)	林(十半/二二)	
二十八	夷(七半)			夷(五半)	夷(四半/十)		夷(三半)	夷(六半/十)		夷(八半/十)		夷(一半/十)	夷(十半/二)		夷(九半)	夷(十半/二二)			
二十九	南(七半)			南(三半)			南(二半)	南(四半/十)		南(六半/十)		南(一半/十)	南(八半/十)		南(九半)	南(十半/二)			
三十	無(九半)			無(七半)			無(五半)	無(四半/十)		無(六半)			無(八半/十)		無(一半/十)	無(十半/二)			

三十一	應半九	應半七		應半五		應半十四	應半十八	應半十一	應半十八
三十二	黃半之半十一	黃半之半九		黃半之半七		黃半十四	黃半之半十六		黃半之半十八
三十三	大半之半十二	大半之半九		大半之半七			大半半十四		大半之半十六
三十四		太半之半十一		太半之半九			太半半十四		太半之半十六
三十五			夾半之半十一		夾半之半九				夾半之半十四
三十六					姑半之半十一				姑半之半十四
三十七					仲半之半十一				
三十八									
三十九									
四十									
四十一									
四十二									
四十三									

房中一

一	大	應	南	黄 全十二　林	仲	夾	
二	呂	鐘	大 全十二　呂	鐘	呂	鐘	右
三	調	調	太 全十二　調	太 全十　調	調	調	以
四		夾 全十二	夾 全十				歸
五	黄	姑 全十二　無	姑 全十　夷	姑 全八　蕤	姑	太	宮
六	仲 全十二　鐘	仲 全十　射	仲 全八　則	賓	洗	簇	起
七	蕤 全十二　調	蕤 全一　調	蕤 全八　調	蕤 全八　調	調	調	全
八	林 全十	林 全八	林 全六			林 全十二	聲
九	夷 全十	夷 全八	夷 全六	夷 全四		夷 全十二	
十	南 全八	南 全六	南 全四		南 全十二	南 全十	
十一	無 全八	無 全六	無 全四	無 全二	無 全十二	無 全十	
十二	應 全六	應 全四	應 全二	應 全十二	應 全十	應 全八	
十三	黄 半六	黄 半四	黄 半二	林 全十一	黄 半十	黄 半八	
十四	大 半四	大 全二	夷 全十一	大 半十	大 半八	大 半六	
十五	太 半四	太 半二	南 全十一	南 全九	太 半八	太 半六	

十六	夾二半	無十一全	無九全	夾八半	夾六半	夾四半
十七	姑二半	應十一全	應九全	應七全	姑六半	姑四半
十八	黃十一半	黃九半	黃七半	仲六半	仲四半	仲二半
十九	大十一半	大九半	大七半	大五半	蕤四半	蕤二半
二十	太九半	太七半	太五半	林四半	林二半	太十一半
二十一	夾九半	夾七半	夾五半	夾三半	夷二半	夾十一半
二十二	姑七半	姑五半	姑三半	南一半	姑十一半	姑九半
二十三	仲七半	仲五半	仲三半	仲一半	仲十一半	仲九半
二十四	蕤五半	蕤二半	蕤一半	蕤十一半	蕤九半	蕤七半
二十五	林五半	林二半	林一半		林九半	林七半
二十六	夷二半	夷一半		夷九半	夷七半	夷五半
二十七	南三半	南一半			南	南五半
二十八	無一半			無七半	無五半	無三半
二十九	應一半				應五半	應三半

三十	黃半之半十五	黃半之半三	黃半之半一
三十一		大半之半三	大半之半一
三十二	太半之半	太半之半一	
三十三		夾半之半一	
三十四	姑半之半十		
三十五			
三十六			

周世子

一	太		姑			蕤		夷		
二	簇		洗			賓		則		右
三	調	回宮太一全	調			調		調		八
四		回宮夾一全								宮
五	夾	姑三全	仲	回宮姑一全		林		南		之
六	鐘	仲三全	呂	回宮仲一全		鐘		呂		曲
七	調	蕤五全	調	蕤三全		調	回宮蕤一全	調		
八		林二全十		林三全			回宮林一全			
九		夷七全		夷五全			夷三全		回宮夷一全	
十		南十全	南五全		南三全		回宮南一全			
十一		無九全	無七全		無五全		無三全			
十二		應九全	應七全		應五全		應三全			
十三		黃一半十	黃九半		黃七半		黃五半			
十四		大一半十	大九半		大七半		大五半			
十五		南二全	太一半十		太九半		太七半			

十六	無二全	夾十一半	夾九半	夾七半
十七	應四全	應二全	姑十一半	姑九半
十八	黄四半	黄二半	仲十一半	仲九半
十九	大六半	大四半	大二半	蕤十一半
二十	太六半	太四半	太二半	林十一半
二十一	夾八半	夾六半	夾四半	夾二半
二十二	姑八半	姑六半	姑四半	姑二半
二十三	仲十半	仲八半	仲六半	仲四半
二十四	蕤十半	蕤八半	蕤六半	蕤四半
二十五	林十二半	林十半	林八半	林六半
二十六	夷十二半	夷十半	夷八半	夷六半
二十七		南十二半	南十半	南八半
二十八		無十二半	無十半	無八半
二十九			應十一半	應十半

三十	黃半三	黃半之半十
三十一		大半十二
三十二		太半之半十二
三十三		
三十四		
三十五		
三十六		

			夷			蕤			姑			太	一
右			則			賓			洗			簇	二
八			調			調			調	太一全		調	三
商										夾一全			四
之			南			林	姑一全		仲	姑三全		夾	五
曲			呂			鐘	仲一全		呂	仲三全		鐘	六
			調	蕤一全		調	蕤三全		調	蕤五全		調	七
				林一全			林三全			林五全			八
	夷一全			夷三全			夷五全			夷一全十			九
		南一全			南三全			南五全			南七全		十
		無二全			無五全			無七全			無九全		十一
		應三全			應五全			應七全			應九全		十二
		黃五半			黃七半			黃九半			黃一半十		十三
		大五半			大七半			大九半			大一半十		十四
		太七半			太九半			太一半十			南二全		十五

十六	無二全	夾十一半	夾九半	夾七半
十七	應四全	應二全	姑十一半	姑九半
十八	黃四半	黃二半	仲十一半	仲九半
十九	大六半	大四半	大二半	蕤十一半
二十	太六半	太四半	太二半	林十一半
二十一	夾八半	夾六半	夾四半	夾二半
二十二	姑八半	姑六半	姑四半	姑二半
二十三	仲十半	仲八半	仲六半	仲四半
二十四	蕤十半	蕤八半	蕤六半	蕤四半
二十五		林十半	林八半	林六半
二十六		夷十半	夷八半	夷六半
二十七			南十半	南八半
二十八			無十半	無八半
二十九				應十半

三十 黃半之半十

三十一

三十二

三十三

三十四

三十五

三十六

一	**太**		**姑**		**蕤**		**夷**		
二	**簇**		**洗**		**賓**		**則**		**右**
三	**調**		**調**		**調**		**調**		**八**
四									**角**
五	**夾**		**仲**	姑一全	**林**		**南**		**之**
六	**鐘**		**呂**	仲一全	**鐘**		**呂**		**曲**
七	**調**		**調**	蕤三全	**調**	蕤一全	**調**		
八				林三全		林一全			
九				夷五全		夷三全		夷一全	
十				南五全		南三全		南一全	
十一				無七全		無五全		無三全	
十二				應七全		應五全		應三全	
十三				黃九半		黃七半		黃五半	
十四				大九半		大七半		大五半	
十五		太一半		太一半十		太九半		太七半	

十六	夾十一半	夾十一半	夾九半	夾七半
十七	姑三半	應二全	姑十二半	姑九半
十八	仲三半	黃二半	仲十一半	仲九半
十九	蕤五半	大四半	大二半	蕤十一半
二十	林五半	太四半	太二半	林十一半
二十一	夷七半	夾六半	夾四半	夾二半
二十二	南七半	姑六半	姑四半	姑二半
二十三	無九半	仲八半	仲六半	仲四半
二十四	應九半	蕤八半	蕤六半	蕤四半
二十五	黃十一半	林十半	林八半	林六半
二十六	大十一半	夷十半	夷八半	夷六半
二十七	南二半		南十半	南八半
二十八	無二全		無十半	無八半
二十九	應四半			應十半

三十	黃半四	黃半之半十
三十一	大半之半六	
三十二	太半六	
三十三	夾半之半八	
三十四	姑半八	
三十五	仲半之半十	
三十六	蕤半十	

一	太		姑		蕤		夷		
二	簇		洗		賓		則		右
三	調	太一半	調		調		調		八
四		夾一半							徵
五	夾	姑三半	仲	姑一半	林		南		之
六	鐘	仲三半	呂	仲一半	鐘		呂		曲
七	調	蕤五半	調	蕤三半	調	蕤一半	調		
八		林五半		林三半		林一全			
九		夷七半		夷五半		夷三半		夷一全	
十		南七半		南五半		南三全		南一全	
十一		無九半		無七半		無五半		無三全	
十二		應九半		應七半		應五全		應三全	
十三		黃十半 一之 半		黃半半 九之		黃半半 七之		黃五半	
十四		大一半 十		大半半 九之		大七半		大五半	
十五		南一全		太十半 一之 半		太半半 九之		太七半	

序	一	二	三	四
十六	無二全	夾十半一之半	夾九半	夾七半
十七	應四全	應二全	姑十半一之半	姑九半
十八	黄四半	黄二半	仲一半十	仲九半
十九	大六半	大四半	大二半	蕤一半十
二十	太六半	太四半	太二全	林一半十
二十一	夾八半	夾六半	夾四半	夾二全
二十二	姑八半	姑六半	姑四全	姑二全
二十三	仲十半	仲八半	仲六半	仲四全
二十四	蕤十半	蕤八半	蕤六全	蕤四全
二十五	林二半十	林十半	林八半	林六全
二十六	夷二半十	夷十半	夷八全	夷六全
二十七		南二半十	南十半	南八全
二十八		無二半十	無十全	無八全
二十九			應二半十	應十全

三十	黃全二十	黃半十
三十一		大半二十
三十二		太半二十

一	太	姑	蕤	夷	
二	蔟	洗	賓	則	右
三	調	調	調	調	八
四					羽
五	夾	仲	林	南	之
六	鐘	呂	鐘	呂	曲
七	調	調	調	調	
八					
九					
十	南二全				
十一	無二全				
十二	應四全	應二全			
十三	黃四半	黃二半			
十四	大六半	大四半	大二半		
十五	太六半	太四半	太二半		

十六	夾八半	夾六半	夾四半	夾二半
十七	姑八半	姑六半	姑四半	姑二半
十八	仲十半	仲八半	仲六半	仲四半
十九	蕤十半	蕤八半	蕤六半	蕤四半
二十	太一半	林十半	林八半	林六半
二十一	夾一半	夷十半	夷八半	夷六半
二十二	姑三半	姑一半	南十半	南八半
二十三	仲三半	仲一半	無十半	無八半
二十四	蕤五半	蕤三半	蕤一半	應十半
二十五	林五半	林三半	林一半	黃十半
二十六	夷七半	夷五半	夷三半	夷一半
二十七	南七半	南五半	南三半	南一半
二十八	無九半	無七半	無五半	無三半
二十九	應九全	應七半	應五半	應三半

三十	黃（半之半九）	黃（半之半七）	黃（半之半五）
三十一	大（半之半九）	大（半之半七）	大（半之半五）
三十二		太（半之半九）	太（半之半七）
三十三		夾（半之半九）	夾（半之半七）
三十四			姑（半之半九）
三十五			仲（半之半九）

房中二

一	南		應	黃 三全十		大		夾		
二	呂		鐘			呂	大 三全十	鐘		右
三	調		調	太 一全十		調	太 三全十	調		八
四							夾 一全十		夾 三全十	宮
五	無		黃	姑 九全		太	姑 一全十	姑	姑 三全十	之
六	射		鐘			蔟	仲 九全	洗	仲 一全十	曲
七	調		調	蕤 七全		調	蕤 九全	調	蕤 一全十	
八							林 七全		林 九全	
九				夷 五全			夷 七全		夷 九全	
十		南 五全十			南 五全		南 七全			
十一		無 三全十	無 三全		無 五全		無 七全			
十二		應 一全十	應 三全十		應 三全		應 五全			
十三		黃 一半十	林 二全十		黃 三半		黃 五半			
十四		大 九半	大 一半十		夷 二全十		大 三半			
十五		太 九半	南 十全		南 二全十		太 三半			

十六	夾七半	夾九半	無十全	無十二全
十七	姑七半	應八全	應十全	應十二全
十八	仲五半	仲七半	黃八半	黃十半
十九	蕤五半	大六半	大八半	大十半
二十	林三半	林五半	太六半	太八半
二十一	夷三半	夾四半	夾六半	夾八半
二十二	姑十二半	南三半	姑四半	姑六半
二十三	仲十二半	仲二半	仲四半	仲六半
二十四	蕤十半	蕤十二半	蕤二半	蕤四半
二十五	林十半	黃一半	林二半	林四半
二十六	夷八半	夷十半	大一半	夷二半
二十七	南八半		太一半	南二半
二十八	無六半	無八半		夾一半
二十九	應六半			姑一半

三十	黃半之半四	黃半之半六
三十一	大半之半四	
三十二	太半之半二	太半之半四
三十三	夾半之半二	
三十四	南一半	姑半之半二
三十五	無一半	
三十六		應一半

一	南		應		大		夾	黃（十全）	
二	呂		鐘		呂		鐘	大（十全）	右
三	調		調		調		調	太（八全）	八
四								夾（八全）	商
五	無		黃		太		姑	姑（六全）	之
六	射		鐘		蔟		洗	仲（六全）	曲
七	調	蕤（十全）	調		調		調	蕤（四全）	
八		林（十全）						林（四全）	
九		夷（八全）	夷（十全）					夷（二半）	
十		南（八全）	南（十全）			南（二全）			
十一		無（六全）	無（八全）	無（十全）					
十二		應（六全）	應（八全）	應（十全）					
十三		黃（四半）	黃（六半）	黃（八半）		林（九全）			
十四		大（四半）	大（六半）	大（八半）		夷（九全）			
十五		太（二半）	太（四半）	太（六半）		南（七全）			

十六	夾二半	夾四半	夾六半	無七全
十七		姑二半	姑四半	應五全
十八		仲二半	仲四半	黃五半
十九	大九半		蕤二半	大三半
二十	太九半		林二半	太三半
二十一	夾七半	夾九半		夾一半
二十二	姑七半	姑九半		姑一半
二十三	仲五半	仲七半	仲九半	仲一半十
二十四	蕤五半	蕤七半	蕤九半	蕤一半十
二十五	林三半	林五半	林七半	
二十六	夷三半	夷五半	夷七半	
二十七	南一半	南三半	南五半	
二十八	無一半	無三半	無五半	
二十九	應一半十	應一半	應三半	

三十	黃半之半十一	黃半之半一	黃半三
三十一		大半之半十一	大半之半一
三十二		太半十一	太半之半一
三十三			夾半十一
三十四			姑半十一
三十五			
三十六			

一	南		應		大	黃八全	夾		
二	呂		鐘		呂	大八全	鐘		右
三	調		調		調	太六全	調	太八全	八
四						夾六全		夾八全	角
五	無		黃		太	姑四全	姑	姑八全	之
六	射		鐘		蔟	仲四全	洗	仲六全	曲
七	調		調		調	蕤二全	調	蕤四全	
八						林二全		林四全	
九		夷八全						夷二全	
十		南八全				南二全			
十一		無八全	無八全						
十二		應六全	應八全						
十三		黃四半	黃六半	林七全					
十四		大四半	大六半	夷七全					
十五		太二半	太四半	南五全		南七全			

十六	夾二半	夾四半	無五全	無七全
十七		姑二半	應三全	應五全
十八		仲二半	黄三半	黄五半
十九			大一半	大三半
二十			太一半	太三半
二十一	夾七半		仲九半	夾一半
二十二	姑七半		蕤九半	姑一半
二十三	仲五半	仲七半		林九半
二十四	蕤五半	蕤七半		夷九半
二十五	林三半	林五半		
二十六	夷三半	夷五半		
二十七	南一半	南三半		
二十八	無一半	無三半		
二十九	大半半九之	應一半		

三十	太半之半九	黃半之半一
三十一		夾半之半九
三十二		姑半之半九

	夾		大			應		南	一
右	鐘		呂			鐘		呂	二
八	調		調			調		調	三
徵									四
之	姑		太			黃	姑二十全	無	五
曲	洗		簇			鐘	仲二十全	射	六
	調		調		蕤二十全	調	蕤十全	調	七
					林二十全		林十全		八
		夷二十全			夷十全		夷八全		九
				南二十全		南十全	南八全		十
		無二十全		無十全		無八全	無六全		十一
		應二十全		應十全		應八全	應六全		十二
		黃十半		黃八半		黃六半	黃四半		十三
		大十半		大八半		大六半	大四半		十四
		太八半		太六半		太四半	太二半		十五

十六	夾半二	夾半四	夾半六	夾半八
十七	應半十一	姑半二	姑半四	姑半六
十八	黄半十一	仲半二	仲半四	仲半六
十九	大半九	大半十一	蕤半二	蕤半四
二十	太半九	太半十一	林半二	林半四
二十一	夾半七	夾半九	夾半十一	夷半二
二十二	姑半七	姑半九	姑半十一	南半二
二十三	仲半五	仲半七	仲半九	仲半十一
二十四	蕤半五	蕤半七	蕤半九	蕤半十一
二十五	林半三	林半五	林半七	林半九
二十六	夷半三	夷半五	夷半七	夷半九
二十七	南半一	南半三	南半五	南半七
二十八	無半一	無半三	無半五	無半七
二十九		應半一	應半三	應半五

三十	黃半之半一	黃半之半三	黃半之半五
三十一		大半之半一	大半之半三
三十二		太半之半一	太半之半三
三十三			夾半之半一
			姑半之半一

一	南		應		大		夾	
二	呂		鐘		呂		鐘	右
三	調		調		調		調	八
四								羽
五	無		黃		太		姑	之
六	射		鐘		族		洗	曲
七	調	蕤十全	調		調		調	
八		林十全						
九		夷八全	夷十全					
十		南八全	南十全					
十一		無六全	無八全	無十全				
十二		應六全	應八全	應十全				
十三		黃四半	黃六半	黃八半		黃十半		
十四		大四半	大六半	大八半		大十半		
十五		太二半	太四半	太六半		太八半		

十六	夾二半	夾四半	夾六半	夾八半
十七		姑二半	姑四半	姑六半
十八		仲二半	仲四半	仲六半
十九	大九半		蕤二半	蕤四半
二十	太九半		林二半	林四半
二十一	夾七半	夾九半		夷二半
二十二	姑七半	姑九半		南二半
二十三	仲五半	仲七半	仲九半	
二十四	蕤五半	蕤七半	蕤九半	
二十五	林七半	林五半	林七半	林九半
二十六	夷三半	夷五半	夷七半	夷九半
二十七	南一半	南三半	南五半	南七半
二十八	無一半	無三半	無五半	無七半
二十九		應一半	應三半	應三半

三十	黄半之半一	黄半之半三	黄半之半五
三十一	大半之半一	大半之半三	
三十二	太半之半一	太半之半三	
三十三	夾半之半一		
	姑半之半一		

周世孫

一	姑			蕤	夷	
二	洗			賓	則	右
三	調			調	調	六
四						宮
五	仲	回宮姑一全		林	南	之
六	呂	回宮仲一全		鐘	呂	曲
七	調	蕤三全	回宮蕤一全	調	調	
八		林三全	回宮林一全			
九		夷五全	夷三全		回宮夷一全	
十		南五全	南三全	回宮南一全		
十一		無七全	無五全	無三全		
十二		應七全	應五全	應三全		
十三		黃九半	黃七半	黃五半		
十四		大九半	大七半	大五半		
十五		太十一半	太九半	太七半		

十六	夾十一半	夾九半	夾七半
十七	應二全	姑十一半	姑九半
十八	黄二半	仲十一半	仲九半
十九	大四半	大二半	蕤十一半
二十	太四半	太二半	林十一半
二十一	夾六半	夾四半	夾二半
二十二	姑六半	姑四半	姑二半
二十三	仲八半	仲六半	仲四半
二十四	蕤八半	蕤六半	蕤四半
二十五	林十半	林八半	林六半
二十六	夷十半	夷八半	夷六半
二十七	南十二半	南十半	南八半
二十八	無十二半	無十半	無八半
二十九		應十二半	應十半

三十	黄半之半十二	黄半之半十
三十一		大半之半十二
三十二		太半之半十二
三十三		
三十四		

一	姑		蕤			夷		
二	洗		賓			則		右
三	調		調			調		六
四								商
五	仲	姑一全	林			南		之
六	呂	仲一全	鐘			呂		曲
七	調	蕤三全	調	蕤一全		調		
八		林三全		林一全				
九		夷五全		夷三全			夷一全	
十		南五全	南三全		南一全			
十一		無七全	無五全		無三全			
十二		應七全	應五全		應三全			
十三		黃九半	黃七半		黃五半			
十四		大九半	大七半		大五半			
十五		太一全十	太九半		太七半			

十六	夾一全十	夾九半	夾七半
十七	應二全	姑一全十	姑九半
十八	黃二半	仲一全十	仲九半
十九	大四半	大二半	蕤一全十
二十	太四半	太二半	林一全十
二十一	夾六半	夾四半	夾二半
二十二	姑六半	姑四半	姑二半
二十三	仲八半	仲六半	仲四半
二十四	蕤八半	蕤六半	蕤四半
二十五	林十半	林八半	林六半
二十六	夷十半	夷八半	夷六半
二十七		南十半	南八半
二十八		無十全	無八半
二十九			應十半

三十	黄半之半十
三十一	
三十二	
三十三	
三十四	

一	姑		蕤			夷		
二	洗		賓			則		右
三	調		調			調		六
四								角
五	仲	姑一全	林			南		之
六	呂	仲二全	鐘			呂		曲
七	調	蕤三全	調	蕤一全		調		
八		林三全		林一全				
九		夷五全		夷三全			夷一全	
十		南五全	南三全		南一全			
十一		無七全	無五全		無三全			
十二		應七全	應五全		應三全			
十三		黃九全	黃七半		黃五半			
十四		大九全	大七半		大五半			
十五			太九全		太七半			

十六		夾九全	夾七半
十七	應二全		姑九全
十八	黃二半		仲九全
十九	大四半	大二半	
二十	太四半	太二半	
二十一	夾六半	夾四半	夾二半
二十二	姑六半	姑四半	姑二半
二十三	仲八半	仲六半	仲四半
二十四	蕤八半	蕤六半	蕤四半
二十五		林八半	林六半
二十六		夷八半	夷六半
二十七			南八半
二十八			無八半
二十九			

一	姑		蕤			夷		
二	洗		賓			則		右
三	調		調			調		六
四								徵
五	仲	姑(一半)	林			南		之
六	呂	仲(一半)	鐘			呂		曲
七	調	蕤(三半)	調	蕤(一半)		調		
八		林(三半)		林(一全)				
九		夷(五半)		夷(三半)			夷(一全)	
十		南(五半)	南(三全)		南(一全)			
十一		無(七半)	無(五半)		無(三全)			
十二		應(七半)	應(五全)		應(三全)			
十三		黃(半半/九之)	黃(半半/七之)		黃(五半)			
十四		大(半半/九之)	大(七半)		大(五半)			
十五		太(十半/一之/半)	太(半半/九之)		太(七半)			

十六	夾十一半之半	夾九半	夾七半
十七	應二全	姑十一半之半	姑九半
十八	黄二半	仲十一半	仲九半
十九	大四半	大二半	蕤十一半
二十	大四半	太二全	林十一半
二十一	夾六半	夾四半	夾二全
二十二	姑六半	姑四半	姑二全
二十三	仲八半	仲六半	仲四全
二十四	蕤八半	蕤六半	蕤四全
二十五	林十半	林八半	林六全
二十六	夷十半	夷八全	夷六全
二十七	南二十半	南十半	南八全
二十八	無二十半	無十全	無八全
二十九		應二十半	應十全

三十	黄二全十	黄十半
		大二半十
		太二半十

一	姑		蕤			夷		
二	洗		賓			則		右
三	調		調			調		六
四								羽
五	仲	姑 一半	林			南		之
六	呂	仲 一半	鍾			呂		曲
七	調	蕤 三半	調	蕤 一半		調		
八		林 三半		林 一半				
九		夷 五半		夷 三半			夷 一半	
十		南 五半	南 三半		南 一半			
十一		無 七半	無 五半		無 三半			
十二		應 七半	應 五半		應 三半			
十三		黃 半半 九之	黃 半半 七之		黃 半半 五之			
十四		大 半半 九之	大 半半 七之		大 半半 五之			
十五			太 半半 九之		太 半半 七之			

十六		夾半半九之	夾半半七之
十七	應二全		姑半半九之
十八	黃二半		仲半半九之
十九	大四半	大二半	
二十	太四半	太二半	
二十一	夾六半	夾四半	夾二半
二十二	姑六半	姑四半	姑二半
二十三	仲八半	仲六半	仲四半
二十四	蕤八半	蕤六半	蕤四半
二十五	林十半	林八半	林六半
二十六	夷十半	夷八半	夷六半
二十七		南十半	南八半
		無十半	無八半
			應十半

黃
十半

房中三

一	應		大	夾	
二	鐘		呂	鐘	右
三	調		調	調	六
四					宮
五	黃		太	姑	之
六	鐘		蔟	洗	曲
七	調	蕤 二全十 回宮	調	調	
八		林 二全十 回宮			
九		夷 十全	夷 二全十		
十		南 十全	南 七全		
十一		應 八全	無 十全	無 二全十	
十二		應 八全	應 十全	應 二全十	
十三		黃 六半	黃 八半	黃 十半	
十四		大 六半	大 八半	大 十半	
十五		太 四半	太 六半	太 八半	

十六	夾半四	夾半六	夾半八
十七	姑半二	姑半四	姑半六
十八	仲半二	仲半四	仲半六
十九	大半十一	蕤半二	蕤半四
二十	太半十一	林半二	林半四
二十一	夾半九	夾半十一	夷半二
二十二	姑半九	姑半十一	南半二
二十三	仲半七	仲半九	仲半十一
二十四	蕤半七	蕤半九	蕤半十一
二十五	林半五	林半七	林半九
二十六	夷半五	夷半七	夷半九
二十七	南半三	應半三	南半七
二十八	無半三	黄半三	無半七
二十九	應半一	南半五	應半五

三十	黃一半半	無五半	黃五半半
三十一	大半半	大三半半	
三十二	太一半半	太三半半	
三十三	夾一半半		
三十四	姑一半半		

一	應		大		夾	黃十全	
二	鐘		呂		鐘	大十全	右
三	調		調		調	太八全	六
四						夾八全	商
五	黃		太		姑	姑六全	之
六	鐘		蔟		洗	仲六全	曲
七	調		調		調	蕤四全	
八						林四全	
九		夷十全				夷二半	
十		南十全		南二全			
十一		無八全	無十全				
十二		應八全	應十全				
十三		黃六半	黃八半	林九全			
十四		大六半	大八半	夷九全			
十五		太四半	太六半	南七全			

十六	夾四半	夾六半	無七全
十七	姑二半	姑四半	應五全
十八	仲二半	仲四半	黃五半
十九		蕤二半	大三半
二十		林二半	太三半
二十一	夾九半		夾一半
二十二	姑九半		姑一半
二十三	仲七半	仲九半	
二十四	蕤七半	蕤九半	
二十五	林五半	林七半	
二十六	夷五半	夷七半	
二十七	南五半	南五半	
二十九	無三半		
三十	應一半	應三半	

三十一	黃一半	黃三半
三十二		大一半
三十三		太一半半
三十四		
三十五		
三十六		
三十七		

一	應		大	黃八全	夾		
二	鐘		呂	大八全	鐘		右
三	調		調	太六全	調	太八全	六
四				夾六全		夾八全	角
五	黃		太	姑四全	姑	姑六全	之
六	鐘		簇	仲四全	洗	仲六全	曲
七	調		調	蕤二全	調	蕤四全	
八				林二全		林四全	
九						夷二全	
十							
十一		無八全					
十二		應八半					
十三		黃六半					
十四		大六半					
十五		太四半					

十六	夾四半		
十七	姑二半		
十八	仲二半		
十九			南二全
二十			
二十一			
二十二		林七全	
二十三	仲七半	夷七全	
二十四	蕤七半	南五全	南七全
二十五	林五半	無五全	無七全
二十六	夷五半	應三全	應五全
二十七	南三半	黃三半	黃五半
二十八	無三半	大一半	大三半
二十九	應一半	太一半	太三半

三十	黄一半	夾一半
三十一		姑一半
三十二		
三十三		
三十四		
三十五		
三十六		

一	應		大	夾	
二	鐘		呂	鐘	右
三	調		調	調	六
四					徵
五	黃		太	姑	之
六	鐘		蔟	洗	曲
七	調	蕤十二全	調	調	
八		林十二全			
九		夷十全	夷十二全		
十		南十全	南十二全		
十一		無八全	無十半	無十二全	
十二		應八半	應十全	應十二全	
十三		黃六半	黃八半	黃十半	
十四		大六半	大八半	大十半	
十五		太四半	太六半	太八半	

十六	夾四半	夾六半	夾八半
十七	姑二半	姑四半	姑六半
十八	仲二半	仲四半	仲六半

一	應		大			夾	
二	鐘		呂			鐘	右
三	調		調			調	六
四							羽
五	黃		太			姑	之
六	鐘		蔟			洗	曲
七	調	蕤二十全	調			調	
八		林二十全		夷二十全			
九		夷十全		南二十全			
十		南十全	無十半				
十一		無八全	應十全		無二十全		
十二		應八全	黃八半		應二十全		
十三		黃六半	大八半		黃十半		
十四		大六半	太六半		大十半		
十五		太四半	夾六半		太八半		

十六	夾四半	姑四半	夾八半
十七	姑二半	仲四半	姑六半
十八	仲二半	蕤一半	仲六半
十九	大一半十	蕤二半	蕤四半
二十	大一半十	林二半	林四半
二十一	夾九半	夾一半十	夷二半
二十二	姑九半	姑一半十	南二半
二十三	仲七半	仲九半	仲一半十
二十四	蕤七半	蕤九半	蕤一半十
二十五	林五半	林七半	林九半
二十六	夷五半	夷七半	夷九半
二十七	南三半	南五半	南七半
二十八	無三半	無五半	無七半
二十九	應一半	應三半	應五半

三十	黃一半半	黃三半半	黃五半半
三十一		大一半半	大五半半
三十二		太一半半	太三半半
三十三			夾一半半
三十四			姑一半半
三十五			
三十六			

（此處疑有缺頁）

十九	大一半十	林二半	蕤四半
二十	太一半十	夾一半十	林四半
二十一	夾九半	姑一半十	夷二半
二十二	姑九半	仲九半	南二半
二十三	仲七全	蕤九半	仲一半十
二十四	蕤七全	林七半	蕤一半十
二十五	林五半	夷七半	林九半
二十六	夷五半	南五半	夷九半
二十七	南三半	無五半	南七半
二十八	無三半	應三半	無七半
二十九	應一半	黃三半半	應五半
三十	黃一半半	大一半半	黃五半半
三十一		太一半半	大三半半
三十二			太三半半
三十三			夾一半半

三十四	姑 一半半
三十五	
三十六	

晏臣下

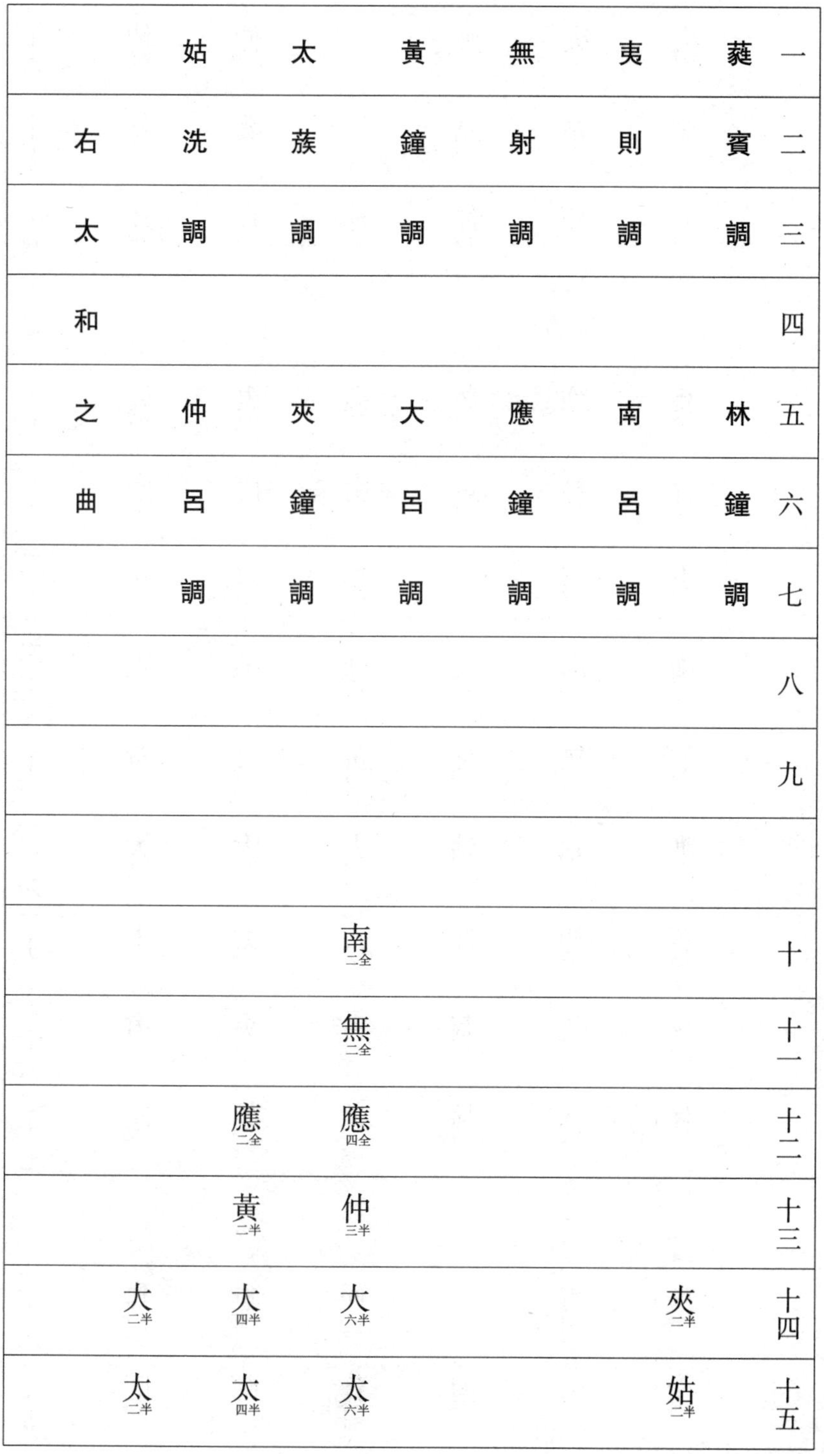

一	蕤		夷	無	黃		太		姑		
二	賓		則	射	鐘		蔟		洗		右
三	調		調	調	調		調		調		太
四											和
五	林		南	應	大		夾		仲		之
六	鐘		呂	鐘	呂		鐘		呂		曲
七	調		調	調	調		調		調		
八											
九											
十						南 二全					
十一						無 二全					
十二						應 四全		應 二全			
十三						仲 三半		黃 二半			
十四		夾 二半				大 六半		大 四半		大 二半	
十五		姑 二半				太 六半		太 四半		太 二半	

十六	仲四半	仲二半		夾八半	夾六半	夾四半
十七	蕤四半	蕤二半		姑八半	姑六半	姑四半
十八	林六半	林四半	林二半	仲十半	仲八半	仲六半
十九	夷六半	夷四半	夷二半	蕤十半	應八半	蕤六半
二十	南八半	南六半	南四半	黄十半一半	林十半	林八半
二十一	無八半	無六半	無四半	大十半一半	夷十半	夷八半
二十二	應十半	應八半	應六半	太一半	南二半十	南十半
二十三	黄十半	黄八半	黄六半半	夾一全	無一半十	無十半
二十四	大二半十	大十半	大八半半	姑三半	姑一半	應二半十
二十五	太二半十	太十半	太八半半	仲三半	仲一半	黄二半十
二十六	夷一半	夾二半十	夾十半半	蕤五半	蕤三半	蕤一半
二十七	南一半	姑二半十	姑十半半	林五半	林三半	林一半
二十八	無三半	無一半	仲二半十	夷七半	夷五半	夷三半
二十九	應三半	應一半	蕤二半十	南七半	南五半	南三半

三十	黃 五半半	黃 三半半	黃 一半半	無 九半	無 七半	無 五半
三十一	大 五半半	大 三半半	大 一半半	應 九半	蕤 七半	應 五半
三十二	太 七半半	太 五半半	太 三半半	林 二半十	黃 九半半	黃 七半半
三十三	夾 七半半	夾 五半半	夾 三半半	夷 二半十	大 九半半	大 七半半
三十四	姑 九半半	姑 七半半	姑 五半半		太 十半一半	太 九半半
三十五	仲 九半半	仲 七半半	仲 五半半		夾 十半一半	夾 九半半
三十六	蕤 十半一半	蕤 九半半	蕤 七半半			姑 十半一半
三十七	林 十半一半	林 九半半	林 七半半			仲 十半一半
三十八		夷 十半一半	夷 九半半			
三十九		南 十半一半	南 九半半			
四十			無 十半一半			
四十一			應 十半一半			
四十二						
四十三						
四十四						

苑洛志樂　卷十七

苑洛志樂　卷十八

明韓邦奇撰

造律第一

班固漢前志曰：「黄帝使伶倫自大夏之西，昆侖之陰，取竹之解谷生其竅厚均者，斷兩節，間而吹之，以爲黄鐘之宫，制十二筩，以聽鳳之鳴，其雄鳴爲六，雌鳴亦六，此黄鐘之宫，而皆可以生之，是爲律本。至治之世，天地之氣合以生風，天地之風氣正，十二律定。」

劉昭漢後志曰：「伏羲作易，紀陽氣之初，以爲律法。建日冬至之聲，以黄鐘爲宫，太蔟爲商，姑洗爲角，林鐘爲徵，南吕爲羽，應鐘爲變宫，蕤賓爲變徵，此聲氣之元，五音之正也。」又曰：「截管爲律，吹以考聲，列以候氣，道之本也。」蔡子曰：「律吕散亡，其氣不可復見。」然古人所以製作之意，則猶可考也。太史公曰：「細若氣，微若聲，聖人因神而存之。」雖妙必効言黄鐘，始於聲氣之元也。班固所謂「黄帝使伶倫取竹斷兩節，間吹之以爲黄鐘之宫」，又曰「天地之風氣正而十二律定」，劉昭所謂「伏羲紀陽氣之初以爲律法」，又曰「吹以考聲，列以候氣」，皆以聲之清濁、氣之先後求黄鐘者也，是古人製作之意也。夫律，長則聲濁而氣先至，極長則不成聲而氣不應律，短則聲清而氣後至，極短則不成聲而氣不應，此其大凡也。今欲求聲氣之中而莫適爲準，則莫若且多截竹以擬黄鐘之管，或極其短，或極其長，長短之内，每差一分以爲一管，皆即以其長短爲九寸，而度其圍徑如黄鐘之法焉。如是而更迭以吹，則中聲可得；淺深以列，則中氣可驗。苟聲和氣應，則黄鐘之爲黄鐘信矣。黄鐘者信，則十二律與度量衡權者得矣。後世不知出此，而唯尺之求，晉氏而下則多求之金石，梁、隋以來，又參之秬黍，下至王樸，剛果自用，遂專恃累黍，而金石亦不復考矣。夫金石真僞固難盡信，若秬黍則歲有凶豐，地有肥瘠，種有長短、大小、圓妥不同，尤不可恃。況古人謂：「子穀秬黍中者，實其龠，則是先得黃鐘，而後度之以黍，不足則易之以大，有餘則易之以小。約九十黍之長，中容千二百黍之實，以見周徑之廣，以生度量衡權之數而已，非律生於黍也。」百世之下，欲求百世之前之律者，其亦求之於聲氣之元，而毋必之於秬黍則得之矣。

律長短圍徑之數第二

司馬遷律書

本文	改正
黃鐘八寸七分一宮	八寸十分一
林鐘五寸七分四角	五寸十分四
太蔟七寸七分二商	七寸十分二
南呂四寸七分八徵	四寸十分八
姑洗六寸七分四羽	六寸十分四
應鐘四寸二分三分二羽	四寸二分三分二
蕤賓五寸六分三分一	五寸六分三分二強四百八十六
大呂七寸四分三分一	七寸五分三分二強四百□□五
夷則五寸四分三分二商	五寸□□三分二弱二百一十六
夾鐘六寸一分三分一	六寸七分三分一強一百九十八
無射四寸四分三分二	四寸四分三分二強六百□□二

仲呂五寸九分三分二徵　五寸九分三分二強五百八十一

蔡子曰：「律書此章所記分寸之法，與他記不同。以難曉，故多誤。」蓋取黃鐘之律九寸，一寸九分，凡八十一分，而又以十約之爲寸，故云八寸十分一，本作七分一者，誤也。今以相生次序，列而正之，其應鐘以下，則有小分。小分以三爲法，如曆家太少，餘分強弱耳，其法未密也。今以二千一百八十七爲全分，七百二十九爲三分，二千四百五十八爲三分二，餘分之多者爲強，少者爲弱，列於逐律之下，其誤字悉正之。隋志引此章中，黃鐘、林鐘、太蔟、應鐘四律寸分以爲與班固、司馬彪、鄭氏、蔡邕、杜夔、荀勗所論，雖尺有增減，而十二律之寸數並同，則是時律書尚未誤也。及司馬貞索隱，始以舊本作七分一爲誤，其誤亦未久也。沈括亦曰：「此章七字皆當作十字，誤屈中畫耳。」大要律書用相生分數，相生之法，以黃鐘爲八十一分，今以十爲寸法，故有八寸一分。漢前後志及諸家用審度分數，審度之法以黃鐘之長爲九十分，亦以十爲寸法，故有九十分法。雖不同，其長短則一。故隋志云「寸數並同」也。其黃鐘下有宮，太蔟下有商，姑洗下有羽，林鐘下有角，南呂下有徵字。晉志論律書，五音相生，而以宮生角，角生商，商生徵，徵生羽，羽生宮，求其理用，罔見通達者是也。仲呂下有徵，夷則下有商，應鐘下有羽字，三者未詳，亦疑後人誤增也。下云「上九商、八羽、七角、六宮、五徵」九者，即是上文聲律數「太蔟八十爲商，姑洗七寸爲羽，林鐘六寸爲角，南呂五寸爲徵，黃鐘九寸爲宮」。其曰「宮五、徵九」，誤字也。

漢志曰：「易曰『參天兩地而倚數』，天之數，始於一，終於二十五，其義紀之以三，故置一得三，又二十五分之六。凡二十五置終天之數，得八十一，以天地五位之合，終於十者，乘之爲八百一十分，應曆一統。孟康曰：「十九歲爲一章，一統凡八十一章。」千五百三十九歲之章數，黃鐘之實也。繇此之義，起十二調之周徑，孟康曰：「律孔徑三分，參天數也；圍九分，終天數也。」地之數始於二，終於三十，其義紀之以兩，故置一得二，凡三十。置終地之數，得六十，以地中六數乘之，爲三百六十分，當期之日，林鐘之實也。孟康曰：「林鐘長六寸，圍六分，以圍乘長，得三百六十分。」人者，繼天順地，序氣成物，統八卦，調八風，理八政，正八節，諧八音，舞八風，監八方，被八荒，以終天地之功，故八八六十四，其義極天地之變，以天地五位之合，終於十者，乘之爲六百四十分，以應六十四卦，太蔟之實也。孟康曰：「太蔟長八寸，圍八分，爲積六百四十分也。」

蔡子曰：「漢志以黃鐘、林鐘、太蔟三律之長自相乘，又因之以十也。黃鐘長九寸，九九八十一，又以十因之，爲八百一十；林鐘長六寸，六六三十六，又以十因之，爲三百六十；太蔟長八寸，八八六十四，又以十因之，爲六百四十。黃鐘應曆一統，林鐘當期之日，太蔟應六十四卦，皆倚數配合，爲說而已。獨黃鐘云『繇此之義，起十二調之周徑』，蓋黃鐘十其廣之分以爲長，十一其長之分以爲廣，故空圍九分，積八百一十分。其數與此相合，長九寸，積八百一十分，則其周徑可以數起矣，即胡安定所謂『徑三分四釐六毫，圍十分二釐八毫者』是也。孟康不察，乃謂『凡律，圍徑不同，各以圍乘長而得此數者』，蓋未之考也。」

後漢鄭康成月令註曰：「凡律，空圍九分。」孔穎達疏曰：「諸律雖短長有差，其圍皆以九分爲限。」

蔡邕銅龠銘曰：「龠，黃鐘之宮，長九寸，空圍九分，容秬黍一千二百粒，稱重十二銖，兩之爲一合，三分損益，轉生十一律。」月令章句曰：「古之爲鐘律者，以耳齊其聲，後人不能，則假數以正其度，度正則音以正矣。鐘以斤、兩、尺、寸中所容受升斗之數爲法，律亦以寸、分長短爲度，故曰『黃鐘之管九寸，徑三分，其餘皆稍短。雖大小圍數無增減，以度量者可以文載口傳，與衆共知，然不如耳決之明也。』」

韋昭周語註曰：「黃鐘之變也，管長九寸，徑三分，圍九分，因而九之，九九八十一，故黃鐘之數立焉。」

蔡子曰：「鄭康成月令註云『凡律，空圍九分』，蔡邕銅龠銘亦云：『空圍九分』，蓋空圍，中廣九分也。」東都之亂，樂律散已，邕之時未亂，當親見之，又曉解律呂，而月令章句云『徑三分』，何也？孟康、韋昭之時，漢斛雖在，而律不存矣，康、昭等不通律呂，故康云『黃鐘、林鐘、太蔟，圍徑各異』，昭云『黃鐘徑三分』，皆無足怪者。隋氏之失，豈康、昭等？有以啟之與不知而作，宜聖人所深戒也。

魏徵隋志曰：「開皇元年平陳後，牛弘、辛彥之、鄭譯、何妥等，參考古律度合，依時代制律，其黃鐘之管，俱徑三分、長九寸，度自有損益，故聲有高下；圍徑長短，與度而差，故容黍不同，今列其數云。

晉前尺：黃鐘容黍八百八粒。

梁法尺：黄鐘容八百二十八。

梁表尺：黄鐘三其一，容九百二十五，其一容九百一十，其一容一千一百二十。

漢官尺：黄鐘容九百三十九。

古銀錯題：黄鐘龠容一千二百。

宋氏尺，即鐵尺。黄鐘凡二，其一容一千二百，其一容一千四十七。

後魏前尺：黄鐘容一千一百一十五。

後周玉尺：黄鐘容一千二百六十七。

後魏中尺：黄鐘容一千五百五十五。

後魏後尺：黄鐘容一千八百一十九。

東魏尺：黄鐘容二千八百六十九。

萬寶常水尺：律母黄鐘，容黍一千三百二十。

梁表鐵尺：律黄鐘。副别者，其長短及口空之圍徑並同，而容黍或多或少，皆是作者旁庣其腹，使有盈虚。

蔡子曰：「梁表尺三律與宋氏尺二律，容受不同。史謂『作者旁庣其腹，使有盈虚』，則當時製作之疏，亦可見矣。『晉前尺，律黄鐘止容八百八黍者』，失在於徑三分也。古銀錯與玉尺玉斗，合玉斗之容受，與晉前尺『徑三分四釐六毫』者不甚相遠，但玉尺律徑不及三分，故其律遂長。而尺長於晉前尺一寸五分八釐，蓋自漢、魏而下，造律竟不能成，而度之長短，量之容受，權衡之輕重，皆戾於古，大率皆由徑三分之説誤之也。」

宋朝胡安定律呂議曰：「按歷代律呂之制，黄鐘之管長九十，黍之廣積九寸，度之所由起也；容千二百黍，積八百一十分，量之所由起也；重十有二銖，權衡之所由起也。既度量權衡皆出於黄鐘之龠，則黄鐘之龠，圍徑容受，可取四者之法，交相酬驗，使不失其實也。今驗黄鐘律管，每長一分，内實十三黍又三分黍之一，圍中容九方分也。後世儒者執守孤法，多不能貫知權量之法，但制尺求律，便爲堅證。因謂：『圍九分者，取空圍圓長九分爾。』以是圍九分之誤，遂有徑三分之説。若從『徑三圍九』之法，則黄鐘之管止容九百黍，積止六百七分半，如此則黄鐘之聲，無從而正，權量之法，無從而生，周之嘉量，漢之銅斛，皆不合其數矣。」

蔡子曰：「十二律圍徑，自先漢以前傳記，並無明文。惟班志云：『黄鐘八百一十分。』繇此之義，起十二律之周徑，然其説乃是以律之長自乘而因之以十，蓋配合爲説耳，未可以爲據也。惟審度章云：『一黍之廣度之九十分，黄鐘之長一爲一分。』嘉量章則以千二百黍實其龠，謹衡權章則以千二百黍爲十二銖，則是累九十黍以爲長，積千二百黍以爲廣，可見也。夫長九十黍，容千二百黍，則空圍當有九方分，乃是圍十分三釐八毫，徑三分四釐六毫也。每一分容三十黍又三分黍之一，以九十因之，則一千二百也。又漢斛銘文云：『律嘉量方尺圓其外，庣旁九釐五毫，冪六百十二寸，深尺積一千六百二十寸，容十斗。』嘉量之法合龠爲合，十合爲升，十升爲斗，十斗爲石，一石積一千六百二十寸。爲分者，一百六十二萬，一斗積一百六十二寸，爲分者，十六萬二千一升，積十六寸二分。爲分者，一萬六千二百一合，積一寸六分二釐。爲分者，一千六百二十，則黄鐘之龠爲八百一十分，明矣！空圍八百一十分，則長累九十黍，廣容一千二百黍矣。蓋十其廣之分以爲長，十一其長之分以爲廣，自然之數也。自孟康以律之長十之一，爲圍之謬。其後韋昭之徒，遂皆有徑三分之説，而隋志始著以爲定論，然累九十黍、徑三黍，止容黍八百有奇，終與一千二百黍之法兩不相通，而律竟不成。唐因聲制樂，雖近於古，而律亦非是。本朝承襲，皆不能覺。獨胡安定以爲『九分者，方分也』，以破徑三分之法，然所定之律，不本於聲氣之元，一取之秬黍，故其度量權衡，皆與不合。又不知變律之法，但見仲呂反生，不及黄鐘之數，乃遷就林鐘已下諸律圍徑，以就黄鐘清聲，以夷則、南呂爲徑三分、圍九分，無射爲徑二分八釐、圍八分四釐，應鐘爲徑二分六釐五毫、圍七分九釐五毫。夫律，以空圍之同，故其長短之異，可以定聲之高下，而其所以爲廣狹長短者，又莫不有自然之數，非人之所能爲也。今其律之空圍不同，如此則亦不成律矣。遂使十二律之聲皆不當位，反不如和峴舊樂之爲條理，亦可惜也。房庶以徑三分、周圍九分累黍容受，不能相通，遂廢一黍爲一分之法，而增益班志八字以就其説，范蜀公乃從而信之，過矣。

黃鐘之實第二

淮南子曰：「規始於一。一不生，故分而爲陰陽，陰陽合和，而萬物生。故曰：『一生二，二生三，三生萬物。』」天地三月而爲一時，故祭祀三飯以爲禮，喪紀三踴以節，兵重三軍以爲制。三參物，三三如九，故黃鐘之九寸，而宮音調。因而九之，九九八十一，故黃鐘之數立焉。黃者，土德之色；鐘者，氣之所種也。日冬至，德氣爲土，土色黃，故曰『黃鐘』。律之數六，分爲雌雄，故曰十二鐘，以副十二月。十二各以三成，故置一，而十一三之，爲積分十七萬七千一百四十七，黃鐘大數立焉。」前漢志曰：「太極元氣，函三爲一。」極，申也。元，始也。行於十二辰始動於子，參之於丑，得三，又參之於寅，得九，又參之於卯，得二十七，又參之於辰，得八十一，又參之於巳，得二百四十三，又參之於午，得七百二十九，又參之於未，得二千一百八十七，又參之於申，得六千五百六十一，又參之於酉，得萬九千六百八十三，又參之於戌，得五萬九千□□四十九，又參之於亥，得十七萬七千一百四十七，此陰陽合德，氣鐘於子，化生萬物者也。律書曰：「置一而九，三之以爲法，實如法，得長一寸，凡得九寸，命曰『黃鐘之律』。」

蔡子曰：「淮南子謂『置一，而十一三之以爲黃鐘之大數』，即此置一而九三之以爲寸法者，其術一也。」夫置一而九三之既爲寸法，則七三之爲分法，五三之爲釐法，三三之爲毫法，一三之爲絲法，從可知矣。律書獨舉寸法者，蓋已生於鐘分，内默具律。寸、分、釐、毫、絲之法，而又於此律數之下，指其大者，以明凡例也。一三之而得三，三三之而得二十七，五三之而得二百四十三，七三之而得二千一百八十七，九三之而得一萬九千六百八十三，故一萬九千六百八十三以九分之，則爲二千一百八十七，二千一百八十七以九分之，則爲二百四十三，二百四十三以九分之，則爲二十七，二十七以九分之，則爲三。三者，絲法也。九其三得二十七，則毫法也。九其二十七得二百四十三，則釐法也。九其二百四十三得二千一百八十七，則分法也。九其二千一百八十七，得一萬九千六百八十三，則寸法也。一寸九分，一分九釐，一釐九毫，一毫九絲，以之生十一律，以之生五聲二變，上下乘除，參同契合，無所不通，蓋數之自然也。顧自淮南子、史公之後，即無識其意者。如京房之六十律，雖亦用此十七萬七千一百四十七之數，然乃謂不盈寸者，十之所得爲分，又不盈分者，十之所得爲小分，以其餘爲強弱，不知黄鐘九寸以三損益，數不出九，苟不盈分者，十之則其奇零無時而能盡，雖泛以強弱該之，而卒無以見強弱之爲幾何，則其數之精微固有不可得而紀者矣。至於杜佑、胡瑗、范蜀公等，則又不復知有此數，而以意強爲之法，故通典則自南呂而下各自爲法，固不可以見分、釐、毫、絲之實；胡、范則止用八百一十分，乃是以積實生量之數，爲律之長，而其因乘之法，亦用十數，故其餘算亦皆棄而不録，蓋非有意於棄之，實其重分累析，至於無數之可紀，故有所不得而録耳。夫自絲以下，雖非目力之所能分，然既有其數，而或一算之差，則法於此而遂變，不以約十爲九之法分之，則有終不可得而齊者，故淮南、太史公之書，其論此也已詳，特房等有不察耳。司馬貞史記索隱注："黄鐘八寸十分。"一云："律九九八十一，故云八寸十分一。"漢書云："長九寸者，九分之寸也。"此則古人論律，以九分爲寸之明驗也。

三分損益上下相生第四

呂氏春秋曰："黄鐘生林鐘，林鐘生太蔟，太蔟生南呂，南呂生姑洗，姑洗生應鐘，應鐘生蕤賓，蕤賓生大呂，大呂生夷則，夷則生夾鐘，夾鐘生無射，無射生仲呂，三分所生益之一分以上生，三分所生去其一分以下生，黄鐘、大呂、太蔟、夾鐘、姑洗、仲呂、蕤賓爲上，林鐘、夷則、南呂、無射、應鐘爲下。"淮南子曰："黄鐘位子，其數八十一，主十一月，下生林鐘。林鐘之數五十四，主六月，上生太蔟。太蔟之數七十二，主正月，下生南呂。南呂之數四十八，主八月，上生姑洗。姑洗之數六十四，主三月，下生應鐘。應鐘之數四十二，主十月，上生蕤賓。蕤賓之數五十七，主五月，上生大呂。大呂之數七十六，主十二月，下生夷則。夷則之數五十一，主七月，上生夾鐘。夾鐘之數六十八，主二月，下生無射。無射之數四十五，主九月，上生仲呂。仲呂之數六十，主四月，極不生。"

蔡子曰：「呂氏、淮南子上下相生，與司馬氏律書、漢前志不同。雖大呂、夾鐘、仲呂用倍數則一，然呂氏、淮南不過以數之多寡爲生之上下律呂，陰陽皆錯亂而無倫，非其本法也。」

律書生鐘分

子，一分。丑，三分二。寅，九分八。卯，二十七分十六。辰，八十一分六十四。巳，二百四十三分一百二十八。午，七百二十九分五百一十二。未，二千一百八十七分一千□□二十四。申，六千五百六十一分四千□□九十六。酉，一萬九千六百八十三分八千一百九十二。戌，五萬九千□□四十九分三萬二千七百六十八。亥，一十七萬七千一百四十七分六萬五千五百三十六。

蔡子曰：「此即三分損益上下相生之數。其分字以上者，皆黃鐘之全數；子律數，寅寸數，辰分數，午釐數，申毫數，戌絲數，其丑、卯、巳、未、酉、亥，則三分律寸、分、釐、毫、絲之法也。其分字以下者，諸律所取於黃鐘長短之數也。假令子一分，則一爲九寸，是黃鐘之全數。丑三分二，則一爲三寸，三三如九，亦是黃鐘之九寸，二分取其二，故林鐘得六寸。寅九分八，則一爲一寸，亦是黃鐘之九寸，九分取其八，故太蔟得八寸。其上下相生之敘，則晉志所謂『在六律爲陽，則當位自得而下生於陰。六呂爲陰，則得其所衝，而上生於陽』者是也。丑爲林鐘，卯爲南呂，巳爲應鐘，未爲大呂，酉爲夾鐘，亥爲仲呂。大呂、夾鐘、仲呂止得半聲，必用倍數乃與天地之氣相應，其寸、分、釐、毫、絲，皆積九以爲法，詳見上章。」

漢前志曰：「黃鐘三分損一，下生林鐘，三分林鐘益一，上生太蔟，三分太蔟損一，下生南呂，三分南呂益一，上生姑洗，三分姑洗損一，下生應鐘，三分應鐘益一，上生蕤賓，三分蕤賓損一，下生大呂，三分大呂益一，上生無射，三分無射損一，下生仲呂。陰陽相生，自黃鐘始而左旋，八八爲伍。」律書曰：「術曰：『以下生者，倍其實，三其法，上生者，四其實，三其法。假令黃鐘九寸，下生則倍其實，爲一尺八寸。三其法，乃爲六寸，而得林鐘。林鐘六寸，上生則四其實，爲二尺四寸。三其法，乃爲八寸，而得太蔟。他皆倣此。』」漢後志曰：「術曰：『陽以圓爲形，其性動；陰以方爲節，其性靜。動者數三，靜者數二，以陽生陰，倍之；以陰生陽，四之，皆三而一。陽生陰曰『下生』，陰生陽曰『上生』，上生不得過黃鐘之清濁，下生不得及黃鐘之數實，皆參天兩地，圓蓋方覆，六耦承奇之道也。黃鐘，律呂之首，而生十一律者也。」

和聲第五

漢前志曰：「黃鐘爲宮，則太蔟、姑洗、林鐘、南呂皆以正聲應，無有忽微，不復與他律爲役者，同心一統之義也。非黃鐘而他律，雖當其月自宮者，則其和應之律，有空積忽微，不得其正。此黃鐘至尊，亡與並也。」

蔡子曰：「黃鐘爲十二律之首，他律無大於黃鐘，故其正聲不爲他律役。其半聲當爲四寸五分，而前乃云無者，以十七萬七千一百四十七之數不可分，又三分損益，上下相生之所不及，故亦無所用也。至於大呂之變宮，夾鐘之羽，仲呂之徵，蕤賓之變徵，夷則之角，無射之商，自用變律半聲，非復黃鐘矣。此其所以最尊而爲君之象，然亦非人之所能爲，乃數之自然，他律雖欲役之，而不可得也。此一節最爲律呂旋宮用聲之綱領，古人言之已詳，唯杜佑通典再生黃鐘之法爲得之，而他人皆不及也。佑說見下條。

漢後志京房六十律

黃鐘　子　　黃鐘生林鐘　未

林鐘生太蔟　寅　　太蔟生南呂　酉

南呂生姑洗　辰　　姑洗生應鐘　亥

應鐘生蕤賓　午　　蕤賓生大呂　丑

大呂生夷則　申　　夷則生夾鐘　卯

夾鐘生無射　戌　　無射生仲呂　巳

仲呂生執始 子

執始生去滅 未

去滅生時息 寅

時息生結躬 酉

結躬生變虞 辰

變虞生遲內 亥

遲內生盛變 午

盛變生分否 丑

分否生解形 申

解形生開時 卯

開時生閉掩 戌

閉掩生南中 巳

南中生丙盛 子

丙盛生安度 未

安度生屈齊 寅

屈齊生歸期 酉

歸期生路時 辰

路時生未育 亥

未育生離宮 午

離宮生淩陰 丑

淩陰生去南 申

去南生族嘉 卯

族嘉生鄰齊 戌

鄰齊生內負 巳

內負生分動 子

分動生歸嘉 未

歸嘉生隨時 寅

隨時生未卯 酉

未卯生形始 辰

形始生遲時 亥

遲時生制時 午

制時生少出 丑

少出生分積 申

分積生爭南 卯

爭南生期保 戌

期保生物應 巳

物應生質未 子

質未生否與 未

否與生形晉 寅　　形晉生惟汗 酉
惟汗生依行 辰　　依行生包育 亥
包育生謙待 未　　謙待生未知 寅
未知生白呂 酉　　白呂生南授 辰
南授生分烏 亥　　分烏生南事 午

蔡子曰：「世之論律者，皆以十二律爲循環相生，不知三分損益之數往而不返，仲呂再生黄鐘，止得八寸七分有奇，不成黄鐘正聲。京房覺其如此，故仲呂再生，别名執始，轉生四十八律，其三分損益不盡之算，或棄或增。夫仲呂上生不成黄鐘，京房之見則是矣，至於轉生四十八律，則是不知變律之數止於六者，出於自然，不可復加。雖强加之，而亦無所用也。況律學微妙，其生數立法，正在毫、釐、秒、忽之間，今乃以不盡之算，不容損益，遂或棄之，或增之，則其畸贏贅虧之積，亦不得爲此律矣。又依行在辰，上生包育，編於黄鐘之次，乃是隔九，其黄鐘、林鐘、太蔟、南呂、姑洗每律統五律，蕤賓、應鐘每律統四律，大呂、夾鐘、仲呂、夷則、無射每律統三律，三五不周，多寡不例，其與反生黄鐘，相去五十百步之間耳。意者房之所傳出於焦氏，焦氏卦氣之學，亦去四而爲六十，故其推律，亦必求合卦氣之數，不知數之自然，在律者不可增，而於卦者不可減也。何承天、劉焯譏房之病，蓋得其一二，然承天與焯皆欲增林鐘已下十一律之分，使至仲呂反生黄鐘，還得十七萬七千一百四十七之數，如此則是惟黄鐘一律成律，他十一律皆不應三分損益之數，其失又甚於房矣，可謂目察秋毫而不見其睫也。

杜佑通典曰：「陳仲儒云：『調聲之體，宫商宜濁，徵羽宜清。』若依公孫崇，止以十二律，而云『還相爲宫，清濁悉足』，非惟未練五調。」調器之法，至於五聲，次第自是不足，何者？黄鐘爲聲氣之元，其管最長，故以黄鐘爲宫，太蔟爲商，林鐘爲徵，則一相順；若均之八音，猶須錯採衆聲，配成其美，若以應鐘爲宫，大呂爲商，蕤賓爲徵，則徵濁而宫清，雖有其韻，不成音曲；若以無射爲宮，則十二律中惟得取仲呂爲徵，其商、角、羽並無其韻，若以仲呂爲宮，則十二律内全無所取，何者？仲呂爲十二律之窮，變律之首也。依京房書，仲呂爲宮，乃以去滅爲商，執始爲徵，然後成韻。而崇乃以仲呂爲宮，猶用林鐘爲商，黄鐘爲徵，何由可諧？

按：仲儒所以攻公孫崇者，當矣。其論應鐘爲宮、大呂爲商、蕤賓爲徵，商徵皆濁，於宮雖有其韻，不成音曲。又謂「仲呂爲宮，則十二律内全無所取」，尤爲的切。然仲儒所主，是京氏六十律不知依行爲宮、包育爲徵，果成音曲乎？果有其韻乎？蓋仲儒知仲呂之反生不可爲黄鐘，而不知變至於六則數窮不生，雖或增或棄，成就使然之數，強生餘律，亦無所用也。

通典曰：「十二律相生之法，自黄鐘始。黄鐘之管九寸。三分損益，下生林鐘，林鐘上生太蔟，太蔟下生南呂，南呂上生姑洗，姑洗下生應鐘，應鐘上生蕤賓，蕤賓上生大呂，大呂下生夷則，夷則上生夾鐘，夾鐘下生無射，無射上生仲呂。仲呂之管，長六寸，一萬九千六百八十三分，寸之萬二千九百七十四。」此謂十二律長短相生，一終於仲呂之法。又制十二鐘以準十二律之正聲，又鳧氏爲鐘以律，計自倍半，以子聲比正聲，則正聲爲倍；以正聲比子聲，則子聲爲半。但先儒釋用倍聲有二義，一義云：「半十二律，正律爲十二子聲之鐘。」二義云：「從於仲呂之管寸數，以三分益一上生黄鐘，以所得管之寸數然後半之，以爲子聲之鐘。」其爲變正聲之法者，以黄鐘之管正聲九寸，子聲則四寸半。又上下相生之法者，以仲呂之管長六寸，一萬九千六百八十三，分寸之萬二千九百七十四，上生黄鐘，三分益一，得八寸五萬九千□□四十九，分寸之五萬一千八百九十六，半之得四寸五萬九千□□四十九，分寸之二萬五千九百四十八以爲黄鐘，又上下相生，以至仲呂，皆以相生所得之律寸數，半之以爲子聲之律。

蔡子曰：「此説黄鐘九寸，生十一律，有十二子聲，所謂正律、正半律也。又自仲呂上生黄鐘，黄鐘八寸五萬九千□□四十九，分寸之五萬一千八百九十六，又生十一律，亦有十二子聲，即所謂變律、變半律也。正、變及半，凡四十八聲，上下相生，最得漢志所謂『黄鐘不復爲他律役』之意與律書『五聲大小次第之法』，但變律止於應鐘，雖設而無所用，則其實三十六聲而已。其間陽律不用變聲，而黃鐘又不用正半聲，陰呂不用正半聲，而應鐘又不用變半聲，其實又二十八聲而已。」其詳見於前篇之八章。

五聲小大之次第六

國語曰：「大不踰宮，細不過羽。夫宮，音之主也，第以及羽。」

律書曰：「律數九九八十一以爲宮，三分去一，五十四以爲徵，三分益一，七十二以爲商，三分去一，四十八以爲羽，三分益一，六十四以爲角。」

通典曰：「古之神瞽，考律均聲，必先立黃鐘之均。五聲十二律，起於黃鐘之氣數。黃鐘之管，以九寸爲法，度，其中氣明，其陽數之極。故用九自乘，爲管絲之數。九九八十一數。其增減之法，又以三爲度，以上生者皆三分益一，下生者皆三分去一。宮生徵，三分宮數八十一，則分各二十七，下生者去一，去二十七餘有五十四以爲徵。故徵數五十四也。徵生商，三分徵數五十四，則分各十八，上生者益一，加十八於五十四得七十二以爲商，故商數七十二也。商生羽，三分商數七十二，則分各二十四，下生者去其一，去二十四得四十八以爲羽，故羽數四十八也。羽生角，三分羽數四十八，則分各十六，上生者益一，加十六於四十八，則得六十四以爲角，故角數六十四也。此五聲小大之次也。是黃鐘爲均，用五聲之法，以下十一辰，辰各有五聲，其爲宮商之法亦如之。辰各有五聲，合爲六十聲，是十二律之正聲也。」

蔡子曰：「宮聲之數八十一，商聲之數七十二，角聲之數六十四，徵聲之數五十四，羽聲之數四十八，是黃鐘一均之數，而十一律於此取法焉。通典所謂『以下十一辰，辰各五聲，其爲宮爲商之法』亦如之者是也。夫以十二律之宮，長短不同，而其臣民事物尊卑，莫不有序而不相陵犯，良以是耳。沈括不知此理，乃以爲五十四，在黃鐘爲徵，在夾鐘爲角，在仲呂爲商者，其亦誤矣。俗樂之有清聲，蓋亦畧知此意，但不知仲呂反生黃鐘，黃鐘又自林鐘再生太蔟，皆爲變律已，非黃鐘、太蔟之正聲耳。胡安定知其如此，故於四清聲皆小其圍徑，則黄鐘、太蔟二聲雖合，而大吕、夾鐘二聲又非本律之半，且自夷則至應鐘四律，皆以次小其圍徑以就之，遂使十二律五聲皆有不得其正者，則亦不成樂矣。若李照、蜀公止用十二律，則又全然不知此理者也。蓋樂之和者，在於三分損益；樂之辨者，在於上下相生。若李照、蜀公之法，其合於三分損益者，則和矣。自夷則以下，則其臣民事物，豈能尊卑有辨而不相陵犯乎？晉荀勖之笛，梁武帝之通，亦不知此而有作者也。」

變宫變徵第七

春秋左氏傳：「晏子曰：『先王之濟五味，和五聲也，以平其心，成其政也。聲亦如味，一氣、二體、三類、四物、五聲、六律、七音、八風、九歌，以相成也。』」漢前志曰：「書曰：『予欲聞六律、五聲、八音、七始詠，以出納五言，汝聽！』」淮南子曰：「宫生徵，徵生商，商生羽，羽生角，角生應鐘，比於正音，故爲和。應鐘生蕤賓，不比於正音，故爲繆。」通典注曰：「按應鐘爲變宫，蕤賓爲變徵，自殷以前，但有五音；自周以來，加文武二聲，謂之七聲。五聲爲正，二聲爲變，變者，和也。」言七始便欲起調。

蔡子曰：「宫與商，商與角，徵與羽，相去皆一律。角與徵，羽與宫，相去獨二律。一律則近而和，二律則遠而不相及，故宫、羽之間有變宫，角、徵之間有變徵，此亦出於自然。左氏所謂『七音』，漢前志所謂『七始』是也。然五聲者，正聲，故以起調。畢曲爲諸聲之綱，至二變聲，則宫不成宫，徵不成徵，不比於正音，但可以濟五聲之之所不及而已。然有五音而無二變，亦不可以成樂也。」

六十調第八

周禮曰：「春官大司樂：凡樂，圜鐘爲宮，黃鐘爲角，太蔟爲徵，姑洗爲羽。雷鼓雷鼗，孤竹之管，雲和之琴瑟，雲門之舞，冬日至，於地上之圜丘奏之。若樂六變，則天神皆降，可得而禮矣。凡樂，函鐘爲宮，太蔟爲角，姑洗爲徵，南呂爲羽，靈鼓靈鼗，孫竹之管，空桑之琴瑟，咸池之舞，夏日至，於澤中之方丘奏之。若樂八變，則地示皆出，可得而禮矣。凡樂，黃鐘爲宮，大呂爲角，太蔟爲徵，應鐘爲羽，路鼓路鼗，陰竹之管，龍門之琴瑟，九德之歌，九磬之舞，於宗廟之中奏之，若樂九變，則人鬼可得而禮矣。」

蔡子曰：「祭祀之樂，不用商聲，只有宮、角、徵、羽四聲，無變宮、變徵，蓋古人變宮、變徵不爲調也。左氏傳曰：『中聲以降，五降之後，不容彈矣。』夫五降之後，更有變宮、變徵而曰『不容彈』者，以二變之不可爲調也。或問：「周禮大司樂説宮、角、徵、羽與七聲不合，如何？」朱子曰：「此是降神之樂，如黃鐘爲宮，大呂爲角，太蔟爲徵，應鐘爲羽，自是四樂。各舉其一者而言之，以大呂爲角則南呂爲宮，太蔟爲徵則林鐘爲宮，應鐘爲羽則太蔟爲宮，以七聲推之，合如此。注家之説，非也。」」

禮記禮運曰：「五聲、六律、十二管，還相爲宮也。」鄭氏注曰：「五聲，宮、商、角、徵、羽也。其管陽曰律，陰曰呂。布十二辰，始於黃鐘，管長九寸。下生者三分去一，上生者三分益一，終於仲呂，更相爲宮，凡六十也。」孔氏疏曰：「黃鐘爲第一宮，下生林鐘爲徵，上生太蔟爲商，下生南呂爲羽，上生姑洗爲角。林鐘爲第二宮，上生太蔟爲徵，下生南呂爲商，上生姑洗爲羽，下生應鐘爲角。太蔟爲第三宮，下生南呂爲徵，上生姑洗爲商，下生應鐘爲羽，上生蕤賓爲角。南呂爲第四宮，上生姑洗爲徵，下生應鐘爲商，上生蕤賓爲羽，上生大呂爲角。姑洗爲第五宮，下生應鐘爲徵，上生蕤賓爲商，上生大呂爲羽，下生夷則爲角。應鐘爲第六宮，上生蕤賓爲徵，上生大呂爲商，下生夷則爲羽，上生夾鐘爲角。蕤賓爲第七宮，上生大呂爲徵，下生夷則爲商，上生夾鐘爲羽，下生無射爲角。大呂爲第八宮，下生夷則爲徵，上生夾鐘爲商，下生無射爲羽，上生仲呂爲角。夷則爲第九宮，上生夾鐘爲徵，下生無射爲商，上生仲呂爲羽，上生黄鐘爲角。夾鐘爲第十宮，下生無射爲徵，上生仲呂爲商，上生黄鐘爲羽，下生林鐘爲角。無射爲第十一宮，上生仲呂爲徵，上生黄鐘爲商，下生林鐘爲羽，上生太蔟爲角。仲呂爲第十二宮，上生黄鐘爲徵，下生林鐘爲商，上生太蔟爲羽，下生南呂爲角。是十二宮各有五聲，凡六十聲。」淮南子曰：「一律而五音，十二律而爲六十音，因而六之，六六三十六，故三百六十音，以當一歲之日。故律曆之數，天之道也。」

蔡子曰：「五聲者，所以起調。畢曲爲諸聲之綱領。禮運所謂『還相爲宮』，所以始於黄鐘，終於南呂也。後世以變宮、變徵參而八十四調，其亦不考矣。」

候氣第九

後漢志：「候氣之法，爲室三重，戶閉塗釁，必周密。佈緹縵室中，以木爲按，每律各一，内庳外高，從其方位加律其上，以葭莩灰抑其内端，按曆而候之，氣至者灰去。其爲氣所動者其灰散，人及風所動者其灰聚。」隋志：「後齊神武霸府田曹叅軍信都芳，深有巧思，能以管候氣，仰觀雲色。嘗與人對語，即指天曰：『孟春之氣至矣。』人往驗管，而飛灰已應。每月所候，言皆無爽。又爲輪扇二十四，埋地中以測二十四氣。每一氣感，則一扇自動，他扇自住，與管灰相應，若符契焉。」開皇九年，平陳後，高祖遣毛爽及蔡子元、于普明等，以候節氣。依古，於三重密室之内，以木爲按，十有二具。每取律呂之管，隨十二辰位置于按上，而以土埋之，上平於地，中實葭莩之灰，以輕緹素覆律口。每其月氣至，與律冥符，則灰飛衝素，散出于外。而氣應有早晚，灰飛有多少，或初入月其氣即應，或至中、下旬間氣始應者，或灰飛出三五夜而盡，或終月纔飛少許者。高祖異之，以問牛弘。牛弘對曰：「灰飛半出爲和氣吹，灰全出爲猛氣吹，灰不能出爲衰氣吹。和氣應者其政平，猛氣應者其臣縱，衰氣應者其君暴。」高祖駁之曰：「臣縱君暴，其政不平，非日别而月異也。今十二月於一歲之内應用不同，安得暴君縱臣，若斯之甚也？」弘不能對。令爽等草定其法，爽因稽諸故實，以著于篇，名曰律譜。其畧云：「漢興，張蒼定律，乃推五勝之法，以爲水德。寔因戰國，官失其守，後秦滅學，其道浸微。蒼補綴之，未獲詳究。及孝武創制，乃置協律之官，用李延年以爲都尉，頗解新聲變曲，未達音律之源。至於元帝，自曉音律，郎官京房，亦達其妙於後。劉歆典領，奏著其始末，理漸研精。班氏漢志，盡歆所出也。司馬彪志，並房所出也。至于後漢，尺度稍長。魏代杜夔，亦制律呂，以之候氣，灰悉不飛。晉光禄大夫荀勗，得古銅管，校夔所制，長古四分，方知不調，事由其誤。乃依周禮，更造古尺，用之定管，聲韻始調。左晉之後，漸又訛謬。至梁武帝時，猶有汲冢玉律，宋蒼梧時，鑽爲横吹，然其長短厚薄，大體具存。臣先人栖誠，學算祖暅，問律於何承天，沈研三紀，頗達其妙。後爲大常丞典司樂職，乃取玉管及宋太史，並以聞奏詔，付大匠依樣製管。自斯以後，律又飛灰。侯景之亂，臣兄喜於大樂得之。後陳宣帝詣荊州爲質，俄遇梁元帝敗，喜沒於周。適欲上聞，陳武帝立，遂以十二管衍爲六十律，私候氣序，並有徵應。至太建，乃與均鐘器合。」

蔡子曰：「律者，陽氣之動，陽聲之始，必聲和氣應，然後可以見天地之心。今不此之先而乃區區於黍之縱橫，古錢之大小，其亦難矣。然非精於曆數，則氣節亦未易正也。」

苑洛志樂卷十八

苑洛志樂　卷十九

明韓邦奇撰

度量權衡第十

周禮典瑞：「璧羨以起度。」玉人：「璧羨度尺，好三寸，以爲度。」

蔡子曰：「爾雅曰：『肉倍好，謂之璧。』羨，延也。此璧本圓，徑九寸，好三寸，肉六寸，而裁其兩旁各半寸，以益上下也。其好三寸，所以爲璧也。裁其兩旁以益上下，所以爲羨也。袤十寸，廣八寸，所以爲度尺也。以爲度者，以爲長短之度也，則周家十八寸，寸皆爲尺矣。」

陳氏曰：「以十寸之尺起度，則十尺爲丈，十丈爲引。以八寸之尺起度，則八寸爲尋，倍尋爲常。」說文曰：「人手卻十分，動脈爲寸口。十寸爲尺，周制寸、咫、尺、尋、常、仞，皆以人體爲法。」又曰：「婦人手八寸，謂之『咫』，周尺也。」又曰：「『丈』，丈夫也。周制以八寸爲尺，十尺爲丈，人長八尺，故曰『人夫』。」

審度

史記曰：「夏禹以身爲度，以聲爲律。」禮記曰：「丈夫布手爲尺。」周官云：「璧羨起度。」鄭司農云：「羨，長也。此璧徑尺以起度量。」易緯通卦驗：「十馬尾爲一分。」淮南子云：「秋分而禾綏定，綏定而禾熟。律數：十二綏而當一粟，十二粟而當一寸，綏者，禾穗芒也。」說苑云：「度量權衡以粟生，一粟爲一分。」孫子算術云：「蠶所生，吐絲爲忽，十忽爲杪，十杪爲毫，十毫爲釐，十釐爲分。」此皆起度之源，其文舛互，唯漢志「度者，所以度長短也」，本起黃鐘之長，以子穀秬黍中者一黍之廣，度之九十黍，爲黃鐘之長。一黍爲一分，十分爲一寸，十寸爲一尺，十尺爲一丈，十丈爲一引，五度審矣。後之作者，又憑此説以律度量衡，並因秬黍，散爲諸法，其率可通故也。黍有大小之差，年有豐耗之異，末代量校，每有不同。又俗傳訛替，漸至增損，今畧舉諸代尺度一十五等，並異同之説如左。

一、周尺

漢志：「王莽時劉歆銅斛尺。」

後漢：建武銅尺。

晉：泰始十年，荀勖律尺，爲晉前尺。

祖沖之所傳銅尺。

徐廣、徐爰、王隱等晉書云：「武帝泰初九年，中書監荀勖校太樂，八音不和，始知爲後漢至魏尺，長於古四分有餘。勖乃部著作郎劉恭依周禮制尺，所謂『古尺』也。依古尺更鑄銅律呂，以調聲韻。以尺量古器，與本銘尺寸無差。又汲郡盜發魏襄王塚，得古周時玉律及鐘磬，與新律聲韻闇同。於時郡國或得漢時故鐘，吹新律，命之皆應。」梁武鐘律緯云：「祖沖之所傳銅尺，其銘曰：『晉泰始十年，中書考古器，揆校今尺長四分半。所校古法有七品：一曰姑洗玉律，二曰小呂玉律，三曰西京銅望臬，四曰金錯望臬，五曰銅斛，六曰古錢，七曰建武錢，八曰建武銅尺。姑洗微強，西京望臬微弱，其餘與此尺同。』銘八十二字。此尺者，勖新尺也。今尺，杜夔尺也。雷次宗、何胤之二人作鐘律圖，所載荀勖校量古尺，文與此銘同，而蕭吉樂譜謂爲梁朝所考七品，謬也。今以此尺爲本，以校諸代尺云。

二、晉田父玉尺

梁法尺實比晉前尺一尺七釐。

梁武帝鐘律緯稱：「主衣從上相承，有周時銅尺一枚，古玉律八枚。」檢主衣周尺，東昏用爲章信，尺不復存。玉律一口，簫餘定七枚夾鐘，有昔題刻。迺制爲尺以相參驗取，細毫中黍，積次詶定，合之最爲詳密。長祖冲之尺校半分，以新尺制爲四器，名爲「通」，又依新尺爲笛，以命古鐘。按：刻夷則以笛，命飲和韻，夷則定合。按：此兩尺長短近同。

三、梁表尺

實比晉前尺一尺二分二釐一毫有奇。蕭吉云：「出於司馬法。梁朝刻其度於影表以則影。」按：此則奉朝請祖暅所算，造銅圭、影表者也。經陳滅入朝，大業中，議以合古，乃用之調律，以制鐘、磬等八音樂器。

四、漢官尺

實比晉尺一尺三分七毫。晉時，始平掘地，得古銅尺。

蕭吉樂譜云：「漢章帝時，零陵文學史奚景於泠道縣舜廟下得玉律，度爲此尺，傳暢晉。」諸公讃云：「荀勗造鐘律，時人並稱其精密，唯陳留阮咸譏其聲高。後始平掘地，得古銅尺，歲久欲腐，以校荀勗今尺，短校四分，時人以咸爲解。」此兩尺長短近同。

五、魏尺

杜夔所用調律，比晉前尺一尺四寸七釐。魏陳留王景元四年，劉徽註九章云：「王莽時，劉歆斛尺，弱於今尺四寸五釐，比魏尺，其斛深九寸五分五釐，即晉荀勗所云『杜夔尺』，長於今尺四寸半是也。」

六、晉後尺

實比晉前尺一尺六寸二釐。蕭吉云：「晉氏江東所用。」

七、後魏前尺

實比晉前尺一尺二寸七釐。

八、中尺

實比晉前尺一尺二寸一分一釐。

九、後尺

實比晉前尺一尺二寸八分一釐。即開皇官尺及後周市尺。

後周市尺，比玉尺一尺九分三釐。

開皇官尺，即鐵尺，一尺二寸。

此後魏初及東西分國，後周末用玉尺之前，雜用此等尺。甄鸞算術云：「周朝市尺，得玉尺九分二釐。」或傳梁時有志公道人作此尺，寄入周朝云，與多鬚老翁周太祖及隋高祖，各自以爲謂己，周朝人間行用。及開皇初，著令以爲官尺，百司用之，終於仁壽、大業中，人間或私用之。

十、東魏後尺

實比晉前尺一尺五寸八毫。

此是魏中尉元延明累黍，用半周之廣爲尺，齊朝因而用之。魏收魏史律曆志云：「公孫崇永平中更造新尺，以一黍之長累爲寸法。尋，太常卿劉芳受詔修樂，以秬黍中者一黍之廣即爲一分，而中尉元匡以一黍之廣度黍二縫以取一分。三家紛競，久不能決，太和十九年，高祖詔：『以一黍之廣，用成分體；九十黍之長，以定銅尺。』有司奏從前詔，而芳尺同高祖所制，故遂典修金石，迄武定，未有論律者。」

十一、蔡邕銅籥尺

後周玉尺實比晉前尺一尺一寸五分八釐。

從上相承，有銅籥一，以銀錯題，其銘曰：「籥，黃鐘之宮，長九寸，空圍九分，容秬黍一千二百粒，稱重十二銖。兩之以爲一合，三分損益，轉生十二律。」祖孝孫云：「相承傳是蔡邕銅籥。」後周武帝保定中，詔遣大宗伯盧景宣、上黨公長孫紹遠、岐國公斛斯徵等，累黍造尺，縱橫不定，後因修倉掘地，得古玉尺，以爲正器。據斗造律度量衡，因用此尺。大赦，改元天和，百司行用，終於大象之末。其律黃鐘，與蔡邕古籥同。

十二、宋氏尺

實晉前尺，一尺六分四釐。

錢樂之渾天儀尺。

後周鐵尺。

開皇初調鐘律尺，及平陳後調鐘律水尺。此宋代人間所用尺。傳入齊、梁、陳，以制樂律，與後晉尺及梁時俗尺、劉曜渾儀尺畧相依近，當由人間恒用，增損訛替之所致也。周建德六年平齊後，即以此同律度量，頒于天下。其後宣帝時，達奚震及牛弘等議曰：

「切惟權衡度量，經邦楙軌，誠須詳求故實，考校得中，謹尋今之鐵尺，是太祖遣尚書故蘇綽所造。當時檢勘，用爲前周之尺，驗其長短，與宋尺符同，即以調鐘律，并用均田度地，今以上黨羊頭山黍，依漢書律曆志度之，若以大者稠累，依數滿尺，實於黃鐘之律，須撼乃容；若以中者累尺，雖復小稀，實黃鐘之律，不動而滿。計此二事之殊，良由消息未善，其於鐵尺終有一會。且上黨之黍有異他鄉，其色至烏，其形圓重，用之爲量，定不徒然。正以時有水旱之差，地有肥瘠之異，取黍大小，未必得中。按許慎解，秬黍體大，本異於常，疑今之大者，正是其中，累百滿尺，即是會古。實籥之外，纔剩十餘，此恐圍徑或差，造律未妙，就如撼動取滿，論理亦通。今勘周、漢古錢大小，有合宋氏渾儀，尺度無舛。又依淮南，累粟十二成寸，明先王制法。索隱鈎深，以律計分，義無差異。漢書食貨志云：『黃金方寸，其重一斤。』今鑄金校驗鐵尺爲近。依文據理，符會處多，且平齊之始，已用宣布，今因而爲定，彌合時宜。至於玉尺累黍，以廣爲長，累既有剩，實復不滿，尋訪古今，恐不可用。其晉、梁尺量，過爲短小，以黍實管，彌復不容。據律調聲，必致高急。且八音克諧，明王盛軌，同律度量，哲后通規。臣等詳校前經，斟酌時事，謂用鐵尺於理爲便，未及詳定。」

高祖受終，牛弘、辛彥之、鄭譯、何妥等，久議不決。既平陳，上以江東樂爲善，曰：「此華夏舊聲，雖隨俗改變，大體猶是古法。」祖孝孫云：「平陳後，廢周玉尺律，便用此鐵尺，律以一尺二寸，即爲市尺。」

十三、開皇十年，萬寶常所造律呂水尺，實比晉前一尺一寸八分六釐。今太樂庫及内出銅律一部，是萬寶常所造，名水尺，律説稱其黄鐘律，當鐵尺南呂倍聲，南呂，黄鐘羽也。故謂之水律尺。

十四、雜尺

趙劉曜渾天儀土圭尺，長於梁法尺四分三釐，實皆晉前尺一尺五寸。

十五、梁朝俗間尺

長於梁法尺六分三釐，短於劉曜渾儀尺二分，實比晉前尺一尺七分一釐。梁武鐘律緯云：「宋武平中原送渾天儀土圭，云是張衡所作，驗渾儀，銘題是光初四年鑄，土圭是光初八年。並是劉曜所制，非張衡也。制以爲尺，長今新尺四分三釐，短俗間尺二分。新尺謂梁法尺也。

嘉量

周禮：「㮚氏爲量鬴。深尺，内方尺而圜其外，其實一鬴。其臀一寸，其實一豆；其耳三寸，其實一升，重一鈞。其聲黄鐘，槩而不税。其銘曰：『時文思索，允臻其極。嘉量既成，以觀四國。永啟厥後，茲器爲則。』」春秋左氏傳曰：「齊舊四量，豆、區、鬴、鐘；四升，曰豆。各自其四，以登於鬴，六斗四升也。鬴則則鐘六十四斗也。」鄭玄以爲方尺積千寸，比九章粟米法少二升八十一分。升之二十二，祖冲之以算術考之，積凡一千五百六十二寸半方尺，而圓其外，減傍一釐八毫，其徑一尺四寸一分四毫七抄二忽有奇，而深尺即古斛之制也。

九章商功法程：「粟一斛，積二千七百寸；米一斛，積一千六百二十寸；菽、荅、麻、麥一斛，積二千四百三十寸。」此據精麄爲率，使價齊而不等，其器之積，寸也。以米斛爲正，則同于漢志。孫子算術曰：「六粟爲圭，十圭爲抄，十抄爲撮，十撮爲勺，十勺爲合。」應劭曰：「圭者，自然之形，陰陽之始，四圭爲撮。」孟康曰：「六十四黍爲圭。」漢志曰：「量者，龠、合、升、斗、斛也。所以量多少也，本起於黄鐘之龠。」用度數審其容，以子穀秬黍中者千有二百實其龠，以井水準其槩。合龠爲合，十合爲升，十升爲斗，十斗爲斛，而五量嘉矣。其法用銅方尺而圜外，旁有庣焉。其上爲斛，其下爲斗，左耳爲升，右耳爲合。龠其狀似爵，以縻爵禄。上三下二，參天兩地，圓而函方，左一右二，陰陽之象也。圓象規，其重二鈞，備氣物之數，各萬有一千五百二十也。聲中黄鐘，始於黄鐘而反覆焉。其斛銘曰：「律嘉量，斛方尺而圓其外，庣旁九釐五毫，冪百六十二寸，深尺，積一千六百二十寸，容十寸。」祖沖之以圓率考之，此斛當徑一尺四寸三分六釐一毫九抄二忽，庣旁一分九毫有奇。劉歆庣旁少一釐四毫有奇，歆數術不精之所致也。

魏陳留王景元四年，劉徽註九章商功曰：「當今大司農斛，圓徑一尺三寸五分五釐，深一尺，積一千四百四十一寸十分之三。」王莽銅斛於今尺爲深九寸五分五釐，徑一尺三寸六分八釐七毫，以徽術計之，於今斛爲容九斗七升四合有奇，此斛大而尺長，王莽斛小而尺短也。

梁、陳依古齊，以古升五升爲一斗，後周武帝保定元年辛巳五月，晉國造倉獲古玉斗，暨五年乙酉冬十月，詔改制銅律度，遂致中和累黍積龠同兹玉量，與衡度無差，準爲銅升，用頒天下。內徑七寸一分，深二寸八分，重七斤八兩。天和二年丁亥正月癸酉朔十日戊子校定，移地官府爲式，此銅升之銘也。其玉升銘曰：「維大周保定元年，歲在重光，月旅蕤賓，晉國之有司修繕倉廩，獲古玉升，形制典正若古之嘉量，太師晉國公以聞，勅納於天府，暨五年，歲在葉洽，皇帝乃詔，稽準繩考灰律，不失圭撮，不差累黍，遂鎔金寫之，用頒天下，以合太平，權衡度量。」今若以數計之，玉升積玉尺一百一十寸八分有奇，斛積一千一百八十五分七釐三毫九抄。又甄鸞算術云：「玉升一升，得官斗一升三合四勺，此玉升大而官升小也。以數計之，甄鸞所據後周官斗，積玉尺九十七寸有奇，斛積九百七十七寸有奇。後周玉斗並副金錯銅斗及建德六年金錯題銅斗，實銅以秬黍定量，以玉秤權之，一升之實，皆重六斤十三兩。開皇以古斗三升爲一升，大業初依復古斗。

衡權

衡者，平也；權者，重也。衡，所以任權而鈞物平輕重也。其道如底以見，準之正繩之直，左旋見規，右折見矩，其在天也。佐助璿璣，斟酌建指，以齊七政。故曰「玉衡」。權者，銖兩斤鈞石也，以秤物平施，知輕重也。古者黍累錘錙鐶鈞鋝鎰之目，歷代差變，其詳未聞。前志曰：「權本起於黄鐘之重，一龠容千二百黍，重十二銖，兩之爲兩，二十四銖爲兩。十六兩爲斤，三十斤爲鈞，四鈞爲石。」五權謹矣，其制以義，立之以物，鈞之其餘大小之差，以輕重爲宜。圜而環之，令之肉好者，周旋亡端，終而復始，亡窮已也。權與物均而生衡，衡運生規，規圜生矩，矩方生繩，繩直生準，準正則衡平而均衡矣。是爲五則，備於鈞器，以爲大範。案：趙書石勒十八年七月，造建德殿，得圓石，狀如水碓，其銘曰：「律權石重四鈞，同律度量衡。有辛氏造。」續咸議，是王莽時物。後魏景明中，并州人王顯達獻古銅權一枚，上銘八十一字，其銘曰：「律權石重四鈞。」又云：「黄帝初，祖德市于虞；虞帝始祖，德市於辛。歲在大梁，龍集戊辰，其定天命，有人據土德受正號，即真改正建丑，長壽隆崇，同律度量衡。稽當前人，龍在己巳，歲次實沈，初班天下，萬國永遵，子子孫孫，享傳億年。」此亦王莽所制也，其時大樂令公孫崇依漢志先修秤尺，及見此權，以新秤秤之，重一百二十斤。新秤與權，合若符契，於是符崇調樂。孝文時，一依漢志，作斗尺。

梁、陳依古秤，齊以古秤，一斤八兩爲一斤。周玉秤四兩當古秤四兩。

隋開皇以古秤三斤爲一斤。大業中依復古秤。

唐太宗貞觀時，叶律郎張文收既定樂，復鑄銅律。三百六十銅斛、二銅秤二、銅甌十四、秤尺一。斛左右耳與臀皆方積十而登，以至於斛與古玉尺、玉斗同皆藏於大署。武后時，太常卿武延秀以爲奇玩，乃獻之。乃將考中宗廟樂，有司奏請出之，而秤尺已亡，其跡猶存，以常用度量校之，尺當六之五，量衡皆當三之一。

程氏演繁露曰：「通典敘六朝賦稅而論其總，曰：『其度量三升當今一升，秤則三兩當一兩，尺則一尺二寸當今一尺。』」註云：「當今，謂即時，蓋當佑之時也。唐時一尺比六朝制一尺二寸也。」又曰：「開元九年，勅度以十寸爲尺，尺二寸爲大尺，量以十升爲斗，斗三升爲大斗。」此謂「十寸而尺，十升而斗」者，皆秬黍爲定也，鐘律冠冕湯藥皆用之。此外官私悉用大者，則黍尺一尺外更增三寸，黍量一斗更增三升也。唐志：「租絹長四丈二尺。」

宋朝平定四方，凡新邦悉頒度量於其境，其僞俗尺度斗斛不中法度者，皆去之。

太宗淳化三年三月，詔曰：「書云：『協時月正日，同律度量衡』，所以建國經而立民極也。國家萬邦咸乂，九賦是均，故出納於有司，繫權衡之定，如聞秬黍之制，或差毫釐，錘鈞爲姦，害及黎庶，宜令詳定秤法，著爲通規，事下有司，監內藏庫。」崇儀使劉蒙正、劉承珪言：「太府寺舊銅式，自一錢至十斤，凡五十一，輕重無準。外府歲受黃金，必毫釐計之，式自錢始，則傷於重，遂尋究本末，別制法物。至景德中，承珪重加參定，而權衡之制，蓋爲精備。其法蓋取漢制，子穀秬黍爲則，廣十黍以爲寸，從其大樂之尺，秬黍，黑黍也。樂尺，自黃鐘之管而生也。謂以秬黍中者爲分寸輕重之制。就成二術，二術，謂以尺黍而求釐參。因度而求釐，度者，尺丈之總名，謂因樂尺之原，起於黍而成於寸，析寸爲分，析分爲釐，析釐爲毫，析毫爲絲，析絲爲忽，則十忽爲一絲，十絲爲一毫，十毫爲釐，十釐爲分。自積黍而取參，從積黍而取參，則十黍爲參，十參爲銖，二十四銖爲兩，參、銖皆以銅爲之。以釐參造一錢半及一兩等。二秤各懸三毫，以星準之等，一錢半者以取一秤之法，其衡合樂尺一尺二寸，重一錢。錘重六分，盤重五分，初毫星準半錢，至梢總一錢半，折成十五分，分列十釐，中毫至梢一錢，析成十分，分列十釐，第一毫下等半錢當十五釐，若十五斤秤，等五斤也。末毫至梢半錢，析成五分，分列十釐等。一兩者，亦爲一秤之則，其衡合樂尺一尺四寸，重一錢半，錘重六錢，盤重四錢，初毫至梢布二十四銖，下別出一星。星等五累，每銖之下，復出一星等五累，則四十八星等二百四十累，計二千四黍，爲一兩。中毫至梢五錢，布十二銖，銖列五星，星等二累，布十二銖爲五錢之數，則一銖等十累，都等一百二十四累，爲半兩。末毫至稍六銖，銖列十星，星等一累，每星等一累，都六十累爲二錢半。以御書真、草、行三體。淳化錢較定，實重兩銖四累爲一錢者，以二千四百得十有五斤爲一秤之則，其法初以積黍爲準，然後以分而推忽，爲定數之端，故忽絲毫釐黍銖各定一錢之則，謂皆定一錢之則，然後制取等秤也。忽萬爲分，以萬萬忽爲一分，則以十萬忽定爲一錢之則。忽者，吐絲爲忽；分者，始爲而著；言可分別也。絲則千，千絲爲一分，以一萬絲定爲一錢之則。毫則百，一百毫爲一分，以千毫定爲一錢之則。毫者，毛也。自忽絲三毫者，皆斷驥尾爲之者也。釐則十，一十釐爲一分，以百釐定爲一錢之則，釐者，牛尾毛也。曳赤金成絲，以爲之也。轉以十倍倍之，則爲一錢。轉以十倍倍之，謂自一萬忽至十萬忽之類，定爲之則也。黍以二千四百枚爲一兩，一龠容千二百黍，爲十一銖，則以二十四百黍定爲一兩之則者，兩，兩龠爲兩者也。累以二百四十，謂以二百四十累定爲一兩之則也。銖比二十四，轉相因成十累爲銖，則以二百十累定成二十四銖，爲一兩之則。銖者，蓋言銖異也。遂成其秤。秤合黍數，則一錢半者計三百六十黍之重，列爲五分，則每分計二十四黍，又每分析爲二十釐，則每釐計二黍十分黍之四，以十釐分二十四黍，則每釐先得二黍餘四黍，都分成四十分，則一釐又得四分，是每釐二黍十分黍之四者也。每四毫一絲六忽有差爲一黍，則釐三之數極矣。

一兩者，合二十四銖，爲二千四百黍之重，每百黍闕銖爲累，二銖四累爲錢，二累四黍爲分。一累二黍重五釐，六黍重二釐，五毫三黍重一釐，二毫五絲則黍累之數成矣。其則用銅而鏤定，以識其輕重。新法既成，詔以新式，留禁中取太府寺舊秤四十、舊式六十，以新式校之，乃見舊式所謂一斤而輕者有十，謂五斤而重者有一，式既若是，權衡可知矣。又比用大秤，如百斤者，皆懸鈎於架鐶、於衡鐶，或偃僕手，或抑按，則輕重之際，殊爲懸絶，至是更鑄新式，悉由黍累，而齊其斤石，不可得增損也。又令每月用大秤，必顯以絲繩，既置其物，則卻立以視，不可得而抑按。復鑄銅式，以御書淳化三體錢二千四百，暨新式三十有二，銅牌二十授於太府，又置式於內府、外府，頒於四方，大都凡十有一副，先是，守藏吏受天下歲輸金幣，而太府權衡舊式失準，得因之爲姦，故諸道主者坐逋負而破產者甚衆。又守藏吏更代校計，爭訟動必數載，至是新制既定，姦弊無所措，中外以爲便。度量權衡皆太府掌造，以給內外官司及民間之用。凡遇改元，即差變新法者，各以年印而識之，其印有方印、八角印、笏頭印之別，所以明制度而防僞濫也。度量衡，舊太府寺掌之，熙寧四年，詔歸文思院，紹聖四年，立增損衡量及私造賣之禁令，傳運司置局鬻賣。

大觀四年，詔以所定樂指尺頒之天下，其長短闊狹之數，以今尺計定。

政和元年，詔諸路轉運司以所頒樂尺制給諸州，州制以給屬縣。自今年七月爲始，毀棄舊尺。二年，臣僚上言：「請以大晟樂尺帝指爲數，制量權衡式，頒之天下，仍釐正舊法。」又言：「新尺既頒諸條內，尺寸宜以新尺組定。謂如帛長四十二尺，濶二尺五分爲疋，以新尺計四十三尺七寸五分，闊二尺一寸三分五釐之五爲匹，即是四寸四分一釐三分釐之二爲一尺。如天武等杖五尺八寸，以新尺計六尺四分一釐三分釐之二之類。仍令民間舊有斗升秤尺，限半年首納出，限許人告斷罪給賞。」

外調　生用六十調圖

	宮	徵	商	羽	角	變宮	變徵
黃鐘宮	黃正	林正	太正	南正	姑正	應正	蕤正

此黃鐘爲宮。黃鐘，第一調也。所謂黃鐘，一均之備者也。

無射商	無正	仲半	黃半	林半	太半	南半	姑半

此黃鐘爲商，黃鐘第二調也。

夷則角	夷正	夾半	無正	仲半	黃半	林半	太半

此黃鐘爲角，黃鐘第三調也。

仲呂徵	仲正	黃半	林變	太半	南變	姑半	應變

此黃鐘爲徵，黃鐘第四調也。

夾鐘羽	夾正	無正	仲正	黃半	林變	太半	南變

此黃鐘爲羽，黃鐘第五調也。上下宮商角徵羽者，黃鐘得五聲，所謂黃鐘一均之備者也。左右宮商角徵羽者，五聲盡黃鐘，所謂黃鐘一調之備者也。下十二律並同。

大呂宮　大正夷正夾正無正仲正黃半林變

應鐘商　應正蕤半大半夷半夾半無半仲半

南呂角　南正姑正應正蕤半大半夷半夾半

蕤賓徵　蕤正大半夷正夾半無正仲半黃半

姑洗羽　姑正應正蕤正大半夷正夾半無正

此大呂一大調也。

太蔟宮　太正南正姑正應正蕤正大半夷正

黃鐘商　黃正林正太正南正姑正應正蕤正

無射角　無正仲半黃半林半太半南半姑半

林鐘徵　林正太半南正姑半應正蕤半大半

仲呂羽　仲正黃半林變太半南變姑半應變

此太蔟一大調也。

夾鐘宮　夾正無正仲正黃半林變太半南變

大呂商　大正夷正夾正無正仲正黃半林變

應鐘角　應正蕤半大半夷半夾半無半仲半

夷則徵　夷正夾半無正仲半黃半林半太半

蕤賓羽　蕤正大半夷正夾半無正仲半黃半

此夾鐘一大調也。

姑洗宮　姑正應正蕤正大半夷正夾半無正

太蔟商　太正南正姑正應正蕤正大半夷正

黃鐘角　黃正林正太正南正姑正應正蕤正

南呂徵　南正姑半應正蕤半大半夷半夾半

林鐘羽　林正太半南正姑半應正蕤半大半

此姑洗一大調也。

仲呂宮　仲正黃半林變太半南變姑半應變

夾鐘商　夾正無正仲正黃半林變太半南變

大呂角　大正夷正夾正無正仲正黃半林變

無射徵　無正仲半黃半林半太半南半姑半

夷則羽　夷正夾半無正仲半黃半林半太半

此仲呂一大調也。

蕤賓宮　蕤正大半夷正夾半無正仲半黃半

姑洗商　姑正應正蕤正大半夷正夾半無正

太蔟角　太正南正姑正應正蕤正大半夷正

應鐘徵　應正蕤半大半夷半夾半無半仲半

南呂羽　南正姑半應正蕤半大半夷半夾半

此蕤賓一大調也。

林鐘宮　林正太半南正姑半應正蕤半大半

仲呂商　仲正黃半林變太半南變姑半應變

夾鐘角　夾正無半仲正黃半林變太半南變

黃鐘徵　黃正林正太正南正姑正應正蕤正

無射羽　無正仲半黃正林半太半南半姑半

此林鐘一大調也。

夷則宮　夷正夾半無正仲半黃半林半太半

蕤賓商　蕤正大半夷正夾半無正仲半黃半

姑洗角　姑正應正蕤正大半夷正夾半無正

大呂徵　大正夷正夾正無正仲正黃半林變

應鐘羽　應正蕤半大半夷半夾半無半仲半

此夷則一大調也。

南呂宮　南正姑半應正蕤半大半夷半夾半

林鐘商　林正太半南正姑半應正蕤半大半

仲呂角　仲正黃半林變太半南變姑半應半

太簇徵　太正南正姑正應正蕤正大半夷正

黃鐘羽　黃正林正太正南正姑正應正蕤正

此南呂一大調也。

無射宮　無正仲半黃半林半太半南半姑半

夷則商　夷正夾半無正仲半黃半林半太半

蕤賓角　蕤正大半夷正夾半無正仲半黃半

夾鐘徵　夾正 無正 仲正 黃半 林變 太半 南變

大呂羽　大正 夷正 夾正 無正 仲正 黃半 林變

此無射一大調也。

應鐘宮　應正 蕤半 大半 夷半 夾半 無半 仲半

南呂商　南正 姑半 應正 蕤半 大半 夷半 夾半

林鐘角　林正 太半 南正 姑半 應正 蕤半 大半

姑洗徵　姑正 應正 蕤正 大半 夷正 夾半 無正

太簇羽　太正 南正 姑正 應正 蕤正 大半 夷正

此應鐘一大調也。

內六十調，外調首律長短之序，末律亦長短之序。內調首律相生之序，末律亦相生之序。外調首均之末，與次均相生之序，內調首均之末，與次均之首長短之序，妙矣！

黃全 林全 太全 南全 姑全 應全 蕤全

林全 太半 南全 姑半 應全 蕤全 大半

太全 南全 姑全 應全 蕤全 大半 夷全

南全 姑半 應全 蕤半 大半 夷半 夾半

姑全 應全 蕤全 大半 夷半 夾半 無半

右黃鐘一調。

大全 夷全 夾全 無全 仲全 黃半 林全

夷　夾　無　仲　黃　林　太

夾無仲黄林太南

無仲黄林太南姑

仲黄林太南姑應

右大吕一調。

太全南全姑全應全蕤全大半夷全

南姑應蕤大夷夾

姑應蕤大夷夾無

應蕤大夷夾無仲

蕤大夷夾無仲黄

右太蔟一調。

夾全無全仲全黄半林全太半南全

無仲黄林太南姑

仲黄林太南姑應

黄林太南姑應蕤

林太南姑應蕤大

右夾鐘一調。

姑全應全蕤全大半夷全夾半無全

應蕤大夷夾無仲

蕤大夷夾無仲黄

大　夷　夾　無　仲　黃　林

夷　夾　無　仲　黃　林　太

右姑洗一調。

仲全黃半林全太半南全姑半應全

黃半林　太　南　姑　應　蕤

林　太　南　姑　應　蕤　大

太半南　姑　應　蕤　大　夷

南　姑　應　蕤　大　夷　夾

右仲呂一調。

蕤全大半夷全夾半無全仲半黃半

大　夷　夾　無　仲　黃　林

夷　夾　無　仲　黃　林　太

夾無仲黃　林太南

無仲　黃林太南姑

右蕤賓一調。

林全太半南全姑半應全蕤半大半

太　南　姑　應　蕤　大　夷

南　姑　應　蕤　大　夷　夾

姑應蕤大　夷夾無

應 蕤 大 夷 夾 無 仲

右林鐘一調。

夷全夾半無全仲半黃半林半太半

夾 無 仲 黃 林 太 南

無 仲 黃 林 太 南 姑

仲 黃 林 太 南 姑 應

黃 林 太 南 姑 應 蕤

右夷則一調。

南全姑半應全蕤半大半夷半夾半

姑 應 蕤 大 夷 夾 無

應 蕤 大 夷 夾 無 仲

蕤 大 夷 夾 無 仲 黃

大 夷 夾 無 仲 黃 林

右南呂一調。

無全仲半黃半林半太半南半姑半

仲 黃 林 太 南 姑 應

黃 林 太 南 姑 應 蕤

林 太 南 姑 應 蕤 大

太 南 姑 應 蕤 大 夷

右無射一調。

應全蕤半大半夷半夾半無半仲半

蕤　大　夷　夾　無　仲　黄

大半　夷　夾　無　仲　黄　林

夷　夾　無　仲　黄　林　太

夾半　無　仲　黄　林　太　南

苑洛志樂卷十九

苑洛志樂　卷二十

明韓邦奇撰

通典：「伏羲樂名扶來，亦曰立本；神農樂名扶持，亦曰下謀。見帝系譜及孝經緯。又按隋樂志云：「伏羲有約同之詠，伊省有葦籥之音，葛天八闋，神農五弦，事與功偕，其來尚矣。」黄帝作咸池。」堯增修而用之。「咸」，皆也。「池」，施也。言德之無不施也。又云：「池，言其包容浸潤。周禮曰：大咸。」

莊子：北門成問於黄帝，曰：「帝張咸池之樂於洞庭之野，吾始聞之懼，復聞之怠，卒聞之而惑，蕩蕩默默，乃不自得。不自得，坐忘之謂也。北門成，人姓名也。」帝曰：「女殆其然哉！吾奏之以人，徵之以天，行之以禮義，建之以大清。由此觀之，夫至樂者，非音聲之謂也。必先順乎天，應乎人，得於心而適於性，然後發之以聲，奏之以曲耳。故咸池之樂，必待黄帝之化而後成焉。「徵之」如字，古本多作「徵」。「大」，音泰。四時迭起，萬物循生，一盛一衰，文武倫經，一清一濁，陰陽調和，流充其聲，自然呂律，以滿天地之間。但當順而不奪，則至樂全。蟄蟲始作。吾驚之以雷霆，因其自作而用其所以動。其卒無尾，其始無首，運轉無極。一死一生，一僨一起，所常無窮，以變化爲常，則所常者，無窮也。僨，方問反。司馬云：「一也。」而一不可待，汝故懼也。初問無窮之變，不能待之以一，故懼然悚聽。吾又奏之以陰陽之和，燭之以日月之明，所謂用天之道。其聲能短能長，能柔能剛，變化齊一，不主故常，齊一於變化故不主，故常。在谷滿谷，在阬滿阬，至樂之道，無不用也。阬，苦更反。爾雅云：「虚也。」塗郤守神，塞其兑也。郤，去逆反。與隙義同。兑，徒外反。以物爲量，大制不割。量，音亮。其聲揮綽，所謂□詣。其名高明。名當其實則高明也。是故鬼神守其幽，不離其所。離，力智反。日月星辰行其紀，不失其度。吾止之物有窮，常在極上注也。流之於無止，隨變而往也。予欲慮之而不能知也，望之而不能見也，逐之而不能及也。故闇然恣使化去。儻然立於四虚之道，弘敞無偏之謂儻。敕黨反，一音敞。倚於槁梧而吟，無所復爲也。倚，於綺反。槁，梧老反。目知窮乎所欲見，力屈乎所欲遂，吾既不及已矣。言物之知力，各有所齊限。知，音智。齊，才細反。形充空虚，乃至委蛇，故怠。夫形充空虚，無身也。無身故能委蛇，委蛇任性而悚懼之情怠也。吾又奏之以無怠之聲，意既怠矣，乃復無怠。此其至也。調之以自然之命。命之所有者，非爲也，皆自然耳。故若混逐叢生，混然無係，隨叢而生。叢，才公反。林樂而無形，至樂者，適而已。適在體中，故無別形。樂，音洛，亦如字。布揮而不曳，自布耳。揮，音輝。廣雅云：「振也。」幽昏而無聲，所謂至樂。動於無方，夫動者，豈有方而後動哉？居於窈冥，所謂寧極。窈，鳥了反。或謂之死，或謂之生，或謂之實，或謂之榮，行流散徙，不主常聲，隨物變也。世疑之，稽於聖人。明聖人應非世唱也。稽，古兮反。聖也者，達於情而遂於命也。故有情有命者，莫不資焉。天機不張而五官皆備，此之謂「天樂」。忘樂而樂足，非張而後備。無言而心說，心說在適，不在言也。故有焱氏爲之頌曰：「聽之不聞其聲，視之不見其形，充滿天地，苞裹六極。」汝欲聽之而無接焉，而故惑也。此之無樂之樂，樂之至也。焱，必遙反，本亦作炎。苞，音包，本或作包。樂也者，始於懼，懼故祟，懼然竦聽，故其祟耳，未大和也。祟，雖遂反。吾次之以怠，怠故遁，跡稍滅也。卒之於惑，惑故愚，愚故道。道可載而與之俱也。以無知而愚，愚乃至也。

少皞作大淵。見帝王世記。

顓頊作六莖。莖，根也，謂澤及下也。

帝嚳作六英。英，謂華茂也。

唐堯作大章。章，明也。言堯德章明也。

虞舜作大韶。韶，繼也。言舜能繼堯之德。周禮曰「大韶」。

帝曰：「夔！命汝典樂，教胄子！胄，長也。謂元子以下至卿大夫子弟，以歌詩舞之蹈之，教長國子，中和祗庸孝弟，王之胄子，國子也。直而温，寬而栗，正直而温和，寬弘而莊栗。剛而無虐，簡而無傲！剛失之虐，簡失之傲。爲之以防其失。詩言志，歌永言，聲依永，律和聲。聲，五聲。律，六律。六呂，十二月之音氣，言當依聲律以和樂。八音克諧，無相奪倫，倫，理也。八音能諧理不錯奪。神人以和。」夔曰：「戛擊鳴球，搏拊琴瑟以詠，祖考來格。此舜廟堂之樂，民悦其化，神歆其祀，禮備樂和，故以祖考來至。明之戛擊以下註，見樂器門。虞賓在位，羣后德讓，下管鼗鼓，合止柷敔，堂下樂也。上下合止，樂各有記，故鳴球弦鐘，籥各自互見。笙鏞以間，鳥獸蹌蹌，蹌蹌，舞貌。鳥獸化德，相率而舞。簫韶九成，鳳凰來儀。韶，舜樂名。言簫見細器之備，儀存容儀，備樂九奏，而至鳳凰，則餘鳥獸不待九而率舞。」夔曰：「於予擊石拊石，百獸率舞，石擊，聲之清者。舉清者和則其餘皆從矣。樂感百獸，則神人和可知。庶尹允諧。尹，正也。衆正官之長信皆和諧，言神人治。」子謂：「韶盡美矣，又盡善也。美者，音容之盛。善者，美之實也。」

子在齊聞韶，三月不知肉味。曰：「不圖爲樂之，至於斯也。」史記「三月」上有「學之」二字，「不知肉味」，蓋心一於是而不及其他也，曰不意舜之作樂，至於如此之美，則有以見其情文之備，而不覺其嘆息之深也。蓋非聖人，不足以及此耳。

夏禹作大夏。「夏」，大也。言禹能大堯、舜之德，禹命登扶氏爲承夏之樂，有鐘鼓磬鐸鞉鐘，所以記有德。鼓所以謀有道，磬所以待有憂，鞉所以察有説，理天下以五聲，爲銘於簨簴。

商湯作大濩。湯以寬理人而除邪惡，其德能使天下得其所，言盡救於人也。

猗與那與，置我鞉鼓。猗，嘆辭。那，多也。鞉鼓，樂之所成也。殷人置鼓。箋云：「置，讀曰植。植鞉鼓者，爲楹貫而樹之。」美湯受命伐桀定天下而作濩樂，故歎之多。其改夏之制，乃始植我殷家之樂，鞉與鼓也。鞉雖不植，貫而搖之，亦植之類。奏鼓簡簡，衎我烈祖。湯孫奏假，綏我思成。衎，樂也。烈祖，湯，有功烈之祖也。假，大也。箋云：「奏鼓，奏堂下之樂也。假，升綏，安也。以金奏堂下，諸縣其聲，和大簡簡然，以樂我功烈之祖成湯，湯孫太甲。又奏升堂之樂，弦歌之，乃安我心。所思而成之，謂神明未格也。鞉鼓淵淵，嘒嘒管聲，既和且平，依我磬聲。嘒嘒然，和也。平，正平也。依，倚也。磬，聲之清者也，以象萬物之成。周尚臭，殷尚聲。箋云：「磬，玉磬也。堂下諸縣與諸管聲，皆和平不相奪倫，又與玉磬之聲相依，亦謂和平也。玉磬尊，故異言也。於赫湯孫，穆穆厥聲。庸鼓有斁，萬舞有奕。言盛矣，湯爲人子孫也。大鐘曰「庸」，斁斁然，盛弈弈然，閑也。箋云：「穆穆，美也，於盛矣。湯孫呼太甲也。此樂之美，其聲鐘鼓則斁斁然有次序，其干舞又閑習也。紂棄先祖之樂，迺作淫聲。書曰：「作奇伎淫巧，以悅婦人。」言紂廢至尊之敬，營卑褻之事，作過制伎巧，以資耳目之娛。

周武王作大武。武，以武功定天下也。

子謂：「武盡美矣，未盡善也。」美，善。解見上。舜紹堯致治，武王伐紂救民，其功一也，故其樂皆盡美。然舜之德性之也，又以揖遜有天下。武王之德反之也，又以征誅得天下。故其實有不同者。

賓牟賈侍坐於孔子。孔子與之言及樂。曰：「夫武之備戒之已久。何也？」對曰：「病不得其衆也。」武，謂周舞也。備戒，擊鼓警衆。病，猶憂也。以不得衆心爲憂，憂其難也。疏曰：「孔子之問凡五，賓牟賈所答亦但三答是，二答非人，此答是也。言武王伐紂之時，憂病不得士衆之心，故先鳴鼓以戒士衆，久乃出戰。今武樂，故令舞者久而不即出，象武王憂不得衆心也。「詠嘆之，淫液之，何也？」對曰：「恐不逮事也。」詠嘆淫液，歌遲之也。逮其事，戎事也。「發揚蹈厲之已蚤，何也？」時至武事當施也。對曰：「及時事也。」「武坐致右憲左，何也？」對曰：「非武坐也。」言武之事無坐也。致，謂膝至地也。憲讀爲軒，聲之誤也。「聲淫及商，何也？」對曰：「非武音也。」言武歌在正其軍，不貪商也。時人或説其義爲貪商。子曰：「若非武音，則何音也？」對曰：「有司失其傳也。若非有司失其傳，則武王之志荒矣。」有司，典樂者也。傳，猶説也。荒，老耄也。言典樂者失其説而時人妄説也。子曰：「唯丘也聞諸萇弘，亦若吾子之言也。」萇弘，周大夫。疏曰：「恐不逮事者，言欲舞之前，有此咏嘆淫液之歌者，象武王伐紂恐諸侯不至，不逮其戰事，故歌聲吟咏而歆羡。此答是也。初舞之時，手足發揚，蹈地而猛厲，舞初則然。故云『已蚤』。及時事也，言武王及時伐紂，戰事也，故發揚象戰。此非答也。知非者，下云『發揚蹈厲』是大公之志，故知此答非也。致，志也，軒，起也。問武人何忽有時而跪以右膝至地而左足仰之，何故也？對曰：『非武坐也』，言致右軒左，非是武人之坐，言以舞法無坐也。答此亦非者。以下云『武亂皆坐，周召之治』，是武法有坐也。非武音也，謂非是武樂之音，言武王應天順人，不得已而伐之，何容有貪商之聲？故言非武音。此答是。賓牟賈起，免席而請曰：「夫武之備戒之久已，則既聞命矣。敢問遲之。遲而又久何也？」遲之，遲謂久立於綴。疏曰：「賀氏云：『備戒已久，是遲久立於綴，亦是遲而又已。子曰：「居！吾語汝！夫樂者，象成者也。總干而山立，武王之事也。發揚蹈厲，太公之志也。武亂皆坐，周、召之治也。成，謂已成之事。總干，持盾也。山立，猶正立也。象武王持盾正立，待諸侯也。發揚蹈厲，所以象威武時也。武舞，象戰鬭也。亂，謂失行列也。失行列則皆坐，象周公、召公以文止武也。且夫武始而北出，再成而滅商，三成而南，四成而南國，是疆五成而分周公左，召公右，六成復綴以崇，成，猶奏也。每奏武曲，一終爲一成。始奏象觀兵孟津時也，再奏象克殷時也，三奏象克殷有餘力而支也，四奏象南方荊蠻之國侵畔者服也，五奏象周公、召公分職而治也，六奏象兵還振旅也。復綴，反位，止也。崇，充也。凡六奏以充武樂也。正義曰：「成，謂曲之終成。每一曲終成而更奏。故云『成猶奏也』。云『復綴』，反位止也者，謂最在南第一位，初舞之時，從此位入北，至六成還反北位。」鄭註：「以充武樂者，充謂充備，言六奏其曲則舞樂充備者也。」天子夾振之而駟伐，盛威於中國也。夾振之者，王與大將夾舞者，振鐸以爲節也。『駟馬』，爲四聲之誤也。武舞，戰象也。每奏四伐，一擊、一刺爲一伐。牧誓曰：「今日之事，不愆於四伐五伐，乃止齊焉。」分夾而進，事蚤濟也。分，猶部曲也。事，猶爲也。濟，成也。舞者各有部曲之列，又夾振之者，象用兵務於早成也。久立於綴，以待諸侯之至也。象武王伐紂，待諸侯也。且女獨未聞牧野之語乎？欲語以作武樂之意。武王克殷，及商，未及下車而封黃帝之後於薊，封帝堯之後於祝，封帝舜之後於陳；下車而封夏后氏之後於杞，投殷之後於宋，封王子比干之墓，釋箕子之囚，使之行商容而復其位，庶民弛政，庶士陪祿。濟河而西，馬散之華山之陽而弗復乘，牛散之桃林之野而弗復服，車甲釁而藏之府庫而弗復用，倒載干戈，包之以虎皮，將帥之士，使爲諸侯，名之曰『建櫜』。然後天下知武王之不復用兵也。散軍而郊射，左射貍首，右射騶虞，而貫革之射息也，裨冕搢笏而虎賁之士說劍也，祀乎明堂而民知孝，朝覲然後諸侯知所以臣，耕籍然後諸侯知所以敬，五者天下之大教也。食三老五更於大學，天子袒而割牲，執醬而饋，執爵而酳，冕而總干，所以教諸侯之弟也。若此則周道四達，禮樂交通，則夫武之遲久不亦宜乎？」言武遲久爲重禮樂。

成王時周公作勺。勺，言勺先祖之道。勺讀曰酌，勺取也。

又有房中之樂，以歌后妃之德。大司樂以樂德教國子中和祇庸孝友，中猶忠，和，剛柔適也。祇，敬也。庸，有常也。以樂語教國子興道諷誦言語，興者，以善物喻善事。道，讀作導，言古以剴今也。倍文曰：「諷，以聲節之曰『誦』，發對曰『言』，答述曰『語』」。以樂舞教國子，公卿大夫之子弟。舞雲門、大卷、大咸、大韶、大夏、大濩、大武，此周所存六代之樂。黃帝曰：「雲門、大卷，黃帝能成名萬物，以明人共財。」言其德如雲之所出，人得以有族類也。卷音，其爰反。以六律、六呂、五聲、八音、六武、大合樂，以致鬼神祇，以和邦國，以諧萬人，以安賓客，以說遠人，以作動物。六律，合陽聲者。六呂，合陰聲者。此十二者，以銅爲管，轉而相生。黃鐘爲首，律長九寸，各因而三之，上者三分益一分，下生者三分去一分焉。國語曰：「律，所以立均出度也。古者瞽考衷聲而量之度律，均鐘言以中聲定律，以律立鐘之均也。大合樂者，謂徧作六代之樂也。以冬日至作之，致天神人鬼；以夏日至作之，致地祇物魅動物羽贏之屬。虞書云：「夔曰：『戛擊鳴球，搏拊琴瑟以詠，祖考來格。虞賓在位，羣后德讓。下管鼗鼓，合止柷敔，笙鏞以間，鳥獸蹌蹌，簫韶九成，鳳凰來儀。』夔又曰：『於子擊石拊石，百獸率舞，庶尹允諧。』」此其宗廟九奏而應之。乃分樂而序之，以祭、以饗、以祀，分謂各用一代之樂。乃奏黃鐘、歌大呂、舞雲門，以祀天神；以黃鐘之鐘、大呂之聲爲之均也。黃鐘，陽聲之首，大呂爲之合，奏之以祀天神，尊之也。天神、五帝及日月星辰，王者又各以夏正月祀其所受命之帝於南郊，尊之。孝經説曰：「王者祭天於南郊，説陽位是也。」乃奏太蔟、歌應鐘、舞咸池，以祭地祇；太蔟，陽聲第二者，應鐘爲之合。咸池，大咸也，祇所祭於北郊，謂神州之神及社稷。乃奏姑洗、歌南呂、舞大韶，以祀四望；姑洗，陽聲第三者，南呂爲之合。四望，五嶽、四鎮、四瀆，此言祀者，司中、司命、風師、雨師，或亦用此樂。乃奏蕤賓、歌函鐘、舞大夏，以祭山川；蕤賓，陽聲次四者，函鐘爲之合，函鐘亦名林鐘。函，戶南反。乃奏夷則、歌小呂、舞大濩，以享先妣；夷則，陽聲次五。小呂，一名中呂。先妣，姜嫄。履大人跡，感神靈而生后稷，是周之先母。周立廟，自后稷爲始祖，而姜嫄無所配，是以特立廟而祭之，謂之閟宮。乃奏無射、歌夾鐘、舞大武，以享先祖。無射，陽聲之下者，夾鐘爲之合。夾鐘一名圜鐘。先祖，謂先公、先王也。凡六樂者，文之以五聲，播之以八音；六者，言其均，皆待五聲、八音乃成也。播之言破也。凡六樂者，一變而致羽物及川澤之示，再變而致蠃物及山林之示，三變而致鱗物及丘陵之示，四變而致毛物及墳衍之示，五變而致介物及土示，六變而致象物及天神。變，猶更也。樂成則更奏也。此謂之大蜡。索鬼神而致百物，云奏樂而禮畢。東方之祭則用太蔟、姑洗，南方之祭則用蕤賓，西方之祭則用夷則、無射，北方之祭則用黃鐘爲均焉。每奏有所感，致和以來之。凡動物敏疾者，地祇高下之甚者易致，羽物既飛又走川澤有孔竅者，蛤蟹走則遲，墳衍孔竅則小矣。是其所以舒疾之分。土祇，原隰及平地之神也。象物，有象在天，禮運所謂四靈者，麟、鳳、龜、龍是也。天地之神，四靈之知，非德至和則不能致。凡樂，圜鐘爲宮，黃鐘爲角，太蔟爲徵，姑洗爲羽，靁鼓靁鞀，孤竹之管，雲和之琴瑟，雲門之舞，冬日至於地上之圜丘奏之，若樂六變則天神皆降，可得而禮矣。凡樂，函鐘爲宮，太蔟爲角，姑洗爲徵，南呂爲羽，靈鼓靈鞀，絲竹之管，空桑之琴瑟，咸池之舞，夏日至於澤中之方丘奏之，若樂八奏則地示皆出，可得而禮矣。凡樂，黃鐘爲宮，大呂爲角，太蔟爲徵，應鐘爲羽，路鼓路鞀，陰竹之管，龍門之琴瑟，九德之歌，九磬之舞，於宗廟之中奏之，若樂九變，則人鬼可得而禮矣。此三者，皆禘大祭也。天神則主北辰，地祇則主崑崙，人鬼則主后稷，先奏是樂，以致其神，禮之以玉而裸焉。然後合樂而祭之。大傳曰：「王者必禘其祖之所自出。」祭法曰：「周人禘嚳而郊稷。」謂此祭天，圜丘以嚳配之。圜鐘，夾鐘也。林鐘生於未之氣。未，坤之位。或曰「天社」

在東，井輿鬼之外，天社地神也。黃鍾生於盧危之氣，虛危爲宗廟，以此三者爲宮，用聲類求之天宮。夾鍾，陰聲。其相生從陽數。其陽無射。無射上生中呂，中呂與地宮同位，不用也。中呂上生黃鍾，黃鍾下生林鍾，林鍾地宮，又不用。林鍾上生太蔟，太蔟下生南呂，南呂無射同位，又不用。南呂上生姑洗，地宮林鍾。林鍾上生太蔟，下生南呂，上生姑洗，人宮黃鍾。黃鍾下生林鍾，林鍾地宮，又辟之。林鍾上生太蔟，太蔟下生南呂，南呂與天宮之陽同位，又辟之。南呂上生姑洗，姑洗，南呂之合，又辟之。姑洗下生應鍾，應鍾上生蕤賓地宮，林鍾之陽也，又辟之。蕤賓上生大呂，凡五聲。宮之所生，濁者爲角，清者爲徵羽。此樂無商者，祭尚柔，商堅剛也。鄭司農云：「靁鼓靁鼗，皆謂六面，有革可擊者也。雲和，地名也。靈鼓靈鼗，四面。路鼓路鼗，二面。九德之歌，春秋傳所謂『水火金木土，穀謂之六府，正德、利用、厚生，謂之三事』，六府、三事，謂之九功。九功之德，皆可歌也，謂之九歌也。」玄謂「靁鼓靁鼗，八面；靈鼓靈鼗，六面；路鼓路鼗，四面。孤竹，竹特生者。孫竹，竹枝根之末生也。陰竹，生於山北者。雲和、空桑、龍門，皆山名。九磬，讀當爲大韶，字之誤也。凡樂事大祭祀，宿縣遂以聲展之，叩聽其聲，具陳次之，以知完不。王出入則令奏皇夏，尸出入則令奏肆夏，牲出入則令奏昭夏，帥國子而舞，大饗不入牲，其他皆祭祀。大射：王出入令奏王夏，及射令奏騶虞，詔諸侯以弓矢舞，王大食，三宥皆令奏鍾鼓，王師大獻則令奏愷樂。凡日月食，四鎮五嶽崩、大傀異災、諸侯薨、入去樂。大札、大凶、大災、大臣死，凡國之大憂，令弛縣。凡建國者，禁其淫聲、過聲、凶聲、慢聲。大喪，涖廞樂器，及葬，藏樂器亦如之。

子曰：「吾自衛反魯，然後樂正，雅頌各得其所。」魯哀公十一年冬，孔子自衛反魯，是時周禮在魯，然詩、樂亦頗殘闕失次。孔子周流四方，參互考訂，以知其說。晚知道終不行，故歸而正之。

子語魯太師樂，曰：「樂，其可知也：始作翕如也，縱之純如也，皦如也，繹如也，以成。」語，告也。太師，樂官名，時音樂廢缺，故孔子教之。翕，合也。縱，放也。純，和也。皦，明也。繹，相續不絶也。成樂之一終也。謝氏曰：「五音六律不具，不足以爲樂。」翕如言其合也，五音合矣。清濁高下，如五味相濟而後和，故曰「純如」，合而和矣，欲其無相奪倫，故曰「皦如」，然豈宮自宮而商自商乎？不相反而相連，如貫珠可也，故曰「繹如」也以成。子曰：「師摯之始，關雎之亂，洋洋乎，盈耳哉！」師摯，魯樂師，名摯也。亂，樂之卒章也。史記曰：「關雎之亂以爲風，始洋洋美盛意。孔子自衛反魯而正樂，適師摯在官之初，故樂之美盛如此也。太師摯適齊，太師，魯樂官之長。摯，其名也。亞飯：干適楚，三飯：繚適蔡，四飯：缺適秦。亞飯以下，以樂侑食之官。白虎通曰：「王者平旦食、晝食、晡食、莫凡四食。諸侯三飯，大夫再飯。故魯之樂官，自亞飯以下，蓋三飯也。干、繚、缺，皆名也。鼓方叔入於河，鼓，擊鼓者。方叔，名。河，河内。播鼗武入於漢，少師陽、擊磬襄入於海。少師，樂官之佐。陽、襄，二人名。襄即孔子所從學琴者。海，海島也。此記賢人之隱遁，以附前章。

張子曰：「周衰樂廢，夫子自衛反魯，一嘗治之。其後伶人賤工，識樂之正。及魯益衰，三桓僭妄，自太師以下，皆散之四方，踰河蹈海以避亂。聖人俄頃之助，功化如此，如有用我，期月而可。豈虚語哉！

鄭、衛之音，亂世之音也，比於慢矣。比，猶同也。桑間、濮上之音，亡國之音也。其政散，其民流，誣上行私而不可止也。濮水之上，地有桑間者，亡國之音，於此水出也。昔殷紂使師延作靡靡之樂，已而自沈於濮水。後衛靈公將之晉，舍濮水之上，夜半聞鼓琴之聲，問左右。皆對曰：「不聞。」乃召師涓聽而寫之，至晉，見平公，公享之。靈公曰：「今者聞新聲，請奏之。」即命師涓坐師曠之旁，援琴鼓。未終，師曠止之，曰：「此亡國之聲。昔師延所作也。與紂爲靡靡之樂，武王伐紂，師延東走，自投濮水之中，故聞此聲，必於濮水之上聞之也。」

右周室既衰，雅樂漸廢，淫聲迭起，夫子欲起而正之，而不得其位以行其志，然當時雖以優伶賤工，猶有所守，而不輕爲流俗所移。如師曠止濮上之音。摯、干而下，至踰河蹈海以避世者，必以不能諧世俗之樂故也。

魏文侯問於子夏，曰：「吾端冕而聽古樂則唯恐臥，聽鄭、衛之音則不知倦。敢問古樂之如彼何也，新樂之如此何也？」魏文侯，晉大夫畢萬之後，僭諸侯者也。端，玄衣也。古樂，先王之正樂也。子夏對曰：「今夫古樂，進旅退旅，和正以廣，弦匏笙簧，會守拊鼓，始奏以文，復亂以武，治亂以相，訊疾以雅，君子於是語，於是道古，修身及家，平均天下，此古樂之發也。旅，猶俱也。俱進俱退，言其齊一也。和正，以廣無姦聲也。會，猶合也，皆也。言衆待擊鼓乃作。周禮太師職曰：「大祭祀，帥瞽登歌，合奏擊拊，下管，播樂器，合奏鼓朄。」文，謂鼓也。武，謂金也。相，即拊也，亦以節樂。拊者，以韋爲表，裝之以糠，糠一名拊，因以名焉，今齊人或謂糠爲「相雅」，亦樂器名也，狀如漆甬，中有椎。夫，音扶，下同。廣，如字，舊古曠反。匏，白交反。笙，音生。簧，音黄。拊，音撫，注同。復，音伏。相，息亮反，注同。節，拊也。以葦爲之，實之以糠。王云：「哺相也。」今夫新樂，進俯退俯，姦聲以濫，溺而不止，及優侏儒，獶雜子女，不知父子，樂終不可以語，不可以道古，此新樂之發也。俯，猶曲也，言不齊一也。濫，濫竊也。溺而不止，聲淫亂，無一治之。獶，獮猴也。言舞者如獮猴戲也，亂男女之尊卑。獶或爲猱，乃刀反。獮猴依字，亦作猱。今君之所問者，樂也，所好者，音也。夫樂者，與音相近而不同。言文侯好音而不知樂也。鏗鏘之類皆爲音，應律乃爲樂。好，乎報反，注同。近，附近之近。樂，如字。鏗，苦更反。鏘，七羊反，又士衡反。文侯曰：「敢問如何？」欲知音樂異意。子夏對曰：「夫古者，天地順而四時當，民有德而五穀昌，疾疢不作而無妖祥，此之爲大當。然後聖人作，爲父子君臣，以爲紀綱，紀綱既正，天下大定。天下大定，然後正六律，和五聲，弦歌詩頌，此之謂德音。德音之謂樂。當爲樂不失其所。當，丁浪反。詩云：『莫其德音，其德克明。克明克類，克長克君。王此大邦，克順克俾。比于文王，其德靡悔。既受帝祉，施於孫子。』此之謂也。此有德之音，所謂樂也。德正應和曰「莫」，照臨四方曰「明」，朝覲無私曰「類」，教誨不倦曰「長」，慶賞刑威曰「君」，慈和偏服曰「順」。俾當爲比，聲之誤也。擇善從之曰「比」。施，延也，言文王之德，皆能如此，故受天福，延於後世也。今君之所好者，其溺音乎？」言無文王之德，則所好非樂也。文侯曰：「敢問溺音何從出也？」玩習之久，不知所由出也。「玩」又作「翫」，音五換反。子夏對曰：「鄭音好濫淫志，宋音燕女溺志，衛音趨數煩志，齊音敖辟喬志。此四者，皆淫於色而害於德，是以祭祀弗用也。言四國皆出此溺音，濫濫竊姦聲也。燕，安也。春秋傳曰：「懷與安，實敗名。」「趨數」讀爲「促速」，聲之誤也。煩，勞也。祭祀者不用淫樂。詩云：『肅雍和鳴，先祖是聽。』夫肅，肅敬也；雍，雍和也。夫敬以和，何事不行？言古樂敬且和，故無事而不用，溺音無所施。爲人君者，謹其所好惡而已矣。君好之則臣爲之，上行之則民從之。詩云『誘民孔易』，此之謂也。誘，進也。孔，甚也。言民從君所好惡，進之於善無難。易，以豉反。然後聖人作爲鞉、鼓、椌、楬、壎、篪，此六者，德音之音也。六者爲本，以其聲質也。「椌楬」謂「柷敔」。「壎篪」，或以爲「簨簴」。椌，苦江反，柷也。楬，苦瞎反，敔也。然後鐘、磬、竽、瑟以和之，干、戚、旄、狄以舞之，此所以祭先王之廟也，所以獻酬酳酢也。所以官序貴賤，各得其宜也，所以示後世有尊卑長幼之序也。官序貴賤謂尊卑，樂器列數有差次。鐘聲鏗，鏗以立號，號以立武，君子聽鐘聲則思武臣。號，號令，所以警衆也。橫，充也，謂氣作充滿也。號，胡到反。橫，古擴反，充也。石聲磬，磬以立辨，辨以致死，君子聽磬聲則思死封疆之臣；石聲磬，磬當爲「罄」字之誤也。辨，謂分明於節義。磬，口挺反，一音口定反。聽磬，口定反。疆，居良反。下是疆字。絲聲哀，哀以立廉，廉以立志，君子聽琴瑟之聲則思志義之臣。廉，廉儉也。竹聲濫濫以立會，會以聚衆，君子聽竽笙簫管之聲則思畜聚之臣。濫之意，猶擥聚也。會，猶聚也。聚或爲最。濫，力敢反。鼓鼙之聲讙，讙以立動，動以進衆，君子聽鼓鼙之聲則思將帥之臣。聞讙囂則人意動。作讙，或爲懽。動或爲勳。君子之聽音，非聽其鏗鏘而已也，彼亦有所合之也。以聲合成己之志。」

孟子見梁惠王。曰：「王嘗語莊子以好樂，有諸？」王變乎色，曰：「寡人非能好先王之樂也，直好世俗之樂耳。」曰：「王之好樂甚，則齊其庶幾乎。今之樂，猶古之樂也。」曰：「可得聞歟？」曰：「獨樂樂，與人樂樂，孰樂？」曰：「不若與人。」曰：「與少樂樂，與衆樂樂，孰樂？」曰：「不若與衆。」「臣請爲王言樂。今王鼓樂於此，百姓聞王鐘鼓之聲，管籥之音，舉疾首蹙頞而相告曰：『吾王之好鼓樂，夫何使我至於此極也？父子不相見，兄弟妻子離散！』今王田獵於此，百姓聞王車馬之音，見羽旄之美，舉疾首蹙頞而相告曰：『吾王之好田獵，夫何使我至於此極也。父子不相見，兄弟妻子離散！』此無他，不與民同樂也。今王鼓樂於此，百姓聞王鐘鼓之聲、管籥之音，舉欣欣然有喜色而相告曰：『吾王庶幾無疾病與？何以能鼓樂也？』今王田獵於此，百姓聞王車馬之音，見羽旄之美，舉欣欣然有喜色而相告曰：『吾王庶幾無疾病與？何以能田獵也？』此無他，與民同樂也。今王與百姓同樂，則王矣。」

秦始皇平天下，六代廟樂，唯韶、武存焉。二十六年，改周大武曰「五行」，房中曰「壽人」，衣服同五行樂之色。二世尤以鄭、衛之音爲娛，丞相李斯進諫曰：「放棄詩、書，極意聲色，祖伊所以懼也。輕積細過，恣心長夜，紂所以亡也。」趙高曰：「五帝三王，樂各殊名，示不相襲。朝廷下至人民，得以接歡喜，合殷勤，非此和説不通，解澤不流，亦各一世之化。度時之樂，何必華山之騄耳而後行遠乎？」二世然之。漢興，樂家有制氏，以雅樂聲律世。世在，大樂官但能紀其鏗鏘鼓舞，而不能言其義。

高祖時，叔孫通因秦樂人，制宗廟樂。大祝，迎神於廟門，奏嘉至，猶古降神之樂也。皇帝入廟門，奏永安，以爲行步之節，猶古采薺肆夏也。乾豆上，奏登豆歌，獨上歌，不以筦弦亂人聲，欲在位者徧聞之，猶清廟之歌也。登歌再終，下奏休成之樂，美神明既饗也。皇帝就酒東廂，坐定，奏永安之樂，美禮已成也。又有房中祠樂，高祖唐山夫人所作也。周有房中，至秦名曰壽人。凡樂，樂其所生，禮不忘本。高祖樂楚聲，故房中樂楚聲也。帝既定天下，過沛，與故人父老相樂，醉酒歡哀，作風起之詩。令沛中僮兒百二十人習而歌之。帝崩，令沛得以四時歌舞宗廟，令歌兒習以相和，嘗以百二十人爲員。

六年，又作昭容樂、禮容樂。昭容者，猶古之昭夏也，主出武德舞。禮容者，主出文始、五行舞。舞入無樂者，將至，至尊之前不敢以樂也。出用樂者，言舞不失節，能以樂終也。大抵皆因秦舊事焉。孝惠二年，使樂府令夏侯寬備其簫筦，更名曰安世樂。孝景元年，詔：高皇帝奏武德、文始、五行之舞，孝文廟奏昭武、文始、五行之舞。武德舞者，高祖四年作，以象天下樂已行武，以除亂也。文始舞者，曰「本舜招舞也」。高祖六年，更名曰「文始」，以示不相襲也。五行舞者，本周舞也。秦始皇二十六年，更名曰「五行」也。四時舞者，孝文所作，以示天下之安和。蓋樂已所自作，明有制也。樂先王之樂，明有法也。孝景采武德以爲昭德，以尊太宗廟。武帝定郊祀之禮，乃立樂府，采詩夜誦。有趙、代、秦、楚之謳，以李延年爲協律都尉，多舉司馬相如等數十人，造爲詩賦，畧論律呂，以合八音之調，作十九章之歌。以正月上辛用事甘泉圜丘，使童男女七十人俱歌昏祠，至明時，嬖臣李延年以好音見，上善之。下公卿議曰：「民間祠有鼓舞樂，今郊祀而無樂，豈稱乎？」公卿曰：「古者祠天地皆有樂，而神祇可得而禮。」或曰：皇帝使素女鼓五十弦瑟，瑟悲，帝禁不止，故破其瑟爲二十五弦。於是塞南越，禱祠太一后土，始用樂舞。益召歌兒作二十五弦，及空侯瑟自此起。

河間獻王有雅材，以爲治道非禮樂不成，因獻所集雅樂。天子下大樂官，常存肄之。歲時以備數，然不常御。常御及郊廟，皆非雅聲。然詩、樂施於後嗣，猶得有所祖述。

孝宣采昭德舞爲盛德。詔世宗孝武廟奏盛德、文始、四時、五行之舞。其後諸帝廟，皆常奏文始、四時、五行之舞。

本始四年，詔樂府：減樂人。

神爵、五鳳之間，天下殷富，數有嘉應。上頗作歌詩，欲興協律之事。丞相魏相奏：「知音善鼓雅琴者，渤海趙定，梁國襲德。」皆召見。待詔。

元帝多材藝，善史書。鼓琴瑟，吹洞簫，自度曲被歌聲分刌，節度窮極窈眇。

成帝時，謁者常山王禹，世受河間樂，能說其義。弟子宋曅等上書言之：「下大夫博士平當等考試，其學當以爲漢承秦滅道之後，賴先帝聖德，博受兼聽，修廢官，立大學。河間獻王聘求幽隱，修興雅樂，以助化。時大儒公孫弘、董仲舒等，皆以爲音中正雅，立之大樂。春秋鄉射，作於學官，希闊不講。故自公卿大夫觀聽者，但聞鏗鎗，不曉其意，而欲以風諭衆庶，其道無由，是以行之百有餘年，德化至今未成。宋曅等習孤學，大指歸於興助教化。衰微之學在人，宜領屬雅樂，以繼絶表微。孔子曰：『人能弘道，非道弘人。』河間區區小國藩臣，以好學修古，能有所存，民到于今稱之。況於聖主廣被之資，修起舊文，放鄭近雅，述而不作，信而好古，於以風示海内，揚名後世，誠非小功小美也。」事下公卿，以爲久遠難分明，當議復寢。

哀帝時，詔罷樂府官、郊祭樂及古兵法。武樂在經，非鄭、衛之樂者，條奏別屬他官。時鄭聲尤甚，黄門名倡丙彊、景武之屬，富顯於世，貴戚五侯，定陵富平外戚之家，淫侈過度，至與人主爭女樂。帝自爲定陶王時，疾之。又性不好音，及即位，下詔曰：「惟世俗奢泰文巧，而鄭、衛之聲興。夫奢泰則下不孫而國貧，文巧則趍末背本者衆，鄭、衛之聲興則淫辟之化流，而欲黎庶敦樸家給，猶濁其源而求其清流，豈不難哉！孔子不云乎『放鄭聲』，鄭聲淫，其罷樂府官、郊祀樂及古兵法，武樂在經，非鄭、衛之樂者，條奏別屬他官。」丞相孔光、大司空何武奏：「郊祭樂人員六十二人，給祠南北郊大樂鼓員六人，嘉至鼓員十人，邯鄲鼓員二人，騎吹鼓員三人，江南鼓員二人，淮南鼓員四人，巴俞鼓員三十六人，歌鼓員二十四人，楚嚴鼓員一人，梁皇鼓員四人，臨淮鼓員二十五人，茲邡鼓員三人，凡鼓十二員百二十八人朝賀置酒，陳殿下也，應古兵法。外郊祭員十三人，諸族樂人兼雲招給祠南郊用六十七人，兼給事雅樂用四人，夜誦員五人，剛別柎員二人，給盛德主調篪員二人，聽工以律知日冬夏至一人，鐘工、磬工、簫工員各一人，僕射二人，主領諸樂人，皆不可罷。竽工員三人，一人可罷。琴工員五人，三人可罷。柱工員二人，一人可罷。繩弦工員六人，四人可罷。鄭四會員六十二人，一人給事雅樂，六十一人可罷。張瑟員八人，七人可罷。安世樂鼓員二十人，十九人可罷。沛吹鼓員十二人，族歌鼓員二十七人，陳吹鼓員十三人，商樂鼓員十四人，東海鼓員十六人，縵樂鼓員十三人，凡鼓八員一百二十八人，朝賀置酒，陳前殿房中，不應經法。治竽員五人，楚聲員六人，常從倡三十人，常從象人四人，詔隨常從倡十六人，秦倡員二十九人，秦倡象人員三人，詔隨秦倡一人，雅大人員九人，朝賀置酒，爲楚樂四會員十七人，巴四會員十二人，銚四會員十二人，齊四會員十九人，蔡謳員三人，齊謳員六人，竽瑟鐘磬員五人，皆鄭聲，可罷。師學百四十二人，其七十二人給大官挏馬酒，其七十人可罷。大凡八百二十九人，其三百八十八人不可罷，可領屬大樂；其四百四十一人，不應經法，或鄭、衛之聲，皆可罷。」奏可。然百姓漸漬日久，又不制雅樂，有以相變，豪富吏民，湛沔自若。

世祖建武十三年四月，耿弇罷益州傳送，公孫述鼓師，郊廟樂器，葆車輿輦，於是法物始備。隴、蜀平後，乃增廣郊祀。凡樂奏青陽、朱明、西皓、玄冥及雲翹、育命舞，其後登封泰山，北郊祀后土，用樂皆如南郊。

明帝永平三年，博士曹充上言：「漢再受命，宜興禮樂。引尚書璇璣鈐曰：『有帝漢出，德洽，作樂名予。』」乃詔改大樂官曰：「大予樂、詩曲操，以俟君子。」自是樂凡四品，一曰「大予樂」，郊廟、上陵、諸食舉之。二曰「周頌雅樂」，辟雍、饗射、六宗、社稷用之。三曰「黄門鼓吹樂」，天子宴樂羣臣用之。四曰「短簫鐃樂」，軍中用之。又采百官詩頌，以爲登歌。其後章帝親著歌詩四章，列在食舉。又製雲臺十二門詩，各以其月祀而奏之。

熹平四年中，出雲臺十二門新詩，下大予樂官習誦被聲，與舊詩並行。撰録以成樂志。

大予樂令掌伎樂，凡國祭祀，掌請奏樂，及大饗用樂掌其序。

十月，烝祭光武廟。初奏文始、五行、武德之舞，而公卿奏議：「世祖廟登歌八佾舞功名，東平王蒼議，以爲漢制，舊典宗廟，各奏其樂，不皆相襲，以明功德。高皇帝除殘賊，有天下，作武德之舞。孝文躬行節儉，除刑施澤，景帝制昭德之舞。孝武開地置郡，威震海外，宣帝制盛德之舞。光武皇帝受命中興，撥亂反正，宇內治平，方外震服，修建三雍，肅穆典祀，功德巍巍，比隆前代，樂名宜曰『大武之舞』。」

章帝即位，太尉趙熹奏：「孝明皇帝，功德茂盛，宜上尊號曰『顯宗』，四時祫食於世祖廟，奏武德、文始、五行之舞。」東平王蒼上言：「昔孝文廟樂曰昭德之舞，孝武廟樂曰盛德之舞，今皆祫食於高廟。昭德之舞，不進與高廟同樂。今孝明皇帝在世祖廟，當用樂，盛德之樂無所施，如自立廟，作武德之舞。」從之。建初五年，始行十二月迎氣樂，立春之日迎春于東郊，歌青陽，八佾舞雲翹之舞。立夏于南郊，歌朱明，八佾舞雲翹之舞。先立秋十八日，迎黄靈于中兆，歌朱明，八佾舞雲翹育命之舞。立秋之日迎秋于西郊，歌西皓，八佾舞育命之舞。立冬之日迎冬于北郊，歌玄冥，八佾舞育命之舞。

馬防上言：「聖人作樂，所以宣氣致和，順陰陽也。臣愚以爲，可因歲首發太蔟之律，奏雅頌之音，以迎和氣。」時以作樂器費多，遂獨行十二月迎氣樂也。和帝即位，有司奏：「上尊章帝廟曰肅宗，共進武德之舞，制可順帝。」陽嘉二年十月庚午，行禮辟雍，奏應鐘，始復黄鐘。樂器隨月律，喪紀云：「初隨月律作應鐘。」諸行出入，皆鳴鐘作樂，其有災眚有它故，若求雨止雨，皆不鳴鐘，不作樂。行，謂乘輿出入也。

獻帝建安八年，公卿初迎冬於北郊，總章始復，備八佾舞。因亂久廢，今復見之。自東大亂，絶無金石之樂。樂章云：「缺，不可復知。」

魏武帝平荊州，獲杜夔，善八音，常爲漢雅樂郎，尤悉樂事，於是使創定雅樂。時又有散騎郎鄧靜、尹商善調雅樂，歌師尹商能歌宗廟郊祀之典，舞師馮肅能曉知先代諸舞。夔悉領之，遠考經籍，近采故事，考會古樂，始設軒懸鐘磬。復先代古樂，自夔始也。而柴玉、左延年之徒，妙善鄭聲被寵，唯夔好古存正，文帝受禪後，改漢巴渝舞、昭武舞。改安世樂曰「正世樂」，嘉至樂曰「迎靈樂」，武德樂曰「武頌樂」，昭容樂曰「昭業樂」，雲翹舞曰「鳳翔舞」，育命舞曰「靈應舞」，武德舞曰「舜頌舞」，文始舞曰「大韶舞」，五行舞曰「大武舞」。其衆歌詩，多則前代之舊。使王粲改作登歌、安世及巴渝詩而已。帝太和初，詔曰：「凡音樂以舞爲主。自黄帝雲門以下，至于周大武，皆太廟舞名也。然則其所司之官，皆曰『太樂』，所以總領諸物，不可以一物爲名。」樂官自如故爲『太樂』。『太樂』，漢舊名，後漢依讖改爲『大予』。樂官至是改復舊，於是公卿奏：「今請太祖武皇帝樂，宜曰『武始之舞』。武，神武也，武又跡也，言神武之始又王跡所起也。高祖文皇帝，宜曰『咸熙之舞』。咸，皆也。熙，興也。言應受命之運，天下由之皆興也。夫歌以詠德，舞以象事，於文，文武爲斌。臣等謹製樂舞，名『章斌之舞』，今有事於天地宗廟，則此三舞宜竝以薦享，及臨朝大享。竝宜舞之。臣等思惟，二舞宜有總名，可名『大鈞之樂』，鈞，平也。言大魏三代同功，以至崇平也。」又奏：「祀，祀圓丘以下，武始舞者，平冕、黑介幘、玄衣裳、白領袖、中衣絳合幅袴袜、黑韋鞮；咸熙舞者，冠委白，其餘服如前章斌舞者，與武始、咸熙同服。奏於朝廷，則武始舞者冠赤介幘、生絳袍、單衣絳領袖、中衣絳合幅袴、白布袜、黑韋鞮，咸熙舞者進賢冠、黑介幘、生黃袍、單衣白合幅袴，此三舞皆執羽籥，其餘服如前。」侍中繆襲又奏：「安世歌，本漢時歌名。今時非往，歌之文則宜變改。安世樂猶同房中之樂也。往昔議者以房中歌后妃之德，以風天下，正夫婦焉。宜改安世之名而爲正始之樂。襲又省安世歌詩有后妃之義，方今享先祖，恐失禮意。可改安世歌曰『享神歌』。」奏可。文帝已改安世爲正始，而襲至是又改爲享神。

王肅議：「高皇至高祖文昭廟，皆宜兼用先代及武始、大鈞之舞。」按漢時有短簫鐃歌之樂，其曲有朱鷺、思悲翁、艾如張、上之回、雍離、戰城南、巫山高、上陵、將進酒、君馬黃、芳樹、有所思、雉子斑、聖人出、上邪、臨高臺、遠如期、石留、務成、玄雲、黃雀、釣竿等曲，列於鼓吹，多序戰陣之事。及魏受命，改其十二曲，使繆襲爲詞，述以功德，言代漢之意。按太和初詔一條，已見前三十一、三十二頁內，此爲重出。

晉武帝九年，荀勗、杜夔所制律呂校大樂總章，鼓吹八音，與律呂乖錯，依古尺作新律呂，以調聲韻，律成，遂頒下。太常使太樂總章鼓吹清商施用。隋平陳，獲宋、齊舊樂，詔於太常，置清商署。蓋采此名，求得陳太樂令蔡子元、于普明等復居其職。荀勗遂典知樂事，啓朝士解音者共掌之。使郭夏、宋識等造正德、大悅二舞，其樂章亦張華所作，又改魏昭武舞曰「宣武」舞，羽籥舞曰「宣文」舞，魏武始咸熙、章武二舞，皆執羽籥。傅玄又作先農、先蠶歌詩。

咸寧元年，詔定祖宗之號，而廟樂同用正德、大悅之舞。自武帝受禪，命傅玄改漢鼓，吹鐃歌，還爲二十曲，述晉功德，代魏鼓角橫吹曲。按周禮，以鼖鼓鼓軍事。說者云：「蚩尤氏帥魑魅與黃帝戰於涿鹿，帝乃命吹角，爲龍吟以禦之。其後魏武北征烏丸，越沙漠而軍士多思，於是減爲半鳴，而尤更悲矣。胡角者，以應胡笳之聲，後漸用之橫吹，有雙角，即胡樂也。張騫入西域，傳其法於西京，唯得摩訶、兜勒二曲。李延年因胡曲更造新聲二十八解，乘輿以爲武樂。後漢以給邊將。和帝時，萬人將軍得之。魏晉以來，二十八解不復俱存，用者有黄鵠、隴頭、出關、入關、出塞、入塞、折楊柳、黄覃子、赤之陽、想行人十曲。懷帝永嘉之末，伶官樂器皆沒於劉石，至江左初立宗廟，尚書下太常，祭祀所用樂名太常。賀循答云：「魏氏增損漢樂，以爲一代之禮。未審大晉樂名，所以爲異。遭離喪亂，舊曲不存，然此諸樂皆和之以鐘律，文之以五聲，詠之以歌詞，陳之於舞列，宫懸在庭，琴瑟在堂，八音迭奏，雅樂並作，登歌下管，各有常詠，周人之舊也。自漢以來，依於此禮，自造新聲。」

宋武帝永初元年，有司奏：「皇朝肇建，廟祀應設雅樂，乃晉樂也。太常鄭鮮之等各撰立新歌，黄門侍郎王韶之撰歌辭七首，並令施用。」十二月，又奏「依舊正朝設樂」，改大樂諸歌辭詩，王韶之又撰二十二章。又正德舞曰「前舞」，大悦舞曰「後舞」。

孝武孝建元年，有司奏前殿中曹郎荀萬秋議「郊廟宜設樂」，於是使内外博議，竟陵王誕等並同萬秋議。建平王宏議以凱容爲韶舞，宣烈爲武舞，祖宗廟樂，總以「德」爲名，章皇太后以奏。永樂、永至等樂仍舊。皇帝祠南郊及廟，迎神送神並奏肆夏；皇帝入廟門，奏永至。皇帝南郊，初登壇，及廟門中，詣東壁，奏登歌。其初獻，奏凱容、宣烈之舞，終獻奏永安之樂。郊廟同。

齊武帝建元二年，祀南郊。羣臣出入，奏肅咸之樂。牲出入，奏引牲之樂。薦籩豆毛血，奏佳薦之樂。迎送神，奏昭夏之樂。皇帝入壇東門，奏永至之樂。升壇，奏登歌。初獻，奏文德、宣烈之樂，次奏武德、宣烈之樂。太祖皇帝配享，奏高德、宣烈之樂。飲福酒，奏嘉胙之樂。就燎位，奏昭遠之樂。還便殿，奏休和之樂。還北郊，初獻，奏地德凱容之樂，次奏昭德凱容之樂。瘞埋，奏隸幽之樂，並與南郊同。明堂，初獻，奏凱容宣德之樂。賓出入及餘樂，與南北郊同。祠廟，皇帝入廟門，奏永至之樂。太祝祼地，奏登歌。諸皇祖，各奏凱容。帝還東壁上福酒，奏永胙。送神，奏肆夏。其羣臣出入、牲出入、薦毛血迎神、詣便殿，並與南郊明堂同。太祖神室，奏高德宣烈之樂。穆后神室，奏穆德凱容之樂。高宗神室，奏明和凱容之樂。四年，藉田。詔驍騎將軍江淹造藉田歌二章。梁武帝思弘古樂，天監元年，下詔求學術通明者，皆陳所知。時對樂者七十八家，咸言樂之宜改，不言改樂之法。帝素善音律，遂自制四器，名之爲通，以定雅樂，莫不和韻。韻在制造篇中。初，齊永明中，舞人所冠幘並簪筆，武帝曰：「筆蓋以記事受言，舞不受言，何事簪筆？豈有身服朝衣而足綦謐履？綦，音忌。」於是去筆，乃定郊禋宗廟及三朝之雅樂，以舞爲大壯舞，取易云「大者，壯也，正大而天地之情可見也」。以文舞爲大觀舞，取「大觀在上，觀天之神道而四時不忒也」。國樂以「雅」爲稱，取詩序云「言天下之事，形四方之風，謂之雅」。雅者，正也。止乎十二則，天數也。乃去階步之樂，增徹食之雅焉。皇帝出入，宋孝武、孝建二年，起居注奏：「宋至齊及梁初亦同。」至是，改爲皇雅，取詩「皇矣上帝，臨下有赫」也。二郊太廟同用。皇太子出入，奏胤雅，取詩「君子萬年，永錫爾胤」，王公出入，奏寅雅，取尚書周官「二公弘化，寅亮天地」也。上壽酒，奏介雅，取詩「君子萬年，介爾景福」也。食舉，奏需雅，取易「云上於天，需，君子以飲食宴樂」也。徹饌，奏雍雅，取禮記大饗「客出以雍徹」也。並三朝用之。牲出入，宋廢帝元徽二年，儀注奏嘉薦，至是爲牲雅，取左氏傳「牲牷肥腯」，北郊明堂太廟並同用。降神及迎送，宋元徽三年，儀註奏昭夏，齊及梁初亦同。至是改爲諴雅，取尚書「至諴感神」。皇帝飲福酒：宋元徽三年，儀註奏嘉胙，至齊不改，梁初，爲永胙。至是改爲獻雅，取禮記「祭統尸飲，五洗王爵」，獻卿今之福酒，亦古獻之義也。北郊明堂太廟同。共就燎位：宋元徽三年，儀註奏昭遠，及齊不改。就埋位：齊永明六年，儀註奏幽隸，至是燎埋俱奏禋雅，取周禮大宗伯「以禋祀昊天」，上帝也。衆官出：宋元徽三年，儀註奏肅咸，齊及梁初亦同，至是改爲俊雅，取禮記司徒「選士之秀者，而升之於學，曰俊士」也。二郊太廟、明堂三廟同用焉。其辭沈約所制也。是時禮樂制度，粲然有序，鼓吹齊、宋並用。漢制曲又充庭用十六曲，武帝乃去其四曲，留其十二，合四時也。更製新歌，以述功德。天監七年，將有事於太廟。詔曰：「禮云：『齊日不樂。』今親奏，始出宮，振作鼓吹，外有詳議，八座丞郎參議，請輿駕始出，鼓吹從而不作。還宮如常儀。」帝從之，遂以定制。初，武帝之在雍鎮，有童謠云：「襄陽白銅蹄，反縛揚州兒。」識者言曰：「銅謂金，蹄謂馬也。白金，色及義師之興，實以鐵騎。揚州之士皆面縛。」果如謠言。故即位之後，更造新聲，帝自爲之詞三曲，又令沈約爲三曲，以被管弦。帝既篤敬佛法，又制善哉、太樂、大歡、天道、仙道、神王、龍王、滅過惡、除愛水、斷苦輪等十篇，名爲正樂，皆述佛法。又有法樂童子伎，童子倚歌梵唄，設無遮大會則爲之。其後臺城淪沒，自此樂府不修，風雅咸盡矣。及王僧辯破侯景，諸樂並在荊州，經亂，工器頗闕，文帝天嘉元年，始定圜丘、明堂及宗廟樂，都官尚書到仲舉奏：「衆官入出，皆奏肅咸。牲出入，奏相和、五引牲。薦毛血，奏嘉薦。迎送神，奏昭夏。皇入壇，奏永至。皇帝升陛，奏登歌。皇帝初獻及太尉亞獻、光禄勳終獻，並奏宣烈。皇帝飲福酒，奏嘉胙。就燎位，奏昭遠。還便殿，奏休成。

宣帝大建五年，奏尚書左丞劉平定南北郊及堂儀注，改元嘉中所用齊樂，盡以「韶」爲名。工就位定，協律校尉舉麾，大樂令跪贊云：奏懋韶之樂。降神，奏通韶。牲入出奏潔韶。帝入壇及還便殿，奏穆韶。帝初再拜，舞七德工執竿楯，曲終復綴。出就懸東，繼舞九序，工執羽籥。獻爵於天神及大祖之座，奏登歌。帝飲福酒，奏嘉韶。就燎位，奏報韶。至六年十一月中，侍中尚書左僕射徐陵、議曹郎中沈罕，奏來年元會儀注。先會一日，大樂展宮懸高絙五案於殿庭。客入奏相和五引。帝出，黄門侍郎指麾於殿上，掌固應之，舉於階下，奏康韶之樂。詣登，奏變韶。奉珪璧訖，初引下殿，奏亦如之。帝興入便殿，奏穆韶。更衣又出，奏亦如之。帝舉酒，奏綏韶。進膳，奏侑韶。帝御茶果，太常丞跪請進舞七德，繼之九序。天興元年冬，詔尚書吏部郎鄧彦海定律吕，協音樂，及追尊曾祖、祖考諸帝。樂用八佾，舞皇始舞。皇始舞，道武所作也，以明開大始祖之業，後更製。宗廟皇帝入廟門，奏皇夏。大祝迎神于廟門，奏迎神曲。由古降神之樂，干豆上奏登歌，由古清廟之樂，曲終下奏神祚，嘉神明之饗也。皇帝行禮七廟，奏陛步，以爲行止之節。皇帝出門，奏總章，次奏八佾舞，次奏送神曲。道武初，冬至祭天于南郊圜丘，樂用皇矣，奏雲和之舞。事訖，奏維皇。將燎，夏至祭地祇于北郊方澤，樂用神祚，奏大武之舞。正月上日，饗羣臣，宣布政教，備列宮懸正奏，兼燕、趙、秦、吴之音，五方殊俗之曲。四時饗會亦用焉。又有掖庭中歌真人代歌，上叙祖宗開業所由，下及君臣廢興之跡。凡有百五十章。

北齊文宣初，尚未改舊章，宮懸各設十二鎛鐘。於其辰位四面，並設編磬各一，筍簴各二十架，設建鼓於四隅，郊廟會同用之。

武成之時，始定四郊宗廟之樂，羣臣之出奏肆夏，牲入薦毛血並奏昭夏，迎神及皇帝初獻、亞獻、禮五方上帝，並奏高明之樂，爲覆幬之舞。皇帝入壇門及升壇、飲福酒、就燎位、還便殿並奏皇夏，以高祖配享奏武德之樂，爲昭烈之舞。裸地奏登歌，其四祭廟及禘祫六代、五代、高祖、曾祖、祖諸神室，並奏始基之樂，爲恢祚之舞。神武皇帝神室奏武德之樂，爲昭烈之舞。文襄皇帝神室奏文德之樂，爲宣政之舞。文宣皇帝神室奏文正之樂，爲光大之舞。孝昭皇帝神室奏文明之樂，爲休德之舞。其入出之儀，同四郊之禮。

秦始皇平天下，六代廟樂唯韶武存焉。二十六年，改周大武曰五行，房中曰壽人，衣服同五行樂之色。後周文帝霸政平江陵，大獲梁氏樂器。及建六官，乃令有司詳定郊廟樂歌舞，各有等差，雖著其文，竟未行之也。

武帝天和初，造山雲舞，以備六代。南北郊、雩壇、大廟、禘祫俱用六舞。南郊則大夏降神，大濩獻熟，次作大武、正德、武德、山雲舞。雩壇以大武降神，正德獻熟，次作大夏、大濩、武德、山雲之舞。大廟禘祫則大武降神，山雲獻熟，次作正德、大夏、大濩、武德之舞。時享太廟以山雲降神，大夏獻熟，次作武德之舞。拜社以大濩降神，正德獻熟，次作正德之舞。五郊朝日以大夏降神，大濩獻熟。神州夕月籍田，以正德降神，大濩獻熟。建德二年十月，六代樂成，奏於崇信殿。宮懸依梁三十六架，朝會則皇帝出奏皇夏，皇太子出入奏肆夏，王公出入奏驁夏。五等諸侯，元日獻玉帛，奏納夏。宴族夏。大會至尊執爵，奏登歌十八曲。食舉奏深夏，舞六代大夏、大濩、文武、正德、武德、上雲之舞。於是正定雅音，爲郊廟樂。創造鐘律，頗得其宜。

後魏孝明帝神龜元年，有陳仲儒者，自江南歸魏，頗閑樂事，請依前漢京房立準以調八音。有司問仲儒言：「前被符問：京房準定六十律之後，雖有器存，曉之者鮮。至後漢嘉平末，張光等猶不能定弦之急緩，聲之清濁。仲儒授自何師、出何典籍，而云能曉？」答曰：「仲儒在江左之日，頗愛琴，又常覽司馬彪所撰續漢書，見京房準術，成數昭然，而張光等不能定。仲儒不量庸昧，竊有意焉。遂竭愚思，鑽研甚久，雖未能測其機妙，至於聲韻，頗有所得。度量衡歷，出自黃鐘。雖造管察氣，經史備存，但氣有盈虛，黍有巨細，差之毫釐，失之千里。自非管應時候，聲驗吉凶，則是非之源，諒亦難定。

此則非仲儒淺識所敢聞之，至於準者，本以代律，取其分數，調校樂器，則宮商易辨，若尺寸小長，則六十宮商，相與微濁，若分數如短，則六十徵羽，類皆小清。至於清濁相宜，諧會歌管，皆得應合。雖積黍驗氣，取聲之本，清濁諧會，亦須有方。若閑準意，則辨五聲清濁之韻。若善琴術，則知五調調音之體。参此二途以均樂器，則自然應和，不相奪倫。如不練此，必至乖謬。按後漢順帝陽嘉二年冬十月，行禮辟雍奏應鐘，始復黄鐘，作樂器隨月律，是謂十二之律。必須次第爲宮，而商角徵羽以類從之。尋調聲之體，宮商宜濁，徵羽用清。若依公孫崇，上以十二律聲而云『還相爲宮，清濁悉足』，非唯未練五調調氣之法，至於五聲次第，自是不足。何者？黄鐘爲聲氣之元，其管最長，故以黄鐘爲宮，太蔟爲商，林鐘爲徵，則一任相順。若均之八音，猶須錯採衆聲，配成其美。若以應鐘爲宮，大宮爲商，蕤賓爲徵，則徵濁而宮清，雖有其韻，不成音曲。若以夷則，十二律中唯得取中呂爲徵，其商、角、羽並無。其韻若以中呂爲宮，則十二律内全無所取。何者？中呂爲十二之窮，變律之首，依京房書，中呂爲宮，乃以去滅爲商，執始爲徵，然後方韻而崇，乃以中呂爲宮，猶用林鐘爲商，黄鐘爲徵，何由可諧？儒以爲調和樂器，文飾五聲，非準不妙，若如嚴崇父子，心賞清濁，是則爲難。若依案見尺作準，調弦緩急，清濁可以意推耳。但音聲精微，史傳簡畧，舊誌唯云『準形如瑟十三弦，隱間九尺以應。黄九寸，調中一弦，令與黄鐘相得。按畫以來，其聲遂不辨準，須柱以立。柱有高下，弦有麤細，餘十二弦復應，若爲致令，攬者迎前拱手，又按房準九尺之内，若十七萬七千一百四十七分一尺之内，爲萬九千六百八十三分，又復十之，是爲於準，一寸之内，亦爲萬九千六百八十三分。然則於準一分之内，乘爲二千分，又爲小分，以辨強弱，中間至促，雖離朱之明，猶不能窮而分之。雖然，仲儒私曾考驗，但前却中柱，使入常準，尺分之内，相生之韻，已自應合。然分數既微，器宜精妙，其準平面直，須如停水。其中弦一柱，高下須與二頭臨嶽一等，移柱上下之時，不使離弦，不得舉弦。又中弦麤細，須與琴宮相類，中弦須施軫如，琴以軫調聲，令與黄鐘一管相合，中弦下依數出六十律清濁之節，其餘十二弦須施柱如箏。又凡弦皆須素張，使臨時不動，即於中弦按畫一周之聲度，著十二弦上，然後依相生之法次運行，取十二律商徵，商徵既定，又依琴五調調聲之法，以均樂器。其調以宮爲主清調，商爲主平調，以角爲主，然後錯採衆聲，以文飾之，如錦繡白上代，以采消息調準之方，並史文所畧出。仲儒愚思，若事有乖，此聲則不和平。仲儒尋之分數，精微如彼，定弦急緩，艱難若此，而張光等視掌尚不知藏中有準，既未識其器，又安能施弦也。且遂人不師資而習火，延壽不束脩以變律，故云『知之者欲教而無從，心達者體知而無師』，苟有毫釐所得，皆關心抱，豈必要經師授，然後尋奇哉？但仲儒自省庸淺才非，瞻是止可粗識音韻，纔言其理致耳。」時尚書蕭寶夤又奏：「金石律呂，制度調均。自古以來，鮮哉通曉。仲儒雖粗述而學不師授，云出己心，又言舊器不任，必須更造，然後克諧。上違用舊之旨，輕欲製造。臣竊思量，不合依許。」詔曰：「禮樂之事，蓋非常人能明，可如所奏。」

隋文帝開皇二年，詔求知音之士，參定音樂。沛國公鄭譯云：「考尋樂府鐘石律呂，皆有宮商角徵羽變宮變徵之名。七聲之內，三聲乖應，每常求訪，終莫能通。初，周武帝時有龜茲人曰蘇祇婆，從突厥皇后入國，善胡琵琶。聽其所奏，一均之中，間有七聲。因而問之，答云：『父在西域，稱爲知音，代相傳習。調有七種，以其七調勘校七聲，冥若符合。一曰婆陁力，華言平聲，即宮聲也。二曰鷄識，華言長聲，即南呂聲也。三曰沙識，華言質直聲，即角聲也。四曰沙侯加濫，華言應聲，即變徵聲也。五曰沙臘，華言應聲，即徵聲也。六曰般贍，華言五聲，即羽聲也。七曰俟利箑，華言斛牛聲，即變宮聲也。』譯因習而彈之，始得七聲之正。然其就此七調，又有五旦之名，旦作七調，以華言譯之，旦者則謂之均也，其聲亦應黃鐘、太蔟、南呂、姑洗，五均以外，七律更無調聲，遂因其所捻琵琶，弦柱相次爲均，推演其聲，更立七均，合成二，以應十二律。律有七音，音立一調，故成七調。十二律合八十四，旋轉相交，盡皆和合。仍以其聲考校太樂所奏，林鐘之宮，應用林鐘爲宮，乃用黃鐘宮。應用南呂爲商，乃用太蔟爲商。應用應鐘爲角，乃取姑洗爲角。故林鐘一宮七聲，三聲並戾，其十一宮七十七音，例皆乖越，莫有通者。又以編懸有八，因作八音之樂，七聲之外，更立一聲，謂之應聲。」譯因作書二十餘篇，明其指。至是譯以其書，宣示朝廷，並立議正之。有萬寶常者，妙達鐘律，徧解六音，常與人方食，論及聲調，時無樂器，因取前食器及雜物，以著扣之，品其高下。宮商畢備，諧於絲竹。文帝後召見，問：「鄭譯所定音樂可否？」對曰：「此亡國之音，豈陛下之所宜聞？」遂極言樂聲哀怨淫放，非雅正之音。請以水尺爲律，以調樂器，上遂從之。遂造諸樂器，其聲率下於譯調二律，並撰六樂譜十四卷，論八音旋相爲宮之法。改絲移柱之變爲八十四調，百四十四律，變化終於千八百聲，時人以周禮有旋宫之義，自漢、魏以來，知音者皆不能通，見寶常特創其事，皆哂之。至是試令爲之，應手成曲，無所凝滯，見者莫不嗟異。於是損益樂器，不可勝紀，其聲雅淡，不爲時所好。太常善聲者多排毁之。又太子洗馬蘇夔駁譯曰：「韓詩外傳所載『樂聲感人』，及月令所載『五音所中，並皆有五，不言變宫、變徵』，又左氏所云『七音六律，以奉五聲』，準此而言，每宫應立五調，不聞更加變宫、變徵二調爲七調。七調之作，所出未詳。」譯答曰：「周有七音之律，漢書律曆志『天地人及四時謂之七始』，黄鍾爲天始，林鍾爲地始，太蔟爲人始，是爲三始，姑洗爲春，蕤賓爲夏，南吕爲秋，應鍾爲冬，是爲四時。四時三始，是以爲七。今若不以二變爲調曲，則是冬夏聲闕，四時不備，是故每宫須立七調。」於是衆從譯議。譯又與夔俱云：「按今樂府，黄鍾乃以林鍾爲調首，失君臣之義。清樂黄鍾宫以小吕變徵互爲相生之道，今請推黄鍾宫爲調首，清樂去小吕，還用蕤賓爲變徵。」衆皆從之。夔又與譯議，欲累黍立分，正定律吕。時以音律不通，譯、夔等一朝能爲之，以爲樂聲可定，而何妥舊以學問推爲儒首，帝素不悦，學不知樂，妥又恥已宿儒，不逮譯等，欲沮壞其事。乃立議，非十二律旋相爲宫，曰：「經文雖道旋相爲宫，恐是直言，其理亦不通。隨月用調，是以古來不取。若依鄭玄及司馬彪，須用六十律，方得和韻。今唯取黄鍾之正宫，兼得七始之妙義，非止金石諧韻，亦乃簨簴不繁，可以享百神，可以合萬舞矣。」而又非其七調之義曰：「近代書記所載縵樂，鼓琴吹笛之人多云三調之聲，其來久矣。請存三調而已。」時牛弘總知樂事，不能精究音律。寶常又修洛陽舊典，言幼學音律，師於祖孝徵，知其上代修調古樂，周之壁翣，殷之崇牙，懸八用七，盡依周禮備矣。所謂正聲，又近前漢之樂，不可廢也。是時競爲異議，各立朋黨，是非之理，紛然淆亂，或欲各令修造，待成，擇其善者而從之。妥恐樂成，善惡易見，乃請張樂試之。遂先説曰：「黄鍾者，以象人君之德。」及奏黄鍾之詞，帝曰：「洋洋和雅，甚與我。」妥因陳用黄鍾一宫，不假餘律，帝大悦，班賜妥等修樂者。自是譯等議寢。帝又遣毛爽及蔡子元、于普明等，以候節氣，依古於三重密屋之内，以木爲按，十有二具，每取律吕之管，隨十二辰置于案上，而以土埋之上，平於地中，實葭莩之灰，以輕緹索覆律吕。每地氣至，與律直符，則灰飛衝素，散出于外，而氣應有早晚，灰飛有多少，或初入月，其氣即應，或至中下旬，間氣始應者。或灰飛出三五夜而盡，或終一月纔飛少許者。帝異之，問牛弘。弘對曰：「灰飛半出爲和氣，灰全出爲猛氣，吹灰不能出爲衰氣。和氣應者其政平，猛氣應者其臣縱，衰氣應者其君暴。」帝駁之曰：「臣縱君暴，其政不平，非月別而有異也。人十二月律，於一歲内，應不同，安得暴君縱臣，若斯之甚也？」不能對。初，萬寶常聽太常所奏樂，泫然而泣。人問其故。對曰：「樂淫厲而哀，天下不久相殺。」當時四海全盛，聞其言皆謂不然。大業末，其言卒驗。而寶常貧困，無人贍遺，飢餒將死，取其所著書焚之，曰：「何用此爲！」見者於火中探得數卷，見行於世。開皇初，有盧賁、蕭吉並撰著樂書，皆爲當時所用，至於天機，去寶常遠矣。又有安馬駒、曹妙達、王長通、郭金等，能造曲，爲一時之妙，多習鄭聲，而寶常所爲，皆歸於雅正。雖公議不服，然皆謂以爲神。煬帝將幸江都，有樂人王令言妙達音律，令言之子常從於户外彈胡琵琶，作翻安公子曲。令言時卧室中聞之，大驚，蹶然而起，變色急呼其子曰：「此曲興自早晚？」對曰：「頃來有之。」令言歔欷流涕，謂其子曰：「汝慎無從行，帝必不返。此曲宫聲往而不返，宫，君也。吾所以知之。」帝竟被弑於江都。大唐高祖受禪後，軍國多務，未遑改創樂府，而用隋氏舊文。至武德九年正月，始命太常少卿祖孝孫考正雅樂。至貞觀二年六月，樂成奏之。初，孝孫以梁、陳舊業，雜用吴、楚之音，周、齊舊樂，多涉胡戎之伎。於是斟酌南北，考以古音，而作大唐雅樂，以十二律，各順其月，旋相爲宫。按禮記云「大樂與天地同和」，治世之音安以樂，其政和，故制十二和之樂，合三十二曲，八十有四調。祭圜丘以黄爲宫，郊朝方澤以林鐘爲宫，宗廟以太蔟爲宫，五郊朝賀饗宴則隨月用律爲宫，凡登天神奏元和之樂，地祇奏順和，宗廟奏永和，天地宗廟登歌，俱奏肅和。皇帝臨軒奏太和，王公出入奏舒和，皇帝食舉及飲酒奏休和，皇帝受朝奏正和，皇太子軒懸出入奏承和，元日冬至皇帝禮會登歌奏昭和，郊廟俎入奏雍和，皇帝祭饗酌酒讀祝文及飲福酒受胙奏壽和，五郊迎氣各以月律而奏其音。又郊廟祭享，奏化康凱安之舞。貞觀初，張文收善音律，常覽蕭吉樂譜，以爲未甚詳悉，乃取歷代沿革，截竹爲十二律，吹之備盡旋宫之義。太宗召文收於太常，令與少卿祖孝孫衆定雅樂。太樂有古鐘十二，近代唯用其七，餘有五鐘，俗號啞鐘，莫能通者。文收吹律調之聲，皆響徹。時人咸服其妙。尋授協律郎。及孝孫卒，文收復採三禮，更加釐革，依周禮祭昊天上帝，以圓鐘爲宫，黄鐘爲角，太蔟爲徵，姑洗爲羽，奏元和之舞。若封泰山，同用此樂。皇地祇方丘，以函鐘爲宫，太蔟爲角，姑洗爲徵，南吕爲羽，奏順和之舞。禪梁甫，同用此樂。禘祫宗廟，以黄鐘爲宫，大吕爲角，太蔟爲徵，應鐘爲羽，奏永和之舞。五郊日月星辰及類上帝，黄鐘爲宫，奏元和之曲。大蜡、大報，以黄鐘、太蔟、姑洗、蕤賓、夷則、無射等調奏元和、順和、永和之舞。明堂，雩，以黄鐘爲宫，奏元和之曲。神州社稷籍田，宜以大蔟爲宫。雨師以姑洗爲宫，山川以蕤賓爲宫，並奏順和之曲。臨軒出入，奏舒和之樂，並以姑洗爲宫。饗先妣，以夷則爲宫，奏永和之曲。大饗讌會，奏姑洗、蕤賓二調。皇帝食畢，以月律爲宫，並奏休和之曲。皇帝郊廟出入，奏太和之曲。臨軒出入，奏舒和之樂。皇帝大射，奏騶虞之曲，並以姑洗爲宫。皇太子奏狸首一曲。皇太子軒懸，姑洗爲宫，奏永和之曲。凡奏黄鐘，歌大吕；奏太蔟，歌應鐘；奏姑洗，歌南吕；奏蕤賓，歌林鐘；奏夷則，歌中吕；奏無射，歌夾鐘。凡黄鐘、蕤賓爲宫，其樂九變；大吕、林鐘爲宫，其樂八變；太蔟、夷則爲宫，其樂七變；夾鐘、南吕爲宫，其樂六變；姑洗、無射爲宫，其樂五變；中吕、應鐘爲宫，其樂四變。天子十二終，上公九終，侯伯七終，子男五，卿六，大夫四，士三。然後樂教大備前。上元三年十一月，勅新造上元之舞。先令大祠享，皆將陳設，自今已後，圜丘方澤太廟祀享，然後用此舞，餘祭並停。乾元元年三月，肅宗以太常舊鐘磬自隋以來所傳五聲或有差錯，謂太常少卿于休烈曰：「古者聖人作樂，以應天地之和，以合陰陽之序。和則人不夭札，物不疵癘，且金石絲竹，樂之器也。比親享郊廟，每聽樂聲，或宫商不倫，或鐘磬失度，可盡將鐘磬來，朕當於内定。」太常進入，上集樂工考試數日，審知差錯，然後令再造及磨刻。二十五日，一部先畢，召太常樂工。上臨三殿，親觀考擊，皆合五音，送太常。又於内造樂章三十一章，送太常。郊廟歌之。

唐太宗貞觀初，合考隋氏所傳南北之樂，梁、陳盡吴、楚之聲，周、齊皆邊塞之音。乃命太常卿祖孝孫正宫調，起居郎吕才習音韻，協律郎張文收考律吕，平其散漫，爲之折衷。漢以來郊祀明堂，有夕牲迎神登歌等曲，近代皆祼地迎牲飲福酒。今夕牲祼地不用樂。公卿攝事，又去飲福酒之樂。周享諸神，樂多以「夏」爲名，宋以「永」爲名，梁以「雅」爲名，後周亦以「夏」爲名，隋氏因之。唐以「和」爲名。旋宫之樂久喪，漢章帝建初三年，鮑鄴始請用之。順帝陽嘉二年後廢。累代皆黄鐘一均，變極七音則五鐘廢而不擊，謂之啞鐘。祖孝孫始爲旋宫之法，曰「大樂與天地同和者也」，造十二和以法天之成數，號大唐雅樂。樂合四十八曲、八十四調。其著於禮者，一曰豫和，以降天神，冬至祀圜丘。上辛祈穀，孟夏雩季，秋享明堂，朝日夕月巡狩，告於圜丘。燔柴告至，封祀太山，類於上帝，皆以圜鐘爲宮，三奏。黃鐘爲角，太蔟爲徵，姑洗爲羽，各一奏。文舞六成，五郊迎氣，黃帝以黃鐘爲宮，赤帝以函鐘爲徵，白帝以太蔟爲商，黑帝以南呂爲羽，青帝以姑洗爲角，皆文舞六成。二曰和順，以降地祇。夏至祭方丘。孟冬祭神州地祇，春秋巡狩告社，宜於社禪。社首皆以函鐘爲宮，太蔟爲角，姑洗爲徵，南呂爲羽，各三奏。文舞八成，望於山川，以蕤賓爲宮，三奏。三曰永和，以降人鬼，時享禘祫，有事而告謁於廟，皆以黃鐘爲宮，三奏。大呂爲角，太蔟爲徵，應鐘爲羽，各二奏。文舞九成，祀先農，皇太子釋奠，皆以姑洗爲宮。文舞三成，送神，各以其曲。一成，蜡兼天地人，以黃鐘奏豫和，蕤賓、姑洗、太蔟奏順和，無射、夷則奏永和，六均皆一成以降神，而送神以豫和。四曰肅和登歌，以奠玉帛，於天神以大呂爲宮，於地祇以應鐘爲宮，于宗廟以圜鐘爲宮，祀先農釋奠，以南呂爲宮，望於山川，以函鐘爲宮。五曰雍和，凡祭祀，以入俎。天神之俎以黃鐘爲宮，地祇之俎以太蔟爲宮，人鬼之俎以無射爲宮。又以徹豆，凡祭祀俎入之後，接神之曲亦如之。六曰壽和，以酌獻飲福，以黃鐘爲宮。七曰太和，以爲行節，亦當以黃鐘爲宮。凡祭祀，天子入門而即位，與其升降，至于還次行則作止，則止其在朝廷。天子將自內出，撞黃鐘之鐘，右五鐘乃奏之。其禮畢，興而入，撞蕤賓之鐘，左五鐘，應乃奏之，皆以黃鐘爲宮。八曰舒和，以出入二舞，及皇太子、王公、羣后、國老，若皇后之妾御皇太子之宮，臣出入門，則奏之，皆以太蔟之商。九曰昭和，皇帝、皇太子以舉酒。十曰休和，皇帝以飯，以肅拜三老，皇太子亦以飯，皆以其月之律均。十一曰正和，皇后受冊以行。十二曰承和，皇太子在其宮有會以行，若駕出則撞黃鐘，奏太和，出太極門而奏采茨，至于嘉德門而止，其還也亦然。至開元中，又造「三和」，曰祴和、豐和、宣和，共十五和樂。祴和，公升殿會訖下階履行則奏，豐和享先農則奏之，宣和孔宣父、齊太公廟奏之。太宗時，詔秘書監顏師古等撰定弘農府君至高祖太武皇帝六朝樂舞名，其後變更不一，而自獻祖而下，廟舞畧可見也。獻祖曰「光大之舞」，懿祖曰「長發之舞」，太祖曰「大政之舞」，世祖曰「大成之舞」，高祖曰「大明之舞」，太宗曰「崇德之舞」，高宗曰「鈞天之舞」，中宗曰「太和之舞」，睿宗曰「景雲之舞」，玄宗曰「大運之舞」，肅宗曰「惟新之舞」，代宗曰「保大之舞」，德宗曰「文明之舞」，順宗曰「大順之舞」，憲宗曰「象德之舞」，穆宗曰「和寧之舞」，敬宗曰「大鈞之舞」，文宗曰「文成之舞」，武宗曰「大定之舞」，昭宗曰「咸寧之舞」，其餘闕而著。唐之自制，樂凡三大舞，一曰「七德舞」，二曰「九功舞」，三曰「上元舞」。七德舞者，本名秦王破陣樂，太宗爲秦王破劉武周，軍中相與作秦王破陣樂曲，及即位，宴會必奏之，謂侍臣曰：「雖發揚蹈厲異乎文容，然功業由之，被於樂章，示不忘本也。」右僕射封德彝曰：「陛下以聖武戡難陳樂，象德文容，豈足道哉！」帝矍然曰：「朕雖以武功興，終以文德綏。海内謂文容不如蹈厲，斯過矣。」自是元日冬至朝會慶賀與九功舞同奏。其後更號神功破陣樂，九功舞，本功成慶善樂。太宗生於慶善宮，貞觀六年，幸之。宴從臣，賞賜閭里，同漢沛宛，帝歡甚。賦詩，起居郎呂才被之管弦，名曰「功成慶善樂」，其舞容進蹈安徐，以象文德。上元舞，高宗所作也，大祠享皆用之。上元三年，詔惟圜丘方澤太廟乃用，餘皆罷。玄宗初賜第隆慶坊，坊南之地變爲池，帝即位作龍池樂，又作聖壽樂，又作小破陣樂，又作光聖樂。又分樂爲二部，堂下立奏謂之立部伎，堂上坐奏謂之坐部伎。太常閱坐部不可教者肄，立部又不可教者乃習雜樂。時民間以帝自潞州還京師，舉兵夜半誅韋后，製夜半還京樂二曲。帝又作文成曲與小破陣樂更奏之。其後河西節度使楊敬忠獻霓裳羽衣曲十二遍，凡曲終，必遽。唯霓裳羽衣曲將畢，引聲益緩。帝浸喜神仙之事，詔道士司馬承禎製玄真道曲，製大羅天曲、紫清上聖道曲。初，隋有法曲，其音清而近雅，其器有鐃鈸鐘磬幢簫琵琶，圓體脩頸，而小號曰「秦漢子」，蓋弦鼗之遺製，出於胡中，傳爲秦漢所作，其聲金石絲竹以次作，隋煬帝厭其聲澹，曲終復加解音。玄宗既知音律，又酷愛法曲，選坐部伎子弟三百，教於梨園。聲有誤者，帝必覺而正之，號「皇帝梨園弟子」。宫女數百，亦爲梨園弟子，居宜春北院。梨園法部更置小部音聲，三十餘人。帝幸驪山楊貴妃，生日命小部張樂長生殿，因奏新曲未有名，會南方進荔枝，因名曰「荔枝香」。帝又好羯鼓，而寧王善吹横笛，達官大臣慕之，皆善言音律。帝嘗言羯鼓八音之領袖，諸樂不可方也。蓋本戎羯之樂，其音太蔟一均，龜兹、高昌、疏勒、天竺部皆用之，其聲焦殺，特異衆樂。開元二十四年，升胡部於堂上，而天寶樂曲，皆以邊地名，若涼州、伊州、甘州之類。後又詔道法曲與胡部新聲合作。明年，安禄山反，涼州、伊州、甘州皆陷吐蕃。

開元八年，瀛州司法叅軍趙慎言論郊廟用樂表，曰：「祭天地宗廟，樂合用商音。又周禮三處大祭，俱無商調。鄭玄云：『此無商調，祭尚柔，商堅剛也。』以臣愚知，斯義不當。但商音，金也；周德，木也。金能克木，作者去之。今皇唐土王，即殊周室，五音損益，須逐便宜，豈可將木德之儀，施土德之用？又説者以商聲配金即作剛柔理解，殊不知聲無定性，音無常主，剛柔之體，實由其人。人和則音和，人怒則聲怒，故禮稱『怒心感者其聲麤以厲，愛心感者其聲和以柔』，秖如宫聲爲君，商聲爲臣，豈以臣位配金爲臣道，便爲剛乎？其三祭，並請加商調，去角調。」代宗繇廣平王復二京，梨園供奉官劉日進製寶應長寧樂十八曲以獻，皆宫調也。大歷初，又有廣平太一樂、涼州曲，本西涼所獻也，本聲本宫調，有大遍、小遍。貞元初，樂工康崑崙寓其聲於琵琶，奏於玉宸殿，因號玉宸宫調。今諸樂則用黄鐘宫。其後方鎮多製樂舞以獻，河東節度使馬燧獻定難曲，昭義軍節度使王虔休以德宗誕辰，未有大樂，乃作繼天誕聖樂，以宫爲調，帝因作中和樂舞。山南節度于頔又獻順聖樂，又令女伎爲佾舞，雄健壯妙，號孫武順聖樂。

文宗好雅樂，詔太常馮定采開元雅樂，製雲韶法曲及霓裳羽衣舞曲、雲韶樂。有玉磬四，簴、琴、瑟、筑、簫、篪、籥、跋膝笙、竽皆一，登歌四人，分立堂上下，童子五人，繡衣執金蓮花，導舞者三百人。陛下設錦筵，遇内宴乃奏。謂大臣曰：「笙磬同音，沈吟忘味，不圖爲樂至於斯也。」自是臣下功高者輒賜之。樂成，改法曲爲仙韶曲。武宗會昌初，宰相李德裕命樂工製萬斯年曲以獻。宣宗大中初，太常樂工五千餘人，俗樂一千五百餘人。帝每宴，羣臣備百，獻帝製新曲，教女伶數十百人，衣珠翠緹繡，連袂而歌。其樂有播皇猷之曲，又有葱嶺西曲，士女蹋歌爲隊，其詞言「葱嶺之民樂，河湟故地歸唐也」。

後梁太祖開平二年，太常奏：「皇帝南郊，奏慶和之樂，舞崇德之舞。皇帝行，奏慶順之曲。奠玉幣登歌，奏慶平之曲。太廟迎神，舞開平之舞。迎俎，奏慶肅之曲。酌獻，奏慶熙之曲。飲福酒，奏慶隆之曲。送文舞、迎武舞，奏慶融之曲。亞獻、終獻，奏慶休之曲。追尊四祖，廟各有樂舞、登歌、樂章。」

後唐莊宗，起於朔野，所好不過胡部鄭聲，先王雅樂，殆將掃地。莊宗廟酌獻，舞武成之舞；明宗廟酌獻，舞雍熙之舞。各有登歌、樂章一首。

後晉高祖天福四年，始詔：「定朝會，樂章二舞，鼓吹十二。」案太常禮院奏，正至王公上壽皇帝，舉酒，奏玄同之樂；三飲訖，殿中監受虚爵，羣臣就坐，再拜，受酒。皇帝三飲，皆奏文同之樂。上舉食，文舞奏昭德之舞，武舞奏成功之舞。三飲訖，虛爵，復於坫侍中，奏禮畢，羣臣再拜，奏大同薤賓之鐘，皇帝降坐，百僚旋退。

宋太祖皇帝受命，以竇儼兼太常，儼奏：「改周樂文舞崇德之舞爲文德之舞，武舞象成之舞爲武功之舞，改樂章十二順爲十二安。」蓋取「治世之音，安以樂」之義。祭天爲高安，祭地爲靜安，宗廟爲理安，天地宗廟登歌爲嘉安，皇帝臨軒爲隆安，王公出入爲正安，皇帝飲食爲和安，皇帝受朝、皇后入宮爲順安，皇太子軒懸出入爲長安，正冬朝會爲永安，郊廟、俎入爲豐安，祭享、酌獻、飲福受胙爲禧安，祭文宣王、武成王同用永安，籍田先農用靜安。五月有司上言：「僖祖文獻皇帝奏大善之舞，順祖惠元皇帝奏大寧之舞，翼祖簡恭皇帝室奏大順之舞，宣祖昭武皇帝室奏大慶之舞。」從之。其後和峴奏：「陛下揖讓得天下，宜先奏文舞。按尚書，舜受堯禪，玄德升聞，乃命以位。請改文舞爲玄德升聞之舞。尚書：『武王一戎衣，天下大定』，請改武舞爲天下大定之舞。」從之。

建隆初，用王樸樂。上謂：「其聲高，近於哀思。」詔和峴考兩京表尺，令下一律，比舊樂始和暢。

仁宗景祐二年，時承平久，上留意禮樂之事。先是，判太常寺燕肅言：「大樂製器歲久，金石不調，願以王樸所造律準考按。」乃命館職宋祁、李照同預。至是，肅等上所考定樂器。上臨閱，奏郊廟五十一曲，因問照：「樂何如？」照對：「樂音高。」命詳陳之。照言：「王樸律準，視古樂高五律，視禁坊胡部樂高二律，擊黃鐘纔應仲呂，擊夾鐘纔應夷則。是冬興夏令，春召秋氣。蓋五代之亂，雅樂廢壞，樸創意造律準，不合古法，用之本朝，卒無福應。又編鐘鎛鐘，無大小輕重厚薄長短之差，銅錫不精，聲韻失美，大者陵，小者抑，非中度之器，相傳以爲唐舊鐘，亦有樸所製者。昔軒轅氏命伶倫截竹爲律，復令神瞽協其中聲，然後聲應鳳鳴，而管之參差亦如鳳翅，其樂傳之，夐古不刊之法也。願聽臣依神瞽律法，試鑄編鐘一簴，可使度量權衡協。」詔：「許之。」仍令就錫慶院鑄之，照請下潞州，求上黨縣羊頭山秬黍，及下懷州河内縣取葭莩製玉律，以候氣，從之。尋以王曾、呂夷簡爲都大管勾，鑄造大樂編鐘。蔡齊同都大管勾，仍以入内。都知閻文應提舉照，遂鑄成編鐘一簴以奏御，遂建請改制大樂，取京縣秬黍累尺成律鑄鐘，審之其聲猶高，更用太府布帛尺爲法，乃下太常，四律照自爲律管之法，以九十黍之量爲四百二十星，率一星占九抄，一黍之量得四星六抄，九十黍得四百二十星，以爲十二管定法。舊太常鐘磬十六枚爲一簴，而四清聲相承不擊，照言：「十二律聲已備，餘四清聲乃鄭、衞之樂，可去。」侍讀學士馮元等駁之，照謂「舊聲高」，乃以太府尺爲法。照獨任所見，更造新器，而新聲極下。起五月造至八月成，議者以爲迂誕，罷之。上尋出御制景祐樂髓新經六篇，賜近臣，其一、釋十二均，二、明主所事，三、辨音聲，四、圖律呂相生，並祭天地、宗廟所用律及陰陽數配，五、十二管之長短，六論歷代度量衡皆本之於陰陽，配之以四時，建之於日月，通之於鞮竺，演之於壬式遁甲之法。既而，右司諫議韓琦等言：「照所造樂不依古法，率以意爲律，請復用舊樂。」詔下其議，而晏殊等言：「李照新樂比舊樂下三律，衆論以爲無所考。據請郊廟，復用和峴所定舊樂。」乃詔：「太常雅樂悉仍舊制，照所造勿復施用。」神宗元豐三年，詔劉幾、范鎮、楊傑詳定大樂。初，傑言：「大樂之失，一曰：歌不永言，聲不依永，律不和聲。蓋金聲舂容，失之則重；石聲溫潤，失之則輕；土聲函胡，失之則下；竹聲清越，失之則高；絲聲纖微，失之則細；革聲隆大，失之則洪；匏聲叢雜，失之則長；木聲無餘，失之則短。惟人稟中和之氣而有中和之聲，八音律呂皆以人聲爲度，言雖永不可以逾其聲，今歌者或詠一言而濫及數律，或章句已闋而樂音未終，所謂歌不永言也。請節其煩聲，以一聲歌一言，且詩言人志，詠以爲歌，五聲隨歌，是謂依永，律呂叶奏，是謂和聲。先儒以爲依人音而制樂，託樂器以寫音，樂本效人，非效樂者也。今祭祀樂章，並隨月律，聲不依永，以詠依聲，律不和詠，以聲和律，非古制也。二曰：八音不諧。鐘磬缺四清聲，簴樂九成，以簫爲主，商樂和平，以磬爲依。周樂合奏，以金爲首，鐘磬簫者，衆樂之所宗，則天子之樂，用八鐘磬，簫衆樂本，乃倍之爲十六。且十二者，律之本聲，而四者，應聲也。本聲重大，爲君父，應聲輕清，爲臣子，故其四聲曰『清聲』，或曰『子聲』也。李照議樂，始不用四清聲，是有本而無應也。八音何從而諧哉？今巢笙、和笙，其管十九，以十二管發律呂之本聲，以七管爲應聲，用之已久，而聲至和，則編鐘磬簫，宜用四子聲以諧八音。三曰：金石奪倫。樂奏一聲，諸器皆以其聲應，既不可以不及，又不可以有餘。今琴、瑟、塤、篪、笛、笙、阮、箏、筑奏一聲，則鎛、鐘、特磬、編鐘磬擊三聲，聲煩而掩衆器，遂至奪倫，則鎛、鐘、特磬、編鐘、編磬，節奏與衆器同，宜物連擊。」帝乃下鎮、幾參定。鎮作律尺等，欲圖上之，而幾之議律主於人聲，不以尺度求合其樂，大抵即李照之舊，而加四清聲，遂奏成。第加恩賚，而鎮謝曰：「此劉幾樂也。臣何預焉？」鎮又言：「八音無匏土二音，笙竽以木斗攢竹而以匏裹之，是無匏音也。塤器以木爲之，是無土音也。八音不具，以爲備樂，安可得哉！」不報。

初，傑欲銷王樸舊鐘。意新樂成，雖不善，更無舊鐘可校，乃詔許借樸鐘爲清聲，不得銷毁。後輔臣至太常按試前一夕，傑乃陳樸鐘已弊者一縣。樂工不平，夜易之，而傑不知。明日輔臣至，傑厲聲云：「樸鐘甚不諧美。」使樂工叩之，韻甚佳。傑大沮。

李太常周舞節論曰：「凡樂之音，本於天。凡舞之容，本於音。周樂之音，雲門起羽，故一舞在羽，屬水，其數一；二舞在角，屬木，其數三；十舞在宮，屬土，其數五；咸池起徵，故一舞在徵，屬火，其數二；二舞在商，屬金，其數四。是故羽之舞也，其容水；角之舞也，其容木；宮之舞也，其容土；徵之舞也，其容火；商之舞也，其容金。一舞之足，舉右，示欲用武也；舉左，示欲興文也；雲門初舞，兩手一横，示一統也；咸池初舞，手足兩沖，合乎火之數也；木舞之手，有曲直，從木之性也。足有横直八，從木之象也。八分左右，從木之類也。宮舞，兩手對襟，尊宮於中；五仰取諸陽，五俯取諸陰。徵舞手足沖天，火性之炎上，左沖右沖，得火之生數。商舞必歸於日躔，太白不宜，遠於太陽，作圖圈以四指，示不敢出乎四十度外，過四十則爲晝見，過六十則爲經天。自古作樂，忌商淩宮，周人尤避之，爲是故耳。至舞咸池，陰調不得已而用之，亦不敢不爲之防。聖人防微杜漸之意，深矣！六陽辰之舞，由子而三進，由午而三退；六陰辰之舞，由丑而三進，由未而三退，干進則戚退，戚進則干退，更番而迭出也。翟進則籥退，籥進則翟退，因時而損益也。是故武舞三進而三退，取乎六伐止齊之義焉。文舞三進而三退，取乎六爻變動之理焉。武舞有進而有退，此節制之兵所以萬全而取勝；文舞有進而有退，此文質之濟所以時中而無敝。戚顧右耳，中原既平，屯兵以守乎西關也；戚顧於胷，天下既定，入而輔衛乎王宮也。翟顧左耳，用文以達乎四聰也；翟顧於目，用文以明乎四目也。夫樂以象成，故凡以武功定天下、後以文德致太平者，舞皆先武而後文，中間飾以節奏，所以發揚祖宗功德合天，欲後人世守之勿替耳。

李太常周舞節曰：「武舞在先，文舞在後，武舞左執干，右執戚，未開舞時，戚内干外。文舞左執籥，右執翟，未開舞時，籥內翟外。武舞遇陽辰則左其手足，遇陰辰則右其手足；文舞遇陽辰則右其手足，遇陰辰則左其手足。武德，陰陽之正；文德，陰陽之濟。文以濟武，陽中有陰，陰中有陽，是物相雜，故曰『文』焉。惟陽調起舞在羽之羽，陰調起舞在徵之羽，武皆用右，文皆用左，商舞武皆以戚向日躔，文皆以翟向日躔，不論辰之陰陽而分左右，如十一月日躔丑，十二月日躔子，正月日躔亥，二月日躔戌，三月日躔酉，四月日躔申，五月日躔未，六月日躔午，七月日躔巳，八月日躔辰，九月日躔卯，十月日躔寅。臨祭時，各考其所躔之方，以戚、翟向而舞之，其餘非應五音之舞。武皆以干同左足，前向合陽辰之氣，而戚同右足後向應之，如子，一陽之辰也，干近左，足護，左戚垂後股指右；寅，二陽之辰也，干漸遠，前足護，左戚近後足指右；辰，三陽之辰也，干極前開，護左戚極後，離足指右；午，四陽之辰也，干極前，護右，戚小前近身開右指左；申，五陽之辰也，干銷退近身護右戚又前開右顧耳；戌，六陽之辰也，干又退開右至身，戚又前向左顧胷，以戚同右足，前向合陰辰之氣，而干隨身橫向，應之。如丑，一陰之辰也，戚近右足伐左，干近身護左；巳，三陽之辰也，戚極遠右足伐左，干極遠身護左；未，四陰之辰也，戚極遠，右足伐右，干極遠身，護右。酉，五陰之辰也，戚漸近，右足伐右，干漸近身，護右，亥，六陰之辰也，戚近右足伐右，干近身護右。文舞則以右手之翟，合陽陰之氣而籥隨之，但干言護，翟言執，其形竪，以左手之籥合陰辰之氣而翟隨之，但戚言伐，籥言舉，其形平。蓋武舞其容勇，文舞其容雅，是之分耳。

洛苑志樂卷二十

附録

一、相關提要

四庫全書總目　苑洛志樂提要

苑洛志樂二十卷（浙江汪啟淑家藏本）

明韓邦奇撰。邦奇有易學啟蒙意見，已著録。是書首取律吕新書爲之直解，凡二卷。前有邦奇自序，後有衛淮序。第三卷以下乃爲邦奇所自著，其於律吕之原，較明人所得爲密，而亦不免於好奇。如雲門、咸池、大章、大夏、大韶、大濩六樂名，雖見於周官，而音調節奏，漢以來無能傳者。邦奇乃各爲之譜，謂黄帝以土德王，雲門象天用火，起黄鍾之徵，以生爲用，則林鍾也。咸池象地用水，起大吕之羽，以土所克爲用，則無射也。大章、大韶皆起於黄鍾，夏以金德王，林鍾律屬金商聲，故大夏用林鍾之商，南吕用南吕起聲。商以水德王，應鍾律屬水，羽聲，故大濩用應鍾之羽，夷則用夷則起聲。今考旋宫之法，林鍾一律以黄鍾之徵爲火，以仲吕之商爲金，若以月律論之，則是六月之律，而非金也。故邦奇於大夏下自注云：「相緣如此。」還用夷則，爲是則夷則爲七月之律，屬金。與大濩用應鍾爲十月之律，屬水者一例矣。然則林鍾、夷則不已兩岐其説乎。又謂大司樂圜鍾爲宫，以南吕起聲，一變在姑洗，至六變在圜鍾，故云：「若樂六變，則天神皆降」。函鍾爲宮，以應鐘起聲，一變在蕤賓，至八變在函鐘，故云：「若樂八變，則地祇皆出。」黃鐘爲宮，以南吕起聲，一變在姑洗，至九變在黃鐘。故云：「若樂九變，則人鬼可得而禮。」今考左氏傳謂「五降之後，不容彈矣」，則宮徵商羽角五聲也，前漢書禮樂志曰：「八音七始，則宮、徵、商、羽、角、變宮、變徵，七聲也。凡譜聲者，率不越此二端。此書圜鐘爲宮，初奏以黃鐘之羽，南吕起聲，順生至黃鐘收宮，凡得十聲。次奏用林鐘之羽，姑洗起聲，而姑洗實爲前奏，黃鐘之角，所謂用宮逐羽，而清角生也。函鐘爲宮，用太蔟之羽，應鐘起聲，順生至本宮，太蔟又順生徵商二律，復自商逆轉，徵宮二律收宮，凡得十四聲。商不順生羽而逆轉爲徵，所謂引商刻羽而流徵成也。黃鐘爲宮，凡陽律之奏用宮逐羽，陰吕之奏引商刻羽，是以十聲與十四聲各五奏也。至謂周樂皆以羽起聲，本於咸池，而於黃鐘爲宮，起南吕則用黃鐘本宮之羽。函鐘爲宮，起應鐘，應鐘爲太蔟之羽，太蔟爲林鐘之徵，則又用徵之羽矣。圜鐘爲宮，起南吕，南吕爲黃鐘之羽，黃鐘爲圜鐘之羽，則又用羽之羽矣。同一用羽起聲，而所用之法又岐而爲三。推其意，不過誤解周禮八變、九變之文，以函鐘爲宮，當在初奏之第九聲，方與八變合，卽不得不以應鐘爲第一聲，而應鐘非函鐘之羽也。以圜鐘爲宮，當在初奏之第七聲，方與六變合，卽不得不以南吕爲第一聲，而南吕非圜鐘之羽也。卽又不得不謂應鐘爲羽之羽，南吕爲徵之羽矣。由杜撰而遷就，由遷就而支離，此數卷最爲偏駁，其他若謂凡律空圍九分，無大小之異，其九分爲九方分。蕤賓損一下生大吕，優於益一上生大吕。以黃鐘至夾鐘四清聲爲可廢，以夷則至應鐘四律圍徑不當遞減。雖其說多本前人，然決擇頗允。又若考定度量權衡、樂器、樂舞、樂曲之類，皆能本經據史，具見學術，與不知而妄作者，究有逕庭。史稱邦奇「性嗜學，自諸經、子、史，及天文、地理、樂律、術數、兵法之書，無不通究。所撰志樂尤爲世所珍」，亦有以焉。末有嘉靖二十八年其門人楊繼盛序，據繼盛自作年譜，蓋嘗學樂於邦奇，所云夜夢虞舜擊鐘定律之事，頗爲荒渺，然繼盛非妄語者，亦足見其師弟覃精，是事寤寐不忘矣。

（四庫全書總目經部樂類）

四庫全書總目　樂律舉要提要

樂律舉要一卷（編修程晉芳家藏本）

明韓邦奇撰。邦奇有易學啟蒙意見，已著録。此書爲曹溶學海類篇所載，核校其文，乃從邦奇苑洛志樂中摘録十餘條，爲立此名也。

（四庫全書總目經部樂類存目）

二、相關序文

律吕直解敘[一]

何景明

余讀韓子律吕直解，敘曰：夫神，理之弗著，其器數之亡乎？天生一成萬，一上萬下，器數下也。由後世以來，弗之詳矣，其上焉者，又安有所達哉？是故聖人得一而知萬，智者由萬以得一。談一者，虛而寡用；談萬者，廣而莫歸。要之：以知其要，實者爲至。夫天地之間者，氣也。制而利用曰「器」，生之節度曰「數」。神、理者，氣之宰也。是故氣數

[一] 此文見載四庫全書、關中裕德堂等本苑洛志樂。不題作者。韓邦奇門人王宏志樂序有「宏謂茲刻也，先生及何大復氏序諸首簡，復何言哉」之語，邦奇律吕直解序已見載於前，則本敘當爲何大復（何景明）所作。

詳，則神理日明，而天下之事得矣。此韓子之學也夫！

律呂直解後敘〔一〕

衛 淮

苑洛先生爲生員時爲此解。大司寇昆山周公刻之平陽，大中丞莆田方公刻之杭州，大僉西蜀王公刻之濮州，板皆留於其地。先生既里居，人多索之，同州幕洪洞岳君溥復刻焉。溥位雖卑而才通守廉，故及於文事。

正德十二年三月吉日靜深齋衛淮書

志樂序

王 宏

「志樂」者何？大司馬苑洛先生所作也。夫樂，所以宣天地之和，通陰陽之變，平人心之感，省民物之風，罔不有理寓焉。慨自先王遺響，日就泯沒，世儒沿襲，莫或窮原，古樂所由淪缺。先生博物不窮，志復古雅，迺稽諸典籍，驗以氣候，竭其心思，積以歲月，依永諧聲，因變成方，協律呂以和陰陽，適聲音以類萬物，而天地八方之音以定，真有以會聲氣之元，繼伯夔之絶響矣。

歲丁未，先生自少宰總憲留臺，宏以屬吏，嘗侍記室。偶語律呂新書，以所聞問難。先生迺出茲編以示宏。隨請鋟梓。既而先生晉今秩，其屬王君學吾、陶君大年、谷君鍾秀、李君遷、林君冕、茅君坤、龍君翔霄、王君嘉孝、李君庶、余君文獻、張君洽，相與以繼有終，先生以宏齒稍長，命識之。宏謂茲刻也，先生及何大復氏序諸首簡，復何言哉！方今稱「藝窮書圃，振古述作」，關中其選也。先生獨紹孔繼軻，潛心經術，如易占經緯、禹貢詳略、正蒙註解諸書，具可爲時作範，此特其一耳。若先生者，又詎直關中人物也哉！　时嘉靖戊申冬十一月望，南京都察院經歷門人王宏頓首謹識

〔一〕此文見載於關中裕德堂等本苑洛志樂卷二之末。題目爲編者所加。

苑洛先生志樂序

楊繼盛

世之談經學者，必稱六經，然五經各有司業，而樂則絕滅無傳。論治法者必對舉禮、樂，然議禮者於天秩不易之外，猶深求立異可喜之說，至於樂，則廢棄不講。全德之微，風俗之敝，恒必由之，良可悲矣。然律呂與天地相爲終始，方其隱而未彰也，天既生哲人以作之，則其晦也，天忍任其湮没已乎？闡明之責，蓋必有所寄者。先生自做秀才時，便抱古樂散亡之憂。當其歲試藩司，諸督學虎谷王公云：「律呂之學，今雖失傳，然作之者既出於古人，則在人亦無不可知之理，特未有好古者究其心焉。」先生於是惕然首悟，退而博極群書，凡涉於樂者，無不參考。其好之之專，雖發疽尋愈，不知也。既而得其說矣，於是有直解之作。然作用之實，未之悉也。自是苦心精思，或脱悟於載籍之舊，或神會於心得之精，或見是於群非之中，若天有以啟其衷者，終而觀其深矣，於是有志樂之作。曰「志」云者，先生自謙之辭也，非徒志而已也。是故律生聲、鐘生律，馬遷著之矣；而律經聲緯之遞變，體十用九之明示，則未之及也。圍九分、積八十一分，班固著之矣，而管員分方、旋宮環轉、乘除規圓之圖，則未之及也。六十調、八十四聲，蔡子著之矣，而起調則例及正變全半子倍之交用，調均首末長短相生之互見，則又未及之也。六變、八變、九變之用，周禮載之矣，而以黃鐘祀天神、以蕤賓祭地祇、以太蔟享人鬼，一造化之自然，以黃鐘一均之備，布之於朝廷宮闈，實古今之絕唱，則又有出於制禮之外者也。宏綱細目，一節萬變，信手拈來，觸處皆合，樂之爲道，尽於是矣。志云乎哉！其於先儒、世儒之圖論，備録不遺者，是固先生與善之心然？亦欲學者考見得失焉。自方其始刻之日，九鶴飛舞先生之庭者，以爲是書感通所致。觀仰秣出聽之說，則鶴之來舞也，固實而其得之正也。此非其明驗矣乎！昔人謂黃帝制律呂與伏羲畫卦、大禹敘疇同功，然卦疇得程朱數子而始著，律呂得先生是書而始明，則其功當不在數子下，豈曰「小補」云乎？嗚呼！太和在成化宇宙間，故先生所由生；太和在弘治宇宙間，故是書所由始；太和在嘉靖宇宙間，故是書所由成。則其作，誠不偶然也。後之有志於樂者，苟能講求而舉行之，則太和將在萬世之宇宙，而先生之功，至是爲益大矣。然不苦心以求之，何以知是書之正？不得其說而精之，又何以知盛之言不爲阿私也哉？噫！盛不敏，雖學之而未能也。講求之責，深有望於同志君子云。

楊忠愍公文集卷二

重刊志樂序

上官有儀

志樂云者，固謂「有志願學」云爾。今傳後非所望也。然詩言志，歌永言，聲依永，律和聲，八音克諧，神人以和，則樂實生於志，而一人之志，即千萬人之志，一時之志，即千萬年之志也。故有志者作於前，繼志者述於後，所以大合，同賡同調也。夫古樂，往矣。三代而降，歷漢及唐以至於今，先儒諸君子分門異派，樂幾成訟。惟西山蔡子季通，因八八爲伍之說，定爲律呂新書，而吾邑大司馬苑洛韓先生，苦志焦思，搜羅古今，抉爬精奧，其大旨雖與新書相爲表裏，而斟酌損益，變化疏通，自成一家言。其所志者，洵可以信今而傳後也。但自前明正、嘉以來，約二百餘年，板殘字脱，概無善本。凡有志之士，展卷茫然，未嘗不廢書而歎。則是編徒供朽蠹剥食，塵封雲蔽，卷帙雖存，而書缺有間，其志已灰，約何賴焉！余同社薛君，諱宗泗，字聖渠，力學嗜古，承志繼美，與崇聽席君、億年同君、大猷劉君、作舟申君、大受劉君多方購索善本，數年之間，僅得一部。聖渠謂：「私之於己，何如公之於世！」遂不惜數百金重刊，行諸海內。更喜人之欲善，誰不如我，慨然出囊中以成美者，復有趙子森、盧子士毅、盧子英、雷子元儒、李子景仰、韓子震等，亦深識淵源之重，咸殫力勸助聖渠，及就質於余。余惟樂記有道而無器，太史公有聲而無容，是編樂以寄志，器以宣樂，容以比器，可以奏之朝廷，達於閭里。誠刻善本，俾苑洛之志，燦然复明，如披雲霧而見天，並日月而爭光者，皆薛君之功也。嗚呼偉哉！余亦願和歌而序之，更補注以瓦缶鳴。

賜進士出身户部福建司主事空谷上官有儀公度氏頓首拜撰

重刊苑洛志樂序

李光先

蓋聞安上治民，莫善於禮，移風易俗，莫善於樂。禮、樂之並行而不悖也，參天地，贊化育，豈非皆因乎自然之理歟？

三代以來，禮教日隆尚矣，而樂独失其傳，考之周禮，僅載其官，稽諸樂記，弗存其制。自是而後，諸家紛論角立蜂起，至於京房之用準，荀勖之用留，梁武帝之用通，北齊信都芳之用雅廟，皆不惜覃思沉慮，庶幾脗合元音。而沿襲既差，拖用殊絕，不亦舛乎！苑洛先生，朝坂人也。精獨出之心思，集諸儒之大成，特著志樂二十卷，其間候氣察物，窮數配理，無一不根於自然矣。自然者，元音。惜代遠年湮，殘缺失次，有志之士，往往以未睹全書爲恨。余友薛君聖渠，宏覽博物君子也，宅心和平，雅志復古，乃者遍求志樂藏書，未獲如願，後於其鄉先生郭公家得全編焉。雖剡松未尽模糊，而幾至魚魯不分，亥豕莫辨也。薛君忻然曰：「是予之責也矣。」爰命筆工，復擇梓人，公諸於海內。壽之百世，即苑洛復起，諒無引爲知己矣。豈不偉哉！方今聖天子德協勳華，心契律呂而彰顯闡幽，若薛君者，實能刊布斯編，以鼓吹休明，真可謂不負朝廷，不負苑洛，亦不負素志者矣。余嘉其見義而勇於爲也，故樂爲之序云。時乾隆丙寅二月既望，汶川令舉人荔城李光先裕虞氏拜題

重刊志樂自序

薛宗泗

予少孤，未克讀父書，卒先業，每遇先儒語録文集，輒喜爲印刷，以備藏書。間有未及刻刊者，亦量力抒貲，以付剞劂，用慰前人之志。如王復齋太極圖說及四禮慎行録，皆與有力焉。嘗讀楊忠愍公文集，見有苑洛志樂序，因疑恭簡韓公遺書有禹貢詳略、易占經緯行於世，何志樂独不槩見？遂畢力旁求，所得悉模糊擦抹，不堪卒讀，爲之流連欷歔，付之長歎而已。及遊於鄜，得張子全書，朗朗如新脱於墨奧，歷高陵、武功以抵慶陽，見李崆峒、呂涇野、康對山諸先生文集，不勝愛慕而樂，觀之並無一卷殘毀者。俯思恭簡公與諸儒相爲先後，何至懸絕若是？遂歷諮其故，始知凡經翻刻者咸如初，不禁恍然，曰：「是可以善志樂矣。」博求完本，數年無獲。僅聞乘六郭前輩曾於他處得原編，什襲久之，而人已作古，雖百詢無知者。幸空谷上官先生與郭在京邸交稱莫逆，備悉藏書，意造廬綸家人出之，遂與前序諸君子共舉以相示，更承壯其志，力爲贊成。予亦始創獲，奇稱重器，雖費力不貲，躍如也。爰□□人用鋟棗梨，字裏行間，毫無朦朧掩晦之患。楊忠愍公跋後云：「律呂與天地相爲終始，方其隱而未彰也；天既生哲人以作之，則其晦也，天忍任其湮没已乎？」乃知其晦也有時，

明也亦有時。是編之刻，雖不敢謂有關於晦明之故，而於律經聲緯之跡，管員分方、旋宮環轉、乘除規員之圖，起調則例正變全半子倍之交用，調均首末長短相生之互見者，固一一如其原本，即八音各器圖繪，與文舞籥翟，武舞干戚，亦皆如畫沙印泥，而無戾乎點畫，無拂乎形象，庶幾尋行數墨、描眉畫角之一端也。知樂君子，可無煩於金鎞云。時乾隆十有一年，歲在丙寅秋八月，鍾川薛宗泗聖渠氏謹識於式古堂

重刊苑洛志樂序

喬光烈

禮失而求諸野，樂散則正於朝。今天子創制顯庸，特設禮部。大臣考元音，釐正始，移風易俗，天下皆寧。嗟余生明備之後，學疏祿淺，退居一辭莫贊之列，顧雖有志未逮，而未嘗少衰其志也。丙寅之秋，奉命守同，三秦名郡，代有名賢，徵文考獻之下，郡名宿薛子宗泗以重刊苑洛志樂序請。雒誦披吟，竊歎苑洛當明中葉，安邊境，立功名，其志無所不伸，詎意殫思竭慮，遠紹旁搜，更在五音六律之間，慨自中聲莫辨，古樂之淪亡也久矣。漢、宋諸儒，紛紛聚訟，其損益相生之法，非不各闡其精，往往憑以臆說，所以數千百年，迄無定論。苑洛自幼抱殘守缺，博極群書，肆力於審音候氣，按調諧聲，補周禮、樂記所未備，參班、馬、京、鄭之異同，而取裁於蔡氏新書，微者顯之，其理深，其數著，晚年成爲完書，卷以二十，元音昭矣。正始犂然，付之梨棗，迄今三百餘年，流傳海內，知音者希。朽蠹之餘，魚魯莫辨。薛子，大雅之林也，多方購求，獲其善本，思公諸世，剞劂重光，將見用之鄉人，達於邦國。清廟明堂之上聿，昭盛世之元音，天地爲之正始，豈不偉哉！余爲述者明，益爲作者聖也，烏能已於一言？乾隆十有二年春王正月，賜進士出身中憲大夫知同州府事喬光烈拜題

重刊苑洛先生志樂[一]

雷晟

先君子與韓懷茂先生補刊志樂，因晟見原刻有先伯祖朝議大夫雅臣名故也。時晟遊京師，及歸，書已成，然存之家笥，未幾皆爲戚友索去，繼有求者，且無以應之矣。嗚呼！自樂經亡，樂幾成絶學，蔡氏新書外，僅見是書。是書後，僅見鄭世子樂譜。觀鄭譜，正多由是書得之。王仲復律吕圖説，則又讀此而悟焉者也。世有其書，則有其傳。續先志，表前賢，啟後人，一事耳。歲丙戌，書賈以搜是書者，多乞板於晟，檢點將與之，見先大夫名，瞿然復觸前思，爲跋數語，非敢妄希附尾，告吾後之人，守此勿失而已。抑不惟此也，吾邑文運日興，少年有志士，日欲讀，未見書刼刼然，冀追前蹤。是书也，布之既廣，就同里中，必且有異世之楊忠愍相繼而起於天下，可知也。斯則苑洛勤勤著述之意，諸前輩及吾先大夫懇懇刊刻之心，亦即晟區區之微忱也夫！時道光六年歲次丙戌，中秋月上浣之吉，誥封奉直大夫附貢生候選府經歷雷晟錦亭氏謹識於裕德堂

[一] 此文原無標題，編者所加。